高等学校经济管理类专业系列教材

消费者行为分析

XIAOFEIZHE XINGWEI FENXI

主　编　杨中昭　申　思　王　莉

副主编　刘　铮　孙亚楠　任慧娟

参　编　邱　勇　潘子军　石鹏飞

　　　　刘　欣

西安电子科技大学出版社

内 容 简 介

　　本书主要介绍不同消费环境下的消费心理与消费者行为，书中选取了新零售环境下的典型案例，紧扣时代热点。全书内容采取模块化方式编写，以项目式教学设计为载体，将项目分成不同的学习任务。书中共 6 个项目 17 个任务，具体涵盖了消费者行为概述，个体心理与消费者行为，群体心理与消费者行为，营销策略与消费者行为，情境与场景的心理效应，网络营销、新媒体营销与消费者行为等内容。每个任务中灵活安排了案例导入、知识拓展、见多识广、素养园地、职业能力训练、课赛融通、课岗融通等模块。各任务前后安排课前导学以及职业能力测试、课中实训、课后提升、职业能力拓展等技能训练模块。

　　本书可作为高职高专院校市场营销、电子商务、跨境电子商务等专业的教材，也可作为社会相关从业人员的参考用书。

图书在版编目 (CIP) 数据

　　消费者行为分析 / 杨中昭，申思，王莉主编. -- 西安：西安电子科技大学出版社, 2025. 5. -- ISBN 978-7-5606-7582-4

　　Ⅰ. F713.55

　　中国国家版本馆 CIP 数据核字第 2025EH2506 号

策　　划　李鹏飞　刘　杰
责任编辑　郭　静
出版发行　西安电子科技大学出版社 (西安市太白南路 2 号)
电　　话　(029) 88202421　88201467　　　　邮　　编　710071
网　　址　www.xduph.com　　　　　　　　电子邮箱　xdupfxb001@163.com
经　　销　新华书店
印刷单位　陕西天意印务有限责任公司
版　　次　2025 年 5 月第 1 版　2025 年 5 月第 1 次印刷
开　　本　787 毫米 × 1092 毫米　1/16　　印　　张　19
字　　数　453 千字
定　　价　59.00 元
ISBN 978-7-5606-7582-4
XDUP 7883001-1
*** 如有印装问题可调换 ***

前　言

　　当前社会消费呈现三个特征：消费者越来越挑剔、消费者忠诚度越来越低、市场竞争越来越激烈。企业为了应对社会消费趋势，应该进行消费者行为分析，深入了解消费者的需求和欲望，包括了解他们的购买决策过程、偏好、兴趣和消费习惯等，这有助于企业调整产品定位、开发创新产品，并提供更符合消费者需求的产品服务解决方案。可以说，消费者行为分析是市场营销的基础和核心。产品过剩会导致市场竞争越来越激烈，通过对消费者行为的大数据分析，企业可以更好地预测市场趋势和需求。这既有助于企业把握市场变化，及时调整产品组合和市场策略，满足消费者的需求并抢占市场先机，又可以帮助企业借助消费者行为的大数据进行市场竞争分析、市场机会分析、市场风险分析、市场战略分析和市场决策分析，增强企业竞争力。同时，消费者行为分析可以帮助企业进行个性化营销和定制化服务：企业通过分析消费者的购买历史、偏好和兴趣等信息，可以优化产品设计，改进营销策略，向消费者提供更加精准的推荐产品和服务，提高客户购买转化率和客户满意度，解决消费者忠诚度越来越低的问题。

　　现在的世界日新月异，消费者行为分析的内容也应及时调整、跟进，比如新的行业或领域的消费者行为分析——在新能源、新材料、新媒体领域了解新兴的市场和消费者的特征和趋势；跨界合作逐渐成为主流——在跨文化、跨地域、跨行业等领域了解市场和消费者需求的多样性和复杂性。从崭新的视角进行消费者行为分析，这是趋势也是方向。

　　此外，在方法和内容上进行消费者行为分析对加快发展数字经济，促进数字经济和实体经济深度融合，打造具有国际竞争力的数字产业集群具有重要意义和作用。消费者行为分析的方法和工具亦可帮助企业与时俱进地引入其他领域的知识和技术，比如大数据、云计算、物联网、人工智能等数据收集和处理的方法和工具，机器学习、深度学习、自然语言处理、图像识别等数据分析与建模的方法和工具，可视化、交互式、多媒体等数据呈现方法，以提高数据分析的洞察力和说服力以及报告的清晰性和易读性。

在上述背景下，编者针对"消费者行为分析"课程所具有的知识性和应用性较强的属性，以不同情境的心理和消费行为为研究对象，编写了本书。全书采取模块化的编排方式，以项目式教学设计为载体，设计了6个项目。全书以实际案例为导向，构建实际的应用场景，引出教学知识点，吸引学生注意力，培养学生学习兴趣，融入岗课赛证的相关知识，让学生在做中学、在学中做。本书将微课、短视频、图片、课件等资源融为一体，以丰富的形式呈现内容。作者致力打造岗课赛证立体化教材，使学生自学与教师授课相结合，调动学生学习的兴趣和主动性。

本书由杨中昭、申思、王莉担任主编，由刘铮、孙亚楠、任慧娟担任副主编。具体编写分工为：项目一由杨中昭编写，项目二由申思编写，项目三由刘铮编写，项目四由任慧娟编写，项目五由孙亚楠编写，项目六由王莉编写。本书的岗课赛证等内容的编写得到了青矩工程顾问有限公司副总裁邱勇、上海美龙国际贸易有限公司总经理潘子军、帝欧家居集团股份有限公司大区经理石鹏飞、佳木斯市融军军粮米业有限公司总经理刘欣等人士的倾力相助，使本书的内容更加贴近实际，在此一并表示感谢。

由于作者的水平和经验有限，书中难免有不妥之处，敬请广大读者批评指正，以帮助我们不断完善本书。

作　者
2025 年 1 月

目 录

项目一　消费者行为概述

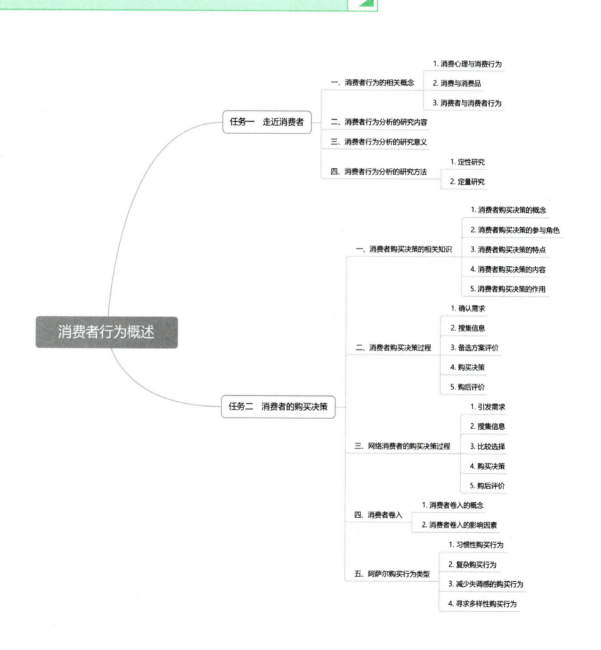

消费者行为概述

任务一　走近消费者
- 一、消费者行为的相关概念
  - 1. 消费心理与消费行为
  - 2. 消费与消费品
  - 3. 消费者与消费者行为
- 二、消费者行为分析的研究内容
- 三、消费者行为分析的研究意义
- 四、消费者行为分析的研究方法
  - 1. 定性研究
  - 2. 定量研究

任务二　消费者的购买决策
- 一、消费者购买决策的相关知识
  - 1. 消费者购买决策的概念
  - 2. 消费者购买决策的参与角色
  - 3. 消费者购买决策的特点
  - 4. 消费者购买决策的内容
  - 5. 消费者购买决策的作用
- 二、消费者购买决策过程
  - 1. 确认需求
  - 2. 搜集信息
  - 3. 备选方案评价
  - 4. 购买决策
  - 5. 购后评价
- 三、网络消费者的购买决策过程
  - 1. 引发需求
  - 2. 搜集信息
  - 3. 比较选择
  - 4. 购买决策
  - 5. 购后评价
- 四、消费者卷入
  - 1. 消费者卷入的概念
  - 2. 消费者卷入的影响因素
- 五、阿萨尔购买行为类型
  - 1. 习惯性购买行为
  - 2. 复杂购买行为
  - 3. 减少失调感的购买行为
  - 4. 寻求多样性购买行为

消费者的购买决策过程是一个复杂的过程，受商品品牌、购买动机、购买环境、个体差异等许多因素的影响，购买行为具有不确定性。在日趋激烈的市场竞争中，营销人员只有了解消费者，认知消费者购买规律并遵从规律，才能将潜在顾客变为购买顾客。

教学目标

▲ 知识目标

- 掌握消费者和消费者行为的基本概念。
- 了解消费者行为学的理论基础，掌握研究消费者行为的主要方法。
- 掌握消费者购买决策的内容与购买角色类型。
- 掌握消费者购买决策过程的五项内容。
- 理解消费者卷入的方式及其影响因素。

▲ 能力目标

- 能根据自身的消费体验及他人的消费行为，分析消费行为的主要特点。
- 能运用消费者行为学的主要研究方法分析和预测消费者行为。
- 能对消费者购买角色进行实际分析。
- 能够依据购买决策过程的影响因素建立消费者品牌忠诚度。
- 能对消费者购后失调行为进行分析。
- 能够结合实际，分析影响消费者卷入的因素。

▲ 素质目标

- 树立诚信做事与诚信做人的价值观。
- 培养正确看待网络购物行为的能力。
- 培养创新精神和团队协作意识，学会尊重事实、重视他人感受。
- 培养学生依照行业规范或标准分析从业人员相关行为的善恶、强化职业道德素养的能力。

任务一　走近消费者

 案例导入

牛仔市场中女性消费者的消费行为

Lee(Lee Cooper)诞生在美国，开创了牛仔服的新领域，将牛仔的坚韧品质与时尚元素相结合，拥有一批忠实的客户。

牛仔服装刚面世时，被认为是青年时装，并且多为男性所使用。之后，经过市场调研，Lee决定专为25～44岁的女性开发出一种五兜夹克服，其当时的代表品牌是"休闲骑士"牌(Relaxed Rider)。这种产品一改传统的生产方法，将牛仔服裁成曲线型的。曲线型的牛仔服迎合了女性的审美心理，突出了女性的身材和线条，增加了女性的美感和魅力。

Lee 对 25～44 岁的女性消费者群进行了定性的研究，得出了以下结论：

第一，这些女性消费者对牛仔服情有独钟。穿牛仔服是她们这代人的风格。

第二，贴身是这些女性最关心的服装特点。大多数女性都需要一种在腰部和臀部很贴身，且活动自如的牛仔服。

第三，女性倾向于依据使用场合而不是根据品牌对牛仔服分类。一些女性将牛仔服看作潮流服饰，另一些女性在下班休闲时才会穿，还有些人将牛仔视为日常穿着。Lee 牛仔服是当时唯一的一个能适合所有场合的品牌。

第四，这些女性认为 Lee 牛仔服代表"一种精心的、安全的选择——一个货真价实的品牌"。即使在廉价折扣商店里的 Lee 产品也有质量保证，消费者可放心地购买 Lee 产品，而不必一定要去大商场购买。

"最贴身的牛仔"(The Brand that Fits)，就是其经典广告文案。在牛仔服市场上，其他厂商大多采用说服性广告，要么宣传自己的品牌"领导潮流"，要么说自己的产品"最漂亮""有品位"等，辞藻华丽，内容空洞。而 Lee 的产品广告抓住"贴身"这一诉求点，体现了 Lee 产品与众不同的特点。

Lee 产品以"贴身"开拓女性牛仔服装市场且取得成功，你认为是偶然的吗？

思考：

1. 如何分析女性消费者的消费行为特征？

2. 为什么要分析消费者行为？

3. Lee 以"贴身"开拓女性牛仔服装市场的依据是什么？

课前导学

一、消费者行为的相关概念

1. 消费心理与消费行为

1) 消费心理

消费心理是研究人们在生活消费过程中的心理活动规律、个性心理特征及行为规律的科学，主要侧重研究以下几个方面的现象。

(1) 市场营销活动中的消费心理现象，如求美心理、从众心理和攀比心理等。

(2) 消费者购买行为中的心理现象，如求实心理、求便心理和保值心理等。

(3) 消费心理活动的一般规律，如怀旧心理、占便宜心理和爱面子心理等。

消费心理是心理学科的一个分支。消费者心理活动是指消费者从事消费活动的基本心理机制及其作用方式，涉及消费者心理活动的一般过程。消费心理的研究内容分为两部分：

(1) 影响消费者购买行为的内在条件，包括消费者的心理活动过程、消费者的个性心理特征、消费者购买过程的心理活动、影响消费者行为的心理因素。

(2) 影响消费者心理及行为的外部条件，包括社会环境、消费者群体、消费态势、商品因素、购物环境等。

2) 消费行为

消费行为是指消费者的需求心理、购买动机、消费意愿等与现实诸表现的总和,其最主要的行为表现是购买行为。

【知识拓展】

消费行为的制约因素

① 消费者的需要。消费者的需要是购买的直接动因。

② 可支配收入水平和商品价格水平。

③ 商品本身的特征及商品的购买、保养和维修条件。

④ 社会环境的影响。

3) 消费者心理与消费行为的关系

消费者心理是指人作为消费者时的所思所想,是用来支配和调节购买行为的精神活动。

消费行为是指从市场流通角度观察的,人作为消费者时对于商品或服务的消费需要,以及使商品或服务从市场上转移到消费者手里的活动,是消费者内部心理活动的外部表现。两者的关系如图 1-1 所示。

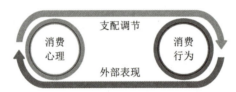

图 1-1　消费者心理与消费行为的关系

任何一种消费活动,都是既包含了消费者的心理活动,又包含了消费者的消费行为。准确把握消费者的心理活动,是准确理解消费行为的前提。而消费行为是消费心理的外在表现,消费行为比消费心理更具有现实性。

2. 消费与消费品

1) 消费

消费是指人们为满足需要而消耗各种物质产品及非物质产品的行为和过程。

消费在广义上包括生产性消费和生活性消费。生产性消费是指在物质资料生产过程中,各种工具、设备、原材料等生产资料以及劳动力的使用和耗费,它包含在生产活动之中,是维持生产过程连续进行的基本条件。生活性消费是指人们为了满足自身需要而对各种物质生活资料、精神产品和劳动服务的消耗,它是人们维持自身生存和发展的必要条件,也是人类社会最普遍的经济现象和行为活动。而狭义的消费仅指生活性消费,即日常生活中所说的消费。

2) 消费品

按照形态划分,消费品可分为两类:有形商品与无形服务。有形商品是指服装、食品等具体商品。无形服务则是指抽象和不可见的消费形态,如理发等。还有些消费品的形式介于有形商品和无形服务之间,例如去餐馆就餐,既有有形商品,如饭菜、就餐的桌椅、餐厅的装修布局等,也有无形服务,如餐厅服务员的服务、厨师的技艺等。有形商品按照消费使用的时间长短分为快速消费品和耐用消费品。快速消费品主要包括个人护理品、家庭护理品、食品、饮品等，而耐用消费品主要包括家用电器、交通工具、建筑材料等。

【知识拓展】

消费品的分类

按照消费者的购买习惯，消费品可以分为便利品、选购品、特殊品和非渴求品四类。

① 便利品。便利品指消费者频繁购买或可随时购买的商品。便利品可以进一步分成常用品、冲动品和救急品。常用品是消费者经常购买的商品，如饮料或牙膏。冲动品是消费者没有经过计划或搜寻而顺便购买的商品，如摆在超市收银台附近的小商品。救急品是消费者在需求十分紧迫时购买的商品，如药品、蜡烛、雨伞、雨衣等。救急品的地点效用很重要，消费者一旦需要，应能够迅速买到。

② 选购品。选购品指消费者对其使用性、质量、价格和式样等基本方面要作认真权衡和比较的商品，如家具、服装、汽车等。选购品可以分为同质品和异质品。消费者认为异质品(如服装、家具)的质量相似，但价格明显不同，所以有选购的必要，销售者可以与消费者商谈价格。对消费者来说，在选购服装、家具和其他异质品时，商品特色通常比价格更重要。异质品需要有大量的品种、特点，以满足消费者的各种需求；相关的推销人员必须受过良好训练，为消费者提供信息和咨询服务。

③ 特殊品。特殊品指具备独有特征和品牌标记，消费者愿意作出努力而购买的商品，如特殊品牌和特殊式样、特殊花色的商品。

④ 非渴求品。非渴求品指消费者不了解或即便了解可能也不想购买的商品。传统的非渴求品有人寿保险、百科全书等。对于非渴求品，企业要通过广告宣传和人员推销等大量营销活动来促进成交。

3. 消费者与消费者行为

1) 消费者

人的社会身份是千差万别的，不是每个人都能成为医生、教授、学者、记者，但在市场经济环境下，我们具有一个共同的身份——消费者，而且这个身份会伴随着我们生命的整个历程。每个人在每天的生活中，必然会进行一系列与消费有关的决策。比如，早餐吃豆浆油条还是牛奶面包？搭乘公交车还是出租车上班？到哪家超市或商场购买日用品？买房还是租房？对此类问题的全面了解有助于企业制定有效的营销策略。

消费者的概念有狭义和广义之分。狭义的消费者是指购买、使用各种消费品和服务的个人与住户。广义的消费者是指购买、使用各种商品或服务的个人或组织。两者的区别主要体现在购买目的上：狭义的消费者购买商品或服务主要为了满足自身或家人的最终消费需要；而广义的消费者购买商品或服务除满足自身消费外，还有满足生产加工、转卖商品等的需要。本书研究的消费者是狭义的消费者。

2) 消费者行为

对消费者行为概念的认识和理解不同，不同学者识别出的影响消费者行为的关键因素以及基于此而提出的消费者行为分析模型、分析原则和方法也会有所不同。

"体验论"认为，消费者行为是消费者的体验过程，通常是一种感性的行为——消费者在体验中购买，在体验中消费，在体验中处置。

"刺激－反应论"认为消费者行为是消费者对刺激的反应，主张从消费者与刺激的关系方面研究消费者行为。

"平衡协调论"认为消费者行为是消费者与营销者之间的交换互动行为，是双方均衡的结果。

"决策过程论"认为消费者行为是消费者为获取、使用、处置消费品所采取的各种行动以及预先思考以决定这些行动的决策过程。自1986年恩格尔等人提出这一理论后，从决策过程的角度考察消费者行为成为消费者行为学研究的一个重点。传统上，消费者行为被理解为商品或服务的获得或获取，关于商品的消费与处置方面的研究往往被忽视。随着对消费者行为研究的深化，人们日益深刻地意识到，消费者行为是一个整体、一个过程，获取或者购买只是这一过程中的一个阶段。因此，研究消费者行为，既要掌握消费者在获取商品、服务之前的信息搜集活动，对商品、服务或品牌的评价与选择活动，也应重视他们在获取商品或服务后如何处置商品及与其满意状态相关的活动等。

【见多识广】

消费升级的内容

消费升级主要包括3个方面：

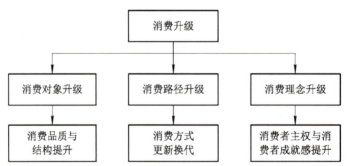

一是消费对象升级，其表现为消费品质与结构提升。随着消费者收入水平的提高，消费结构从生存型向发展型进而向享受型转变。恩格尔系数下降，消费者对消费数量与质量提出新要求，在数量增加的基础上，对高品质消费的需求大大增加，同时消费内容中属于实物的消费占比逐步下降，而服务性消费所占的比重大幅度提高。

二是消费路径升级，其表现为消费方式更新换代。伴随着科技进步，消费者的消费从实体店铺消费转向网络消费；物流配送的发展使购买过程更加便捷、安全、舒适，消费方式呈现出个性化、智能化趋势。

三是消费理念升级，其表现为消费者诉求得到满足。这个层面的消费升级涉及消费者主权与消费者成就感提升两个方面。消费者主权是消费的社会属性，表现为消费者在整个经济活动中受到最大限度的尊重，地位得到极大提高，反映出的现象是消费者作为系统运行的终极决定者，其偏好和选择决定经济系统的方向，引导资源配置，引领生产活动的未来走向。消费者成就感提升反映出的是越来越多的消费者在购买活动中自我保护意识不断增强，希望能更加深入地参与商家的经营活动，发挥对市场的积极作用。

二、消费者行为分析的研究内容

消费者行为主要受外部因素和个人因素的影响，即消费者购买行为是外部决定因素 (I) 和个人决定因素 (P) 的函数 $B = f(I, P)$。消费者的购买行为是指消费者受营销和环境的刺激产生需求，并最终作出购买决策的整个过程。消费者行为分析的研究内容如图 1-2 所示。

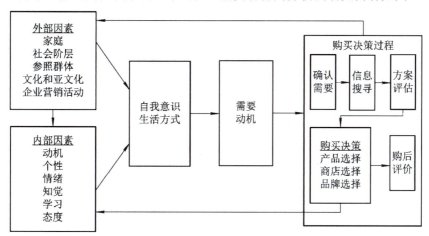

图 1-2　消费者行为分析的研究内容

三、消费者行为分析的研究意义

1) 有助于企业进行营销决策，增强企业市场竞争力

在当今激烈的市场竞争环境中，企业想脱颖而出或者保持常青树的地位，条件之一是制定满足消费者需求的营销策略，而决策的关键是对目标市场消费者的需求、购买方式等内容的把握。

宝洁曾开发了一款名为"帮宝适"的一次性尿布，这种尿布对年轻的母亲而言，使用方便、能节省时间。但当宝洁在早期的广告和促销活动中大力宣传这些显而易见的好处后，其产品的销售情况却相当不理想。后来，宝洁通过科学的调查研究，洞察了问题所在：母亲最关心的是婴儿的利益，其次才是自己的利益。这一调查研究使"帮宝适"的营销策略发生了重大转变，新的广告强调"帮宝适"可以使婴儿的皮肤保持干爽，由此产品的销量直线上升。"帮宝适"的成功在于营销策略的及时转变，而这一营销策略的转变建立在宝洁对目标市场消费者的购买动机、产品态度等调研分析的结果上。

可以说消费者行为研究是企业进行营销决策的基础。企业在市场机会分析、市场细分、目标市场选择、市场定位、市场营销组合方面，都应该根据消费者行为的表现和特征进行适当的营销决策。

2) 有助于引导和帮助消费者作出明智的购买决策，保护消费者权益

市场上同类商品琳琅满目，消费者需要作出正确的决策以使消费者行为学知识的效用最大化。但实际情况是，消费者往往由于商品知识不足、认知水平较低、消费观念陈旧、信息筛选能力较低等，而出现决策失误、盲目购买等情况。因此，了解一般的消费者行为学知识，对消费者而言是大有益处的。

首先，通过对消费者行为相关知识的了解，消费者能树立正确的消费观念，形成健康

的消费方式。例如，绿色消费、低碳消费是指在消费领域引入环境保护、资源节约的思想，使消费者通过学习绿色消费方面的知识，逐渐培养绿色消费、低碳消费的观念，形成绿色消费或低碳消费模式。

其次，消费者能分辨企业的营销行为，根据所学习的消费者行为学知识更好地洞悉企业营销行为背后的动机。例如，现在的商业广告铺天盖地，企业力求以各种形式、通过各种媒介将自己的产品千方百计、不遗余力地展现在消费者面前，而企业这么做的原因就是，在同类商品中，消费者往往会选择知名度高的商品。而消费者的记忆能力有限，要让消费者注意并记住自己的品牌，企业就必须宣传自有品牌。了解这些有助于消费者作出谨慎的购买决策。

最后，消费者通过对消费者行为学知识的学习，能有效地保护自己的合法权益。在消费品市场，存在信息不对称等情况，消费者是弱势群体，卖方为获得短期利益，会利用其在市场上的有利条件，采取一些不正当的手段来获得消费者，这些做法会损害消费者的利益。因此，了解消费者行为学的知识可以在一定程度上帮助消费者识别不正当营销手段，从而保证自己的合法权益不受侵害。

3) 有助于政府制定相关的消费政策和法律法规

政府制定的消费政策对市场的供求有着一定的指导作用，但消费政策的制定必须建立在了解消费者行为的基础上，否则，政策效果可能会大打折扣。例如，前几年我国各地的房价一路飙升，控制房价成为政府的一项重要任务。虽然政府采取了很多限购措施，但效果都不明显。原因固然有很多，但与政策制定者对这些政策在需求抑制上到底会产生什么作用缺乏研究和了解有很大关系。要想制定更加有效的政策，离不开对消费者行为进行更加深入、细致的研究。

消费者作为社会的一员，拥有自由选择商品或服务、获得安全的商品、获得正确的信息等一系列权利，而权利的保障需要法律法规的支持。在消费者权益保护方面，政府应当制定什么样的法律、采取何种手段保护消费者权益，以及法律和保护措施在实施过程中意欲达到什么样的预期目的，在很大程度上都可以借助消费者行为学研究得到的信息。例如，在消费者权益保护方面，很多国家规定，食品供应商应在商品标签上披露各种成分和营养方面的数据，以便消费者作出更明智的选择。

【素养园地】

企业研究消费者行为，目的是实现科学的营销策略制定。企业在引导消费者购买决策时，不应该为了销售额进行虚假宣传，欺骗消费者。坚持诚信经营，并树立良好的企业形象，是企业可持续发展的关键。企业要秉持诚信的核心价值观，维护消费者权益，履行社会责任，只有这样，才能赢得消费者和社会的认可与支持，建立起良好的企业形象，为企业的长远发展打下坚实基础。同理，消费者在消费购物、为人处世的过程中，也应该秉持诚信和与人为善的核心价值观，与他人建立信任，才能提高生活的幸福指数。诚信是做人之本，守信是立业之基。诚信也是立世之本，坚守诚信之道是做事业的根基。人如果不讲诚信，便无法立足，不可能成就一番事业。

四、消费者行为分析的研究方法

消费者行为分析的研究方法主要分为定性研究和定量研究两种。

1. 定性研究

消费者定性研究是基于消费者并非理性决策者这一前提，即消费者的选择并不是都依据成本最低、收益最高原则作出的。例如，在消费者购买动机的研究中，隐性动机往往没有被消费者意识到，难以通过量表的形式获得正确的测量。因此，研究者必须结合深度访谈法、焦点小组法和投射法等定性研究方法，了解消费者购买产品的真实意图。

1) 深度访谈法

深度访谈法指一对一的访谈，是受访者与专业采访者之间进行的一次较长时间 (20～60 分钟) 的非结构化访谈。专业采访者在确定要讨论的主题之后应该尽量减少自己的参与程度，以便受访者更好地解释自己的想法或行为。例如，专业采访者可通过激励受访者自由地回答关于研究的商品或品牌的情况，分析其对商品或品牌的评价或态度。

深度访谈法能为市场营销者进行商品设计或商品改良提供宝贵意见，并为其进行品牌市场定位或品牌重新定位提供帮助。深度访谈的步骤为：首先，专业采访者提供一系列刺激材料让受访者阅读或观看，这些材料可以采取书面描述、商品图片、商品样本、商品实地展示、商品广告等形式；然后，根据调研的目的，专业采访者就相关问题与受访者进行交流并记录；最后对记录进行定性分析和归纳总结。应用刺激材料的目的是帮助受访者表达其内心的想法，从而激发其对所调查的问题作出更精准的回答。

2) 焦点小组法

焦点小组由 8～10 名受访者与 1 名访谈主持人组成，他们将共同聚焦并探索某个特定主题 (如商品或品牌)。在焦点小组交流期间 (至少 2 小时)，受访者被鼓励进行关于商品或服务的概念、新的商品广告或其他营销活动的讨论。

受访者是在详细填写筛选型问卷的基础上召集而来的。在开始讨论之前，主持人应事先准备好相应的材料和访谈提纲，探讨的问题应由浅入深。

3) 投射法

投射法是用来测量消费者在一般情况下不愿或不能披露的情感、动机或态度的方法。常用的投射法有很多，如主题统觉测验、造句测验、语言联想法、角色扮演法等。例如，采用造句测验时，研究者通常要事先准备好几个关于某一事物的未完成的句子，如"买车要买……牌的轿车""一想起计算机，我想到的是……"，要求消费者进行填补。在这种情况下，消费者会不自觉地将自己内心的情感、态度、需要等情意因素投射到所填内容之中。通过对消费者所填内容进行分析，研究者可以了解消费者的愿望或偏好，进而推断出消费者对某种商品或某个品牌的评价或态度。

2. 定量研究

市场营销者可以通过定量研究了解消费者对商品的喜爱程度或满意度，分析营销行为对消费者的影响，预测消费者的消费行为和消费趋势。

1) 观察法

观察法是研究者通过对消费者外部表现的直接观察与记录来分析消费者的心理活动、揭示消费者的行为规律的一种方法。例如，研究者可以观察消费者在做什么，不同消费者之间是怎样互相作用的；注意购买者与营销人员是怎样相互注视和接触的，是否有笑容；注意消费者是怎样了解商品的，面部表情如何，记录消费者购买时的身体姿态是怎样的以及使用哪些言语；等等。

在当代的消费者行为研究中，观察法被越来越多地采用。一是因为通过观察得到的材料比较直观、真实、切合实际；二是因为随着跟踪检测技术和设备的进步，观察法所需的人力和时间大量减少，观察者无须过多参与，被观察者是在没有外来影响和干扰的情况下被观察的，会有一种心理和行为的自然流露。

【知识拓展】

运用观察法时，观察者首先应有明确的目标，事先制订研究计划，拟定详细的观察提纲，据此建立一个记录各种行为的等级量表，以便迅速、准确地进行记录。由于观察并不需要记录每一件事情，因此观察者应确定哪些动作和现象应该记录下来，例如在商店中观察消费者的表现时，需要侧重记录的是消费者的步态、目光和神情。比如，消费者是脚步紧凑，目光集中，直奔货架；还是脚步缓慢，犹豫不决；抑或是放松自然，随意浏览。据此把消费者分为购买者、可能购买者和闲逛者，而消费者在其他方面的表现可以忽略不计。其次，观察者必须预先设计好记录行为的方法和层次，例如，观察者计划有"表示友好的动作"是不够的，还必须确定哪些动作是表示友好的。不同的观察者，只有在不同的地点、时间下设计出"对别人微笑""长时间注视""谈话时身体前倾""说话语气平缓、悦耳"等动作，并对各种情况达成一致看法，其对观察到的现象才能给出一致性的结论，在获得研究成果时才会有统一的观点。

观察分为参与观察和非参与观察两种。前者是指观察者亲自参加被观察者的活动，后者是指观察者作为旁观者观察被观察者的活动。在非参与观察的情况下，观察者不一定需要被观察者的合作，如某度假村给客人提供带有芯片的"频繁娱乐卡"，通过此卡度假村的经理可在很短的时间内通过电子屏幕读取客人的历史消费记录，以了解其娱乐风格、进餐习惯与房间偏好等。

【职业能力训练】

(1) 观察超市布局和货物架陈列，分析其对消费者购物的影响，并提出改进方案。

(2) 观察超市客流量情况，并注意观察消费者的行走路径。

(3) 通过观察分析消费者的购物习惯，间接了解影响消费者购物习惯的因素，从消费者角度出发，说明超市应采取怎样的措施，提高消费者满意度。

(4) 观察并调查消费者在超市采购的商品品种。

2) 实验法

实验法是指通过有目的地控制或创设一定条件来对引起某种心理或行为的现象进行研究的方法。例如，研究"共同语言"对销售效果的影响时，研究者必须控制和创设条件，即在其他条件相同的情况下，要求一组柜台的销售人员尽量与顾客寻找共鸣点(色彩、商店音乐等)，而另一组则尽量表现出与顾客不同的欣赏倾向，然后通过对两组柜台销售量的比较得出研究结论。

实验法可分为实验室实验法和自然实验法两种。实验室实验法是在实验室里借助各种仪器进行研究，或者在实验室里模拟自然环境条件(或工作条件)进行研究的方法，这种方法取得的研究结果一般比较准确。例如，测定商品广告在消费者中的记忆率时，测试者可以在实验室里运用音像、图片和文字等广告媒介，测定消费者对不同广告形式的记忆效果。当然，这种方法只适用于研究比较简单的心理现象。

自然实验法是在各类消费环境中，有目的地创设某些条件或变更某些条件，向被研究者的心理和行为活动施加某种刺激和诱导，从而了解被研究者的消费心理和行为的方法。例如企业举办单项或综合的商业展览会或展示会，采取各种方法进行试销，借以分析消费者的反应，便是自然实验法的一种普遍运用。

3) 问卷调查法

问卷调查法是指设计调查问卷，通过一定的形式（如人员访谈、邮寄问卷、电话访问、电子邮件调查、互联网调查等）向被调查者发放调查问卷，并邀请被调查者填写调查问卷，然后汇总调查问卷并进行分析研究。问卷调查法要求被调查者回答问题要明确，表述要确切、实事求是。调查者通过对得到的材料在数量和质量上进行仔细的分析，确定某一年龄阶段或某一群体的人们的消费心理倾向。

4) 大数据分析

大数据分析指通过对终端采集的数据进行分析，帮助企业快速洞察消费者的需求并实施精准营销的方法。

【知识拓展】

大数据的四个典型特征

1. Volume(大量)

大数据的特征首先就是数据规模大。随着互联网、物联网、移动互联技术的发展，人和事物的所有轨迹都可以被记录下来，数据呈现爆发性增长。互联网数据每年将增长 50%，IBM 研究表明，整个人类文明所获得的全部数据中，90% 是在过去两年内产生的。

2. Variety(多样)

数据来源的广泛性，决定了数据形式的多样性。大数据可以分为三类，一是结构化数据，如财务系统数据、信息管理系统数据、医疗系统数据等，其特点是数据间因果关系强；二是非结构化数据，如视频、图片、音频等，其特点是数据间没有因果关系；三是半结构化数据，如 HTML 文档、邮件、网页等，其特点是数据间的因果关系弱。有统计显示，目前结构化数据占据整个互联网数据量的 75% 以上，而产生价值的大数据，往往是非结构化数据。

3. Velocity(高速)

数据的增长速度和处理速度快是大数据高速性的重要体现。与以往的报纸、书信等传统数据载体生产传播方式不同，在大数据时代，大数据的交换和传播主要是通过互联网和云计算等方式实现的，数据生产和传播的速度是非常迅速的。另外，大数据还要求处理数据时的响应速度要快。

4. Value(价值)

大数据的核心特征是价值，数据价值密度的高低和数据总量的大小是成反比的，即数据价值密度越高，数据总量越小；数据价值密度越低，数据总量越大。数据价值除了与数据规模相关，还与数据处理速度成正比关系，也就是说，数据处理速度越快、越及时，其发挥的效能就越大、价值越大。任何有价值的信息的提取依托的就是海量的基础数据。当然，目前大数据背景下存在个别未解决的问题，比如，如何通过强大的机器算法更迅速地在海量数据中完成数据的价值提纯。

大数据分析在消费者行为研究中主要有以下作用。

(1) 用户行为与特征分析。只有积累足够多的用户数据，才能分析出用户的喜好与购买习惯，甚至做到"比用户更了解用户自己"，这一点是许多大数据营销的前提与出发点。

(2) 引导产品及营销活动投用户所好。如果能在产品生产之前了解潜在用户的主要特征以及他们对产品的期待，那么你的产品生产即可投其所好。

(3) 企业筛选重点客户。企业想从企业的用户、好友与粉丝中，确定最有价值的用户，有了大数据的事实支撑，或许这一切都可以更加容易。从用户访问的各种网站可判断其最近关心的东西是否与你的企业相关；从用户在社交媒体上发布的各类内容及其与他人互动的内容中，找出千丝万缕的信息，利用某种规划关联及综合手段，可以帮助企业筛选出目标客户。

(4) 大数据分析用于改善用户体验。要改善用户体验，关键在于真正了解用户及他们所使用的产品的状况，向用户进行最适当的提醒。例如，在大数据时代，通过遍布全车的传感器收集车辆运行信息，在汽车关键部件发生问题之前，提前向用户或4S店发出预警或许可救命。

(5) 社会化客户关系管理中支持客户分级管理。面对日新月异的新媒体，许多企业通过对粉丝公开发布的内容和互动记录进行分析，将粉丝转化为潜在用户，激活社会化资产价值，并对潜在用户进行多个维度的画像。

【课赛融通】

在教育部高职财经商贸类的市场营销技能竞赛中，市场营销技能竞赛包括方案策划、数字营销、情境营销三个模块，其中，方案策划模块包括品牌战略规划方案设计、营销活动策划方案设计、新媒体营销、方案汇报与展示。数字营销模块包括用户画像与市场定位、数字营销策略制定、数字营销实施、市场推广与控制。情境营销模块包括市场调研与数据分析、客户满意度管理、产品设计与开发、销售管理、经营核算与成本控制。

以上三个模块都涉及对数据的搜集、整理与分析。在方案策划模块，需要以市场调查的数据为基础，根据企业品牌发展现状及产品规划格局，结合市场分析结果，确定企业品牌定位，撰写企业5年内的品牌战略规划方案。在数字营销模块，首先，结合用户特征数据和市场数据，完成用户画像分析与市场定位，以圈定更加精准的目标用户；然后，制定数字营销策略，力求以最低的营销成本获取最优的推广效果。在情境营销模块，制订企业营销组合策略，结合企业经营状态与市场预测数据进行市场调研与数据分析，分析用户需求与市场需求。

在教学过程中，大数据分析方面重点讲解以下内容：

(1) 训练学生熟练掌握Python、MS Excel等商务数据分析工具的使用方法。

(2) 培养学生数据思维意识，所有的决策以数据分析为基础。

(3) 使学生善于对数据进行对比分析。一方面，进行自我对比分析，对自己的产品(过去、现在、未来的情况)进行分析；另一方面，要善于分析竞争对手，在每个时期与竞品进行对比分析。

(4) 培养学生透过数据找规律的能力。通过讲解使学生善于对数据进行可视化分析，掌握数据表现下的事物运行规律。

【课岗融通】

内容营销策划岗位

一、岗位概述

随着互联网营销渠道的兴起，内容营销策划成为企业不可或缺的岗位。该岗位主要负责内容把控（输出并把控各渠道矩阵账号的短视频/图文传播内容）、营销策划（灵活运用热点话题等，为项目造势；制订创意策划、宣推方案）、价值提炼（定位产品以提炼产品价值，清晰地对内对外传递产品市场价值及客户需求）、营销落地（跨部门协作推动营销策略实施，并跟进最终的营销转化效果）。

二、岗位职责

1. 负责在各个新媒体平台上发布品牌内容的宣传策划、文案编辑。

2. 负责线上活动及线下活动的策划和组织，扩大传播效应，提升粉丝的关注度、活跃度。

3. 负责媒体资源拓展、渠道运营及管理等。

4. 分析同行业网站、微信公众号的内容结构及热点话题，搜集、挖掘、分析客户与同行业在新媒体推广营销方面的情感、体悟感触或习惯，定位客户需求及喜好，制订新媒体推广方案，并组织实施，增加粉丝量。

5. 乐于探究微信、公众号、微博等在线营销模式，制订高效、创新的推广计划。

6. 协助本部门完成品牌推广的其他工作。

三、任职要求

1. 专科学历及以上，热爱新媒体行业，有市场营销相关专业背景者优先；

2. 有官方微博、企业微信的运营经验；能独立运营微信公众号，个人微信公众号粉丝1万以上者优先；

3. 有创意想法，擅长联系策划热点。

4. 了解新媒体用户群体特征和新媒体传播逻辑，知道如何积累粉丝并和粉丝互动，充分发挥新媒体的互动性。

5. 踏实肯干，执行力强，有强烈的责任心，态度乐观，主动且擅长交流，有团队合作精神。

职业能力测试

一、填空题

1. 广义的消费包括 _____ 和 _____。

2. 消费品可以分为 _____、_____、_____、_____。

3. 实验法有两种形式：_____ 和 _____。

4. 访谈法可以分为 _____ 式访谈和 _____ 式访谈两种。

二、判断题（对的打 √，错的打 ×）

1. 生活性消费是一种最终消费。　　　　　　　　　　　　　　　　（　　）

2. 家具、服装、旧汽车和大型器械等属于特殊消费品。　　　　　　（　　）

3. 环保产品、人寿保险以及专业性很强的书籍等属于便利消费品。　（　　）

4. 具有收藏价值的古玩字画以及具有纪念意义的结婚戒指等属于选购消费品。（　　）

5. 同一消费者在不同时期、不同环境、不同情境、不同产品的选择上，其行为也呈现出很大的差异性。　　　　　　　　　　　　　　　　　　　　　　　　（　　）

6. 消费者购买意愿指消费者愿意采取特定购买行为的概率。　　　　　（　　）

三、简答题

1. 简述研究消费者行为的意义。

2. 研究消费者行为分析有哪些方法？

3. 消费者行为分析的内容有哪些？

4. 简述大数据分析在消费者行为研究中的作用。

课中实训

实训一　对比分析消费品分类的特点

任务描述： 分别从商品价格、购买渠道、购买决策特点及消费心理四个维度分析以下四种分类的消费品。

消费品分类	商品价格	购买渠道	购买决策特点	消费心理
便利品				
选购品				
特殊品				
非寻求品				

实训二　思政研判大数据"杀熟"

任务描述： 学生分析案例提出的问题，拟写思政研判提纲；小组讨论，形成小组的思政研判报告；进行班级交流和相互点评各组的思政研判报告。

无法躲避的大数据"杀熟"

据央视报道，北京的韩女士使用手机在某电商平台购物时，中途错用了另一部手机结账，却意外发现，对于同一商家的同样一件商品，使用注册 12 年、经常使用、总计消费近 26 万元的高级会员账号购买产品，反而比注册 5 年多、很少使用、总计消费 2400 多元的普通账号，价格贵了 25 块钱。韩女士认为自己遇到了大数据"杀熟"。

大数据"杀熟"就是老客户看到的价格会高于新用户。而企业这样做的目的主要是，增加新用户的黏性。

其实在现实生活中，我们会遭遇的大数据杀熟的移动应用无非是两种：

一种是在线旅游类的 APP，另一种则是电商类 APP。而在电商类 APP 中，具体的大数据杀熟时间分别为平时消费日与节假日。

在任何场景下，大数据杀熟一定是基于用户的行为习惯来进行的。

我们通过 APP 进行的大部分行为都在被实时获取，它们会变成一个个小标签来标记用户特征，同时，也成了商家算计我们的利器。

这些标签中，除了基本的性别、地区、是否使用苹果手机之外，还会有你几点几分浏览了什么商品，看了多久，价位如何，等等。简言之，就是几乎每个会影响用户消费的行为的因素都被加了标记。

问题：

(1) 试举例说明，旅游类 APP 和电商类 APP 运用大数据杀熟存在哪些思政问题。

(2) 试对上述问题作出你的思政研判。

(3) 通过网上调研或图书馆调研等途径收集你进行思政研判时依据的相关规范。

(4) 本案例对消费者的启示有哪些？

小组讨论后，请将思政研判提纲填写在以下空白处。

思政研判提纲

实训项目评价

学生自评表

序号	评价素质点	佐　证	达标	未达标
1	知识点融会贯通能力	能够将知识点灵活运用于实训项目中		
2	资源整合能力	能够借助网络资源平台、人脉资源等完成实训项目		
3	小组分工合作能力	能够融入小组活动，有效协同工作		
4	职业道德	能够从职业道德的角度理性看待社会现象，进行思政研判		

教师评价表

序号	素质点自评	佐　证	达标	未达标
1	知识点融会贯通能力	能够将知识点灵活运用于实训项目中		
2	资源整合能力	能够借助网络资源平台、人脉资源等完成实训项目		
3	小组分工合作能力	能够融入小组活动，有效协同工作		
4	职业道德	能够从职业道德的角度理性看待社会现象，进行思政研判		

课后提升

Z世代消费心理与消费行为分析

Z世代，也称为"网生代""数媒土著"，通常指的是在1995年至2009年间出生的一代人，成长在高度互联、信息爆炸的社会环境中。这一代人没有社会改革和物资匮乏的记忆，他们经历着前所未有的经济高速增长、物质主义、趋平的地球交通及汹涌的全球化。他们与网络相伴而生，不想那么平庸，也不喜欢老一套。他们追求自由独立以及对生活的真我态度，热衷于在社交网络表达自我，喜欢使用社交网络、微博、QQ、唱吧等，也喜欢在网络上分享自拍图片或者视频等。以下是对Z世代消费心理与消费行为的分析。

一、消费心理

(1) 追求个性化和自我表达。Z世代的消费者具有强烈的个性化和自我表达欲望，他们希望通过消费来展示自己独特的品位和生活方式。他们更倾向于选择与众不同的产品和服务，追求独特的体验和感受。

(2) 品质与情感共鸣。Z世代的消费者对产品的品质有着较高的要求，他们愿意为高品质的产品支付溢价。同时，他们也更加注重与产品的情感共鸣，会选择那些能够触动内心、符合价值观的品牌和产品。

(3) 追求便捷与体验。Z世代的消费者更习惯于通过互联网进行购物、点餐、预订、支付等活动，他们注重线上购物的便捷性和消费体验。他们更倾向于选择那些能够提供良好线上体验、快速响应和便捷服务的品牌。

(4) 环保意识与可持续发展。Z世代的消费者具有较高的环保意识，他们关注产品的环保性能和生产过程，倾向于选择那些注重可持续发展、具有环保理念的品牌和产品。

二、消费行为

(1) 社交媒体影响大。Z世代的消费者是社交媒体的重度用户，他们的消费行为受到社交媒体平台上的信息、评价、推荐等内容的深刻影响。他们通过社交媒体获取产品信息、分享购物心得和产品体验，形成了一种新型的消费决策模式。

(2) 线上购物为主。Z世代的消费者更倾向于通过线上渠道进行购物，包括电商平台、社交媒体、短视频平台等。他们注重线上购物的便捷性和消费体验，享受在互联网上挑选和购买商品的乐趣。

(3) 粉丝经济意识与品牌忠诚度增强。Z世代的消费者具有较强的品牌忠诚度和粉丝经济意识。他们愿意为自己喜欢的品牌和产品付出更多的时间和金钱，参与品牌的互动活动、购买周边产品等。同时，他们也会通过社交媒体等渠道分享自己的购物体验和心得，为品牌作宣传。

(4) 注重体验和分享。Z世代的消费行为更加注重体验和分享。他们倾向于通过参与和互动来获得消费满足感，例如参加线下活动、体验新产品等。同时，他们也愿意通过社交媒体等平台分享自己的消费体验和心得，与他人交流和互动。

例如，泡泡玛特与Z世代的互动。泡泡玛特，一家以售卖潮流艺术玩具为主的品牌，近年来，在Z世代中获得了极高的关注度和市场份额。其销售模式与Z世代的消费心理和行为特点密切相关。

泡泡玛特的产品设计独特，每一个玩具都有自己独特的形象和故事背景。Z世代消费者通过购买和收藏这些玩具，可以展示自己独特的品位和个性。此外，泡泡玛特还鼓励消费者参与设计过程，通过投票等方式决定新产品的形象，进一步满足了Z世代对于个性化和自我表达的需求。泡泡玛特也注重产品的品质，使用高质量的原材料和精细的工艺制作玩具。同时，品牌还注重与消费者的情感连接，泡泡玛特通过讲述玩具背后的故事和传递的价值观，与Z世代消费者建立深厚的情感共鸣。

在传播渠道中，泡泡玛特充分利用了线上渠道和社交媒体平台来推广产品。通过电商平台、社交媒体广告、KOL(关键意见领袖)合作等方式，泡泡玛特成功吸引了大量Z世代消费者的关注。同时，消费者可以在社交媒体上分享自己的购物体验和心得，形成口碑传播效应。泡泡玛特还通过举办线下活动、建立会员制度等方式发展了自己的粉丝社群。这些活动不仅增加了品牌的曝光度和消费者参与度，还提高了消费者的品牌忠诚度和归属感。此外，泡泡玛特还推出了具有收藏价值的限量版、联名款等玩具，进一步激发了消费者的购买欲望，提高了消费者的忠诚度。

Z世代人们的消费心理与消费行为呈现出个性化、品质化、便捷化、环保化等特点。企业需要深入了解Z世代人们的消费心理和行为特点，制定符合他们需求的营销策略和产品策略，以赢得他们的青睐和忠诚。

想一想：

Z世代是未来10年消费市场的主力军，他们对差异产品的需求、购物的渠道、对价格的接受程度、搜集信息的方式等方面的特点都会影响企业的营销策略。作为企业的营销人员，怎么才能顺势而为，准确地引导和影响Z世代的消费人群呢？

职业能力拓展

"买就送"也要洞悉消费心理

自古以来，人们深信"一分价钱一分货"的民间俗语，这逐渐演化为一种普遍的消费观念——价格高往往与品质好画等号。对于社交商品、奢侈品及礼品而言，这一观念尤为牢固。茅台，作为社交场合的重要饮品，其价值远不止酒本身的可饮用性，更重要的是它所承载的社交属性和身份象征。茅台若要提升销量，降价并非明智之举，因为降价可能削弱其稀缺性所带来的社交属性。

伦勃朗商品，每一个都代表着一种独特的符号和标识，它们不仅体现了持有者的身份、地位，还展现了其品位和所属的社会阶层。礼品同样属于此类商品，人们在选择礼品时往往倾向于价格更高的物品，因为"好东西"在消费者心中往往与"高价"紧密相连。

这一消费心理并非空穴来风，而是人们在长期购物体验中积累的智慧和教训。商家也利用这一心理，为新产品或陌生服务定价，通过高价来传递高品质的印象，从而促成交易。但高价并不意味着销量和复购率的必然提升，如何使消费者感到物有所值，成为商家需要解决的难题。

一个有趣的例子是，一位男士在珠宝店为妻子挑选项链时，虽对原价500美元的项链满意，但当店家想以成本价250美元出售时，遭到了男士的拒绝。这是因为男士希望购买的是一份"真正好"的礼物，而不是特价品。当店家以结婚礼物的名义再次以250美元的价格出售项链时，男士欣然接受，因为这次购买承载着特殊的情感价值，而不仅仅是商品本身的价值。

这个例子告诉我们，价格策略的制定需要考虑消费者的心理预期和购物体验。捆绑销售时，给出合理的理由能让消费者感到自己占到了便宜，而不是简单地认为商品降价了。同样，赠品也需要巧妙地运用，避免让消费者产生"便宜没好货"的疑虑。

总之，无论是高价还是低价，关键在于如何满足消费者的心理预期和购物体验。贵有贵的策略，便宜也有便宜的智慧。商家只有深入了解消费者的心理，才能制定出更有效的营销策略，赢得市场的青睐。

拓展任务说明

一、任务名称

抖音小店商品推广活动

二、任务背景

近年来，直播带货已成红海。"一分价钱一分货"是一种购买心理，商家若能满足顾客这种心理，将大大提高产品销量。为了扩大销量，"买就送""同等质量比价格"等已成为直播间促销的主要方式。

三、任务要求

1.如何利用人们购买商品时抱有的"东西贵＝质量好"的观念来给产品定价？

2.商品促销定价时，如何才能使用户不触发"便宜没好货"的条件反应？

3.采用"买就送"促销方式时，如何才能让消费者产生物有所值的感觉？

4.抓住消费者占便宜的心理来实施"买就送"营销策略。

四、任务分析

利用消费心理进行营销活动时，需要注意以下几点：

1.明确产品属性(核心产品、形式产品、期望产品等)。

2.构建商品的使用场景。

3.根据使用场景来分析消费心理。

4.依据商品定位来确定价格。

五、任务操作

1.分组讨论：学生分组，每组分别锚定一种商品，利用德尔菲法进行营销方案的策划。

2.调研分析：在平台上广泛收集直播间的带货营销方案并对其进行分析。

3.逻辑推理：根据调研结果设计小组营销方案，从消费者行为分析角度来优化营销方案。

4.执行实施：在方案确定后，小组成员在不同网络平台实施方案。

5.总结报告：活动结束后，各组撰写活动总结报告，分析活动效果，提出改进建议。

六、任务思考

1.通过本次实训任务，你学到了哪些消费心理的知识和技能？

2.在策划和执行活动过程中，你遇到了哪些困难和挑战，你是如何克服的？

3.通过本次实训任务，你认为自己的专业能力有了哪些提升？

任务二　消费者的购买决策

 案例导入

饥 饿 营 销

饥饿营销是一种营销策略，其通过限制产品或服务的供应量，创造一种供不应求的假象，从而激发消费者的购买欲望和紧迫感。以下是几个饥饿营销对消费者购买动机产生影响的实际案例。

1. iPhone 的饥饿营销

在新款 iPhone 面世之前，苹果通常会进行大量的预热宣传，但很少透露具体的产品细节和发售日期。这种策略使消费者产生强烈的好奇心和期待感。

当新款 iPhone 正式发售时，苹果会限制供应量，并通过排队购买、在线预约等方式增加购买的难度。这进一步增加了产品的稀缺感和消费者的购买欲望。

消费者往往愿意为了获得新款 iPhone 而付出更多的时间和金钱，因为他们认为这是一种身份的象征和时尚的体现。

2. Nike 的限量发售

Nike 经常推出限量版的运动鞋或服装，这些产品往往具有独特的设计和有限的数量。

限量发售的策略使消费者感到紧迫，担心错过购买机会。他们愿意为了获得这些限量产品而提前作好准备，如关注官方信息、设置提醒等。

Nike 的饥饿营销策略不仅增加了产品的附加值，还提高了品牌的知名度和美誉度。消费者往往将拥有 Nike 限量产品视为一种荣誉和地位的象征。

3. 星巴克的猫爪杯

星巴克的猫爪杯因其独特的设计和限量发售的策略而迅速走红。在发售前，星巴克通过社交媒体等渠道进行了大量的预热宣传，吸引了大量消费者的关注。

猫爪杯的限量发售使消费者感到产品的稀缺性，企业有意营造购买的紧迫感，吸引消费者纷纷前往门店抢购。一些消费者甚至愿意为了购买猫爪杯而排队数小时或支付高价从黄牛手中购买。

通过饥饿营销策略，星巴克成功地将一个普通的杯子打造成了炙手可热的爆款产品，提高了品牌的曝光度和美誉度。

这些案例表明，饥饿营销通过创造产品的稀缺性，有效地激发了消费者的购买欲望和动机。然而，这种策略也需要谨慎使用，以避免损害企业的诚信形象和消耗消费者的品牌忠诚度。

思考：

1. 哪些因素影响了消费者的购买行为？

2. 研究消费者的购买动机对营销人员有何意义？

课前导学

一、消费者购买决策的相关知识

1. 消费者购买决策的概念

决策是人们为达到某一预定目标，对几种可能采取的备选方案进行评价、比较，最终作出合理选择的过程。

消费者购买决策是指消费者为了满足某种需求，在一定的购买动机的支配下，在可供选择的两个或者两个以上的购买方案中，经过分析、评价、选择，实施最佳的购买方案，以及作出购后评价的活动过程。

购买决策包括广泛的信息收集、品牌对比和评价以及其他活动在内的一系列过程。

2. 消费者购买决策的参与角色

消费者是怎样作出购买决策的？购买的整个过程是怎样的？在购买中又是如何进行角色分配的？这些问题都是营销人员研究目标顾客时最关心的问题。

以家用汽车的选择为例，也许购买新车的提议出自儿子，购买的汽车类型来自朋友的推荐，汽车的性能由丈夫选择，妻子则对汽车的外表有明确的要求。在妻子的赞同下，也许由丈夫作出最终的购车决定。新车的最终使用者可能是妻子，也可能是丈夫。

一般来说，购买决策过程中会涉及以下 5 种参与角色。

(1) 倡议者。倡议者是指首先提出或有意购买某一产品或服务的人。

(2) 影响者。影响者是指其看法或建议对最终决策具有一定影响的人。

(3) 决策者。决策者是指在是否买、如何买、在哪里买等方面的购买决策中作出完全或部分最终决定的人。

(4) 购买者。购买者是指实际采购的人。

(5) 使用者。使用者是指实际消费或使用产品或服务的人。

企业正确地辨认消费者购买决策过程中的各参与者所扮演的角色，有利于将营销活动有效地指向目标顾客，制定正确的促销策略。如美国雪佛兰汽车公司发现，家庭小轿车购买的决策权在丈夫，便在所有小轿车的广告中体现丈夫的作用，并同时注意妻子、孩子和其他可能影响购买活动的人。另外，在设计小轿车时，雪佛兰还考虑了购买决策过程中的各参与者的需要。

3. 消费者购买决策的特点

1) 消费者购买决策的复杂性

决策是人类大脑复杂思维活动的产物。消费者在作决策时不仅要开展感觉、知觉、注意、记忆等一系列心理活动，还必须进行分析、推理、判断等一系列思维活动，并且要计算费用支出与可能带来的各种收益。因此，消费者的购买决策过程一般是比较复杂的。消费者购买决策的复杂性一般体现为决策内容的复杂性和购买决策影响因素的复杂性。

2) 消费者购买决策的情景性

由于影响决策的各种因素不是一成不变的，而是随着时间、地点、环境的变化不断发生变化的，因此，对于同一个消费者来说，消费决策具有明显的情景性，其具体决策方式因所处情景不同而不同。

3) 消费者购买决策的过程性

消费者购买决策的过程性是指消费者在受到内、外部因素刺激后，产生需求，形成购买动机，抉择和实施购买方案，购后经验又会反馈回去影响下一次的购买决策，从而形成一个完整的、循环的过程。

4. 消费者购买决策的内容

消费者通过分析，确定在何时、何地、以何种方式、何种价格购买何种品牌商品等一系列的购买决策内容。一般可以从以下几个方面概括：

谁购买？(WHO)——购买者；

买什么？(WHAT)——购买对象；

为何买？(WHY)——购买目的或动机；

怎样买？(HOW)——购买方式；

何时买？(WHEN)——购买时间；

在哪里买？(WHERE)——购买地点。

消费者购买决策的内容受到多方面因素的影响和制约，具体包括消费者个人的性格、气质、兴趣、生活习惯与收入水平等主体相关因素；消费者所处的空间环境、社会文化环境和经济环境等各种刺激因素，如产品本身的属性、价格，企业的信誉和服务水平，以及各种促销形式等。这些因素之间存在复杂的交互作用，它们会对消费者的决策内容、方式及结果有不确定的影响。

5. 消费者购买决策的作用

(1) 对消费者来说，决策的内容决定购买行为的发生方式，决策的质量决定购买行为效用的大小。正确的购买决策可以使消费者以较少的费用和时间买到物美价廉的商品。

(2) 对商家和厂家来说，分析和研究消费者的购买决策，可以为企业确定正确的产品、价格、渠道、促销方式等提供依据。

消费者的购买决策

【课岗融通】

商场导购员岗位

一、岗位概述

导购是引导顾客促成购买的工作。消费者进入店内往往存有疑虑，这些疑虑阻碍购买行为的实现，而导购可消除消费者心理上的种种疑虑，帮助消费者实现购买。导购员的主要职责就是帮助消费者作出决定，实现购买。

二、岗位职责

1. 为顾客提供服务。

2. 帮助顾客作出最佳的选择：

(1) 询问顾客对商品的兴趣和爱好；

(2) 帮助顾客选择最能满足他们需要的商品；

(3) 向顾客介绍商品的特点；

(4) 向顾客说明买到此种商品后将会给其带来的益处；

(5) 回答顾客对商品提出的疑问；

(6) 说服顾客下决心购买此商品；

(7) 向顾客推荐别的商品和服务项目；

(8) 让顾客相信购买此种商品是一个明智的选择。

3. 产品销售。利用各种销售和服务技巧，提高消费者的购买欲望，实现更多的销售。

4. 产品陈列。做好卖场生动化管理、产品陈列和POP(卖点)维护工作，保持产品与助销品的整洁和标准化陈列。

5. 收集信息。

(1) 收集顾客对产品的期望和建议，及时妥善地处理顾客异议，并及时向主管汇报。

(2) 收集竞争品牌的产品、价格和市场活动等信息，及时向主管汇报。

(3) 收集卖场对公司品牌的要求和建议，及时向主管汇报，与卖场建立并保持良好的客情关系，获得最佳的宣传和促销支持。

(4) 了解卖场的销售、库存情况和补货要求，及时向库房和经理反映。

6. 真实完整地填写销售清单，登记卖场进销存账簿，完成销售报表及其他报表填写等，并按时上交主管。

7. 其他。完成主管或经理交办的各项临时任务及卖场安排的有关工作。

三、任职要求

1. 大学专科及以上学历，广告学、市场营销类相关专业毕业生优先考虑；

2. 吃苦耐劳，热爱销售岗位，勇于挑战，抗压能力强；

3. 具备较强的逻辑思维和数据分析能力、创新学习能力及语言和文字表达能力；

4. 具有优秀的沟通协作能力和较强的执行力，执行公司营销政策，达成公司销售目标及任务，善于变通地处理问题。

二、消费者购买决策过程

作为一个理性的消费者，在购买决策过程中所表现的行为，应具有一定的逻辑和规律性。一般认为，消费者的购买决策过程包含五个步骤，消费者的购买决策运行规律蕴含于这一购买决策过程之中，具体如图 1-3 所示。

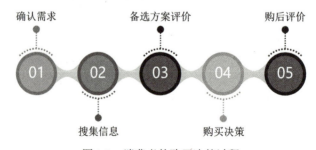

图 1-3   消费者的购买决策过程

1. 确认需求

需求是指人们在缺乏某种东西时所产生的心理状态。消费者对某一商品的购买需要来源于其自身生理和心理的需求。当人的某种想法没有得到满足，理想状态和现实状态之间存在差异时，便产生需求。由"缺乏感"转为"需求感"，构成了消费者原始的购买动机。

消费者的购买动机主要来自两个方面：一是消费者内部的生理及心理缺乏状态，如饥饿产生进食的需要，口渴产生饮水的需要，体冷产生穿衣的需要，等等；二是来自外部环境的刺激，如食物的香气，商品赏心悦目的包装，广告的宣传诱导，等等；内外部刺激共同作用也可引发消费者的某种需要。确认需求阶段如图1-4所示。

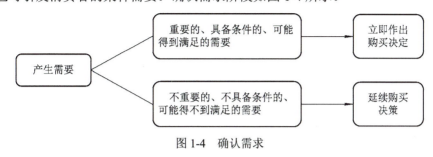

图1-4　确认需求

2. 搜集信息

信息搜集是消费者有意识地激活记忆中储存的知识或者在周围环境中获取与购买活动相关的信息的过程。消费者进行信息搜集可能会得到更低的购买价格、更满意的样式、更优的质量，对选择更加充满信心。消费者花多大力气搜集信息、搜集哪些信息、从何处和如何搜集信息，对企业营销活动十分重要。

1) 信息搜集方式

消费者搜集信息的方法有两种，即内部信息搜集与外部信息搜集。

(1) 内部信息搜集。内部信息搜集是指消费者将贮存在记忆中的有关产品、服务的信息提取出来，以服务于当前购买决策的过程。这种信息搜集的方法很大程度上来自以前购买商品的经验。例如，消费者在购买饮料时，便会从自己以前喝过的饮料的记忆中，回忆起哪种口感好，哪种不好喝，并依此作出购买决策。因此，对许多习惯性、重复性的购买决策，使用存储在记忆中的、过去获得的经验和信息就足够用了。

(2) 外部信息搜集。外部信息搜集是指消费者主动从外部来源如亲朋好友、同事、商业传媒及其他信息渠道获取与某一特定购买决策相关的数据和信息的过程。进行外部信息搜集，一方面是为了了解市场上有哪些可供选择的品牌，应当从哪些方面对这些品牌进行比较；另一方面是希望借此获得关于产品的评价标准及各种其他标准的相对重要的信息，以及不同品牌在各种产品属性上的差异性数据。

【知识拓展】

消费者获取的四种外部信息

① 个人来源信息。个人来源信息是指家庭成员、朋友、邻居、同事和其他熟人提供的信息。

② 商业来源信息。商业来源信息是指营销企业提供的信息，如广告、推销员介绍、产品说明书、店内信息、宣传手册和商品展销会等。

③ 公共来源信息。公共来源信息是指社会大众媒体发布的有关信息、报道及常识介绍，如消费者权益保护组织、政府部门、新闻媒介、消费者和大众传媒发布的信息等。

④ 经验来源信息。经验来源信息主要是指直接使用产品得到的信息，这方面来源的信息，对决策初期和最后是否作出购买决策具有决定性的影响。

2) 消费者选择信息的方式

人们通过视觉、听觉、嗅觉、触觉和味觉五种感官来获取信息，但是每个人感知、组织和解释这些感觉信息的方式各不相同。消费者信息选择的方式一般包括三种：选择性注意、选择性曲解和选择性记忆。

【知识拓展】

消费者选择信息的方式

① 选择性注意。选择性注意，指消费者仅能注意到某些特定刺激，人们总是按照现有的思维模式来接收信息。人们每天都要接受各种刺激，但人们不可能对所有刺激都加以注意。选择性注意意味着人们会过滤掉大部分接触到的信息——这意味着营销人员必须尽力来吸引消费者的注意。

② 选择性曲解。选择性曲解指人们对信息加以扭曲，使之合乎自己意愿的倾向，这意味着营销人员要了解消费者的想法，以及这些想法如何影响人们对广告或销售信息的解释。

③ 选择性记忆。选择性记忆指人们往往会忘记接触过的大多数信息，只记住那些符合自己态度和信念的信息。由于选择性记忆，消费者可能只记住了自己喜欢的某个品牌的优点，而忽视了其他品牌的好处。这也解释了为什么营销人员要不断地向目标市场投放重复性广告。有趣的是，虽然营销人员为他们的信息能否被接受而发愁，一些消费者则担心自己会不自觉地受到促销信息的影响。

3) 消费者的网络信息搜索

消费者的网络信息搜索指消费者通过搜索引擎查找并获得信息。与传统购物方式相比，网络环境下的消费者信息来源主要包括内在经验和海量的网络信息资源。海量的信息往往使消费者不知所措，信息焦虑和信息迷航现象时有发生。

消费者在网上购物时选择余地非常大，加之"货比三家"的心理特点和网络信息的无序性、廉价性和无限性，决定了消费者在作出购买决策前要反复进行信息搜索。

3.备选方案评价

消费者从不同的渠道获得有关信息后，就会对这些信息资料进行分析对比、综合评价，以作出抉择，即确定购买哪种品牌产品最理想。这是决策过程中的决定性环节。

1) 方案评价原则

消费者评价购买方案时依据的原则不是唯一的，通常是根据产品和市场情况进行选择。具体来讲，消费者在实际购买过程中可采用的方案评价原则主要有以下几种。

(1) 最大满意原则：力求决策方案的选择、实施获得最大效用，使某方面的需要得到最大满足。

(2) 相对满意原则：在进行购买决策时，只需要作出相对合理的选择，达到相对满意即可，最终以较少的代价取得较大的效果。

(3) 遗憾最小原则：由于任何决策方案都达不到完全满意，所以只能以产生的遗憾最小作为决策的基本原则。

(4) 预期满意原则：与个人的心理预期进行比较，选择与预期目标吻合度最高的方案作为最终决策方案。

2) 方案评价角度

下面从以下 5 个角度评价购买决策方案的优劣。

(1) 产品属性，即产品能够满足消费者各种需要的特性。消费者一般将某一种产品看成一系列属性的集合，对一些熟知的产品，他们关心的属性如下。

电脑：信息存储量、图像显示能力、软件适用性。

牙膏：洁齿、防治牙病、香型。

轮胎：安全性、胎面弹性、行驶质量。

手表：准确性、式样、耐用性。

这些是消费者感兴趣的常用产品的属性，但消费者不一定将产品的所有属性都视为同等重要的。

(2) 属性等级，即消费者对产品的有关属性所赋予的不同的重要性权数，也称属性权重。消费者在考虑产品属性时，首先想到的属性称为产品的特色属性。但是，特色属性不一定是最重要的属性，在非特色属性中，有些可能被消费者遗忘，但其一旦被提出，消费者就会认识到它的重要性。

营销者应更多关心属性权重，而不是属性特色。例如，一位车友计划购买新车，他喜爱国外产品并将选择范围局限在日产、丰田、三菱之中，他把买车的标准分为经济、质优、宽敞三个要求，将上述三种车要求的属性权重分别评为 5、3、2。基于这三个要求，以 1~10 为等级，他将日产列为 0，8，2；丰田为 3，5，9；三菱为 5，8，7。最后得分最高的就是车友要买的车。

(3) 品牌信念，即消费者对某品牌优劣程度的总的看法。由于消费者受个人经验、选择性注意、选择性曲解以及选择性记忆的影响，其品牌信念可能与产品的真实属性并不一致。

(4) 效用函数，即描述消费者所期望的产品的效用随产品属性的不同而变化的函数。产品是个集合，效用函数是关于产品的各种属性所带来的效用的组合关系。购买者会运用效用函数，对各品牌产品的各种属性带来的效用进行整体评价，从而选出能带来最大效用的产品。效用函数与品牌信念不同。品牌信念是指消费者对某品牌的某一属性已达到何种水平的评价，而效用函数表明消费者对该品牌每一属性的效用功能应当达到何种水平的要求。

(5) 评价模型，即消费者对不同品牌进行评价和选择的程序与方法。

在备选方案评价阶段，营销人员应当注意，通过调研消费者预期的产品属性以及各种属性所占的权重，在提供充分符合消费者需要的产品的前提下，通过各种手段强化本企业品牌所具有的优势属性的权重，弱化非优势属性的权重。最后针对不同的评价模型，调整企业的营销组合。

4. 购买决策

1) 消费者购买决策的影响因素

消费者对各种方案进行选择评价之后，便会确定一个最满意的方案，作出购买决策，实现购买行为，这是消费者决策行为的中心环节。一般情况下，消费者一旦选择了某一品牌的商品，就会执行这个决策，发生购买行为。但是，有时候，消费者即将采取购买行为之前，会受到某些因素的影响，改变之前的购买决策。这些因素主要来自两个方面：

(1) 他人的态度。他人的态度对消费者购买决策的影响来自两个方面：一是他人对自己偏爱产品的否定态度；二是消费者对他人意见的接受程度。一般来说，他人的否定态度越坚决，该人和消费者的关系越亲切，消费者就越容易接受该人的意见，那么，消费者改变购买决策的可能性就越大；反之，就越小。

(2) 意外环境因素。购买意图是在对预期家庭收入、预期价格和预期获益的思考下形成的。如果发生了意外的情况——失业、意外急需、涨价、新产品上市、商店有奖销售或者降价出售等促销活动，则很可能改变购买意图。

企业在这个阶段的营销重点，一是加强广告宣传活动，增强消费者购买的信心；二是加强销售地点的促销活动，吸引消费者购买。尤其是刚进入异地市场的企业，当地消费者对企业产品等可能不熟悉或不信任，需要通过销售地点的营业推广活动，直接吸引消费者试用企业产品。

2) 消费者购买决策类型

消费者购买决策类型如下：

(1) 例行型决策：指消费者针对价格低廉、经常购买、品牌差异小的商品或服务采取的购买决策类型。

营销策略：利用价格与销售促进吸引消费者试用，开展大量重复性广告加深消费者印象。

特点：每次购买前消费者花费在收集信息和决策方面的时间较少，消费者的购买行为较简单。

(2) 广泛决策：指消费者购买贵重的、不常买的、有风险而且又非常有意义的产品时采取的决策类型。广泛决策是一种很复杂的类型，一般针对大件商品购买，如购买房屋和大型家电等。

营销策略：采取措施帮助消费者了解产品性能及相对重要性，介绍产品优势及其给购买者带来的利益，影响购买者的最终选择。

特点：消费者会花费相当多的时间和精力去收集相关的信息，并评估各种备选方案。

(3) 有限决策：指介于例行决策和广泛决策之间的消费者的购买决策。

特点：消费者有一定的购买经验，但每次选择前还是会进行比较评价。

5. 购后评价

消费者购买商品之后，就会对该商品进行消费使用。在消费和使用商品的过程中，会产生购物后的心理体验和评价。如果说前面的一切活动都是手段，则最后的消费就是目的，从产品和服务中得到利益的满足，消费者才达到真正的目的。消费者使用商品后是否真正达到了自己的目的，主要从他们的购后心理体验和评价中反映出来。

购物后不满意，消费者的处理方式如图 1-5 所示。

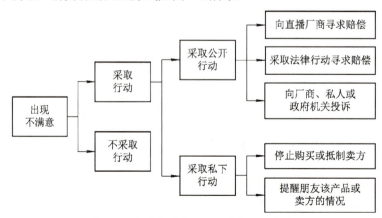

图 1-5 消费者购物后不满意的处理方式

1) 消费者购物后的心理体验

消费者在使用和消费商品的过程中，对商品的质量、功能、使用效果等都有深刻的体验，消费者的体验不同，对产品的满意程度也不同。

消费者对产品的满意程度主要取决于两个方面：

一方面是消费者对产品的预期性能与产品实际消费中的性能之间的对比。如果消费者购物后觉得产品在实际消费中的性能符合其预期效果，就会感到满意；超过预期效果，就会特别满意；而未达到预期效果，就会感到不满意，或是很不满意。实际效果和预期效果的差距越大，不满意的程度也就越高。

另一方面是商品满足消费者的实际需要程度。商品的特性与消费者需要之间的距离越近，就越能使消费者产生满意的体验。

消费者对商品的满意体验可以表现为消费者对商品质量、性能、价格的肯定和认同，对产品生产和经销企业的信赖感等。若形成对商品和服务的深刻印象和美好回忆，则下一次还会去购买相同品牌的商品。相反，如果商品的特性不能满足消费者的实际需要，消费者购物后就会产生不满意的体验。这种不满意的体验表现为对商品形象的否定，对商品的生产和经销单位的不信任，消费者会产生吃亏上当的感觉。有些消费者还会把自己的体验告诉别人，希望别人不会重复自己吃亏上当的消费行为，这就会使消费者对某一种商品产生戒备心理。因此，为了使消费者在购物后产生良好的心理体验，企业在宣传自己的产品时，要做到实事求是，保持商品宣传和商品客观特性的一致性，不要夸大其词、虚假宣传。

2) 消费者购物后的评价

消费者在使用和消费商品的过程中，还会对商品作出以下的评价。

(1) 对商品形象作出评价。商品形象是指根据包括商品的包装、性能、效用等在内的质量，以及价格和服务等形成的综合印象。消费者使用和消费某一商品后，便会把商品名称记在自己的大脑中，形成记忆和印象，消费者的这种记忆和印象构成该商品知名度的一部分。这种知名度是影响消费者下次选购商品的心理基础。

(2) 对生产和经营单位作出评价。消费者如果能在购物场所买到称心如意的商品、得到营业人员的热情服务，在购物场所有愉快的购物过程，一般都会作出满意的评价。此外，若消费者所购商品与商品宣传的差别很小，或实际购买产品的效果优于宣传效果，消费者就会对生产和经销单位作出良好的评价。

消费者使用和消费某一商品后，常常会根据自己的标准对商品作出相应的评价，而对商品的评价如何，不仅影响该消费者的下次购买行为，而且可以通过将自己的评价传播给其他消费者而影响其消费行为。因此，许多生产经营企业非常重视消费者对商品的评价，采取各种方法来收集消费者对商品和企业的评价。研究消费者购后评价已经成为商家获取消费者反馈的一个重要手段。但是，由于消费者的个性特征、知识经验、性别年龄等不同，对商品的心理感受和评价也不相同。因此，企业在研究消费者购买商品后对商品的评价和反应时，可以从研究不同的消费群体的评价和反应出发，积累、比较不同消费群体的反馈意见，尽量排除个人因素的影响。

三、网络消费者的购买决策过程

网络消费者的购买决策过程可以粗略地分为 5 个阶段：引发需求、搜集信息、比较选择、购买决策和购后评价。

1. 引发需求

网络购买过程的起点是引发需求。消费者的需求是在内外因素的刺激下产生的。只有在消费者对市场中出现的某种商品或某种服务产生兴趣后，才会产生购买欲望。

对于网络营销来说，引发需求的动因只能局限为视觉和听觉。文字的表述、图片的设计、声音的配置是网络营销引发消费者购买的直接动力。从这方面讲，想要通过网络营销来吸引消费者具有相当的难度。这要求从事网络营销的企业去了解消费者对产品的实际需求和潜在需求，了解这些需求在不同时间的不同程度，了解这些需求是由哪些刺激因素引发的；进而巧妙地设计促销手段去吸引更多的消费者浏览网页，引导他们产生购买欲望。

2. 搜集信息

在购买过程中，消费者搜集信息的渠道分为内部渠道和外部渠道两种。一般来说，在传统的购买过程中，消费者在信息搜集的过程中大都处于被动状况，但网络购买过程中，消费者的信息搜集带有较大主动性。一方面，网络消费者可以根据已经了解的信息，通过网络跟踪查询求证；另一方面，网络消费者通过不断在网上浏览，寻找新的购买机会。所以网络消费者收集信息的速度和搜集到的信息总量都比线下购买者要多。

3. 比较选择

消费者需求的满足是有条件的，这个条件就是实际支付能力。没有实际支付能力的购买欲望只是一座空中楼阁，不能导致实际的购买行为。为了使消费者的需求与其购买能力相匹配，比较选择是购买过程中必不可少的环节。消费者可对各种渠道搜集而来的资料进行比较、分析、研究，了解各种商品的特点和性能，从中选择最为满意的一种。

网络购物不直接接触实物。消费者对网上商品的比较选择依赖于商家对商品的描述，包括文字的描述和图片的描述。网络营销商对自己的产品描述不充分，就不能吸引众多的顾客。而如果对产品的描述过分夸张，甚至带有虚假的成分，则可能永久地失去顾客。

4. 购买决策

网络消费者在完成了对商品的比较选择之后，便进入购买决策阶段。与传统的购买方式相比，网络购买者的购买决策有许多独特的特点。首先，网络购买者的理智动机占比较大，而感情动机占比较小。其次，网络购买者受外界影响较小，大部分的购买决策是自己作出的或是与家人商量后作出的。第三，网络购物的决策行为较之传统的购买决策要快得多。

5. 购后评价

消费者购买商品后会进行商品检验和反省，思考这个购买决策是否正确、商品效用是否理想以及店家服务是否周到等问题。这种购后评价往往决定了消费者今后的购买动向。

对企业而言，购后不满意的消费者在网络上对产品使用过程进行的负面评述或较低的打分和评价，其影响范围远远大于线下购买评价。

为了提高企业的竞争力，最大限度地占领市场，企业应当虚心倾听顾客反馈的意见和建议。网络为网络营销者收集消费者购后评价提供了得天独厚的优势。厂商从网络上收集到顾客评价之后，通过计算机的分析、归纳，可以迅速找出工作中的缺陷和不足，及时了解消费者的意见和建议，以供随时改进自己的产品性能和售后服务。

四、消费者卷入

1. 消费者卷入的概念

消费者卷入 (Consumer Involvement)，又称消费者介入或消费者参与度，是指消费者为满足某种特定需要而对决策过程关心或感兴趣的程度。

消费者卷入是消费者在搜索、处理商品相关信息时所花的时间和消费者有意识地处理商品相关信息和广告时所花的精力，它决定消费者对信息类别的遴选和作出购买决策的过程。

如果产品单价昂贵、功能比较复杂，消费者缺乏对产品有关知识的了解和购买经验，购买行为具有较大的知觉风险、较高的自我表现性，则这类购买行为称为高度介入购买行为。相应的这类消费者称为高度介入购买者。

如果产品价格低，消费者具备产品的有关知识和购买经验，购买行为无风险、无自我表现性，则这类购买行为称为低度介入购买行为，此类消费者称为低度介入购买者。

2. 消费者卷入的影响因素

消费者卷入的影响因素如下：

(1) 先前经验。当消费者先前对某一产品或服务有经验时，其卷入程度较低。因为消费者先前多次购买或使用某产品，其就会对该产品比较熟悉，也知道它能否满足自身的需要，因而，在购买该产品时，其卷入的程度就比较低。

(2) 对负面结果的风险预知。如果消费者感到购买某产品有较大的风险，那么其卷入程度就会相应地提高。

(3) 消费者的个人特征。正如消费者的风险知觉与消费者的个人特征有关一样，消费者的卷入程度也与消费者的个人特征有关。有些消费者做事小心谨慎，只要时间和精力允许，他们在购买时都会有一定程度的卷入；有的消费者兴趣变化比较快，很难形成品牌忠诚性，因而在很多情况下将面临新的选择。当面临新的选择的时候，他们就需要投入较多的时间和精力。此外，价值观和生活目标也能影响人们购买时的卷入程度。

(4) 产品特征。对于功能比较简单、属性比较单一或价格比较低的产品，人们在购买时的卷入程度比较低；相反，对于一些高科技产品、功能比较复杂或价格比较高的产品，人们的卷入程度就会较高。

(5) 环境因素。环境因素指的是自然环境、社会环境及营销环境。比如，在炎炎的夏日，人们在逛街时总要选择有空调的商场；人在与他人一起购物时比独自购物时有更强的自我意识；一个很早就打算换一个新的网球拍的人，如果某天他碰上了打五折的球拍，会毫不犹豫地将其买下来。

五、阿萨尔购买行为类型

一般来说，客户会因场合不同、目标不同或消费产品类型的不同而作出不同的行为。阿萨尔根据客户的购买卷入程度（或购买介入程度）和产品品牌差异程度，将客户消费行为分为4种类型。如表1-1所示。

表1-1 阿萨尔购买行为类型

类　　型	购买介入程度	品牌差异程度
习惯性购买行为	低	小
复杂购买行为	高	大
减少失调感的购买行为	高	小
寻求多样性购买行为	低	大

1. 习惯性购买行为

如果消费者属于低度介入，并认为各品牌之间没有什么显著差异，就会产生习惯性购买行为。这类产品一般价格低廉且大多是经常购买的日常消费品。消费者形成重复的和习惯性的购买行为主要有两个原因：一是减少购买风险；二是简化决策程序。消费者习惯和重复选择某一品牌是因为他认定不同品牌没有实质性差异。如果遇到竞争品牌降价或者竞争企业采用强有力的促销手段，消费者可能会转换品牌且不会做太多的思考。

对于消费者的习惯性购买行为，企业要采取的营销策略有：依靠价格优惠、展销、示范、赠送、有奖销售等手段引起顾客的兴趣，鼓励其试用；发放大量重复性广告使消费者逐渐对品牌熟悉，从而实现购买；提高购买介入程度和品牌差异。提高购买介入程度的主要途径是对不重要的产品增加较为重要的功能和用途，并使这类产品在价格和档次上与同类竞争性产品拉开差距。

2. 复杂购买行为

如果消费者属于高度介入，并且关注现有品牌、品种和规格间的重要差异，但对相关产品或具体品牌不熟悉，也未建立起相应的产品与品牌评价标准，则会产生复杂购买行为。对于复杂购买行为，消费者购买过程完整，要经历大量的信息搜集、深入全面的产品评估、慎重的购买决策和认真的购后评价等各个阶段。在住宅、汽车、计算机等大件商品的购买以及外出旅游等带有强烈感情色彩的决策上，复杂购买行为比较常见。例如，家用计算机价格昂贵，不同品牌之间差异大，某人想购买家用计算机，但又不知硬盘、内存、主板、中央处理器、分辨率等为何物，对于不同品牌产品之间的性能、质量、价格等无法判断，贸然购买便面临极大的风险。消费者要广泛搜集资料，弄清很多问题，逐步建立对此类产品的信念，然后转变成态度，最后才会谨慎地作出购买决定。

对于复杂购买行为，营销者应制定策略帮助购买者掌握产品知识，宣传本品牌产品的优点，发动商店营业员和购买者的陪同者影响购买者的最终购买决定，简化购买过程。

3. 减少失调感的购买行为

如果消费者属于高度介入，但是他并不认为各品牌之间有显著差异，则会产生减少失调感的购买行为，这种行为也被称为化解不协调购买行为。消费者没有广泛搜集产品信息，也不精心挑选品牌，购买过程迅速而简单，但是在购买以后会认为自己所买产品具有某些缺陷或发现其他同类产品有更多的优点，会产生失调感，怀疑原先购买决策的正确性。

室内装饰材料、首饰、家具和某些家用电器等商品的购买大多属于减少失调感的购买行为。此类产品价值高，但是消费者看不出或不认为某一价格范围内的不同品牌间有什么差异，认为无须在不同品牌之间精心比较和选择，购买过程迅速，可能会受到与产品质量和功能无关的其他因素的影响，如因价格便宜、销售地点近而决定购买。对于这类购买行为，营销者要提供完善的售后服务，通过各种途径经常性地提供有利于本企业和产品的信息，使顾客相信自己的购买决定是正确的。

4. 寻求多样性购买行为

如果消费者介入程度低，并了解现有品牌之间的显著差异，则会产生寻求多样性购买行为。这类购买行为下购买的产品一般价格并不昂贵，并且有很多品牌可供选择。消费者在购买产品时有很大的随意性，并不进行深入搜集信息和评估比较就决定购买某一品牌，在使用时才加以评估，但是在下次购买时又转向其他品牌。转向的原因是厌倦原口味或想试试新口味，是寻求产品的多样性而不是对原有品牌不满意。

对于寻求多样性购买行为，市场领导者和挑战者的营销策略是不同的。市场领导者试图通过占有货架、避免脱销和提醒购买（广告）来鼓励消费者形成习惯性购买行为。而挑战者则以较低的价格、折扣、赠券、赠送样品和强调试用新品牌产品等措施来鼓励消费者进行品牌选择。

职业能力测试

一、填空题

1. 购买参与角色可以分为 _____、_____、_____、_____、_____。

2. 消费者的购买决策过程分为 _____、_____、_____、_____、_____五个步骤。

3. 消费者购买决策的影响因素分为 _____ 和 _____ 两种。

4. 消费者获得外部信息的渠道有 _____、_____、_____ 和 _____ 四种。

二、判断题（对的打 √，错的打 ×）

1. 消费者的购买决策是一个过程。 （　　）

2. 消费者购买决策的参与角色都会固定不变。 （　　）

3. 购买决策的内容包括 6 个方面，简称 5W1H。 （　　）

4. 对商家和厂家来说，分析和研究消费者的购买决策，可以为企业正确地确定产品、价格、渠道、促销等策略提供依据。 （　　）

5. 消费者卷入是指消费者为满足某种特定需要而产生的对决策过程关心或感兴趣的程度。 （　　）

三、选择题

1. 消费者在采购香皂、牙膏等价格低廉而且需要经常购买、品牌差异比较小的商品时，所采用的购买行为一般属于（　　）。

A. 复杂购买行为   B. 化解不协调购买行为

C. 习惯性购买行为   D. 寻求多样性购买行为

2. 在商家采用销售促进、占据有利货架位置方法和保障供应来鼓励消费者的购买方式下，顾客的消费行为属于（　　）。

A. 习惯性购买行为   B. 寻求多样性购买行为

C. 化解不协调购买行为   D. 复杂购买行为

3. 对于品牌差异不大，消费者不经常购买，而购买时又有一定风险的商品，消费者一般要比较、看货，只要价格公道、购买方便、机会合适，消费者就会购买。这属于（　　）购买行为。

A. 习惯性   B. 寻求多样性

C. 化解不协调   D. 复杂

4. 消费者购买行为模式的过程是（　　）。

(1) 刺激　(2) 购买者内心活动　(3) 购买者反应

A. (2) → (1) → (3)   B. (1) → (2) → (3)

C. (3) → (1) → (2)   D. (3) → (2) → (1)

5. 消费者选择信息的过程不包括（　　）。

A. 选择性注意   B. 选择性记忆

C. 选择性曲解   D. 选择性放大

四、简答题

1. 简述消费者购买决策的特点。

2. 简述购买决策的内容。

3. 消费者卷入的影响因素有哪些？

4. 简述阿萨尔购买行为的类型。

课中实训

实训一　消费者行为观察

任务描述：观察不同年龄段的人在性格、购买时间、购买商品品类、购买行为方面的区别。

年龄	性格	购买时间	购买行为	购买商品品类
老年				
中年				
青少年				
儿童				

实训二　思政研判

任务描述：学生分析案例提出的问题，拟写思政研判提纲；小组讨论，形成小组的思政研判报告；班级交流和相互点评各组的思政研判报告。

品牌、平台、主播谁来给产品定价？

背景与情境：

眼看 2023 年"双十一"的号角已经吹响，却有某电商平台采销人员发朋友圈称，收到了品牌商 ×× 的律师函，因为"双十一"活动中，电商平台将销售的一款烤箱的价格设置得低于网红主播直播售价，违反了品牌与带货主播签署的"底价协议"，所以接到了品牌方的投诉。

该电商平台采销人员质疑网红主播与品牌方的"二选一"低价协议伤害了消费者的权益，打出"伪全网最低价"涉嫌违法，并讽刺道："终于了解之前为啥花 ×× 的价格下不来了"。

之后，网红主播背后公司迅速发文回应，称网红直播间没有与品牌签订所谓的"底价协议"，也从不存在"二选一"，直播间商品的定价权由品牌掌握。随即家电企业也发文否认存在底价协议，指责电商平台擅自修改了产品的价格。

几乎在同一时间，不断有主播曝光该网红主播强行控价控库存，搅乱了电商卖货的生态。据该主播透露，若该品牌的商品库存有一百个，网红主播能卖七八十个，那商家一定跟网红主播合作，其实某平台官方也很无奈。

一波未平一波又起，某知名打假人也跳出来为该事件再献一把黑料，直指该网红主播直播间卖的和田玉项链为假货。

原本在万千消费者眼中，网红主播是帮大伙把产品价格压到最低的"天使"，如今怎么成为垄断全网价格、卖假货的"恶霸"了？

一场关于"底价之争""涉嫌垄断"的大讨论正在蔓延。品牌方、MCN(多渠道网络) 以及电商平台纷纷卷入……

问题：

(1) 本案例中的头部网红主播存在哪些思政问题？

(2) 试针对上述问题作出你的思政研判。

(3) 通过网上调研或图书馆调研等途径收集你做思政研判所依据的相关规范。

(4) 本案例对消费者的启示有哪些？

小组讨论后，请将思政研判提纲填写在以下空白处。

思政研判提纲

实训项目评价

学生自评表

序号	评价素质点	佐　证	达标	未达标
1	知识点融会贯通能力	能够将知识点灵活运用于实训项目中		
2	资源整合能力	能够借助网络资源平台、人脉资源等完成实训项目		
3	小组分工合作能力	能够融入小组活动，有效协同工作		
4	职业道德	能够从职业道德的角度理性看待社会现象，进行思政研判		

教师评价表

序号	素质点自评	佐　证	达标	未达标
1	知识点融会贯通能力	能够将知识点灵活运用于实训项目中		
2	资源整合能力	能够借助网络资源平台、人脉资源等完成实训项目		
3	小组分工合作能力	能够融入小组活动，有效协同工作		
4	职业道德	能够从职业道德的角度理性看待社会现象，进行思政研判		

课后提升

女性消费心理与消费行为分析

　　传统家庭观念"男人赚钱、女人花钱"无形中强化了女性在消费市场的主导地位。正因如此，商家只要深谙女性消费者的心理和行为，便能轻松占据较高的市场份额。研究女性消费心理及其行为模式，对于商业成功至关重要。

　　女性消费者往往更加感性，容易被情感与氛围所左右。调查显示，高达93.5%的18～35岁女性存在非理性消费行为，且这一行为在她们的消费支出中占比达到20%。仅有28%的女性顾客在购物前已有明确计划，而高达72%的女性则是随机购买。女性对商品的外观、形状以及其中蕴含的情感因素尤为重视，品牌寓意、款式色彩引发的联想、商品形状的美感或环境气氛的温馨感，都可能激发她们的购买欲望，有时甚至导致冲动型购物。

　　女性消费者在购物时追求美感与自我表达，强调生活品位。她们不仅容易受广告影响，还容易被终端卖场环境和现场氛围所打动，也容易被他人（如售货员、推销员）的推荐所左右。打折、特价、赠品等促销手段对女性消费者尤为有效，有时她们甚至会因为喜爱某款赠品而购买商品。在中国，女性消费往往由"欲望"而非实际需求驱动，购物成为满足心理幻想的重要手段。许多淘宝网红正是利用这一点，通过展示搭配效果刺激消费者的占有欲望，从而促成冲动型购买。

女性消费者追求个性，害怕"撞衫"带来的尴尬。随着年龄的增长，这种担忧愈发强烈。为了彰显个性，女性更倾向于选择限量版商品，并乐于在社交媒体上炫耀自己的购物成果。此外，女性消费者在选购商品时更愿意接受富有创意的新品，以显示自己独特的品位。

女性消费者的决策依赖性也引发了她们的从众心理。她们在购物时往往会参考他人的评价和建议，尤其是闺蜜和好友的意见。一旦周围有人使用某个品牌并给予好评，她们便容易认同并选择该品牌。购物网站的搜索功能按照销量排序，正是为了满足女性消费者的从众心理，帮助她们在"扎堆儿"中寻找归属感。

女性愿意分享。这种分享源于人们倾向于高估外界对自己的关注程度，错误地认为自己仿佛被"镁光灯"照射一样引人注目，我们称之为"镁光灯效应"。这种效应不仅存在于现实生活中，而且体现在虚拟世界中，如微博、微信朋友圈等社交平台，每一次的评论与转发都满足了女性对关注与赞赏的渴望。

爱美是女性的天性，为了变美，她们热衷于尝试各种APP，美图、化妆、发型设计类的应用都有着极高的下载率。同时，减肥也是女性关注的焦点，减肥教练、瘦身电台、减肥食物库等APP也备受追捧。

在购物过程中，女性消费者表现出强烈的自我意识和自尊心。她们喜欢根据自己的爱好和标准来评价商品，购买后更是期待他人的赞赏。这种特点使她们在购买后倾向于分享自己的购物心得，以证明自己的眼光。

不仅如此，女性还擅长通过说服、劝告、传话等方式对周围的其他消费者产生影响。她们乐于分享让自己满意的购物体验和优质的服务经历，这不仅是她们炫耀的资本，也是她们影响他人的重要方式。因此，女性既是口碑的传播者也是接收者，一些产品通过女性的口碑传播能够达到广告难以企及的效果。

在女性购物的四个环节——"发现""比较""购买""分享"中，分享无疑占据了重要的地位。特别是在购买化妆品时，女性的心理状态更是复杂多样，他们可能因虚荣与攀比心理而购买，也可能因为对产品的恐惧与彷徨而犹豫不决。同时，流行元素和产品的安全性也是她们考虑的重要因素。此外，占便宜的心理也是促使她们购买的一大动力。

想一想：

女性消费对整个消费市场的重要性不言而喻，谈谈企业在制定营销组合策略时密切注意女性世界，研究并了解女性消费者的购买动机与需求以及决策的心理活动过程对企业销售的重要性。

职业能力拓展

旅游者购买行为案例分析

王先生：35岁，重庆某船运公司部门经理，月薪4000元，从小在北方长大。王太太：32岁，某中学历史老师，月薪1800元，在重庆长大。儿子小王：8岁，上小学二年级。爷爷老王：60岁，爱好书画，参加过对越自卫反击战。

一个周末的夜晚，王先生一家在客厅里看电视，儿子安安静静坐在他旁边，屏幕翻到旅游卫视，儿子大叫了起来："我要去那儿玩，爸爸，我要去那儿玩。"

王先生开始查了一些国内著名旅游线路的资料，如九寨沟—黄龙、昆明—大理—丽江—香格里拉、丝绸之路等，这些旅游线路对他有相当大的吸引力。他在电视里看过九寨沟的一些画面，那里的水美得可以让人忘记一切；他想去丽江，丽江的水、丽江的桥以及纳西族人安逸祥和的生活方式让人感到远离了城市的喧嚣；他还想到丝绸之路去看看，去追寻张骞的足迹，去领略中华民族悠久而灿烂的文化。他想去的地方太多了，王先生一时拿不定主意。他想到了妻子，妻子是中学历史老师，喜欢看人文景观，特别是一些历史遗迹。他想，能不能找到一条自然资源和人文资源并重的旅游线路。

一天，王先生下班回家，看见爷爷和儿子坐在一起，爷爷正给儿子讲越南的一些情况。王先生的思维一下子打开了，他想，他们一家人从来没有到国外旅游过，为什么不到国外旅游呢？睡觉前，王先生把自己的想法给妻子说了，妻子表示赞同。同时，妻子表达了两点想法：一是对国外的情况不熟悉，不知道能否适应那里的环境，他们都不会中文外的第二种语言；二是她听同事说，目前中国已开通了多条出境旅游线路，包括欧洲、日本、韩国、澳大利亚、新马泰等，如果要出国的话，到底该选择哪一条旅游线路呢？王先生表示他到旅行社了解一下情况。

重庆中国旅行社李小姐首先从总体上给他介绍了一些情况。她说，新马泰这条旅游线路开发时间比较早，现在成熟一些，价格相对便宜，而且这几国的文化背景和中国有相似之处；欧洲旅游线路这两年才得到开发，现在的旅游产品形式是把多个国家捆绑在一起，没有只把一个或两个国家作为一条旅游线路的，因此一般来说价格高一些，出游时间也长一些。另外，他们还开通了到韩国、日本、澳大利亚和马尔代夫等的旅游线路。也开通了一些非洲国家的旅游线路，如南非、毛里求斯等，非洲国家现在商务旅游较受欢迎。

王先生思索了一会，决定把新马泰旅游作为重点考虑和选择的对象。

在马来西亚的吉隆坡可以看到世界第四高塔——吉隆坡塔，可以目睹好莱坞影片《偷天陷阱》中的那两幢联体摩天大楼，他们是目前世界上最高的大楼，可以去马来西亚著名的海洋公园圣地芭雅岛海洋公园玩，咱们的儿子肯定特别喜欢。到新加坡，我们到马六甲海峡拍照，让咱们家的历史也在那里凝固，我们还要到著名的圣沟沙岛游玩。在泰国我们领略浓郁的泰国水乡风情，去"东方夏威夷"之称的海滨度假胜地芭堤雅。"

最后，王先生报了一个价格稍高的旅行团。

在暑假，他们全家度过了一次愉快的旅行。

拓展任务说明

一、任务名称

旅游线路的策划

二、任务背景

随着中国经济的发展，人均可支配收入日益增加，假日经济越来越火爆，其中旅游和出国游学成为很多家庭的首选。2023 年，国内出游人次 48.91 亿，比上年同期增加 23.61 亿，同比增长 93.3%。消费金额方面，国内游客 2023 年出游总花费 4.91 万亿元，比上年增加 2.87 万亿元，同比增长 140.3%。出入境旅游方面，据中国旅游研究院数据，2023 年我国出入境旅游人数超过 1.9 亿人次，较去年增长 2.8 倍以上。

旅游市场潜力巨大，请大家模拟组建一个旅游公司，开展文旅相关的业务。

三、任务要求

1. 分析上述案例中家庭购买决策的角色分工；

2. 针对工薪阶层制定一套旅游线路，着重分析消费者的购买心理，注意该线路的可行性与市场认可度；

3. 撰写一篇案例分析报告；

4. 撰写一篇旅游方案。

四、任务分析

在制定旅游线路时要充分分析消费者的购买心理，区分购买决策的参与角色，从需求出发，制定合理科学的旅游线路。

1. 节假日家庭旅游出行的动机是什么？家庭成员在旅游线路的决策过程中分别扮演什么角色？

2. 分析影响家庭旅游出行的影响因素有哪些？

3. 在家庭旅游决策过程中，丈夫、妻子、儿子或女儿分别关心的因素有哪些？哪些是主要影响因素？哪些是次要影响因素？

4. 合作共赢：积极寻求跨界合作，与旅游专业的学生分工协作，制定短线、长线、自驾、国际热点线路等的旅游方案。

五、任务操作

1. 成立虚拟公司：鼓励营销专业、旅游专业、新闻专业的学生组成一个虚拟公司，成立不同的部门，发挥专业优势，制订出可行的旅游线路方案。

2. 调研分析：确定研究对象（最好以工薪阶层的家庭为单位），搜集旅游线路数据、消费数据、消费偏好、满意度等相关数据；

3. 策划方案：站在数据分析的基础上，制订具体的旅游线路策划方案，包括旅游方案、促销形式、传播渠道等；

4. 组间模拟：以其他同学为旅游对象，推销自己的旅游方案，接受同学的提问和建议；

5. 方案优化：根据模拟结果，从专业的角度对旅游方案进行调整和优化；

6. 方案评估：在方案确定后，将其提交给专业的旅游公司或旅游从业人员，对方案的优劣进行评估；

7. 总结报告：活动结束后，理论联系实际，从专业的角度来撰写案例分析报告。

六、任务思考

1. 本次实训任务中学到了哪些关于消费购买决策的知识与技能？

2. 在方案的制订过程中，你认为分工协作、优势互补对任务的完成有无益处？你对养成团队协作的职业素养有何建议？

3. 面对当前旅游市场的消费者对旅游公司的诸多不满，从消费行为分析的角度给出提高顾客满意度的应对措施？

4. 通过本次实训任务，你认为自己的专业能力有哪些提升？

项目二　个体心理与消费者行为

消费者的心理因素支配着消费者的行为。影响消费者行为的个体心理因素包括感知、情绪、需要、动机、个性、生活方式、学习目标和态度等。了解消费者的心理和行为特征，营销人员可以更好地理解消费者的需求和期望，从而制定更有效的营销策略。同时，对消费者个体心理的差异性和复杂性的关注，有助于企业提供个性化的服务和产品，在日趋激烈的市场竞争中脱颖而出。

◯ 教学目标

▲ 知识目标

- 掌握消费者需要和消费者动机的基本概念；
- 掌握学习的概念及相关理论；
- 了解消费者的感觉、知觉和情绪、情感的基本概念；
- 了解消费者的个性及生活方式对其行为的影响。

▲ 能力目标

- 能根据自身的消费体验以及他人的消费行为，体会消费者感觉和知觉对消费者行为的影响；
- 能分析各种营销方式对消费者动机的影响，并能根据消费者购买动机来制订营销方案；
- 能应用学习理论，分析相应的广告视频；
- 能运用影响学习效果的要素，进行一项营销策划；
- 能分析消费者不同类型的生活方式对其购买行为的影响。

▲ 素质目标

- 具备创新意识、创新精神；
- 具备协同创新的能力；
- 具备正确认知自我、树立正确价值观的能力；
- 具备与他人沟通协调、团队协作能力。

任务一　消费者的感知、情绪与行为

◯ 案例导入

《只有河南·戏剧幻城》——智慧旅游沉浸式体验新空间

《只有河南·戏剧幻城》是著名导演王潮歌第三代演艺作品"只有"系列的开山之作，为该作品搭建的实景位于郑州国际文化创意产业园。园区内布景以戏剧聚落群为主体，以麦田景观为背景和烘托，总占地622亩。《只有河南·戏剧幻城》以"土地、粮食、传承"为主线，用小中见大的叙事手法，在三大剧场（李家村剧场、幻城剧场、火车站剧场）呈现以血脉亲情与民族大义为主题的戏剧故事，演绎河南人的血脉传承与上下千年发展。该作品将文化与科技深度融合，通过大量的创新试验来寻求最佳视觉表达。其中，"声""光""电""画"等元素高度集成化，作品运用的智能数字系统处于行业领先水平。以8个升降台、5个旋转升降台为主要载体，勾勒出幻城剧场独特的建筑形态。火车站剧场的智能翻板配备56道机械麦穗吊杆，通过智能控制呈现波澜壮阔的滚滚麦浪。该产业园的文明之光激光投影秀为全世界最大的夯土墙投影，夯土墙有328米高。整个投影秀采用30台30 000流明的投影设备，辅以12只激光灯、麦田雾森等设备。让1000年前的《清明上河图》《千里江山图》重现在人们面前，筑成巨幅历史"画卷"。园内除了三大主题剧场外，主题剧场周围还散布18个小剧场。李家村剧场以"土地、粮食和传承"为主线，讲述1942年河南的那场大饥荒中，一个村庄里的血脉传承和生命的生生不息。

《只有河南·戏剧幻城》用沉浸式的舞台剧场讲出厚重的河南历史。剧场这扇门内演绎着整个河南经历过的最苦痛的岁月，可能会让观众感到压抑、悲伤。而打开这扇门，并不是想让观众体会痛苦，而是希望观众惜福。几年来，该景区虽然经历5次闭园、6次开园，仍旧高水平接待来自全国235个城市的155万名游客，它不仅仅是河南文旅的新名片，更是河南人更加认同自己、河南对外介绍自己、让更多人了解河南的最好载体。

思考：

1. 《只有河南·戏剧幻城》是如何利用视听觉影响消费情绪的？

2. 通过查找资料，思考迪士尼主题公园、环球影城、华谊兄弟电影小镇等是如何吸引消费者的？

课前导学

一、消费者的感觉

1. 感觉的概念

感觉是人脑对直接作用于感觉器官的客观事物的个别属性的反映。感觉由物体作用于感觉器官而引起，按照刺激来自身体的外部还是内部，感觉分为外部感觉和内部感觉。外部感觉是由外部刺激作用于人体感觉器官所引起的感觉，包括视觉、听觉、嗅觉、味觉和触觉。内部感觉是由刺激作用于人体内心或大脑所引起的感觉，包括运动觉、平衡觉和机体觉。

2. 感觉的种类

感觉的种类包括：

(1) 视觉。视觉是指光作用于视觉器官，使视觉细胞兴奋，视觉细胞捕捉到的信息，信息经视觉神经系统加工后便产生视觉。视觉是人和动物最重要的感觉，通过视觉，人和动物感知外界物体的大小、明暗、颜色、动静，获得对机体生存有重要意义的各种信息。

视觉营销的应用非常广泛，包括空间视觉营销、平面视觉营销、传媒视觉营销、陈列视觉营销和造型视觉营销等方面。

(2) 听觉。听觉是指声音通过听觉器官引起的感觉，是人的重要感觉之一，与视觉一起相互补充，它不仅在语言交流中起重要作用，还对人的情绪和行为产生影响。营销人员常用音乐和语音来影响消费者的感知、情绪与行为。

听觉营销的应用包括播放音乐、创设声音效果、呈现语音广告等。其中，播放音乐是最常见的听觉营销手段之一，通过选择适合品牌形象和目标受众的音乐，可以营造出独特的品牌氛围和情感共鸣。创设声音效果指在广告或宣传中运用特定的声音，来吸引消费者的注意力，例如在电视广告中使用自然界的音效或生活中的声音，能够让观众身临其境。呈现语音广告则指以语音形式呈现广告，通过口播或语音合成技术来传递品牌信息，增加消费者的认知度和记忆度。

(3) 嗅觉。嗅觉是由物体发散于空气中的物质微粒作用于鼻腔上的感受细胞而引起的，其刺激物必须是气体物质。在视觉、听觉损伤的情况下，嗅觉作为一种距离分析器具有重大意义。

气味对化妆品和食物有特殊的重要性。在一项研究中，两种不同的香味被加入同一种面巾纸上，其中一种被认为是上等的和昂贵的，而另一种被认为是在厨房中使用的。

(4) 味觉

味觉是指食物对舌头的刺激和嗅觉的相互作用而形成的整体感觉。人们能体会五种基本味道，分别是甜、酸、咸、苦和鲜。味觉在人们的感知中占有重要地位，尤其是在饮食文化中。

味觉营销是指利用食物的味道来吸引消费者的注意和兴趣，从而促进产品销售的一种营销手段。味觉营销的方法包括食品品尝、味道促销和口味定制等。

(5) 触觉。触觉是皮肤表面承受某物体压力或身体触及某物时，所产生的一种感觉。引起触觉的刺激因身体各部位敏感度的不同而带给人不同的感受：舌尖、唇、指尖等部位比较敏感，而背、臀、腿等部位比较迟钝。对产品的触觉也能影响消费者的感知。比如人们买衣服的时候，都要用手摸一摸，以判定衣服的质地、属性等。

【素养园地】

消费者的感觉有时容易出错，利用错觉进行营销的具体方式有很多，比如在广告中运用视觉错觉效果，让产品看起来更小、更大、更轻或更重；通过改变包装材质、色彩来创造独特的品牌形象和标识等。需要注意的是，错觉营销虽然能够提升产品的销售量和品牌的知名度，但过度运用错觉营销可能会误导消费者，损害消费者的购买决策权。因此，商家在运用错觉营销时要注意适度原则，避免过度依赖这种营销策略。

3. 感觉的特性

感觉的特性包括：

(1) 感受性。对刺激强度及其变化的感觉能力称为感觉的感受性，它说明引起感觉需要一定的刺激强度。衡量感受性的强弱可用"阈限"这个概念。在日常生活中，并非所有来自外界的刺激都能引起人们的感觉，如落在皮肤上的灰尘、遥远处微弱的灯光、手腕上手表的滴答声等，由于这类刺激的刺激量太小，通常情况下无法被人们感觉到。要产生感觉，刺激量必须达到一定的强度并持续一定的时间。刚刚能引起感觉的最小刺激量叫绝对感觉阈限。人们辨别两种不同刺激强度时所需要的最小差异值叫差别感觉阈限，也叫作最小感觉差。

感觉阈限的研究对市场营销工作有一定的意义。营销者可以利用感觉阈限理论来调整产品外观、价格、分销和促销策略，以更好地吸引和满足消费者的需求。例如，通过调整产品的包装、颜色、形状等来提高产品的吸引力和差异化；通过精准定位目标消费者的价格敏感度，来制定更具竞争力的价格策略；通过优化分销渠道和物流配送，来提高产品的可获得性和便利性；通过创意性的广告和促销活动，来提升品牌知名度和销售量。

(2) 适应性。刺激物对感觉器官持续作用，使感觉器官的敏感性发生变化的现象称为感觉的适应性。我们都经历过视觉适应的两种情况——明适应和暗适应。从暗处来到明亮的地方发生明适应。从明亮的地方来到暗处发生暗适应。此外，嗅觉、听觉等也有适应性，正所谓"入鲍鱼之肆，久而不闻其臭；入兰芷之室，久而不闻其香"。

(3) 对比性。同一感觉器官在接收不同刺激时会产生感觉上的对比现象。比如，白色对象在黑色背景中要比在白色背景中更容易辨出，红色对象置于绿色背景中则显得更红。因此，在广告设计或商品陈列中，采用亮中取暗、淡中有浓、静中有动等手法有助于吸引消费者的注意力。

二、消费者的知觉

1. 知觉的概念

知觉是人脑对直接作用于感官的客观事物的整体反映，它比感觉复杂，并常常和感觉交织在一起，被称为感知活动。在知觉活动中，各种感觉器官相互作用、相互协同，共同完成对客观事物的整体感知。

人们通过知觉来认识世界、获取知识、交流信息、传递经验等。同时，知觉也是人类进行决策和行动的重要依据。因此，在营销活动中，营销者需要了解消费者的知觉特点，以便更好地设计产品和制定营销策略。

2. 知觉的特性

知觉的特性包括以下方面：

(1) 整体性。整体性是指人们在对客观事物形成知觉的过程中，通常把直接作用于感官的客观事物的知觉的各个部分结合起来，形成一个完整的印象。营销者可以利用知觉的整体性来制定营销策略。例如，在产品设计中，可以通过对颜色、形状、质地和品牌形象等方面的综合考虑来提高产品的吸引力和差异化；在广告设计中，可以利用音乐、画面、文字等多种感觉通道的信息来增强广告的记忆度和传播效果。

(2) 选择性。选择性是指人们在认知客观事物时，以某种方式选择少数事物作为对象，同时把其他事物作为背景。营销宣传中可以利用知觉的选择性吸引消费者的注意力。例如，向消费者呈现具有吸引力的广告语、图像和声音等元素，来使其对产品或品牌产生兴趣，并记住和接受广告信息。同时，要避免呈现过于复杂或无关的信息，以免分散消费者的注意力。

(3) 理解性。理解性是指人们在认知客观事物时总是根据已有的知识经验来解释和判断。例如，消费者会根据自己的经验和期望来理解品牌形象和口碑。因此，营销者需要建立和维护积极的品牌形象，通过提供优质的产品和服务、积极回应和处理消费者的反馈和投诉等来赢得消费者的信任和忠诚度。

(4) 恒常性。恒常性是指当客观事物在一定范围内发生变化时，人们对其印象仍然保持不变。例如，知觉的恒常性体现在对产品质量的感知上。消费者通常会根据以往的经验和知识对产品的质量作出相对稳定的评价，而不会因为一些细微的外观变化而改变对产品质量的认知。因此，营销者应关注并维护产品的质量，使消费者保持对产品的恒常性认知。

【见多识广】

越活越年轻的晨光

文具行业作为"小产品、大市场"的典范，其用户市场较分散，但其成功不是偶然。

首先，晨光采取了以用户需求为导向的产品策略，不仅在功能设计上追求创新，更在外观设计上注入"新国潮"文化元素，使品牌具有社交属性，无形中扩大了品牌影响力，赢得了更多年轻人的喜爱。具体包括以下两点。

(1) 功能设计与使用体验并重。例如，晨光的"你好！火星"系列中的"书写行家"产品，通过独特的静音按动结构和超柔软硅胶握杆设计，有效解决了书写过程中的噪声和手部疲劳问题，提升了用户的使用体验。

(2) 赋予产品更深层次的价值。春季开学时推出的碳中和系列文具，利用餐盒回收再造的塑料生产文具，能减少碳排放，这一创新不仅满足了消费者对环保的追求，也在无形中传播了绿色生活的理念。

品牌传播的目的是简化选择过程，激发消费者的直觉偏好。晨光正是从年轻消费者的需求出发，通过产品设计与创新，与他们建立深厚的情感联系。

其次，晨光在传播层面同样展现出清晰的思路。以时间节点为线索，以群体情绪为导向，通过态度发声、联名跨界与多维场景体验相结合的方式，与消费者产生共鸣。具体说明如下。

(1) 深度链接价值，鼓励自我发现。晨光在不同时间节点发布的传播主题，如"追光吧少年""闪光的自己"等,都精准地把握了年轻人的心态,鼓励他们积极向上、自我探索。

(2) 深入洞察兴趣偏好,跨界合作。通过与国风神兽、孔庙、中国航天博物馆等机构的联名合作,晨光不仅拓展了品牌的广度,更在深度上赋予了产品独特的文化价值。

第三,晨光不仅在品牌传播上有所作为,更在社会责任方面展现了其担当。通过实际行动投身公益,倡导可持续发展,晨光的绿色营销理念赢得了消费者的广泛认可。例如减碳计划系列和濒危动物系列等绿色文具的推出,不仅展示了晨光在可持续产品创新方面的努力,更传递了品牌对环保和生物多样性的关注。

30 余年的发展历程中,晨光能保持市场领先地位,关键在于其与时俱进的创新力和可持续发展的绿色营销理念。在面对新一代消费者时,晨光始终坚守品牌内核,同时不断适应市场变化,以情感人,以行感召,不断稳固其"有温度的好文具"的品牌形象。

三、消费者的情绪、情感与行为

1. 情绪和情感的概念与关系

所谓情绪和情感,表现为人对客观世界的一种特殊的反应,是人对客观事物是否符合自己需要的体验。

情绪和情感是两个密切相关的概念,但它们存在一些重要的区别。

首先,情绪通常被定义为对外部环境刺激的即时反应,它涉及生理和行为的快速变化,如愤怒时的心跳加速、血压升高,或者快乐时的放松和微笑。情绪具有瞬时性,其产生和消失的速度较快。而情感则通常被描述为一种更持久、稳定的心理状态,它涉及对特定对象或情境的认知、评价和期望。例如,一个人可能对某个人或某类活动有深厚的情感,这种情感可能持续数月或数年。

其次,情绪和情感在某些情况下可以互相影响。当一个人遇到愉快的事情时,可能会产生积极的情绪,进而引发快乐的情感。相反,当一个人遇到负面事件时,可能会产生消极的情绪,进而引发悲伤的情感。

2. 情绪和情感的分类

由于世界上的事物绚丽多彩,人与客观事物之间的关系也丰富多样,使情绪和情感也产生了极为丰富和复杂的内容。为了便于理解和把握,可以对情绪和情感作出以下分类:

(1) 根据情绪的表现形式,可以将情绪分为面部表情、身体表情和言语表情。面部表情是指通过面部肌肉的活动来表达情绪的一种方式,如高兴、悲伤等;身体表情是指通过身体的姿态、动作等来表达情绪的一种方式,如愤怒时的紧握拳头;言语表情是指通过言语来表达情绪的一种方式,如生气或急切时的语调升高、语速加快等。

(2) 根据情绪的强度和持续时间,可以将情绪分为心境、激情和应激。心境是指一种微弱、平静、持久的情绪状态,如愉悦的心境;激情是指一种强烈、爆发式的情绪状态,如愤怒时的大声吼叫;应激是指一种急速、高度紧张的情绪状态,如突然遭遇危险时的反应。

(3) 根据情感的性质,可以将情感分为道德感、理智感和美感。道德感是指对道德行为的评价和体验，如对善恶、公正与不公正的感受；理智感是指对智力活动和知识的追求和评价，如对真理和谬误的感受；美感则是指对美的感受，如对艺术作品的欣赏。

3. 影响消费者情绪、情感与行为变化的因素

影响消费者情绪、情感与行为变化的因素有很多，这里主要介绍以下几个方面。

(1) 环境因素。环境因素包括音乐、照明、气味、氛围等。在商店或餐厅等消费场所，音乐的类型和音量大小可以影响消费者的情绪和情感；照明可以创造出不同的氛围，例如温馨、浪漫、高雅等；气味可以刺激消费者的感官，增强消费者对某种产品的好感度和购买欲望；氛围可以影响消费者的心态，例如愉快和放松的气氛可以使消费者产生信任和亲切感，从而促进购买。

(2) 商品因素。商品因素包括商品的品质、风格、品种、颜色、包装等。商品的品质可以影响消费者的满意度；商品的风格可以影响消费者的社交形象、自尊心和归属感；商品的品种可以满足不同消费者的需求和偏好；商品的颜色可以影响消费者对产品的视觉感受和情感体验，例如某些颜色可以让消费者感到温暖、轻松和安全；商品的包装可以影响消费者的购买决策和情感体验。

(3) 服务人员。服务人员的态度、专业水平、形象等也会影响消费者的情绪和情感变化。如果服务人员态度友好、专业水平高、形象良好，会让消费者感到愉悦和信任，增强消费者的购买意愿和忠诚度。相反，如果服务人员态度冷淡、专业水平低、形象不佳，会让消费者感到不满和失望，降低消费者的购买意愿和忠诚度。

(4) 个人心境。个体在特定时间内所体验到的情绪状态可能会影响其消费行为和决策。当一个人处于愉悦、兴奋的状态时，他可能更倾向于购买高价值、高风险的商品。相反，当一个人处于焦虑、沮丧的状态时，他可能更倾向于购买低价值的商品。

【课岗融通】

商场导购岗位

一、岗位概述

导购是零售行业中不可或缺的一环，主要负责在商店或专卖店内接待顾客，推广和销售商品。导购的主要职责包括接待顾客、提供咨询和建议、展示和推广商品、处理顾客投诉等。他们需要与顾客建立良好的互动，了解顾客需求，提供个性化的服务，并通过专业的产品知识和销售技巧，帮助顾客选择合适的商品。

二、岗位职责

1. 负责店内的销售工作，需要按照公司规定积极完成销售计划，向顾客提供专业的咨询和建议，促进顾客购买产品。

2. 负责宣传品牌文化，展示和推广店内活动及促销商品，提高品牌知名度和产品销量。

3. 为顾客提供高品质的服务，包括解答疑问、提供建议、处理投诉等，以建立良好的客户关系和口碑。

4. 负责对店铺的陈列进行管理，确保商品摆放整齐、美观，能够吸引顾客的眼球并提高销售额。

5.关注市场趋势和竞争态势，获取并反馈竞争对手的信息和顾客需求，为公司的市场策略制定提供参考。

三、任职要求

1.具备高中及以上学历，有相关专业（如市场营销、商业管理等）背景更佳；

2.具备一定的销售经验或客户服务经验，熟悉销售流程，善于捕捉客户需求；

3.具备良好的沟通能力、人际交往能力和口头表达能力，以便与客户建立良好关系并促成销售。具备一定的产品知识和销售技巧，能够为客户提供专业的建议和服务；

4.具备良好的形象和仪表，包括穿着得体、举止大方、态度热情，能够代表品牌形象；

5.具备学习能力和适应能力，能够适应市场变化、产品更新和客户需求的变化，以保持竞争力并提供更好的服务。

【见多识广】

美团买药情绪营销策略分析 —— 小情绪撬动大传播

随着美团买药新款小药盒产品的上线，一组名为"致你的30个必药（要）时刻"的海报引起了广泛关注。

"如果感到悲伤，就去晒晒太阳。"

"今天也是'痘（斗）志满满'的一天。"

不同于传统的温情沟通方式，美团买药此次以年轻化的网络语言，传达用户在生病时难以言表的情感，传递出积极向上的生活态度。这一转变不仅带给人们久违的感动，也揭示了情绪营销在当今时代的巨大魅力。

一、情绪营销的力量：小情绪撬动大传播

在当今这个情绪主导的时代，互联网热词如"emo""精神内耗"等频繁出现，凸显了情绪管理的重要性。尤其在生病时，人们往往更加脆弱，需要温暖的关怀和积极的心态来抚平内心的焦虑。美团买药的海报恰恰抓住了这一需求，通过"情绪治愈"的力量，触动了消费者的内心，引发了消费者的广泛共鸣。

情绪是共通的，有温度的文案和品牌往往能够跨越"圈层"，引发大众共情。美团买药的海报不仅引发了用户的自发传播，还激发了年轻人面对病症时的积极态度，激发了年轻人面对生活的正能量。这种情感上的连接和治愈，正是品牌与用户建立深度关系的关键。

二、从情感营销到情绪营销：品牌洞察的不断深入

美团买药的情绪海报能够迅速走红，是对用户和行业深入洞察的结果。首先，美团买药将目光聚焦在消费者行为背后更深层次的情绪体验上，通过小药盒产品的上线，传递出品牌对消费者健康生活的关注和支持。

同时，美团买药采用了更具网络感知、年轻化的表达方式，与年轻人的喜好和审美契合。在快节奏的生活下，年轻人更加渴望得到情绪上的满足和治愈。美团买药通过趣味性的内容表达，不仅满足了用户的情感需求，还增强了品牌与消费者之间的情感连接。

"必药（要）时刻"的核心创意是帮助用户建立一种照顾自己身体的积极态度，这种对用户情绪上的关照，展现了品牌一贯的温暖底色。美团小药盒的上线，使品牌将产品的功

能价值和情绪价值协同起来，将传播重点放在关注消费者的情绪健康、真正为其提供行动助益上，从而起到建立品牌和用户之间的更深层次链接的作用。

职业能力测试

一、填空题

1. 刚刚能引起感觉的最小刺激量，叫作 _____。

2. 刺激物通过对感觉器官的持续作用，使感觉器官的敏感性发生变化的现象，叫作感觉的 _____。

3. 营销者可以利用知觉的 _____ 来设计产品和营销策略。例如，在产品设计中，可以通过对颜色、形状、质地和品牌形象等方面的综合考虑，来提高产品的吸引力和差异化。

4. 知觉的 _____ 体现在对产品质量的感知上。消费者通常会根据以往的经验和知识，对产品的质量作出相对稳定的评价，而不会因为一些细微的外观变化而改变对产品质量的认知。

5. _____ 通常被描述为一种更持久、稳定的心理状态，它涉及对特定对象或情境的认知、评价和期望。

二、判断题 (对的打 √，错的打 ×)

1. 听觉是指声音通过听觉器官引起的感觉，是人类的重要感觉之一，与视觉一起相互补充，它不仅在语言交流中起重要作用，还对人们的情绪和行为产生影响。　　　(　)

2. 运用感觉的适应性是指在广告设计或商品陈列中，运用亮中取暗、淡中有浓、静中有动等手法吸引消费者的注意力。　　　(　)

3. 知觉是多种感觉的结合，来自感觉，但高于感觉。知觉是大脑综合处理后形成的一种感知能力，是对客观事物的整体认识和反应。　　　(　)

4. 根据情绪的表现形式，可以将情绪分为心境、激情和应激。　　　(　)

5. 个人心境是指个体在特定时间内所体验到的情绪状态，它可能会影响消费者的消费行为和决策。　　　(　)

三、简答题

1. 举例说明感觉在营销中的运用。

2. 举例说明知觉在营销中的运用。

3. "颜值经济"是如何利用情绪营销的？

4. 在营销实践中，营销人员非常想通过商品的改进来满足或超过消费者的感觉阈限。你怎样理解这句话的含义？请举例说明。

课中实训

实训一　案例分析

任务描述：分析案例提出的问题，拟写案例分析提纲；同时可在此基础上小组讨论，形成小组的案例分析报告；班级交流和相互点评各组的案例分析报告。

小红书——树立春节营销风向标

食品饮料类消费作为刚性需求，其销售占比正逐步攀升。特别是在传统的新年佳节，中国人对"团圆聚餐"的珍视与追求，不仅引发了较大的消费热潮，也是对快消品行业的严峻考验。众多品牌纷纷借此契机，精心策划节庆新品发布、促销活动等一系列营销战略，以满足消费者的节日需求，抢占市场先机。

小红书深入探索并发布了小红书2024年行业趋势，其中包括："没关系，新年会原谅"——报复性吃喝体验的感官纵情；"童年记忆限时返场"——希望重回纯真，寻找记忆中的体验锚点；"凡事发生必有利于我"——行必吉祥，回归过年民俗，寻找好兆头；"爸妈请传位于我"——带家人一起整活儿新鲜体验，创造小家记忆；"100件过年回血小事"——关爱身体、情绪的健康礼赠；"随机生成新年搭子"——享受在路上，饮食不将就；"中国年不搞小排场"——集体性感官爆炸，民俗/文化/集体共鸣的仪式感盛宴；"舌尖上的血脉觉醒"——源流中寻找力量、地缘骄傲。

小红书精准把握了年轻人春节期间的"归巢"趋势和跨城市流动特性，携手品牌共同策划了一场跨地域、线上线下融合、跨越年龄层的年味营销盛宴。通过深入分析消费者过年方式的细微变化及情感表达，小红书实现了精准触达、有效沟通与高效转化。

年轻人在小红书上展现的过年趋势背后，是他们对新鲜事物的强烈好奇与分享热情，他们不仅追随食品饮料领域的最新潮流，还在无形中引领着这些潮流。基于对当前年轻人群过年方式的洞察，结合数据分析和内容研究，小红书聚焦于中国新年不可或缺的三大核心场景——"备年货、享美食、寻年味"。品牌只有深入这些真实的生活场景，才能找到与消费者沟通的密钥。

为此，小红书推出了"红薯年货庙会""超好吃年货节"以及"'龙'咚锵年味复兴计划"三大营销IP，全面覆盖线上趋势内容、品牌曝光、年货购买以及线下渠道营销等多个维度。通过一系列精心策划的活动，如红薯年货店、年货清单发布、罗森便利店全国联动以及寻龙主题活动等，小红书旨在以多维度的内容和创新的玩法，助力品牌突破流量瓶颈。

借助小红书社区流量与商业化流量的双重驱动，品牌在节庆期间获得了显著的品牌曝光。同时，结合商业化的权益定制活动与互动玩法，小红书构建了一条从种草到转化的顺畅链路，引领了营销新风尚。

春节前后历来是食品饮料行业的消费旺季。随着新一代消费者的崛起，年轻消费者在节日期间的消费行为愈发精明和理性，同时也更注重表达个人风格和态度。对于快消品行业而言，迅速捕捉并适应新一代消费者对"过年"的新变化，已成为营销策略的核心。

问题：

(1) 上述案例涉及本章的哪些知识点？

(2) 根据案例并查找资料，总结小红书"春节营销"策略。

(3) 小红书锁定了"买年货/吃美食/寻年味"这几个重要场景打造情感营销，对企业有哪些启示？

小组讨论后，请将案例分析提纲填写在以下空白处：

案例分析提纲

实训二　思政研判

任务描述：学生分析案例提出的问题，拟写思政研判提纲；同时可在此基础上小组讨论，形成小组的思政研判报告；班级交流和相互点评各组的思政研判报告。

反向消费持续，产业带动品牌走向台前

在 2023 年，一系列热门话题如 Citywalk、特种兵旅行、反向消费以及军大衣的流行，彰显了消费者行为的显著转变——消费者倾向于用最低的成本获取最具性价比的商品与服务。

某网红主播的一句"哪里贵了"引发了广泛共鸣，揭示了在经济压力增大的背景下，消费者开始审视并拒绝支付溢价过高的商品，转而选择性价比更高的商品。随后，"79 元买五斤半的蜂花""5.9 元粉底液"等热门话题，进一步强化了公众对理性消费的认知。

反向消费趋势的兴起，推动了产业带商品市场的繁荣。这些商品虽无显著品牌标识，但凭借尚可的质量和高性价比，甚至在某些方面不输知名品牌，赢得了消费者的青睐。在阿里巴巴、拼多多等电商平台的推广和直播营销的助力下，河南许昌的假发、河北白沟的箱包、河北南和的宠物食品等产业带商品，逐渐崭露头角。

市场风向的转变异常迅猛。过去，消费升级曾被视为一种趋势，消费者追求高品质、精美包装和亮眼外观的品牌，以彰显身份。然而，如今却开始流行消费降级和反向消费，这让一些新兴消费品牌陷入了尴尬的境地。

以钟薛高为例，2023 年 10 月的欠薪事件让人担忧，而去年"雪糕刺客"的称号对其品牌和销售造成冲击。虽然喜茶和奈雪的茶降价，但消费者依然觉得它们的性价比不及蜜雪冰城。花西子的 79 元眉笔被网友认为昂贵，转而选择老国货品牌，如 79 元能买到的大量蜂花护发素或郁美净儿童霜。

农夫山泉旗下的东方树叶今年的零售规模预计将达到 100 亿，这无疑给其竞品元气森林带来了压力。即便在钟薛高最火爆的时期，其市场份额也未能超过 1%，雪糕市场依然由伊利、和路雪、蒙牛、雀巢等传统品牌主导。

这些现象表明，新兴国货在性价比上遭遇老国货或传统品牌的强烈反击，其产品在价格、渠道方面的短板暴露无疑。随着 2024 年经济增长放缓、消费者行为转变和技术革新的交汇，品牌必须灵活应对，采取更为精细和审慎的营销策略。从反向消费的兴起，到视频号的商业化，再到阿尔法世代 (10 后) 的崛起，这些趋势均指向一个核心方向：营销的未来在于深刻理解和适应消费者的需求，同时利用技术为品牌创造独特价值。

问题：

(1) 通过分析相关案例和查找资料，谈谈"反向消费"的盛行暴露了哪些行业乱象？

(2) 试针对"用最少的钱买最有性价比的商品和服务"这一消费行为作出你的思政研判。

(3) 通过网上调研或图书馆调研等途径收集你进行思政研判所依据的相关规范。

小组讨论后，请将思政研判提纲填写在以下空白处：

思政研判提纲

实训项目评价

学生自评表

序号	评价素质点	佐证	达标	未达标
1	知识点融会贯通能力	能够将知识点灵活运用于实训项目中		
2	资源整合能力	能够借助网络资源平台、人脉资源等完成实训项目		
3	小组分工合作能力	能够融入小组活动，有效协同工作		
4	职业道德	能够从职业道德的角度理性看待社会现象，进行思政研判		

教师评价表

序号	素质点自评	佐证	达标	未达标
1	知识点融会贯通能力	能够将知识点灵活运用于实训项目中		
2	资源整合能力	能够借助网络资源平台、人脉资源等完成实训项目		
3	小组分工合作能力	能够融入小组活动，有效协同工作		
4	职业道德	能够从职业道德的角度理性看待社会现象，进行思政研判		

课后提升

我们到底需要怎样的公益？

最近，芬必得助力公益机构有灵且美，给四川巴中涪阳中学的女孩们带去了一场"梦想艺术营"，在社交媒体和营销圈中传得很火。

芬必得究竟做对了什么？或者说，我们到底需要怎样的公益营销？

1. 深度公益实践：赋能大山女孩，打破成长壁垒

大山公益虽不新颖，但许多品牌在实施时仍停留在表面。大山公益不应仅仅是物质的捐赠，更应深入大山女孩的心灵。面对她们在成长过程中遭遇的陪伴缺失、性教育不足及性别偏见等困境，我们选择了从心理和精神层面给予她们坚定的鼓励与支持，帮助她们战胜成长道路上的重重阻碍。这种深度的公益实践，旨在激发大山女孩内在的力量、勇气、自信，培养她们的积极心态，使她们找到自我，实现自我价值。

2. 创新传播策略：轻互动重参与，提升公益体验感

公益营销的去商业化既是其优势也是其要面临的挑战。为了避免煽情和同质化，芬必得采取了轻互动化传播机制，鼓励受众深入参与，通过亲身体验形成表达和交流，从而在线上积极分享公益的价值和意义。这种创新的传播策略不仅提升了受众的参与感，也增强了品牌的亲和力。

3. 长期公益承诺：聚焦"梦想"与"挑战"，践行芬必得公益长期主义

公益营销不应是短期的热潮，而应是品牌长期的承诺。芬必得始终围绕"梦想"与"挑战"两大主题，深耕大山公益。从"接力回答大山孩子的问题"到"1分钟伴读图书馆"，再到如今的"带给大山女孩一场梦想营"，芬必得始终关注大山留守儿童，思考如何为他们提供真正有效的帮助。

时间，是衡量品牌对待公益态度的最好标杆，这种长期不断的传播不但能触达更多群体，而且能持续强化消费者对品牌的好感。芬必得以自身的影响力，间接提升了中国大山公益营销的整体水平，让不论是公益机构，还是企业社会责任团体，都能借此多想想怎么创新，怎么解决问题，可谓意义非凡。

想一想：

公益营销是如何触动消费者的情感的？对于公益营销，企业该如何做？

职业能力拓展

如何用情绪营销"拿捏"当代年轻人？

1. 以消费趋势和流行形式触达消费者

做情绪营销，首先要洞察消费市场，把握消费趋势，明白消费者需要什么、想要什么，再以他们乐意接受的方式进行营销布局。

首先，随着5G时代的到来，如今的营销以数字化营销为主，情绪营销也需要建立在数字化营销的基础上。其次，传播形态也在变化，从起初的文字形态到图文形态，再到当下的短视频形态，传播效率提升也为品牌营销带来了挑战。最后，营销的形式越来越多样，从今年火爆的营销事件就可以看出，消费者希望品牌在坚持品牌主线的同时，还要不断创新营销玩法，为消费者带来新体验。

2. 以基本情绪和积极情绪触动消费者

情绪营销传达的情绪，应能引起消费者的共鸣，所以企业还要了解应该传递给消费者什么样的情绪。

从心理学的角度看，情绪可以分为基本情绪与复合情绪、积极情绪与消极情绪。基本情绪是人与动物所共有的，有着共同的原型或模式，它们是先天的、不学而能的；复合情绪则是由基本情绪的不同组合派生出来的；积极情绪是与接近行为伴随而生的情绪；消极情绪是与回避行为伴随而生的情绪。

在做情绪营销时，我们应该把握的是消费者的基本情绪和积极情绪。

比如这几年很火的抽盲盒还有今年流行的刮刮乐，就是在为平淡的生活寻找一些"刺激"，抽中隐藏款或者刮刮乐中奖都能使惊喜达到巅峰，就算结果不如意，这种对好结果的期待还是会促使下一次的消费。

3. 以情绪共鸣和共创卷入消费者

多巴胺穿搭和美拉德风为什么出圈得如此快速？答案是：这离不开用户的参与，在头部关键意见领袖带出话题后，广大网友开始热情参与，人人都开始多巴胺，穿搭、美甲、妆容处处都体现出美拉德风，才实现了这两个词的刷屏式火爆。

在引起情绪共鸣之后，消费者自发地参与、共创和分享成为情绪营销出圈的关键。以Keep为例，收集Keep奖牌在用户自发的传播下形成浪潮，越来越多人参与其中，只为获得一块大家都有的奖牌。奖牌借助用户的社交关系实现滚雪球效应，制造了大量的"自来水"般的流量数据。

当下中国正在步入"第四消费时代"，如共享式消费、追求社会意识、回归本土和回归田园、更加注重服务等。越来越多的消费者从物质带来的愉悦向着精神的愉悦转变，所以那些能让人感受到情感治愈、提供情绪价值的产品和品牌，才会更让人愿意买单。

拓展任务说明

一、任务名称

情感营销方案设计

二、任务背景

早C晚A(一种护肤方式)、多巴胺穿搭、美拉德风，这些指向人们情绪的商品成为大众关注的焦点。在市场消费领域，情绪价值不仅仅是一种情感体验，更是一种心理共鸣，它触及消费者内心深处，激发多巴胺和其他愉悦感的化学反应。情绪价值在商业中也有着非常实际的应用，满足情绪价值的营销方式可以称为"情绪营销"。

三、任务要求

1. 查找资料，分析利用多巴胺穿搭、美拉德风穿搭等进行情绪营销对消费心理的影响；

2. 针对"三八妇女节"策划一场校园活动，包括宣传视频、宣传海报和具体活动方案。

四、任务分析

1. 针对男性、女性对"三八妇女节"情绪、情感体验的不同，选择合适的切入点进行方案策划；

2. 宣传视频拍摄前要创作出完整的脚本；

3. 利用数字化营销媒体平台创作宣传海报，海报标语要切合视频内容；

4. 具体活动方案要适应校园环境，具有较强的可行性。

五、任务思考

1. 本次实训任务中学到了哪些消费心理的知识和技能？

2. 在本次实训活动过程中，你遇到了哪些困难和挑战，你是如何克服的？

3. 通过本次实训任务，你认为自己的专业能力有哪些提升？

任务二　消费者的需要、动机与行为

 案例导入

累计卖出 6300 万杯，三顿半用对了什么营销策略？

新消费时代，新国潮品牌弯道超车的案例屡见不鲜，在如今咖啡消费越来越火热的市场上，"三顿半"成功破圈，由一个小众品牌成功蜕变成深受消费者与投资人热捧的品牌新星。

据三顿半官方数据，三顿半在短短两年内营收从 1000 多万元飙升到 2 亿元左右。三顿半是如何从竞争激烈的咖啡市场中杀出重围的呢？

一、产品策略，高颜值外观＋精准市场定位，奠定爆款基因

1. 精准对标竞品，深挖消费者痛点

三顿半通过领先的低温慢速萃取技术，使咖啡味道呈现现磨般的口感，并且三顿半咖啡在不同温度的不同液体中实现了"无需搅拌，三秒速溶"，直接击中了消费者的需求痛点，

解决了传统速溶咖啡热水冲泡需要搅拌的难题。

2. 独特 IP 设计，为爆款埋好伏笔

在包装上，三顿半选用了强辨识度的可爱小杯子，搭配亮黄、淡红、黑灰等多种颜色，让消费者在购买产品的同时有拍照分享的欲望，从而使产品获得免费的自然流量。

二、营销策略，社交内容推动产品升级，注重用户多渠道沟通

1. 创立领航员模式，KOL/KOC(关键意见领袖 / 关键意见消费者) 共创产品

三顿半真正地和美食达人、专业人士、新老用户合作并沟通，听取意见，分析需求，升级产品。领航员们是品牌方在各渠道精挑细选出的可以产出优质 UGC(用户生成内容) 的消费者个体，他们不仅承担着打入普通消费者内部进行品牌推广的职责，而且可以将自己对于咖啡的意见反馈给品牌方。在用户参与打磨产品的过程中，加强了品牌与粉丝间的交流，培养了用户忠诚度。

2. 线下"返航计划"，增强客户留存与复购

除了全方位线上线下用户运营外，三顿半还有一套"别致"的用户留存计划，即"返航计划"，与一些特色书店、商场等线下空间合作设点，用户可以积攒一定数量的三顿半咖啡空罐，在兑换日前往指定的咖啡馆兑换相关周边，如 10 个空罐可以兑换徽章、贴纸、胶带等周边的小集合包，15 个空罐换手机壳等。这一活动不仅提高了消费者黏性，而且推广了品牌绿色环保的营销文化，提升了品牌形象，彰显了品牌社会责任感，从而进一步增大三顿半的品牌曝光。

关于返航计划

返航计划，是三顿半回收咖啡空罐的长期计划。

从2019年开始，三顿半累计在78个城市的478个返航点，服务21万+位旅行者，回收空罐约2900万+个，连接了数百个合作伙伴，共同探索更理想的生活方式。

旅行者通过"旅行者世界"VX小程序预约，在返航日，前往各城市中的返航点返还空罐、储存能量。能量可以兑换返航物资，回收的空罐也将再利用制成生活周边产品。

返航物资兑换中

1月物资将在1月15日20:00开启兑换，建议在小程序订阅兑换通知。更多物资动态，请关注三顿半VX公众号及小顿朋友圈。

如何兑换物资

① 2023/11/15 起，旅行者世界小程序将开启返航物资兑换，并不定期发布物资上新公告；

② 在小程序挑选心仪的返航物资，填写收货地址，点击支付能量，即可完成物资兑换；

③ 7个工作日内，为您将返航物资送货上门。部分物资有指定发货时间，请以物资页面说明为准。

三、社媒投放策略，放大口碑效应，腰部 KOL/KOC 垂直出圈

三顿半社媒投放策略通过"放大口碑"来引导需求。选择的推广者不是头部的 KOL，投放也并非大规模的，而是在社交平台上，从已有的用户中发掘分享原因和传播的 KOC，再和他们合作共建内容。随后在抖音、小红书、快手、B 站等新媒体社交平台深耕种草，以内容流量带动电商流量，推动品牌的发展。三顿半在小红书里 360 度地诠释了它的"适用场景"：带娃、生活、解忧、减肥、摆件……三顿半在微博上联合国内设计师、漫画师、插画师、Vlog 博主、美学博主共同打造咖啡联名款，成功帮助品牌扩充好友列表，把产品渗透进更深的圈层。在知乎平台，三顿半利用各种话题热度，进行内容软植、深度内容分析，使产品提问与回答贯穿消费决策链路。

三顿半的成功并非特例，虽然，三顿半等新消费品牌表面上看似被消费主义浪潮推至消费者面前，但其成长背后，依靠的其实是机遇下新国货品牌对消费需求细致入微的洞察，以及灵活的决策、对购买动机的激发等稀缺价值。

思考：

(1) 三顿半洞察到了消费者什么样的需要？

(2) 三顿半是如何利用营销策略激发消费者的购买动机的？

消费者的需要

课前导学

一、消费者的需要

1. 需要的概念

消费者各种各样的购买行为都是由消费者的购买动机引起的，而消费者的购买动机的基础是人类的各种需要。需要是个体缺乏某种东西时的一种主观状态，它是客观需求的反映。消费者的需要会激发购买动机，从而促使消费者作出行为的改变。同时，消费者购买后，又会再次产生新的需要。需要、动机、行为之间的关系，如图 2-1 所示。

图 2-1　需要、动机、行为之间的关系

2. 消费者需要的特征

消费者需要的特征如下：

(1) 消费者需要的对象性。人们的需要总是和满足需要的对象联系在一起。比如，人饿了就需要购买食物充饥，渴了就要买水解渴。需要一旦实现，总能给人带来生理或心理上的满足。

(2) 消费者需要的无限性。在消费活动中，消费者的需要是不会因暂时的满足而停滞或消失的。当旧的需要得到满足后，新的需要就会随之产生，如此周而复始，连绵不绝。随着社会的进步，消费者的消费意识逐渐发生改变，当过去的消费环境、服务方式不再具有满足人们求新、求美的功能时，消费者就会对消费环境、服务方式等提出新的要求。消费者的这种不断发展变化的心理需要，是消费者追求美好生活的原动力，并促使商品经营

者在商品质量、品种、服务手段、方式上不断创新开拓，推动着消费品市场不断向前发展。

(3) 消费者需要的层次性。由于消费者在生活习惯、个性特点、受教育程度、文化审美、收入水平、消费目的等方面存在差异，因而消费者在需要及满足需要的方式等方面存在多层次性，呈现出因人而异的现象。不同的消费者对购物环境、服务方式、服务态度等有不同需求。这就要求经营者提供高、中、低档的配套产品，提供不同的接待服务方法，满足不同层次消费者的不同需要。

(4) 消费者需要的可变性。消费者的需要随着观念的更新、消费流行的变化、消费经验的累积、工作环境的改变、文化艺术的熏陶、广告宣传的影响、消费现场的刺激、服务态度的感召等的不同而变化，并不断产生新的消费需要。潜在的需要会变成现实的行为，未来的消费会提前寻求实现的途径。

(5) 消费者需要的发展性。随着人们的物质、文化水平的提高，消费者的需要也在不断发展。这不仅体现为消费需要的标准的不断提高，而且体现为消费需要的种类的日益复杂多样。例如，对于电器类产品，除了要求满足功能性需求外，消费者对于产品的智能化的要求也在不断提高，手机 APP 一键操控和语音控制成为一种流行。

3. 需要的类别

按照不同分类标准，对消费者需要进行以下划分。

(1) 按照需要的起源，可以把消费者的需要分为天然性需要和社会性需要。天然性需要是人们为了维持有机生命所必需的，包括衣食住行等。社会性需要是人们为了提高自己的物质文化生活水平而产生的，包括对知识劳动、人际交往、娱乐消遣等的需要。

(2) 按照需要的对象，可以把消费者的需要分为物质需要和精神需要。物质需要是人们对衣、食、住、行及社会交往中所形成的物质产品的需要，包括对产品基本功能、质量性能、安全性能、便利性功能的需要。精神需要是指人们对精神生活及其产品的需要，包括产品审美功能、情感功能、社会象征性功能等的需要。

(3) 按照需要实现的程度，可以把消费者的需要分为现实需要和潜在需要。现实需要是指目前在明确消费意识和足够支付能力下的消费需要。潜在需要是指未来即将出现的消费需要。

【知识拓展】

潜在需要的两种类别

潜在需要主要表现为两种形式：第一种是消费者具有明确的消费意识，但目前缺乏足够支付能力支撑的那部分需要。第二种是消费者有足够的支付能力，但由于目前消费者的消费意识不太明确或市场上还没有出现其所期望的产品，因而还没有成为现实需要的那部分需要。

【见多识广】

洛阳城的"汉服经济"

汉服，原本只被少数人关注。但随着汉服文化在互联网上的逐渐升温，汉服的潜在受众日渐庞大。越来越多的年轻人开始尝试穿着汉服走上街头，交窬裙、百迭裙、马面裙……

款式各异、花样繁多的汉服，体现的不仅仅是传统文化的流行，更重要的是，它展现了强大的市场购买力。

在此背景下，洛阳文旅和汉服经济形成了一轮深度绑定，以着力推动"汉服＋古城"

模式。洛阳市政府不仅成立了专门的汉服协会，还斥资120多亿，打造洛阳的洛邑古城，向各地游客免费开放，堪比西安的大唐不夜城。

美团数据显示，2023年4月以来，洛阳旅游订单同比增长245%，汉服体验订单量居全国第二。"五一"假期，洛阳汉服体验线上订单量更是环比节前增长680%。

2023年前8月，河南新增汉服相关企业140余家，与2022年同期相比，增长超800%。河南现有汉服相关企业数量跃至全国第二，仅次于陕西。

在此之前，为了吸引更多年轻人，洛阳市政府火力全开，在打造洛阳文旅名片、宣传城市形象上不遗余力。各大短视频平台上，洛阳文旅局局长亲自上阵，穿上古装抚琴舞剑、品茗听曲、优雅起舞等，为家乡美景代言，话题热度不断。而更早之前，从《唐宫夜宴》《龙门金刚》等舞蹈作品，再到《风起洛阳》等电视剧，又是"一部剧带火了一座城"，多个文旅爆款IP让洛阳频频"出圈"。

上述一系列创意十足的规划，让洛阳再次赢得了旅游热度。汉服、影视剧、短视频等都让沉寂了多年的洛阳再次焕发新的活力。

4. 马斯洛的需要层次理论

马斯洛的需求层次理论将消费者的需求划分为不同的层次或阶段。根据该理论，人的需求可以分为五个层次：生理需求、安全需求、社交需求、尊重需求和自我实现。这些层次按照优先级排列，即消费者会先满足较低层次的需求，然后才会追求更高层次的需求。该理论示意图如图2-2所示。

图 2-2　马斯洛需要层次理论

马斯洛的需求层次理论在消费市场中具有以下重要的应用价值：

(1) 市场定位。通过理解不同层次的消费者需求，企业可以对其产品和服务进行定位以满足特定需求层次的消费者群体。例如，针对日常需求的产品销售，企业可能会强调价格和实用性，而针对自我实现需求的产品销售，企业可能会强调个性化和创造力。

(2) 产品设计。企业可以根据消费者的不同需求层次来设计产品的功能。例如，针对社交需求的产品，企业可能会注重产品的社交互动功能的设计，一般采用社交媒体整合营销策略推销产品。

(3) 营销策略。企业可以根据消费者的需求层次来制定不同的营销策略。例如，针对有尊重需求的消费者，企业可以通过强调品牌形象、社会地位和尊重感来吸引他们；而针对有社交需求的消费者，企业可以通过社交媒体发布社交活动，建立品牌社区来吸引他们。

(4) 品牌建设。企业可以将品牌与特定的需求层次联系起来，以建立品牌认知，提高客户忠诚度。例如，某些品牌强调自我实现和创造力的价值，以吸引那些追求个人发展的消费者。

(5) 消费者行为研究。理解消费者需要的层次性可以帮助企业更好地理解消费者的行为和决策过程。例如，消费者在购买决策中可能会权衡不同层次需求的重要性，或者通过购买特定产品来满足某个需求层次。

马斯洛的需求层次理论为企业提供了一种理解和满足消费者需求的框架，帮助企业更好地定位、设计产品，制定营销策略，并建立品牌认知。

二、消费者的动机

1. 动机的概念

动机是指引起和维持个体的活动，并使活动朝向某一目标的心理过程或内部动力。

2. 动机的功能

动机的功能如下：

(1) 激活功能。动机可以激励个体产生某些行为。例如，饥饿的人对食物特别敏感，口渴的人对水特别敏感，因此他们的动机容易引发相应的搜索活动。

(2) 引导功能。动机可以使个体的行为指向某个目标。由于动机的类型不同，人们的行为方向和追求的目标也不同。例如，在学习动机的控制下，学生的活动指向与学习相关的目标，如书籍、教室等；而在娱乐动机的控制下，学生的活动指向娱乐设施。

(3) 维持和调整功能。动机可以使个体的行为维持一定时间，调整行为的强度和方向。当一个人的活动产生时，动机用于指向活动的某个目标，并调节活动的强度和持续时间。如果目标实现了，动机会促使有机体终止活动；如果目标没有实现，动机会促使有机体维持加强活动以实现目标。

3. 动机的分类

动机在不同分类标准下的类型如下：

(1) 根据动机来源的层阶性，动机可分为生理性动机、社会性动机和心理性动机。生理性动机又可以细分为生存性动机、享受性动机和发展性动机。心理性消费动机又可分为感情动机、理智动机和信赖动机。而社会性动机的消费行为也称社会性消费动机，指个体在购买产品或服务时，受到社会因素的影响所产生的动机。

(2) 根据动机在行为中的作用，动机可分为主导动机和辅助动机。

(3) 根据动机存在的形式，动机可分为显性动机和潜在动机。

【知识拓展】

社会性消费动机

社会性消费动机中的社会因素包括社交关系、身份认同、媒体宣传等。以购买奢侈品为例，很多人购买奢侈品并非完全出于自身需要，而是受社会上对奢侈品的推崇和追求，以及奢侈品所代表的社会地位和身份象征等因素的影响。这种购买动机就是一种社会性消费动机，它受到社会因素的影响和驱动。

【素养园地】

人们对美好生活的向往不再局限于物质生活层面，开始更加注重精神生活层面的需求。因此，在营销中，了解消费者的社会性消费动机对于企业来说非常重要。企业可以通过市场调查、数据分析等方式来了解消费者的需求和偏好，并针对不同的消费群体制定相应的营销策略。同时，企业也需要注重品牌形象的塑造和维护，通过提升品牌形象来影响消费者的社会性消费动机，使企业的竞争力和市场地位得到提升。

4. 消费者动机与营销策略

消费者动机与营销策略之间存在密切的关系。了解消费者的购买动机是制定有效营销策略的基础，而合理的营销策略又能激发消费者的购买动机，促使他们采取购买行动。

首先，企业需要深入了解目标消费者的需求和偏好，掌握他们的消费动机。例如，通过市场调查、数据分析等方式来获取消费者的信息，了解他们的生活方式、价值观、购买能力等方面的特点。

其次，根据消费者的购买动机，制定相应的营销策略。例如，针对价格敏感型消费者，可以采取促销、折扣等价格策略来吸引他们；对于品牌忠诚型消费者，应注重维护品牌形象和提升品牌价值；对于新奇探索型消费者，则可以通过创新的产品或服务来满足他们的好奇心和求知欲。

最后，营销策略还需要根据消费者的心理需求进行调整。例如，利用情感营销策略来激发消费者的情感共鸣；利用故事营销策略来传递品牌价值观和企业文化；利用社群营销来增强消费者的归属感和参与感。

职业能力测试

一、填空题

1. 消费者需要的特征为对象性、发展性、＿＿＿＿＿、＿＿＿＿＿ 和 ＿＿＿＿＿。

2. 按照需要的起源，可以把消费者需要分为 ＿＿＿＿＿ 和 ＿＿＿＿＿。

3. 马斯洛的需求层次理论将消费者需求划分为不同的层次或阶段，分别为生理需要、＿＿＿＿＿、＿＿＿＿＿、＿＿＿＿＿ 和 ＿＿＿＿＿。

4. 动机的功能有 ＿＿＿＿＿、＿＿＿＿＿ 和 ＿＿＿＿＿。

5. 消费者购买产品或服务以融入社会群体，获得归属感和认同感，如购买时尚品牌、参加社交活动等属于 ＿＿＿＿＿ 消费动机。

二、判断题（对的打√，错的打×）

1. 在消费活动中，消费者的需要是不会因暂时的满足而停滞或消失的。当旧的需要得到满足后，新的需要就会随之产生，如此周而复始，连绵不断。　　　　　（　　）

2. 对于电器类产品，除了要求能够满足功能性需求外，消费者对于智能化的要求也在不断提高，这属于需要的层次性特点。　　　　　　　　　　　　　　（　　）

3. 具有明确消费意识，但目前缺乏足够支付能力的那部分需要属于现实需要。（　　）

4. 社会性消费动机是指个体在购买产品或服务时，因社会因素的影响而产生的动机。这些社会因素可能包括社交关系、身份认同、媒体宣传等。　　　　　　　（　　）

5. 消费者动机与营销策略之间存在密切的关系。了解消费者的购买动机是制定有效营销策略的基础，而合理的营销策略又能激发消费者的购买动机，促使他们采取购买行动。
　　　　　　　　　　　　　　　　　　　　　　　　　　　　　　　（　　）

三、简答题

1. 为什么说消费市场的复杂多样性意味着企业要面临较大市场风险，让企业的营销难度也增加了，而消费者需要的发展性意味着企业可据此拥有无限的市场机会？

2. 企业如何利用马斯洛的需要层次理论来制定营销策略？

3. 为什么说消费者的潜在需要对企业来说具有重要意义？

4. 简述企业如何通过营造良好的营销文化来激发消费者的购买动机。

课中实训

实训一　案例分析

任务描述：分析案例提出的问题，拟写案例分析提纲；小组讨论，形成小组的案例分析报告；班级交流和相互点评各组的案例分析报告。

万亿"银发经济"市场将带领哪些行业扩容？

随着老龄化趋势的加剧，消费市场正迎来一场变革，老年群体逐渐塑造出独特的消费格局，即"银发经济"。这一趋势改变了劳动力的供需结构，增加了社会在医疗、经济、人口结构等多方面的负担，特别的，空巢老人需求的满足成为亟待解决的社会问题。不过，挑战与机遇并存，庞大的银发族群正成为推动养老市场发展的强劲动力。

在对老年人消费趋势的分析中，我们可以看到几个显著的特点。

1. 健康消费成为焦点

随着年龄的增长，老年人的身体机能逐渐下降，健康成为他们最为关心的问题之一。因此，健康消费成为老年人消费的主要方向，包括健康食品、保健品、医疗器械等。他们更加注重产品的品质和效果，愿意为健康投资。在新技术、新动能的驱动下，"互联网＋药品流通"的趋势将重塑药品流通行业生态布局。艾媒咨询数据显示，2016年至2022年中国医药电商市场规模逐年增长，2022年医药电商市场规模为2486亿元，同比增长10%，预计2026年将突破3400亿元。随着网售处方药逐渐放开等一系列政策颁布，医药电商市场将迎来巨大机遇，未来规模将持续增长。

2. 追求品质生活

与过去的老年人相比，现代的老年人更加注重生活品质。他们不再要求市场仅满足基本的生活需求，而是追求更高层次的生活享受。因此，在消费上，他们更加注重产品的品质、设计和舒适度，愿意为高品质的产品和服务买单。

3.数字化消费趋势明显

随着互联网的普及和智能设备的广泛应用，老年人的数字化消费趋势也越来越明显。他们开始使用智能手机、平板电脑等智能设备，进行网络购物、社交娱乐等活动。这种趋势不仅为老年人提供了更加便捷的消费方式，也推动了电商和社交平台的发展。

4.旅游消费增长迅速

随着生活水平的提高和退休生活的丰富化，老年人的旅游消费增长迅速。老年人更愿意选择舒适、安全、有特色的旅游产品和服务，享受旅游带来的乐趣和放松。同时，老年旅游市场也呈现多元化、个性化的趋势，以满足不同老年人的需求。"银发族"已经成为我国文旅市场的重要消费群体，老年人旅游人数已经占到全国旅游总人数的20%以上。他们更喜欢参加旅行社组织的夕阳红旅游团，有怀旧思乡情结，喜欢追根溯源，寻亲访友。

当下中国各地乡村旅游建设如火如荼，若想在激烈的竞争中脱颖而出，各地政府及乡村旅游开发商应关注消费者的需求，挖掘当地乡村特色，精细化运营，为用户提供独特的乡村旅游产品，以争夺行业蓝海。

5.注重情感消费

空巢老人现象的普遍使老年人在情感上更加需要陪伴和关怀。因此，在消费上，他们更加注重情感消费，愿意为能够带来情感满足的产品和服务买单。例如，宠物成为许多老年人用来寄托情感的"新家人"，宠物经济产业发展迅速。

子女除关照老年人生理需求外，也要关注其心理需求，让老年人广泛发展兴趣，积极参加文娱活动，提高生活乐趣，结交更多的朋友，扩大情感支持网络，从而实现"积极老龄化"的目标。

问题：

(1) 上述案例涉及本章的哪些知识点？

(2) 根据案例中的相关内容或网上调研结果，总结"银发经济"将带动哪些产业的发展。

(3) 为激发银发一族的消费动机，企业应该采取什么样的营销策略。

小组讨论后，请将案例分析提纲填写在以下空白处：

案例分析提纲

实训二 思政研判

任务描述：学生分析案例提出的问题，拟写思政研判提纲；小组讨论，形成小组的思政研判报告；班级交流和相互点评各组的思政研判报告。

"预制菜进校园"引热议

近日，学校统一配餐中引入预制菜一事在多地掀起热议。不少家长担心，学校的统一配餐中若含有预制菜，可能对学生的健康造成负面影响。

校园食品安全问题向来备受关注。对于预制菜是否适合进入校园，尤其是否适合学生长期食用，这背后牵涉着食品安全、营养均衡以及标准推广、产业发展等多个领域。

按照中国烹饪协会发布的标准，预制菜是以一种或多种农产品为主要原料，运用标准化流水作业，经预加工（如分切、搅拌、腌制、滚揉、成型、调味等）或预烹调（如炒、炸、烤、煮、蒸等）制成，并进行预包装的成品或半成品菜肴。

"学校设饭堂就是为了让学生吃上安全新鲜的饭菜，如果都让预制菜进校园了，那孩子们的营养怎么保证？"一名家长在接受记者采访时说道，并表示："坚决不接受预制菜进校园。"

也有家长表示，可以理解学校为了配菜方便引进部分预制菜，但是最关键的还是要保证食品安全，在营养搭配上也要符合标准。

中央一号文件《关于做好2023年全面推进乡村振兴重点工作的意见》要求，提升净菜、中央厨房等产业标准化和规范化水平，培育发展预制菜产业。多个省份也相继出台政策指导文件，对预制菜相关产业的发展进行引导和规范。

一方面，预制菜产业本身就缺乏明确、统一的行业标准，让预制菜进校园，会让正在长身体的孩子面临不确定性风险；另一方面，对于预制菜的营养，是存在争议的，而法律明确规定，要给予未成年人特殊、优先保护，也就是说，必须确保给孩子吃的食品，具有最高安全标准、营养标准。所以当前，预制菜进校园还存在争议。

要让孩子吃好、吃得有营养，必须加强对进校食品材料的安全风险与营养的健康检测，对预制菜进校园，要严格把关，也需要进一步推进"明厨亮灶"，学校食堂必须公开食材来源、储运、加工、配餐的过程，对食堂经营进行全过程监督，确保食材的新鲜、安全与营养。

在2023年8月22日，市场监管总局、教育部、民政部、国家卫生健康委、国管局等5部门联合发布《集中用餐单位食品安全问题专项治理行动工作方案》，从方案发布即日起至2023年年底，开展集中用餐单位食品安全问题专项治理行动。方案要求，加强学校、医院、养老院、机关等集中用餐单位食堂分类统计、动态管理。

问题：

(1) 预制菜的发展迎合了什么样的消费需求？

(2) 试对"预制菜进校园"作出你的思政研判。

(3) 通过网上或图书馆调研等途径收集你进行思政研判所依据的相关规范。

小组讨论后，请将思政研判提纲写在以下空白处。

思政研判提纲

实训项目评价

学 生 自 评 表

序号	评价素质点	佐 证	达标	未达标
1	知识点融会贯通能力	能够将知识点灵活运用于实训项目中		
2	资源整合能力	能够借助网络资源平台、人脉资源等完成实训项目		
3	小组分工合作能力	能够融入小组活动，有效协同工作		
4	职业道德	能够从职业道德的角度理性看待社会现象，进行思政研判		

教 师 评 价 表

序号	素质点自评	佐 证	达标	未达标
1	知识点融会贯通能力	能够将知识点灵活运用于实训项目中		
2	资源整合能力	能够借助网络资源平台、人脉资源等完成实训项目		
3	小组分工合作能力	能够融入小组活动，有效协同工作		
4	职业道德	能够从职业道德的角度理性看待社会现象，进行思政研判		

课后提升

消费升级加速"懒人经济"爆发

懒人经济指一种以便捷、快速、低成本为特点的商业模式，旨在满足现代人快节奏、便利化的生活需求。懒人经济的核心理念是"时间就是金钱"，它通过创新的服务方式和技术手段，将人们的时间成本降至最低，让消费者在最短时间内享受到最大的服务价值。

懒人经济的主要特点包括：

1. 便捷快速。懒人经济提供的服务通常都是通过在线平台进行预约的，消费者可以随时随地在线下单，避免了排队等待的烦恼。

2. 低成本。懒人经济的支付方式一般都是线上支付，可以省去中间环节的人力成本，从而降低服务价格。

3. 定制化服务。懒人经济的服务内容通常都是由消费者自行定制的，能够满足个性化需求。

4. 社交化服务。懒人经济的服务具有社交化，例如共享经济领域的共享汽车、民宿等服务，可以让消费者通过社交网络来了解和选择服务。

懒人经济的应用范围非常广泛，包括外卖、快递、打车、家政、社交购物、在线教育等多个领域。懒人经济的发展趋势是智能化、定制化和社交化等。懒人经济通过人工智能、物联网、大数据等技术手段，提升用户体验。

懒人经济在未来将继续发展壮大，其主要原因是现代人生活节奏越来越快，忙碌的工作和生活让人们越来越需要更加便捷、快速、低成本的服务。

懒人经济未来的发展趋势：

1. 智能化与自动化。随着人工智能 (AI)、物联网 (IoT) 和机器学习等技术的不断成熟，懒人经济将进一步实现智能化和自动化。例如，智能家居设备将能够更准确地理解用户的需求，提供个性化的服务；自动驾驶和无人配送等技术将极大地提高物流效率，进一步降低用户的时间成本。

2. 个性化与定制化。消费者对于个性化和定制化服务的需求将不断增长。懒人经济将通过大数据分析和用户行为预测，提供更符合消费者品位和需求的定制化产品和服务，满足消费者对于独特性和专属性的追求。

3. 社交化与分享化。社交网络和共享经济模式的普及将进一步推动懒人经济的社交化和分享化。消费者将通过社交媒体了解和选择服务，分享自己的消费体验，以助力形成消费社区。同时，共享经济模式将进一步拓展到更多领域，如共享汽车、共享空间等，为消费者提供更为便捷和经济的服务。

4. 跨界融合。懒人经济将与更多产业进行跨界合作，形成新的商业模式和服务形态。例如，与医疗、健康产业的融合将推动远程医疗、健康管理等服务的发展；与旅游产业的融合将推动个性化旅游、定制旅行等服务的兴起。

5. 绿色环保与可持续发展。随着人们环保意识的提高，懒人经济将更加注重绿色环保和可持续发展。企业将通过采用环保材料、推广绿色包装、提高能源利用效率等方式，减少经济活动对环境的影响。同时，共享经济等模式也将有助于减少资源浪费，推动可持续发展。

所谓"生于忧患，死于安乐"，我们也应该看到懒人经济带来的一些负面效应。其中，其带来的健康问题尤为突出，便利食品和外卖的高油脂、高糖、高盐等可能引发一系列健康问题。此外，消费陷阱、人际关系疏离以及环境破坏等问题也不容忽视。

因此，作为消费者，应保持理性消费和健康生活的习惯；作为企业，应注重产品和服务的质量和环境友好性；政府则应加强监管，确保懒人经济在发展的同时，与健康、环保、可持续发展的目标相协调。

想一想：

懒人经济的底层逻辑是什么？懒人经济迎合了什么样的消费需求和动机？

职业能力拓展

亲子研学成为旅游新浪潮

亲子研学将社会、学校和家庭融为一体，旨在通过旅行的方式为孩子们提供更加丰富、有趣和有意义的成长体验。主题化的亲子研学颇受欢迎，其模式和内容将不断创新，更丰富、更有特色。

1. 自然教育模式

自然教育模式是一种以自然环境为背景，通过体验、观察、探究等方式，让孩子在探险的过程中学习自然生态和环境保护知识，培养环保意识和生态素养的研学旅行模式。该模式可激发孩子对自然环境的探究兴趣，促使其成为未来的环保倡导者和行动者。该模式下的活动包括森林探险、植物观察和环保行动等。

2. 生活体验模式

生活体验模式是一种通过让孩子亲身参与日常生活和职业体验，学习生活技能和职业知识，培养生活自理能力和职业意识的研学旅行模式。该模式下的研学活动包括烹饪体验、职业体验等。这些活动可以培养孩子们的生活自理能力、食品健康意识、职业意识和职业素养等。

3. 文化考察模式

文化考察模式是一种通过让孩子深入了解历史文化、艺术民俗等文化元素，传承优秀文化和人文精神的研学旅行模式。该模式下的研学活动包括历史文化之旅、红色研学之旅等。孩子们可以在该活动中亲身感受历史文化氛围和人文精神，继承并发扬优秀文化基因和文化传统，增强文化自信和提高人文素养。

4. 农业研学模式

农业研学模式是结合农业教育、实践与娱乐的综合性研学旅行模式。通过参加农业大课堂、农业迷你农场、农业迪士尼、农业嘉年华和农业地球村等多种形式活动，学生们可以深入了解农业知识、体验农耕文化、感受科技农业的魅力，同时还能享受休闲娱乐。这类农业研学模式下的活动旨在培养学生的综合素质，促进农业与相关产业的融合发展，为现代农业发展注入新的活力。

综上所述，自然教育、文化考察、生活体验、农业研学、科技创新、艺术研学、运动健康、航空主题研学等，已成为当今亲子研学旅行的热点。这些主题活动不仅帮助孩子们拓宽视野、增强实践操作能力，而且让他们在旅行中深入了解和体验不同的文化和环境，进一步培养独立思考能力和创新精神，同时，还促进了家庭成员之间的互动和联系，提高了亲子间的默契度和信任感。

拓展任务说明

一、任务名称

根据不同消费者的消费动机进行旅游营销方案设计

二、任务背景

根据旅游动机的不同，我们可以将旅游市场划分为休闲旅游、探亲观光游、商务考察游、购物游、亲子游等。近年来，旅游方式从传统的团队观光游向高品质定制休闲游转变。消费者愿意付出更多的金钱和时间尝试冰川远足、游轮出海、亲子研学、丛林探险等主题旅游活动。

三、任务要求

1.查找资料，分析"休闲旅游、探亲观光游、商务考察游、购物游、亲子游"的消费心理与消费动机；

2.挖掘家乡特色，设计出一份"亲子研学"旅游营销方案。

四、任务分析

1.根据亲子研学旅行特点和家庭、学校的需要，分析上面设计的旅游营销方案是否能迎合当下的消费需求；

2.挖掘家乡旅游资源，将"自然教育、文化考察、生活体验、科技创新、红色旅游、农耕体验、非遗文化"等作为宣传重点，激发消费动机；

3.方案设计要有重点、亮点和可行性。

五、任务思考

1.本次实训任务中，你学到了哪些消费心理知识？

2.在策划和执行活动过程中，你遇到了哪些困难和挑战，是如何克服的？

3.通过本次实训任务，你认为自己的专业能力得到了哪些提升？

任务三　消费者的个性、生活方式与行为

案例导入

中药＋奶茶，年轻人的养生时尚

近日，网络上掀起一股"中药店买酸梅汤"的热潮，引发了广泛关注。据多家媒体报道，不少年轻人纷纷涌入中药店，但并非为了看病，而是为了购买中药茶饮如酸梅汤。这反映出养生已成为当下年轻人的一种流行生活方式，他们越来越注重自我保健与身体健康。

《Z世代营养消费趋势报告》显示，年轻人已成为养生消费的主力军，其中18～35岁的养生消费人群占比高达83.7%。他们倾向于选择药食同源产品和滋补类产品，展现出个性化的健康消费趋势。这种"Z世代"的养生观念，更注重"养"与"防"，与老一辈的保健理念有所不同。

在这股养生潮流的推动下，众多餐饮品牌纷纷推出养生相关的餐品和茶饮，如养生火锅、猪肚鸡、椰子鸡等，以期抓住这一市场红利。与此同时，中医奶茶加盟的热潮也在全国范围内兴起，众多中医奶茶品牌纷纷展开招商活动。网络上关于中医奶茶店和中医养生茶的讨论层出不穷，健康已经成为年轻一代讨论的热门话题。

随着新型茶饮消费场景的不断丰富和产品种类的拓展，新型茶饮的消费热度也持续攀升。预计到2025年，新型茶饮市场规模将达到3749.3亿元。在这一竞争激烈的市场中，"中药奶茶"以其独特的药食同源特点，成功开辟出一条细分赛道。

"中药奶茶"将药食同源的食材融入茶饮制作中，如阿胶、枸杞、茯苓、燕窝、银耳、乌梅、桂圆等，这些食材在茶饮中的融合既保证了口感的和谐，又具有一定的养生功效。随着"药补不如食补"的理念深入人心，"养生经济"逐渐兴起，吸引了不少老字号药企进军新茶饮市场。

目前，国内已有"荷田水铺""茯灵记""椿风""牛茶"等以养生饮品为主题的奶茶店，而同仁堂、张仲景大药房、华北制药等老字号药企也根据当代青年的生活习惯和饮食习惯，推出了"新中式养生"系列产品。

尽管中药茶饮具有一定的养生功效，但养生的核心仍在于保持良好的生活习惯。作息要顺应自然，饮食要节制，生活要有规律，避免过度劳累。我们不能过度依赖养生奶茶来弥补不良的生活习惯，还是需要从根本上调整自己的饮食和生活方式。

思考：

(1) Z世代热衷"新中式养生"反映出年轻人什么样的个性特点？

(2) "养生经济"蕴藏的底层逻辑是什么？

课前导学

一、消费者的个性

消费者在购买活动中所表现出来的千差万别的行为，主要是由消费者不同的个性心理所决定的。

1. 个性的概念及特点

个性是一个人独特的、稳定的和本质的心理倾向和心理特征的总和，它是一个人整体的精神面貌。

个性的特点可以从以下几个方面来描述：

(1) 独特性。每个人的个性都是独一无二的，它是由个人的遗传因素、成长环境、教育背景等多种因素共同作用而形成的。每个人都有自己的价值观、信仰、兴趣爱好等，这些独特的心理特征构成了每个人的个性。

(2) 稳定性。个性具有相对的稳定性，它在个体生活中逐渐形成，并在一定程度上保持长期稳定。尽管个体在某些情况下会表现出一些短暂的情绪、行为变化，但总体来说，个性是不易改变的。

(3) 社会性。个性的形成和发展是个体逐渐适应社会、扮演社会角色的过程。

(4) 复杂性。个性是一个复杂的心理系统，它由多种心理要素构成。这些心理要素包括个人的需要、动机、价值观、情感、认知等方面。这些要素相互作用、相互影响，共同构成了一个人的个性。对个性的研究有助于更好地揭示人类行为的多样性，并为个体的发展和心理健康提供有益的指导。

2. 消费者的个性类型

消费者的个性表现为多种多样的类型，根据不同的标准，可以对消费者的个性进行不同的划分。以下是一些常见的消费者个性类型：

(1) 消费行为和态度。有些消费者比较节俭，注重价格和实用性；有些消费者比较保守，倾向于选择熟悉的品牌和产品；有些消费者则比较随意，没有固定的消费习惯，比较愿意尝试新鲜事物。

(2) 心理特征和行为特征。消费者的个性可以大致分为理智型、情感型和意志型。理智型消费者注重逻辑分析和理性判断，情感型消费者容易受到情感和情绪的影响，意志型消费者目标明确，行为积极主动。

(3) 消费者的价值观念和行为模式。有些消费者比较注重个人体验和感受，愿意为高品质的产品和服务买单；有些消费者则比较注重实用性和性价比，更倾向于选择价格实惠的产品和服务。

(4) 消费者的社会角色和行为特征。有些消费者比较独立自主，有自己的主见和判断力；有些消费者则缺乏主见，容易受到他人意见的影响。

3. 面向消费者个性的品牌个性

品牌个性就是品牌的独特气质和特点，是品牌的人性化表现。品牌是由诸多要素组合而成的。消费者最初只能认识到品牌的名称、标识、口号等视觉效果的东西，当品牌进入成熟期后，产品和品牌理念都已经比较稳定，消费群体也相对稳定，这时品牌就具有了独特气质和特点，也就是品牌的个性。

1) 品牌个性的核心价值

品牌价值是企业最宝贵的无形资产。实际上，品牌价值存在于消费者的意识里，换句话说，是消费者创造了品牌价值。在消费者眼中品牌不仅仅代表某种产品，它更是消费品心理需求的折射。因此，品牌个性是品牌价值的核心。

【知识拓展】

品牌个性的价值

品牌个性的价值可以从以下几个方面分析。

1. 创造品牌价值。一个独特的品牌个性能够建立强大的品牌形象和口碑，从而提升品牌的价值。这种价值不仅仅体现在产品本身的价值上，更体现在产品的社交价值上。通过塑造独特的品牌个性，可以提高消费者对品牌的认同感和归属感，增强品牌的口碑和影响力。

2. 品牌个性的差异化价值。品牌个性使品牌在市场上具有独特的形象和特点，能够与竞争对手区分开来，提高竞争优势。通过塑造有个性的品牌形象，能够更好地为目标消费者提供个性化的产品或服务，满足他们的需求和期望。

3. 提升消费者忠诚度和满意度。独特的品牌个性容易让消费者产生情感上的共鸣，形成品牌忠诚度和持续的购买意愿。消费者会选择与其个性特征、生活方式、价值观念一致的品牌，因为这样的品牌更容易引发消费者的品牌联想。

4. 引导品牌发展。品牌个性可以作为品牌定位和发展的指引，帮助企业明确品牌的核心价值和目标消费者。通过深入了解消费者的需求和行为特征，企业可以更好地塑造与目标消费者匹配的品牌个性，推动品牌的持续发展和成长。

2) 塑造品牌个性的方法

塑造品牌个性，就是建立一种象征，它能让品牌唤醒消费者的想法、追求和精神，使消费者与品牌产生共鸣。品牌通过满足消费者的情感需求，久而久之提升了自身的竞争力、忠诚度和美誉度，使品牌得到发展与提升。塑造品牌个性的具体方法如下：

(1) 明确品牌定位。品牌个性要根据品牌定位来塑造，要明确品牌的目标市场、核心价值观和独特卖点。通过明确品牌定位，更好地理解目标消费者的需求和期望，从而塑造与品牌定位相符合的品牌个性。

(2) 传递品牌价值观和理念。品牌个性要能够传达品牌的价值观和理念，让消费者感受到品牌的内在品质和理念。企业要通过品牌个性的塑造来传达自己的核心价值观和理念，让消费者对品牌产生认同感和信任感。

(3) 打造独特的 IP 形象。品牌的 IP 形象是塑造品牌个性的重要部分。企业要通过独特的设计、标志、颜色等视觉元素来塑造品牌的形象，让消费者对品牌产生深刻的印象。

(4) 打造品牌故事。通过讲述品牌的历史、创始人的理念、产品的故事等，让消费者更好地了解品牌的价值观和理念，增强消费者对品牌的情感共鸣。

品牌个性的塑造要创新但也应有底线。通过任何渠道和媒介对品牌进行宣传时都应符合大众审美，不能一味博眼球。作为消费者，也应做到自觉抵制三俗品牌。

【见多识广】

相宜本草：坚守初心，技术创新，做原创的中国特色护肤品品牌

传承中医药文化，做原创的民族品牌是相宜本草一直坚守的初心，相宜本草在创立之初，就怀揣着一个打造百年民族品牌的梦想，相信民族的才是世界的。相宜代表中国文化，本草代表中医药智慧，相宜本草其实内在蕴含着做成世界品牌的"基因"。

在中国传统文化中汲取力量的同时，相宜本草也在应用中不断进行产品和品牌的价值创新。在产品创新层面，本草护肤一直被认为温和不刺激，相宜本草通过深扎科研，打造出高功效、高价值的好产品矩阵。在品牌创新层面，相宜本草根植于中国文化、中医文化，希望成为时代的、时尚的、有自己风格的品牌。

品牌精神内核是稳定不变的，但相宜本草亦能保持敏捷，与时俱进。在社会、市场和顾客都在变化的新时代，相宜本草既洞悉大势，又把握小趋势，紧跟潮流。相宜本草通过学习和应用数字化的智能技术，实现数据驱动，利用数字思维实时监控和指导品牌焕新。

科技创新成为各行业的风向标，相宜本草也在科研方面积极布局。对于品牌的科技研发布局，相宜本草主要从聚焦本草实效、加强对外合作两个方面发力。一方面，品牌聚焦本草实效，加大基础研究，在组学、计算化学、分子修饰、发酵和生物合成领域建立研发能力。通过建立新靶点、新方法、新平台，更高效地从传统植物和中医实践中寻找具有安全性且功效平衡的活性成分。另一方面，品牌不断加强对外合作，开放创新，长期加强跟科研院、医院、皮肤科医生、专家教授等合作，把学校和医院里的一些科研成果应用于产品领域，和上海中医药大学的合作就长达 20 年。

相宜本草也在践行 ESG 发展理念，即在环境 Environmental、社会 Social 和公司治理 Governance) 方面发力。相宜本草秉持"天地人和，相宜相生"的品牌哲学，倡导并践行

人与人、人与自然、人与社会的和谐共生、和美共荣，致力于实现社会价值与商业价值的统一与共赢。公司持续探索本草与人的可持续发展模式，选择最优产区的原料，建立8大专属本草合作种植基地，成立相宜公益基金会，发起中华本草养护行动，守护产地生态，通过"采摘成熟的馈赠，留下新生的希望，关照当地的生活"活动，在当地进行一系列"精准产业扶贫"和"教育扶智计划"。

此外，相宜本草还制订了贯穿全产品开发过程的可持续发展计划，通过纯净配方、环保包装的开发和升级，高效减排生产、清洁生产等方面不断努力，进行可持续的品牌价值创造。

本草与土地，根脉相连；生命与环境，休戚与共，人与自然万物是一个生命共同体，万物生生，美美与共，正是相宜的使命与发心。愿生命健康美丽，让美好传递延续。

二、消费者的生活方式

生活方式是人在活动、兴趣和意见方面表现出的模式，它是由一个人过去的经历、已经形成的个性特征及当前的情境决定的。

生活方式可以简单地理解为人如何生活、工作和进行休闲活动。生活方式、生活态度形成生活习惯，规律性的生活习惯的总和就是生活方式。每个人都有自己的生活梦想和追求，若理想中的生活方式没有实现，就意味着潜在需求的存在。人们追求的生活方式影响着需要和欲望的产生，同时影响着购买行为。

1. 生活方式的构成

生活方式的内涵非常丰富，它涉及人们的日常生活、行为习惯、价值观念、文化传统等多个方面，主要分为物质生活方式、精神生活方式和社会生活方式。

(1) 物质生活方式：指人们在日常生活中对物质资料消费的方式。它包括衣、食、住、行等方面的活动，以及与这些行为相关的物质生活用品的消费方式。物质生活方式是生活方式的基础，它反映了人们的生活水平和消费观念。

(2) 精神生活方式：指人们在日常生活中对精神文化生活的追求和消费的方式。这包括人们的文化娱乐、教育学习、审美追求等方面的活动，以及与这些活动相关的精神文化产品的消费方式。精神生活方式反映了人们的精神需求和文化素养。

(3) 社会生活方式：指人们在日常生活中与他人交往的方式。这包括人们的社交活动、人际关系、社会参与等方面的行为，以及与这些行为相关的社会服务的利用方式。社会生活方式反映了人们的社会属性和人际关系。

【素养园地】

生活方式的内涵广泛，涵盖了人们的日常生活、文化传统、价值观念和社会环境等多个方面。不同的生活方式体现了人们的个性和多种需求，同时也反映了社会的变化和发展。企业对消费活动进行营销的时候，不能一味追求创新而导致浪费。例如餐饮行业利用"盲盒"礼品进行营销时，大量消费者为了得到"隐藏款"而疯狂购买套餐导致食物浪费。这些营销手段不免显得"本末倒置"。因此，企业在创新营销方式时需要自觉树立正确的价值观，注重引导健康的生活观念。

2. 生活方式与市场营销

基于生活方式的市场营销策略是一种以消费者所追求的生活方式为诉求，通过将产品或品牌演化成特定生活方式的象征，或者身份、地位的识别标志，以吸引目标消费者并建立稳定的消费群体的营销策略。了解消费者的生活方式，对市场营销人员的价值主要体现在以下几个方面：

(1) 了解消费者的生活方式，可以预测消费者的行为。随着健康意识的崛起，消费者对健康生活方式的需求增加。企业可以针对这一变化，推出更多健康相关的产品或服务，如健康食品、健身器材、健身课程等，并在营销策略中强调健康和品质。

(2) 了解消费者的生活方式，有助于选择目标人群，进行恰当的市场定位。随着科技的发展和人们生活水平的提高，智能家居逐渐成为趋势。如果家电企业了解消费者在生活方式上的这种需求，将产品定位为智能家居，强调产品的智能化、便捷化、舒适化等特点，能使产品更好地满足消费者的需求。同时，根据消费者的生活方式，对产品功能设计进行个性化定制，并推出适合不同场景的智能化解决方案，这些举措能够进一步强化产品的市场定位。

(3) 了解消费者的生活方式，有助于更准确地把握和引导消费者的行为。随着"悦己消费"的兴起，消费者以自我愉悦为购买首要目的，在质量、便利性之外，更关注消费体验，注重品质高于注重价格。根据消费者的需求和悦己消费的特点，企业需要不断创新产品研发，提供个性化、高品质的产品或服务，同时注重消费者的体验和感受，创造情绪价值。

职业能力测试

一、填空题

1. 个性具有相对的稳定性，它在个体生活中逐渐形成，并在一定程度上保持长期稳定。尽管个体在某些情况下会表现出一些短暂的情绪、行为变化，但总体来说，个性是不易改变的。这属于个性的＿＿＿＿＿特点。

2. ＿＿＿＿＿是品牌的独特气质和特点，是品牌的人性化表现。

3. 品牌个性使品牌在市场上具有独特的形象和特点，与竞争对手区分开来，提高竞争优势。这体现的是品牌的＿＿＿＿＿价值。

4. ＿＿＿＿＿生活方式指人们在日常生活中对精神文化生活的追求和消费的方式。这包括人们的文化娱乐、教育学习、审美追求等方面的活动，以及与这些活动相关的精神文化产品的消费方式。

二、判断题（对的打√，错的打×）

1. 个性是一个复杂而独特的心理系统，它涉及个人的心理、行为、情感、价值观等多个方面。个性的研究有助于更好地理解人类行为的多样性，并为个体的发展和心理健康提供有益的指导。　　　　　　　　　　　　　　　　　　　　　　　　（　　）

2. 品牌价值是企业最宝贵的无形资产。实际上，品牌价值存在于消费者的意识里，换句话说，是企业创造了品牌价值。　　　　　　　　　　　　　　　　　　　　　（　　）

3. 塑造品牌个性，就是建立一种象征，让品牌唤醒消费者的想法、追求和精神；取得消费共鸣，产生一种认同感。通过满足消费者情感需求，从而达成购买。久而久之也就形成了品牌竞争力、忠诚度和美誉度，使品牌得到发展与提升。   （   ）

4.闲暇生活方式是指人们在日常生活中与他人交往的方式。这包括人们的社交活动、人际关系、社会参与等方面的行为，以及与这些行为相关的社会服务的利用方式。（   ）

三、简答题

1.个性的特点有哪些？

2.简述塑造品牌个性的原则。

3.营销人员研究消费者的生活方式有什么意义？

4.为什么说品牌价值是由消费者创造的？

课中实训

实训一　案例分析

任务描述：分析案例提出的问题，拟写案例分析提纲；小组讨论，形成案例分析报告；班级交流和相互点评各组的案例分析报告。

这次，年轻人爱上了 Citywalk

在"提振消费"的浪潮中，各行业迎来了新的发展机遇，旅游行业的复苏尤为显著。随着"淄博烧烤""特种兵式旅游"和"遍地音乐节"等网络热词的兴起，文旅消费市场迎来一股热潮，打卡热门景点、观赏演唱会、品尝烧烤等成为文旅消费的热门标签。

长久以来，旅游被视作一种休闲生活方式。然而，在快节奏的都市生活中，年轻人亦有"世界那么大，我想去看看"的渴望。因此，他们选择通过"特种兵式旅游"这种紧凑而密集的方式，以不睡觉为代价，打卡热门景点，以此与世界进行独特的交流。

近年来，一种更为随性的旅游方式——Citywalk（城市漫步），逐渐在年轻人中流行起来。Citywalk不同于特种兵式旅游的紧凑与刻意，它更加自由，不受限制，无须特意前往景点打卡。它鼓励人们在城市中漫无目的地漫步，随心所欲地探索城市的每一个角落，感受城市的独特风情和都市文明的温度。通过Citywalk，年轻人能够追逐自由，探索未知，重新认识生活，规划自己的人生。

Citywalk受到大众的青睐，是因为它巧妙地将慢生活与城市文明结合，实现了城市文化与消费者消费习惯、商业业态的深度融合。在大数据和社交媒体的推动下，慢生活成为更加时尚和个性化的消费选择。这种出游方式成功挖掘了用户在社交媒体和城市旅游等多场景中的需求，使更多人能够享受慢生活带来的治愈效果。

此外，Citywalk深受年轻人喜爱，还有一个重要原因是它所倡导的慢生活态度。在快节奏的生活中，Citywalk为人们提供了一种更加闲暇、放松的生活方式。它让人们放下防备，真正去感受漫步在城市中的平凡与美好，体验那些平凡烟火气和小确幸带来的治愈性。这种温馨而充满情愫的城市氛围成为打工人的心之所向，让人们感受到触手可及的城市温度。

不仅如此，Citywalk所代表的慢生活理念，还进一步促进了城市文化的传播与传承。在漫步的过程中，人们不仅可以欣赏到城市的建筑风光，还能深入体验当地的历史文化、民俗风情和人文底蕴。这种沉浸式的旅游体验，让Citywalk成为一种深度探索城市、感受城市魅力的绝佳方式。游客可通过社交媒体等渠道分享自己的旅游经历和感受，与来自不同城市的人们进行交流和互动。这种跨城市的互动不仅增进了城市之间的了解，还促进了城市之间的文化交流和合作。

同时，Citywalk也为城市商业带来了新的发展机遇。随着越来越多的年轻人选择Citywalk作为旅游方式，城市的商业街区、咖啡馆、书店等休闲场所也逐渐成为他们探索城市的重要场所。这些场所不仅为城市漫步者提供了休息和交流的场所，还通过提供个性化的服务和产品，满足了他们对品质生活的追求。

问题：

(1) 上述案例涉及本章的哪些知识点？

(2) 根据案例并查找资料，总结Citywalk走红的原因。

小组讨论后，将案例分析提纲填写在以下空白处。

案例分析提纲

实训二　思政研判

任务描述：学生分析案例提出的问题，拟写思政研判提纲；小组讨论，形成小组的思政研判报告；班级交流和相互点评各组的思政研判报告。

拒绝浪费，年轻人爱上了"剩菜盲盒"

近年来，盲盒经济在年轻族群中持续升温，多个行业紧跟潮流，推出了"盲盒+"策略以吸引年轻消费者。从美妆、文具、零食到服装，盲盒形式多种多样，覆盖的行业领域日益广泛。近期，这股热潮又催生了"剩菜盲盒"这一新颖模式。

与传统的溢价高、噱头足的盲盒不同，剩菜盲盒以其实惠的价格和环保理念受到广泛好评。消费者能以低于原价的价格购买到即将过期或当日未卖完的食物，这既体现了环保节约的绿色生活理念，又满足了消费者省钱实用的需求，同时也让商家降本增效，形成了一种双赢的营销模式。

值得一提的是，"剩菜盲盒"并非指消费者吃剩的食物，而是餐饮商家将接近保质期或当日未卖完的食物，以随机组合的方式通过"盲盒"形式销售。与"临期食品"相似，但剩菜盲盒的保质期更短，主要集中在1至3天，因此多以烘焙甜品、咖啡茶饮、简餐轻食为主。

随着环保意识的提升，拒绝食物浪费已成为社会共识。为响应这一号召，我国自2021年起实施了《中华人民共和国反食品浪费法》，鼓励餐饮行业积极参与，引导全民从点滴做起，厉行节约。剩菜盲盒的出现，正是与这一理念的完美契合，其核心价值在于倡导绿色生活，反对铺张浪费。

与传统的潮玩盲盒相比，剩菜盲盒更注重物超所值和经济实用。在当前高生活成本、低薪资水平的背景下，年轻人对性价比的追求愈发强烈。剩菜盲盒正好满足了这一需求，让消费者以较低的价格享受到更多的美食。有时，一个剩菜盲盒就能解决一家人的早餐问题，这使购买剩菜盲盒成为性价比之选。

对于餐饮商家而言，剩菜盲盒同样具有吸引力。通过销售剩菜盲盒，商家可以将当日未卖完剩余或接近保质期的食物销售出去，减少损失和浪费，同时还能吸引新顾客。

剩菜盲盒作为一种创新的商业模式，既符合年轻人的消费观念，又积极响应了环保节约的社会号召。它为消费者提供了实惠的美食选择，为商家带来了新的销售渠道，同时也为环境保护贡献了一份力量。

问题：

(1) 通过案例和资料查找，谈谈你对"剩菜盲盒"的看法。

(2) 试对"剩菜盲盒"这样的产品营销模式作出你的思政研判。

(3) 通过网上调研或实地调研等途径收集你进行思政研判时应依据的相关规范。

小组讨论后，将思政研判提纲填写在以下空白处。

思政研判提纲

实训项目评价

学生自评表

序号	评价素质点	佐 证	达标	未达标
1	知识点融会贯通能力	能够将知识点灵活运用于实训项目中		
2	资源整合能力	能够借助网络资源平台、人脉资源等完成实训项目		
3	小组分工合作能力	能够融入小组活动，有效协同工作		
4	职业道德	能够从职业道德的角度理性看待社会现象，进行思政研判		

教师评价表

序号	素质点自评	佐证	达标	未达标
1	知识点融会贯通能力	能够将知识点灵活运用于实训项目中		
2	资源整合能力	能够借助网络资源平台、人脉资源等完成实训项目		
3	小组分工合作能力	能够融入小组活动，有效协同工作		
4	职业道德	能够从职业道德的角度理性看待社会现象，进行思政研判		

课后提升

品牌如何抓住"大健康"趋势？

随着国民生活质量的稳步提升，人们对健康生活的追求日益强烈。从全民健身的热潮，到朋克养生、保温杯里泡枸杞的流行，再到社交媒体上对年轻人追求极致护肤与健康餐饮的热烈讨论，均体现了大众对健康生活方式的深切关注。

在这一大健康风潮的推动下，品牌营销手法也日新月异。品牌商们纷纷挖掘创新点，打破传统认知，以独特的策略破解流量困局，力求开辟出各具特色的发展道路。

1. 跨界合作，与年轻消费者建立情感连接

品牌（商）们纷纷采取跨界联名的策略，与年轻人建立深度共鸣。如同仁堂尝试开发中式养生咖啡，将中西元素巧妙融合，满足年轻人对健康饮食的追求；奈雪的茶与东阿阿胶联手，推出健康时尚的国潮养生饮品。这些举措不仅成功吸引了年轻消费者的目光，还拉近了品牌与消费者的距离，进一步扩大了品牌影响力。

2. 创新产品，注入健康元素

品牌不仅追求跨界合作带来的流量，还试图抓住大健康趋势，推出具有健康属性的新品。品牌通过创新设计，探索满足年轻消费群体健康需求的产品，为品牌文化注入健康元素，颠覆传统认知，满足用户更精准的养生需求，从而增强产品的市场竞争力。

3. 顺应潮流，倡导健康生活方式

品牌不仅关注营销创新和产品升级，也致力于倡导健康的生活方式。据《国民健康生活方式洞察及干预研究报告》显示，合理膳食和运动健身是国民健康生活所面临的两大挑战。品牌敏锐地捕捉到这一点，推出量化式生活模式，鼓励用户关注运动、睡眠、饮食等方面，倡导健康、积极的生活方式。这一举措既满足了用户对健康生活的需求，还使品牌营销更具吸引力，促进了品牌销量和曝光度的提升。

在进行大健康营销时，品牌需要精准定位目标消费人群，同时注重营销/产品与品牌特质的融合。这样既能保持品牌的核心竞争力，又能吸引新的消费群体，使品牌在新市场风口下实现流量转化，提升商业价值。

想一想：

要布局大健康产业，为品牌笼络新兴消费人群，以此来维系品牌更长效的发展，企业

该如何做？

职业能力拓展

火爆异常的生活方式营销，究竟能给品牌带来什么？

生活方式营销是一种有效的营销形式，其重点是将品牌与渴望过某种生活方式的特定人群的价值观和理想联系起来，并向特定人群展示品牌如何帮助他们实现这种生活方式。如今的市场需要一个更加"以人为本"的品牌，即传递生活方式的品牌，这种品牌能将产品作为一种生活方式或生活方式的一部分进行营销。

下面对消费者痛点进行分析：随着现代社会的生活节奏愈来愈快，生活的压力也逐渐变大，每个人从早上睁开眼就要赶去上班，到公司就开始忙碌，直到晚上下班，根本没有时间坐下来享受一顿美味的早餐，现在很多人都没有吃早餐的习惯，并不是他们不想吃，而是根本没有时间。

王饱饱就很精准地抓到了这一痛点——当下市场的"便携饮食"需求，王饱饱团队瞄准这一市场，做出了方便食用的即食麦片，简直是上班族必备……

拓展任务说明

一、任务名称

完成品牌案例分析并撰写品牌观察报告

二、任务背景

营销不仅仅是推广产品，更是以产品为媒介来销售生活方式，来维持消费者与品牌的亲密度，让消费者对品牌视角下的生活方式产生认同和向往，为拉动销售服务。流行的生活方式涵盖了健康生活、绿色环保、智能化生活以及旅游娱乐等。年轻人追求流行的生活方式既是社会进步和文化发展的趋势，又是当代年轻人热爱生活的体现。

三、任务要求

查找资料，对"元气森林、王饱饱等为代表的餐饮/代餐品牌""专注用户睡眠健康的慕思寝具""提供高品质健康涂料的三棵树"和"致力于推广低碳出行方式的比亚迪"分别进行分析，总结品牌赢得年轻人青睐的营销秘诀。

四、任务分析

1. 分析品牌市场细分策略和品牌个性；

2. 分析品牌个性塑造迎合了什么样的消费心理；

3. 通过品牌观察，预测未来的消费浪潮。

五、任务思考

1. 本次实训任务中，你学到了哪些消费心理的知识和技能？

2. 本次实训过程中，你遇到了哪些困难和挑战，你是如何克服的？

3. 通过本次实训任务，你认为自己的专业能力有哪些提升？

任务四　消费者的学习、态度与行为

案例导入

日本核污水排放带来的影响

日本政府无视国际社会的强烈质疑和反对，单方面强行启动福岛核污染水排海，引发了民众对食品安全的担忧。中国政府为全面防范日本福岛核污染水排海对食品安全造成的放射性污染风险，保护中国消费者健康，确保进口食品安全，决定对原产地为日本的水产品采取紧急措施，自2023年8月24日起全面暂停进口日本水产品。与此同时，泰国和俄罗斯等国家也宣布对日本海产品采取一系列限制措施。此举一出，引发了消费者对海产品食品安全方面的担忧。

针对消费者的担忧，部分企业也早早开始行动，希望通过一系列的举措降低消费者对海产品核辐射风险的担忧。例如，京东超市宣布推出水产品安全无忧三大举措：检测水产品主要放射性物质含量、核验确保水产品捕捞时处于核污水排放前的安全期以及对未来销售的水产品核验产地及时间。京东自营的海产品牌自8月22日起，聘请有国家认证的权威实验室检测主要放射性物质，并将检测报告公布于相关商品详情页内。同时，京东客服做好了专业安全问题的咨询服务准备，所有消费者都可以向京东客服了解所售水产品的相关信息，如原料收购日期、生产时间、采购时间、加工生产日期、入库时间、上架时间。该举措下，京东超市数据显示，8月22日到8月24日，三天内京东超市水产品销售额环比增长63%，8月24日水产品同比增长150%。

受到影响的不仅有海鲜产品，还有日本各大品牌化妆品。虽然众多品牌纷纷与"日本原材料"割席，并声明每一批产品都经过检验；然而，这样的声明似乎未能彻底打消消费者的疑虑，社交平台上正在掀起一股日系化妆品退货潮。

由于存在"信息茧房""决策黑箱"，日本排放核污水事件引起了社会恐慌，国内再次出现了"囤盐""报复性吃海鲜""下单核辐射检测仪"等行为。虽说消费者的这些行为并非完全理智，但这也充分说明外部环境和消费者的心理倾向能够促成和影响消费者的行为。

思考：

(1) 日本核污水排放后出现的"囤海鲜"和"核辐射检测仪销售热潮"等不冷静行为，说明消费者行为受哪些因素的干扰？

(2) 查找资料并思考，核污水排放还将对哪些产业造成影响？企业该如何应对？

课前导学

一、消费者的学习

1. 学习的概念

学习的概念有狭义与广义之分：

广义的学习是指人在生活过程中，通过获得经验而产生行为或使行为潜能相对持久的方式。这种学习不限于对知识或技能的获取，也包括对新的思维方式、行为模式和价值观的接纳和适应。

狭义的学习则是指通过阅读、听讲、研究、观察、理解、探索、实践等手段获得知识或技能的过程，是一种可以使个体得到持续变化（知识和技能、方法与过程、情感与价值的改善和升华）的行为方式。

学习是一个终身的过程，通过不断学习，人们可以不断提升自己的知识和技能，适应不断变化的世界。

2. 学习的作用

学习的作用总结如下：

(1) 通过学习，消费者能够获得有关购买的信息。例如，随着电商的兴起，线上销售也成为农特产品的重要销售模式之一。"直播＋电商"模式成为助力乡村振兴的新引擎，消费者通过直播间了解全国各地特色农副产品，通过线上下单购买产品丰富自己的餐桌，同时该模式也可促进农民增收，为推动农村产业经济发展拓宽渠道。

(2) 学习还可以引发联想，形成记忆。我们在学习古诗词时，常常会在头脑中联想出一幅图画，从而加深对诗词的印象。如在学习宋朝诗人苏轼《惠崇春江晚景》里的"竹外桃花三两枝，春江水暖鸭先知"这两句时，我们立刻会联想出竹子一片，桃花稀稀落落三两枝，横出竹林外，临水而开，苍翠的竹幕上点缀数枝粉红桃花，分外艳丽。春来冰开，群鸭戏水，江水的冷暖只有鸭子先领略。诗情画意就是如此。

(3) 学习还会影响消费者的态度和对购买的评价。消费者在大量的商品信息的刺激下，对品牌名称、广告、公关活动等形成了关于商品的感知觉，留下了记忆，形成了一定的思维评价，进而可以影响到对产品的态度、情感、偏好等。如老年消费者在"钙会不断流失"的信息影响下形成了需要及时补充钙元素的认知，从而学习和积累有关补钙的商品知识，甚至产生购买行为，以及形成品牌偏好或习惯。

消费者的学习

3. 学习理论及其应用

学习理论一般分为认知学习理论和刺激－反应理论两个派别。刺激－反应理论又分为经典条件反射理论和操作性条件反射理论，如图2-3所示。

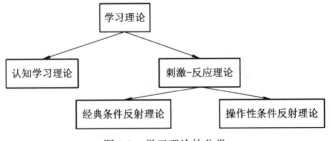

图2-3   学习理论的分类

1) 经典条件反射理论

经典条件反射理论，也被称为巴甫洛夫条件反射，强调刺激和反应之间的联结关系。该理论认为，通过将一个刺激（条件刺激）与一个非条件刺激（如奖赏或惩罚）多次联结，个体可以在单独呈现该非条件刺激时产生条件反射。这种学习过程有四个特征：获得、消退、恢复和泛化。

经典条件反射理论对于解释学习过程、心理过程和行为习惯具有重要意义。它可以帮助人们理解如何通过经验和学习形成新的行为习惯和模式，以及外界刺激如何影响人们的情绪、情感和动机等心理过程。

经典条件反射理论的实例在日常生活中常常能见到。如音乐(非条件刺激)能引发人们的正面情感(非条件刺激)。如果这种音乐总是与某品牌的产品(条件刺激)同时出现，这种品牌本身也可能引发正面情感(条件反射)。

【知识拓展】

经典条件反射理论在广告中的运用

经典条件反射理论在广告中有着广泛的应用，主要体现在以下几个方面：

(1) 品牌形象的塑造。广告通过创造特定的视觉、听觉等感官刺激，使其与品牌形象建立联系，从而在消费者心中形成对该品牌的认知和好感。例如，可口可乐的广告总是用令人愉悦的色彩和音乐，激发消费者的好感和愉悦感，从而达到品牌形象塑造的效果。

(2) 产品销售的促进。广告通过刺激消费者的条件反射，可以引发消费者的购买欲望。例如，美食广告中的诱人画面和味道描述，会使观众立刻感受到饥饿感，从而促进观众对美食的购买。

(3) 情感共鸣的建立。在情感导向的广告中，经典条件反射理论可以用来引发消费者对品牌或产品的情感共鸣。例如，德芙巧克力运用爱情故事类的广告能够很好地引发消费者珍视爱情的感触，从而让消费者对品牌产生好感。

(4) 品牌忠诚度的培养。根据经典条件反射理论，广告可以使品牌与某种特定的刺激或情境建立联系，使消费者在遇到类似的刺激或情境时立刻联想到该品牌。例如，太太乐鸡精通过频繁的广告宣传和产品展示，在消费者心中建立了"鸡精＝原汁原味＝美味"的条件反射，使消费者在烹饪时主动选择太太乐鸡精。

2) 操作性条件反射理论

(1) 操作性条件反射理论的内涵。操作性条件反射理论强调个体通过在环境中操作或行动，从而获得某种结果，进而改变个体的行为。该理论认为，行为并不是由刺激引发的，而是由行为的后果决定的。当一个行为被强化(奖励)时，该行为出现的概率会增加；相反，当一个行为被惩罚时，该行为出现的概率会减少。这种强化可以是正面的(如奖励)或负面的(如惩罚)，其效果取决于强化与所期望的行为之间的关系。操作性条件反射理论的内涵具体如表 2-1 所示。

表 2-1　操作性条件反射理论的内涵说明

行为后的操作	名　称	效　果
强化正面结果	正强化(奖励)	增加行为发生的可能性
强化负面结果	负强化(惩罚)	减少行为发生的可能性

(2) 操作性条件反射理论的应用策略。在操作性条件反射理论中，强化物非常重要，起着增加消费行为发生概率的作用。强化物包括产品的品牌、质量、口碑、消费体验等。

因此，营销者一定要注重产品口碑和质量等的一致性。

营销者应提高消费者对产品、服务和购物体验的满意度来达到正强化的效果。增加产品的附加值也会产生正强化的效果。比如，在提供合适产品的基础上，商家通过提供专业的服务形象、特定的服务氛围、优秀的服务人员等强化消费者对品牌的满意度。

同时，强化要采取间断性的方式。在规定的时间内，多次对消费者的行为进行奖赏，因为得到强化后消费者的行为会变得迟缓。当间隔一段时间后强化再次来临时，消费者的反应又会变得积极。例如电商平台每年在年底会开启"双十一""双十二"和"年货节"等购物节，有间隔地分次开展折扣活动，不断刺激消费者购买。

3) 认知学习理论

(1) 认知学习理论的内涵。认知学习理论是通过研究人的认知过程来探索人的学习规律的理论。主要观点包括人是学习的主体；人类获取信息的过程是感知、注意、记忆、理解和解决问题的信息交换过程；人们对外界信息的感知、注意、理解是有选择的。

(2) 认知学习理论在市场营销中的应用。认知学习理论在市场营销中的应用主要体现在以下几个方面：

① 注意力的引导。认知学习理论强调注意力的重要性，认为消费者的注意力是有限的，企业需要通过各种方式引导消费者的注意力。例如，利用明亮鲜艳的色彩、有趣的图像和动态视频等来吸引消费者的视线，从而提高品牌认知度。

② 记忆的影响。认知学习理论认为，记忆是消费者决策的重要基础。企业需要采用各种方式来影响消费者的记忆，例如在产品广告中使用有趣的情节和角色，使消费者记住产品特点。同时，利用重复的手法和联想效应，在消费者心中建立起品牌和产品的记忆印象，提高产品销售量和品牌忠诚度。例如，特仑苏的系列广告中不断强化"不是所有牛奶都叫特仑苏"的概念，让消费者在头脑中形成高品质的认知，增强消费者对品牌的记忆点。

③ 情感共鸣的建立。认知学习理论认为情感是人类认知过程中不可或缺的一部分。在营销中，企业需要激发消费者的情感共鸣，使消费者与品牌之间建立起情感纽带。例如，999感冒灵广告中使用关怀、温情、感人的语言，突出产品属性的同时引发消费者的情感共鸣。此外，企业还可以通过赞助公益事业和可见度较高的公益项目，提高消费者对品牌的好感度和信任感。

④ 价值观的塑造。认知学习理论认为，价值观是影响消费者决策的重要因素。企业需要通过塑造品牌和产品的价值观，吸引并留住消费者。例如，可口可乐注重环保和社会责任，倡导可持续发展，主动放弃雪碧的标志性绿色罐身改用透明色；星巴克放弃塑料吸管改用成本更高的纸吸管等。这些企业文化和价值观可以赢得消费者的尊重和信任。

【素养园地】

企业的社会责任要求企业必须打破把利润作为唯一目标的传统理念，强调在生产过程中对人的价值的关注，强调对环境、消费者、社会的贡献。

【见多识广】

老字号的创新之路

在多元化、个性化的消费浪潮中，老字号纷纷探索"逆生长"的新路径。全聚德推出定制化全息投影体验餐厅，有三百年历史的老字号"吴良材"眼镜店与网红咖啡品牌"墨笛植造"联手开设文创咖啡店，五芳斋凭借创意广告圈粉无数……这些成功案例多是通过寻找新定位、跨界创新，以创意和惊喜重塑品牌认知。比较出圈的是同仁堂的知嘛健康的概念店。

在知嘛健康的概念店里，一楼是正在走红的同仁堂咖啡，囊括了品牌经典的枸杞拿铁、陈皮拿铁等草本咖啡，也有熬夜水、晚安水、桃花水等标志性草本茶饮。不仅卖咖啡，还有针对二十四节气推出的限定产品，每次限定产品都会根据节气定制，融入同仁堂传统的养生草药。

二楼是传统的中医馆和诊疗区，相比起一楼的复古时尚风，二楼作为同仁堂最拿手的看病问诊区，这里传统古老的设备已经成了装饰，充斥着更多现代化的设备和布置，比如电动按摩椅、更加精准的电子秤、无人售药机（这是亚洲首台 24 小时自助售药机）、亚健康解决方案长廊（通过健康数据监测追踪给出全套健康方案，提供全面化智能体验，供顾客自主购物，让消费者感觉同仁堂在新零售端的改变）。

这样的零售店在一定程度上反映了同仁堂的创新理念，同仁堂咖啡作为知嘛健康中的一员，可以让消费者了解同仁堂在大健康新零售上的动作。

二、消费者的态度

消费者是否购买某种产品，在很大程度上取决于消费者对产品的态度。因此，很多营销人员都努力找出消费者对产品的态度，并寻求在适当情况下改变消费者的态度。

1. 态度的概述

1）态度及其构成

在心理学中，态度是指个体对特定对象所持有的稳定的心理倾向。这种心理倾向包含认知、情感和行为三个要素。认知要素是指个体对特定对象的认知和评价，它是态度形成的基础。情感要素是指个体对人或事的情感判断，它是态度的核心。行为要素则是指个体对特定对象的行为倾向性，它是态度的表现形式。这三个要素之间的一致性对我们研究消费者的态度与行为的关系非常重要。

2) 态度的特点

态度具有以下特点。

(1) 内隐性：态度是内在的心理倾向，是尚未显现于外的内心历程或状态。这意味着人们对于某一事物的态度往往不会轻易地表现出来。

(2) 对象性：态度总是指向一定的对象，具有针对性，没有无对象的态度。态度的对象可以包括人、事、物、事件、观念等。

(3) 稳定性：态度一旦形成，就会持续一段时间，不会轻易转变。这也是为什么企业常常会花费大量时间和资源去建立消费者的品牌态度。

(4) 价值性：价值观对态度有直接影响，个体通过内心认知来确定价值，个体的态度取决于这一对象的价值。

(5) 调整性：所谓调整性就是当事人在社会奖惩或亲朋好友的意见及榜样的示范作用下改变自己的态度。在消费活动中最常见的就是当事人根据他人或社会的奖惩来调整或改变自己的态度。

2. 态度与消费者行为

态度与消费者行为之间存在密切的联系。态度是消费者行为的重要决定因素之一。

首先，态度影响消费者的感知和判断。消费者对产品的认知和评价往往受到自身态度的影响。如果消费者对某个品牌或产品持积极的态度，则他们更可能产生正面的感知和判断，从而更容易接受该品牌或产品；反之，如果消费者对某个品牌或产品持消极的态度，则他们更容易产生负面的感知和判断，对该品牌或产品产生疑虑或抗拒。

其次，态度影响消费者的购买决策和行为。消费者对某个品牌或产品持有的积极态度不管是来自商标、广告还是社会评价，只要是积极的，他们就有更大的可能产生购买行为，甚至产生品牌忠诚度。

最后，消费者的态度还受个人因素、社会因素和情境因素的影响。企业需要了解消费者的需求、偏好和态度，制定有效的营销策略，以吸引消费者并提高其购买意愿。

3. 消费者态度的改变策略

说服消费者是营销宣传的中心目标。在信息社会，消费者每天都会受到各种商品信息的轰炸，并逐步掌握了不少策略以维持已形成的消费态度。不过，即使消费者的态度固若金汤，仍然还有不少办法突破消费者的"心理防线"，改变消费者态度，其策略包括以下几种。

(1) 突出产品优点：突出产品相对于竞争对手的优点和特性，以增强消费者对企业或产品的正面认知。

(2) 利用名人效应：邀请知名度高、影响力强的人做代言人或推荐人，以增加消费者对企业或产品的关注度和好感度。

(3) 加强情感营销：通过情感营销手段，如温馨的广告语、感人的故事情节等，激发消费者的情感共鸣，以改变其对企业或产品的态度。

(4) 提供试用机会：提供试用产品或服务，让消费者亲身体验企业或产品的优势和特性，以增加其对企业或产品的信任。

（5）建立品牌形象：通过长期的品牌传播和推广，建立企业或产品的品牌形象，以增加消费者对企业或产品的认同感和忠诚度。

（6）加强售后服务：提供优质的售后服务，增加消费者对企业或产品的信任感和满意度。

（7）开展公关活动：通过公关活动，如公益活动、慈善捐赠等，提高企业的社会责任感和公众形象，以增强消费者对企业或产品的正面认知。

【课岗融通】

市场营销专员岗位职责

一、岗位概述

市场营销专员是负责执行公司市场营销策略的关键角色。他们通过收集和分析市场数据，了解市场趋势和竞争态势，为公司的产品和服务制定有效的营销策略。市场营销专员需要具备出色的沟通能力、数字营销能力、创意思维能力、团队协作能力和应变能力，以应对不断变化的市场环境。在职责方面，市场营销专员需要参与市场分析与研究、制订营销计划、推广与销售产品、管理客户关系、执行营销活动、开拓市场渠道等。他们需要紧密关注市场动态，及时调整营销策略，确保公司的市场营销活动能够取得最佳效果。

二、岗位职责

1.参与市场分析与研究：负责进行市场调研，收集和分析市场数据，了解市场趋势和竞争态势，为公司决策提供支持。

2.制订营销计划：根据市场情况和公司目标，制订具体的营销计划，包括推广策略、销售策略、促销活动等。

3.推广与销售产品：通过各种渠道和方式，如社交媒体、广告、公关活动等，推广公司的产品，吸引潜在客户，促进销售。

4.管理客户关系：与客户建立良好的关系，了解客户需求，提供个性化的解决方案，提高客户满意度和忠诚度。

5.执行营销活动：负责营销活动的具体执行，包括活动策划、物料准备、现场布置、活动执行等。

6.开拓市场渠道：寻找并开拓新的市场渠道，如合作伙伴、媒体资源等，提高公司产品的曝光度和市场份额。

7.分析数据与撰写报告：定期收集和分析市场数据等，撰写报告并提出改进建议，为公司的决策提供支持。

三、任职要求

1.教育背景：通常要求市场营销或相关专业毕业，学历为大专及以上学历。一些高级或特定领域的市场营销专员可能要求本科及以上学历。

2.工作经验：具备一定的市场营销工作经验，特别要对行业、产品或市场有深入了解和实践经验。

3.技能和能力：具备市场分析能力、沟通能力、数字营销能力、创意思维能力、团队协作能力、应变能力和数据统计分析能力等。还需要对市场趋势和竞争态势保持敏感，并能够根据市场需求制定相应的营销策略。

4.工具和软件：熟悉并能够运用各种市场营销工具和软件，如市场调研工具、社交媒体平台、CRM(客户关系管理)系统、数据分析工具等。

5.证书和资格：某些行业或公司可能要求特定的证书或资格，如市场营销师证书、数字营销认证证书等。

职业能力测试

一、填空题

1.消费者的学习理论一般分为认知学习理论和_____两种。

2._____理论认为，行为并不是由刺激引发的，而是由行为的后果决定的。当一个行为被强化(奖励)时，该行为出现的概率会增加；相反，当一个行为被惩罚时，该行为出现的概率会减少。

3.在心理学中，态度是指个体对特定对象所持有的稳定的心理倾向。这种心理倾向包含_____、_____和_____三个要素。

4.态度的_____就是当事人在社会奖惩或亲朋好友的意见及榜样的示范作用下改变自己的态度。在消费活动中最常见的就是当事人根据他人或社会的奖惩来调整或改变自己的态度。

5.如果态度的三种要素之间出现不一致的话，那么态度的_____占主导地位。

二、判断题(对的打√，错的打×)

1.学习是一个终身的过程，通过不断学习，人们可以不断提升自己的知识和技能，适应不断变化的世界。 ( )

2.操作性条件反射理论认为，通过将一个刺激(条件刺激)与一个非条件刺激(如奖赏或惩罚)多次联结，个体可以在单独呈现非条件刺激时产生条件反射。 ( )

3.认知学习理论是通过研究人的认知过程来探索学习规律的学习理论。主要观点包括：人是学习的主体；人类获取信息的过程是感知、注意、记忆、理解和解决问题的信息交换过程；人们对外界信息的感知、注意、理解是有选择的。 ( )

4.认知要素是指个人对特定对象的认知和评价，它是态度形成的基础。情感要素是指个人对人或事的情感判断，它是态度的核心。 ( )

5.态度的内隐性是指态度一旦形成，就会持续一段时间，不会轻易转变。这也是企业常常花费大量时间和资源去建立消费者的品牌态度的原因。 ( )

三、简答题

1.举例说明认知学习理论在营销中的运用。

2.态度的特点有哪些？

3.营销人员研究消费者的态度有什么意义？

4.为什么说培养消费者忠诚度是企业不断奋斗的目标？企业可以采取什么样的营销策略鼓励消费者成为品牌忠诚者？

课中实训

实训一　案例分析

任务描述：分析案例提出的问题，拟写案例分析提纲；小组讨论，形成小组的案例分析报告；班级交流和相互点评各组的案例分析报告。

比亚迪的营销新格局

"我们敬畏第一个吃螃蟹的人，因为他在前途渺茫之时，抱着必胜的决心与勇气，不断探索与追求，为行业的发展贡献了自己的力量。"

比亚迪近日迎来了第500万辆新能源汽车的上市，标志着这家车企率先在全球范围内实现了这一重大突破。在此过程中，比亚迪更是作出了一个令业界瞩目的决策——在2022年3月正式停产燃油汽车，这不仅是其深耕新能源汽车领域的坚定决心的体现，也是对新能源汽车行业未来充满信心的体现。

在《在一起，才是中国汽车》的品牌广告中，比亚迪并未炫耀自己的成绩，而是通过26张图片和11家车企的发展历程，回顾了中国汽车工业的70年辉煌变迁。同时，比亚迪肯定了竞争对手在新能源领域的成绩，展现了其开放包容的品牌态度，为营销格局注入新的活力。

对于品牌而言，短期的发展或许可以通过打折促销等手段实现，但这并不利于品牌的长远发展和正面形象的塑造。在品牌层出不穷的今天，建立深层次的消费者认同感，才是维系品牌价值的关键。比亚迪此次打造的具有集体荣誉感和使命感的营销表达，不仅赢得了消费者的尊重，让消费者产生了更深层次的认同感，而且使品牌的传播展现出非凡的爆发力。

在流量至上的时代，许多品牌选择通过与竞品"硬刚"来争夺市场份额，但这种做法往往容易引发消费者的厌倦和反感。相比之下，同为国货品牌，如果能够选择团结合作，共同推动品牌文化的丰富和品牌形象的提升，或许将为品牌带来更为积极和长远的发展。"本是同根生，相煎何太急"，让我们期待中国汽车品牌携手并进，共同创造更加辉煌的未来。

比亚迪用自己的方式，将中国汽车品牌凝聚到了一起，让更多人相信凝聚在一起的中国汽车将会产生无限潜力，使中国制造更强大。从独乐乐到众乐乐，比亚迪合作共赢的品牌文化，将在未来很长的一段时间里发挥奇效，助力品牌发展。

问题：

(1) 上述案例涉及本章的哪些知识点？

(2) 根据案例并查找资料，总结比亚迪成功的原因。

(3) 比亚迪营销新格局的成功案例中，有哪些地方值得其他品牌借鉴？

小组讨论后，请将案例分析提纲填写在以下空白处。

案例分析提纲

实训二　思政研判

任务描述：学生分析案例提出的问题，拟写思政研判提纲；小组讨论，形成小组的思政研判报告；班级交流和相互点评各组的思政研判报告。

重登央视的国货品牌如何续写"青春"？

在21世纪八九十年代，电视媒体在人们的娱乐生活中起着重要的作用，成为品牌竞相投放广告的黄金渠道。那些耳熟能详的广告语，如"今年过节不收礼，收礼只收脑白金"和"步步高点读机，哪里不会点哪里"等，早已成为观众心中的经典。广告，在当时不仅仅是商业宣传，更是一种独特的"娱乐"形式，广受关注。

江中集团作为先驱者，开创了国内OTC(非处方药)药品广告营销的先河。1991年，江中复方草珊瑚含片广告紧扣生活场景，将产品功效与咽喉炎紧密关联，使"复方草珊瑚，咽喉病能除"的理念深入人心。自此，江中复方草珊瑚含片便踏上了广告营销的辉煌之路，其广告语不仅展现了品牌的创新变革，更成为几代人的共同记忆。

　　1992年，江中复方草珊瑚含片精准洞察阿凡提这一人设的对话属性，以问答的形式传递产品卖点和功效："阿凡提，告诉我感冒引起的咽喉炎吃什么药最好？""江中草珊瑚含片。""我最近烟酒过度，得了咽喉炎，请问吃什么药？""江中草珊瑚含片，其实医生也都是这么说的。"广告与经典动画《阿凡提的故事》的梦幻联动，更是将江中复方草珊瑚含片的效用推广推向了新的高度。江中复方草珊瑚含片巧妙借助阿凡提的聪明才智和正义感，让江中集团与阿凡提一样，成为智慧的象征。

　　江中复方草珊瑚含片的成功，离不开江中研发团队的不懈努力。在改革开放的浪潮中，他们凭借专业知识和创新能力，研发出市场急需的草珊瑚含片。同时，江中始终坚守品牌价值温度和人文情怀，比如，针对教师群体的公益活动，传递了尊师重教的理念，提高了消费者对品牌的好感度。

　　随着Z世代消费新场景的到来，江中复方草珊瑚含片也积极拥抱变化，尝试用更加新颖、有趣的方式与年轻消费者沟通。通过与南昌梅岭伶伦音乐节的合作，江中草珊瑚含片成功打入年轻圈层，让音乐与草珊瑚含片正向连接，增强了品牌知名度和消费者认同感。

　　37年的品牌历程中，江中复方草珊瑚含片的发展代表着中国企业和民族品牌的成长。江中复方草珊瑚含片通过广告构建起其与消费者的情感沟通桥梁。在"向新"与坚守中，江中复方草珊瑚含片这一经典国货，再次迈向"青春"。

　　注：江中复方　草珊瑚含片[广审文号：赣药广审(文)第250415-00062号]为OTC药品，请按药品说明书或在医师指导下购买和使用。

　　问题：

　　(1)通过案例和资料查找，谈谈你对江中复方草珊瑚含片37年来广告内容创意变化的看法。

　　(2)试针对江中复方草珊瑚含片的广告创意内容和公益营销方式进行思政研判。

　　(3)通过网上调研或图书馆调研等途径收集思政研判所依据的相关规范。

小组讨论后，请将思政研判提纲填写在以下空白处。

思政研判提纲

实训项目评价

学生自评表

序号	评价素质点	佐证	达标	未达标
1	知识点融会贯通能力	能够将知识点灵活运用于实训项目中		
2	资源整合能力	能够借助网络资源平台、人脉资源等完成实训项目		
3	小组分工合作能力	能够融入小组活动，有效协同工作		
4	职业道德	能够从职业道德的角度理性看待社会现象，进行思政研判		

教师评价表

序号	素质点自评	佐证	达标	未达标
1	知识点融会贯通能力	能够将知识点灵活运用于实训项目中		
2	资源整合能力	能够借助网络资源平台、人脉资源等完成实训项目		
3	小组分工合作能力	能够融入小组活动，有效协同工作		
4	职业道德	能够从职业道德的角度理性看待社会现象，进行思政研判		

课后提升

谁捧红了哈尔滨？

2024年伊始，哈尔滨在社交媒体上崭露头角，成为大家关注的焦点。据哈尔滨文旅官方公布，仅元旦假期 3 日内，哈尔滨便接待了高达 304.79 万人次的游客，游客贡献了 59.14 亿元的旅游总收入，这一数据不仅刷新了当地游客接待量与旅游总收入的历史记录，更让哈尔滨成为 2024 年的开年第一热门旅游目的地。那么，究竟是哪些因素使哈尔滨的城市旅游如此火爆呢？

首先，哈尔滨文旅巧妙地打造了季节性旅游主题，包括夏季的"避暑'百日行动'"和冬季的"冰雪'百日行动'"，为游客提供了丰富多彩的旅游体验。同时，通过品牌经营 IP 的方式，成功打造了"冰雪大世界""逃学企鹅"等一系列与地域文化紧密结合的旅游 IP，并在社交媒体上广泛传播，吸引了大量游客前来领略北国风光。

此外，哈尔滨还巧妙地运用了梗文化，"尔滨""南方小土豆""马铃薯公主"等热梗迅速走红，使城市旅游的知名度和吸引力进一步提升。为了迎合游客的需求，哈尔滨不断创新服务方式，如推出五彩斑斓的热气球俯瞰松花江、冰上气垫船体验等，这些贴心的服务让游客感受到了满满的安全感。

除了这些经营模式和服务的创新，沉浸式营销也为哈尔滨的旅游热度加码不少。其中，具有东北民俗风格的文化体验列车就是一大亮点，车厢内的东北大棉被让游客置身于浓郁的东北民俗风情之中。同时，结合当地饮食文化特色推出的冻梨果盘，更是让游客在品尝美食的同时，感受到了南北饮食文化的融合与创新。

这一系列创新举措让哈尔滨以新颖的形象出现在大众面前，点燃了当地旅游的热情。而完善的配套服务措施，也让游客们玩得尽兴，对哈尔滨的旅游体验赞不绝口。在大量游客的涌入下，哈尔滨无疑成为 2024 年的旅游顶流。

可随着旅游人数的增加，一些隐藏的问题也无可避免地出现了，如冰雪大世界产生的退票事件、游客订不到房入住等问题。虽然当地管理部门高度重视并及时反映处理，但是，难免让人思索：如何在接住泼天富贵的同时延长大众对哈尔滨的热情呢？主流媒体《人民日报》给出了一个客观且冷静的建议：

"及时回应需求、用心用情待客才能赢得网民的真心点赞和游客的'用脚投票'。抓住机会提升城市基建和景区建设等'硬设施'，把握机遇优化旅游业态、消费氛围等'软环境'，即便冰雪消融或是流量退去，这样的城市也将在下一轮激烈竞争中获得更多的先机和更充足的底气。"

人民日报评论

今天10:42 来自 微博 weibo.com

【#人民日报评冰城爆火#：密码在于热情和真心】不论是今天的哈尔滨还是昨天的淄博，都面临着将短期"流量"转化为长期"留量"的现实课题，但也都用生动鲜活的实践说明了这样一个道理：及时回应需求、用心用情接待才能赢得网民的真心点赞和游客的"用脚投票"。抓住机会提升城市基建和景区建设等"硬设施"，把握机遇优化旅游业态、消费氛围等"软环境"，即便冰雪消融或是流量退去，这样的城市也将在下一轮激烈竞争中获得更多的先机和更充足的底气。#人民日报评哈尔滨旅游出圈# ⌀"冰城"爆火，密码在于热情和真心｜人民锐见 收起︿

"冰城"爆火，密码在于热情和真心｜人民锐见

想一想：

哈尔滨的爆火对其他城市发展旅游有什么样的启发？

职业能力拓展

胖东来——零售海底捞，靠的不只是服务

龙年刚刚过，自带热搜体质的胖东来又被送上热搜榜：

前脚刚以3天接待116.33万人次游客的硬实力，被网友戏称为没有淡季的"6A级景区"；后脚又在员工尝面风波后，通过民主合议庭形式给了广大网民一点"胖东来震撼"。

胖东来为什么这么火？

胖东来之所以能够频频出圈，最重要的就是其"天花板的服务"。

门口和停车场入口处摆放自助宠物寄存处；母婴室工具样样齐全，堪称"小型月子中心"；每个楼层提供自助饮水机；面对不同人群提供了7款购物车；产品标注其食用方法和保存方法；等等，这些都是胖东来的基本服务。

这两年，关于胖东来"花式宠客"的报道并不少。比如"一件羽绒服只赚三毛钱""电影看一半不满意退一半票价""海鲜称重前排干最后一滴水""免费清洗皮衣皮包、免费代煎中药、免费帮看娃"等消息，很大程度上提升了胖东来的知名度和美誉度。

创始人于东来在网上分享了胖东来的工作时间以及工资待遇，不少网友激动留言，"准备把家搬到许昌，去胖东来上班了"。

在薪资待遇方面，五险一金齐全，每逢节日还有节日福利，情人节送价值400元的礼品，中秋节800元、春节1000元，重要的时刻还有关怀福利，如500～3000元的结婚贺金，500～1000元的生育贺金，将近一万元的育儿补贴。在工作时间方面，上班时间为7个小时，每周二休息，年休假30天到40天，加上春节5天闭店休假。

这一切都和胖东来的创始人于东来息息相关，对于网友对胖东来的夸赞，于东来多年前曾在演讲中回应：神话胖东来是一种悲哀，我们无非就是善良了一些、真诚了一些。其实，每个人都应该活得真诚一些。

拓展任务说明

一、任务名称

胖东来企业文化分析

二、任务背景

2024年春节期间，胖东来3天接待游客116.33万人次，赶超河南游客接待排名第一的景区，被网友戏称为没有淡季的"6A级景区"，网友喊话河南文旅：赶紧将胖东来挂牌变景区。消费者的蜂拥而至将一家超市变成了"景点"，争相到胖东来打卡，体验一把"服务的天花板"。这火热的背后离不开胖东来对消费心理的精准把握和创新的服务理念。

三、任务要求

1.深入了解胖东来的发展背景和企业文化，分析其独到之处；

2.总结胖东来在服务营销中的创新点；

3.分析胖东来精致服务背后满足了消费者什么样的消费心理；

4.查找资料，对比分析胖东来、开市客Castco和山姆会员商店在售后服务中的特色；

5.对许昌在发展文旅产业时将胖东来作为城市代表这一做法提出自己的看法。

四、任务分析

1.对胖东来进行分析时，不能仅仅看到企业的优秀之处，要通过负面报道辩证地看待企业在发展过程中存在的问题。

2.深入调研并对比分析国内外其他知名商超服务营销案例，形成自己的观点，并形成较为完整的品牌观察报告。

项目三　群体心理与消费者行为

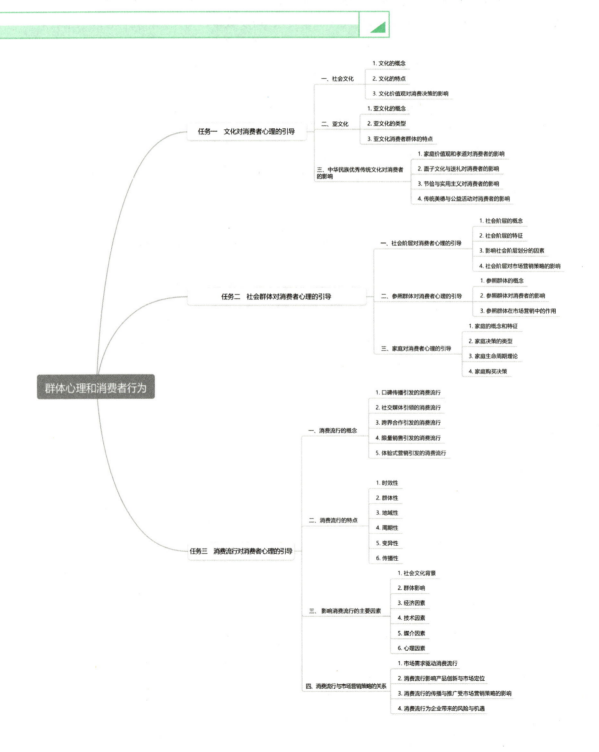

消费者行为是多元因素交织影响的结果，其中社会文化、社会阶层、参照群体、家庭和流行消费等因素对消费者行为起着不同的影响作用。这些因素不仅塑造了消费者的价值观、信仰和偏好，还影响着他们的购买决策和选择。理解这些因素如何与消费者行为相互作用，对于企业制定市场营销策略至关重要。

教学目标

▲ 知识目标
　　•了解文化、亚文化的概念和特点，了解参照群体对行为方式的影响，了解消费流行的含义与特点；
　　•熟悉中西方文化差异与消费（者）心理；
　　•掌握家庭决策类型及影响家庭购买角色变化的因素；
　　•明确消费流行周期的各个阶段和影响消费流行的主要因素。

▲ 能力目标
　　•具有分析跨文化消费者行为的能力；
　　•能根据营销组合要素设计跨文化营销方案；
　　•能够根据家庭生命周期的特点设计营销方案；
　　•能根据消费流行的特点和流行周期设计营销方案。

▲ 素质目标
　　•培养深厚的爱国情感与民族自豪感；
　　•增强文化自信与跨文化交际能力；
　　•辩证看待中西方文化差异；
　　•具备正确的价值观，能够与他人沟通协调，具备团队协作能力。

任务一　文化对消费者心理的引导

案例导入

宫廷御猫——中华民族优秀传统文化赋能现代国潮美妆品牌

　　在当下国潮风盛行的消费市场中，越来越多的国产品牌开始挖掘中华民族优秀传统文化元素，将其融入产品设计和营销策略中，以此吸引年轻消费者的目光。宫廷御猫便是其中的一家，这家美妆品牌通过深入挖掘宫廷文化，将传统元素与现代审美相结合，成功打造了一个备受瞩目的国潮美妆新品牌。

　　1.品牌背景与文化挖掘

　　宫廷御猫成立于2022年，是一家专注于彩妆和护肤产品的美妆品牌。其品牌名称源于中国古代宫廷中的御猫，象征着尊贵、优雅与独特。宫廷御猫在创立之初，便明确了自己的品牌定位：将中华民族优秀传统文化与现代美妆相结合，打造具有东方美学的美妆产品。

为了实现这一目标，宫廷御猫深入研究了中国古代宫廷文化、传统工艺和美学理念，从中汲取灵感并将其融入产品设计中。例如，宫廷御猫的产品包装采用了中国传统元素，如花鸟、云纹等，并结合现代简约风格，既展现了中华民族优秀传统文化的韵味，又符合现代消费者的审美需求。

2. 产品开发与文化传承

宫廷御猫在产品开发上，也充分体现了对中华民族优秀传统文化的尊重和传承。其彩妆产品系列以"宫廷秘色"为灵感，推出了多款以中国古代传统色彩命名的口红、眼影等彩妆单品，如"朱砂红""琉璃紫"等，这些色彩不仅能呈现独特的视觉效果，还蕴含着深厚的文化内涵。

此外，宫廷御猫还与中国传统工艺相结合，推出了多款限量版产品。例如，其与苏州刺绣大师合作，将精美的刺绣图案应用于口红包装上，不仅提升了产品的艺术价值，也让消费者在使用过程中感受到精湛的中国传统工艺。

3. 营销策略与文化共鸣

宫廷御猫在营销策略上也巧妙运用了传统文化元素，与消费者建立情感联系并引发消费者共鸣。品牌通过社交媒体平台发布关于中华民族优秀传统文化和宫廷文化的科普内容，引导消费者了解并关注传统文化。同时，宫廷御猫还积极与知名文化博主、美妆博主合作，通过他们的影响力将品牌和产品推荐给更多潜在消费者。

在传统节日期间，宫廷御猫也会推出相应的营销活动。例如，在春节期间，品牌推出了"福猫贺岁"系列产品和限定礼盒，通过融入中国传统节日元素和祝福寓意，引发了消费者的共鸣和购买欲望。

4. 影响消费者购买决策的文化因素

在消费者作出购买决策的过程中，传统文化元素对宫廷御猫品牌产生了积极的影响。许多消费者表示，他们之所以选择宫廷御猫的产品，是因为其独特的东方美学设计和深厚的文化内涵。他们认为，使用宫廷御猫的产品不仅能够满足美妆需求，还能展现自己的文化自信和审美品位。

此外，宫廷御猫还通过社交媒体和线下活动等方式与消费者进行互动沟通。品牌在社交媒体上发布了大量关于中华民族优秀传统文化和中国古代宫廷文化的科普内容、产品使用教程以及用户使用心得等，吸引了大量粉丝的关注和互动。同时，宫廷御猫还定期举办线下活动，如文化讲座、美妆课程等，从中与消费者建立更加紧密的联系，带给消费者更多的互动体验。这些举措不仅增强了消费者对品牌的认同感和归属感，还促使他们作出购买决策。

思考：

(1) 文化元素在现代品牌塑造中的作用是什么？

(2) 传统文化如何影响消费者的购买决策？

(3) 在现代社会背景下，如何将传统文化与现代审美和消费需求相结合？

课前导学

文化对消费者行为有着深远的影响，这种影响体现在消费者的购买决策、偏好、价值观、生活方式等多个方面。了解不同文化背景下的消费者行为特点，对于企业和品牌来说至关重要，有助于它们制定更有效的市场策略和产品策略，以满足不同消费者的需求。

一、社会文化

1. 文化的概念

文化是一个广泛的概念，它可以指一个社会群体所共同拥有的历史、信仰、价值观、行为规范、艺术、文学、科学等各方面的精神遗产，也可以指人类在社会实践过程中所获得的生产能力和创造的物质、精神财富的总和。

一般来说，文化有广义和狭义之分。广义的文化是人类所创造的一切物质财富和精神财富的总和。狭义的文化指的是精神生产能力和精神产品，包括自然科学、技术科学、社会意识形态等，有时专指教育、科学、艺术等方面的知识与设施。

文化是一个多维度、多层次的概念，涵盖了人类生活的各个方面。它不仅是一个社会的记忆和历史的积淀，也是人类智慧和创造力的结晶。

2. 文化的特点

文化具有以下几个方面的特点。

(1) 文化的共享性。文化的共享性是指一个社会群体共同拥有和创造文化。这种共享性使群体成员能够形成共同的价值观念、行为规范和信仰体系，从而形成一个独特的文化共同体。文化的共享性是人类社会形成的基础，它使人们能够相互认同和协作，共同创造社会财富。

(2) 文化的象征性。文化的象征性是指文化符号、仪式、习俗等所代表的意义和价值。这些象征是特定群体的身份认同和价值观的反映，传递着该群体的历史、信仰和行为准则。文化的象征性使人们能够通过符号和仪式来表达自己的情感和思想，同时也能够更好地理解和交流不同文化之间的差异。

(3) 文化的变迁性。文化的变迁性是指文化不是一成不变的，它随着时代的变迁和社会的发展而不断演变。文化变迁可能由外部因素（如全球化、技术进步等）或内部因素（如社会变革、人口迁移等）引起。文化的变迁是不可避免的，它反映了人类社会的进步和发展。在面对文化变迁时，我们应该保持开放的心态，积极适应和参与文化的交流与融合。

(4) 文化的多样性。文化的多样性是指世界上不同地区、不同民族、不同国家都有自己独特的文化传统和表现形式。这种多样性使得世界更加丰富多彩，也促进了不同文化之间的交流与融合。尊重和欣赏不同文化之间的差异是实现文化多样性的重要前提，也是推动人类社会进步和发展的重要动力。

3. 文化价值观对消费决策的影响

文化价值观对消费者决策的影响主要体现在以下几个方面。

(1) 影响消费决策的种类和品牌选择。文化价值观对消费决策的影响表现为不同消费者对产品种类和品牌选择的不同。不同文化背景下的消费者会有不同的消费观念，比如对于奢侈品的看法、对于购车的态度等。例如，在某些文化中，集体主义价值观较强，消费者在购买决策中可能更注重家庭和朋友的意见；而在个人主义价值观较强的文化中，消费者可能更倾向于作出独立的决策。

(2) 影响消费方式与态度。文化价值观对消费方式与态度的影响表现为不同消费者的消费的种类和品牌选择的不同。人们往往会受到自己所属文化群体的行为规范和习俗的影响。例如，在一些亚洲文化中，勤俭节约被当作价值观的体现，这使消费者在购物时更加注重性价比和实用性。相反，在西方文化中，个人主义和享乐主义价值观较强，消费者可能更注重购买能够让自己享受生活的商品和服务。

(3) 影响消费动机。文化价值观对消费动机的影响表现为不同消费者对产品需求的不同。例如，某些文化价值观可能强调家庭和亲情，导致消费者更倾向于购买家庭用品和健康食品等。同时，文化价值观也会激发或限制消费者的某些消费动机。例如，在某些注重传统和经验的文化中，消费者可能更愿意选择历史悠久、品质可靠的品牌。

(4) 影响品牌认同感。如果品牌的价值观与消费者的文化价值观相符，消费者可能更倾向于选择该品牌的产品，这有助于提高品牌的知名度和吸引力，增加消费者对品牌的认同感和忠诚度。例如，某些品牌通过强调其与特定文化的联系来吸引目标市场的消费者。品牌通过与当地文化的结合，让其产品更好地满足消费者的需求和期望，从而获得市场份额。

【课岗融通】

市场营销策略岗位职责

一、岗位概述

市场营销策略岗位是针对目标市场而负责制定和执行营销策略的核心职位。它要求从业人员深入了解消费者的需求、行为和心理，通过数据分析和市场研究，为企业制定有针对性的市场营销策略，以确保企业在竞争激烈的市场环境中获得优势。

二、岗位职责

1. 市场研究与分析：负责进行市场趋势分析、消费者行为研究和竞争对手分析，收集和分析相关数据，为营销策略的制定提供决策支持。

2. 营销策略制定：基于对市场的研究和分析结果，制定全面的市场营销策略，包括产品定位、目标市场选择、促销策略、渠道策略等。

3. 品牌管理与推广：负责品牌形象的塑造和维护，制定品牌传播策略，通过广告、公关活动、社交媒体等多种渠道推广品牌，提升品牌知名度和美誉度。

4. 促销活动策划与执行：策划和执行各类促销活动，包括线上线下活动、打折促销活动、发放赠品活动等，以吸引消费者，促进销售增长。

5. 销售支持与市场预测：与销售团队合作，提供市场策略和销售支持，同时根据市场趋势和消费者行为预测未来销售情况，为企业的生产和库存管理提供参考。

6. 消费者心理洞察：深入了解消费者的心理需求、购买动机和决策过程，运用消费者心理学的原理和方法，优化营销策略，提高营销活动的针对性和有效性。

三、任职要求

1. 教育背景：市场营销、心理学、商业管理等相关专业本科及以上学历。

2. 知识要求：熟悉市场营销理论和方法，了解消费者行为学和消费者心理学的基本原理和应用。

3. 技能要求：具备良好的市场分析能力、策略制定能力、项目执行能力和团队协作能力。

4.其他要求：对市场营销工作充满热情，具备创新思维和敏锐的市场洞察力，能够适应快节奏的工作环境，具备抗压能力和良好的沟通协调能力。

二、亚文化

1.亚文化的概念

亚文化是一种次文化或非主流文化，一种相对于主流文化的特殊文化形式，它是由某一特定群体所共享的独特的信仰、价值观和生活方式等所形成的文化。亚文化通常与主流文化有一定的区别，但在某些方面也可能存在交叉或融合。亚文化是一种社会文化现象，它的形成与某一特定社会群体的产生有关。这个群体的文化通常与主流社会文化有一定的差异，但也有自己的信仰、价值观和行为规范等。亚文化的形成和发展受到社会、历史、经济和政治等多方面因素的影响。

亚文化的形成可以追溯到20世纪50年代的美国，当时年轻人开始形成自己的文化群体，与父辈文化和主流文化相区别。随后，亚文化现象逐渐扩展到世界各地，成为一种全球性的文化现象。亚文化的特点在于其独特性、排他性和封闭性，但它也可以与主流文化相融合，形成一种新的文化形式。

2.亚文化的类型

每个消费者都属于许多亚文化群体，即一个消费者在属于一个大的、全国性的文化群体的同时也可以属于多个亚文化群体。具体的亚文化类型如下。

(1) 年龄亚文化。它指根据年龄段划分的亚文化，如青少年文化、老年文化等。这种亚文化的特点是，不同年龄段的人有不同的兴趣爱好、价值观和生活方式，从而形成独特的亚文化。例如，青少年文化通常更注重时尚、音乐和娱乐等方面，而老年文化则更注重健康、养生和传统等方面。

(2) 性别亚文化。它指基于性别划分的亚文化，如女性文化、男性文化等。这种亚文化的特点是，不同性别的人有不同的社会角色、期望和价值观，从而形成独特的亚文化。例如，女性文化通常更注重情感、家庭和自我成长等方面，而男性文化则更注重事业、成功和竞争等方面。

(3) 地域亚文化。它指由于地域差异而形成的亚文化，如城市文化、乡村文化等。这种亚文化的特点是，不同地域的人有不同的生活环境、传统和习俗，从而形成独特的亚文化。例如，城市文化通常更注重时尚、艺术和服饰等方面，而乡村文化则更注重自然、生态和传统手工艺等方面。

(4) 职业亚文化。它指特定职业或行业内部的亚文化，如科技文化、艺术文化等。这种亚文化的特点是，同一职业或行业的人有共同的工作环境、任务和目标，从而形成独特的亚文化。例如，科技文化通常更注重创新、技术和逻辑思维等方面，而艺术文化则更注重创造、表达和感性思维等方面。

(5) 族群亚文化。它指基于种族、民族或宗教群体形成的亚文化，如非洲裔美国文化、华人文化等。这种亚文化的特点是，同一族群的人有共同的历史、文化和传统，从而形成独特的亚文化。例如，非洲裔美国文化通常更注重音乐、舞蹈和家庭等方面，而华人文化则更注重家庭、教育和传统价值观等方面。

(6) 社交媒体亚文化。它指在社交媒体上形成的亚文化，如网红文化、弹幕文化等。这种亚文化的特点是，通过社交媒体聚集在一起的网民有共同的交流方式和娱乐方式，从而形成独特的亚文化。例如，网红文化通常更注重网络直播、短视频和社交媒体运营等方面，而弹幕文化则更注重视频内容的即时评论和互动等方面。

每种亚文化的形成和发展都受到历史、社会、经济、政治等多方面因素的影响。它们在人类社会中发挥着独特的作用，并为人们的生活增添了多元性和丰富性。同时，不同亚文化之间的交流和融合也促进了文化的多样性和发展。

【知识拓展】

1. 亚文化如何影响年轻人的价值观和行为？

思考亚文化如何塑造年轻人的身份认同、价值观、生活方式和社交行为。例如，社交媒体、网络次文化、音乐流派或时尚潮流是如何影响年轻人的价值观和行为选择的。

2. 全球化背景下，亚文化如何传播和影响不同地区和文化背景的人群？

分析全球化如何加速亚文化的传播，并思考这些亚文化如何影响不同文化背景的个体和社群。例如，K-pop(韩国流行音乐)或动漫文化是如何在全球范围内传播并影响不同文化背景的粉丝的。

3. 数字技术对亚文化的发展和传播有何影响？

分析数字技术(如社交媒体、视频分享平台、在线社区等)如何改变了亚文化的形成、传播和参与方式。思考这些技术如何使得亚文化更加容易获得、参与和分享。

3. 亚文化消费者群体的特点

(1) 消费行为与价值观紧密相关。亚文化消费者群体的消费行为与价值观紧密相关。一个亚文化群体中的人的购买决策不仅仅基于价格或质量，其更倾向于选择与自己所在群体的价值观和信仰相符合的品牌和产品。例如，近年来，随着全球环保意识的增强，越来越多的人开始关注环境问题，形成了一个以环保为核心的亚文化群体。这个亚文化群体的成员在购买产品时，会优先考虑产品的环保属性，如是否使用可回收材料、是否节能等。他们愿意为环保产品支付更高的价格，体现了消费行为与价值观的紧密关联。

(2) 群体内的信息传播。亚文化消费者群体内部的信息传播速度非常快。由于一个亚文化群体中的人具有相似的价值观和兴趣，某些产品或品牌的口碑传播效应在其群体中表现得非常明显。企业如果能够成功地在亚文化群体中获得认同，其产品或品牌可能会迅速被群体成员接受并传播。例如，潮流(亚)文化群体的成员通过穿着打扮、佩戴饰品等方式来表达自己的个性和身份。他们更倾向于购买与潮流文化相关的品牌和产品，以获得群体认同感。潮流亚文化群体内部的信息传播非常迅速，他们通过时尚杂志、社交媒体等渠道获取最新的时尚资讯。同时，潮流文化的变化速度也相对较快，但群体内部的消费习惯在一定时期内仍具有一定的稳定性。

(3) 独特的审美观。亚文化消费者群体通常具有独特的审美观。不同亚文化群体中的人对产品的外观、设计和风格有不同的要求，更倾向于选择符合自己所在群体审美的产品。这种独特的审美观为企业提供了创新的机会，但同时也要求企业准确把握目标市场的审美趋势。

【职业能力训练】

1. 组织一次以亚文化为主题的社交活动，如角色扮演 (Cosplay) 派对、动漫音乐会等。可以在活动中展示自己的兴趣和才华，结交志同道合的朋友。

2. 要求学生围绕亚文化市场制订一个创业计划，包括产品定位、市场分析、营销策略等。

3. 要求小组成员制定调研问卷或访谈大纲，针对特定的亚文化群体进行调研，收集数据后进行分析，形成调研报告，并在课堂上汇报。

三、中华民族优秀传统文化对消费者的影响

1. 家庭价值观和孝道对消费者的影响

在中华民族优秀传统文化中，家庭是最基本、最重要的社会单位，孝道则是家庭伦理的核心。这种文化传统使得中国消费者在购物时，往往会考虑整个家庭的需求，而不仅仅是个人的需求。同时，他们也更倾向于选择那些能够体现孝心和家庭和睦的产品。

比如，在 2022 年，苏泊尔推出了一款专为家庭烹饪设计的压力锅。广告中，一位年轻的妈妈为家中的老人炖汤，这位妈妈强调，选择苏泊尔的压力锅，是因为这款产品不仅能够帮助她轻松烹饪出营养美味的饭菜，同时也能保证食物的营养不流失。广告的最后，老人家对这位孝顺的媳妇表示赞赏，强调了孝道在中国文化中的重要性。

2. 面子文化与送礼对消费者的影响

面子文化是中华民族优秀传统文化的一大特色，它强调个人在社会中的地位和尊严。在消费领域，面子文化体现为消费者对品牌、包装、价格等方面的重视，因为这些因素往往能够反映出一个人的社会地位和品位。送礼则是面子文化的一种延伸，中国消费者在送礼时往往会选择那些包装精美、品牌知名、价格适中的产品，以彰显自己的诚意和对方的尊贵地位。

比如，在 2022 年的商务礼品季，华为推出了 MateBook 的定制版，专门为商务人士设计。这款笔记本电脑的外观精致、性能卓越，更重要的是，它定制了特殊的商务配件，如高级的键盘和鼠标。广告中，一位成功的商务人士收到这款定制版的 MateBook，面露喜悦，因为他觉得这款产品不仅高端大气，而且非常实用。这则广告准确地捕捉到了中国消费者对面子与实用性的追求。

3. 节俭与实用主义对消费者的影响

中华民族优秀传统文化中的节俭和实用主义思想仍然对消费者的购物行为产生着深远影响。中国消费者在购买产品时，往往会注重产品的性价比和实用性，而不是单纯追求品牌或价格。

比如，在 2022 年，小米推出了一款新型智能手机，其性能优越但价格相对亲民。广告中，一位年轻人展示他使用小米手机拍摄的高质量照片和视频，强调了这款手机的高性价比。小米通过提供物美价廉的产品，成功吸引了大量的消费者，尤其是那些注重实用性和性价比的消费者。

4. 传统美德与公益活动对消费者的影响

中华民族优秀传统美德如诚信、仁爱、谦逊等，在现代社会中被广泛推崇。许多企业

也通过强调这些传统美德来提升自己的品牌形象和社会责任感。同时，参与公益活动也成为企业展示社会责任感和品牌形象的重要方式之一。

比如，在2022年，阿里巴巴宣布了一项新的环保计划，承诺将会减少自身的碳排放量并支持环保项目。广告中，阿里巴巴展示了自身的环保措施和合作项目，强调了企业社会责任和可持续发展。这则广告不仅提升了阿里巴巴的品牌形象，而且向消费者传递了企业重视传统美德和环保的信息。

【素养园地】

中华老字号与现代消费者：传统与现代的交融

在快节奏的现代社会，消费者对产品的选择日益多元化。中华老字号，这些拥有深厚历史和文化底蕴的品牌，面临着新的市场环境和消费者需求。中华老字号如何在保持传统特色的同时，吸引现代消费者的目光，这成为一个值得探讨的课题。

著名的中华老字号"同仁堂"拥有数百年历史，以其精湛的医术理念和优质的药品，赢得了消费者的广泛认可。然而，随着时代的变迁和消费者需求的升级，同仁堂也面临着新的挑战。在现代消费者的眼中，同仁堂不仅仅是一个药店，更是一个健康管理的平台。消费者在选择同仁堂时，看重的是其品牌的信誉度、产品的品质和服务的专业性。

1. 品牌信誉度：同仁堂作为一家拥有数百年历史的老字号，有着严格的药品质量控制体系和完善的售后服务。其品牌信誉度是影响消费者选择的重要因素之一。

2. 产品品质：同仁堂的药品以纯天然、无添加、高品质为特点，符合现代消费者对健康、环保、安全的需求。许多消费者表示，他们愿意为同仁堂的优质产品支付更高的价格。

3. 服务专业性：同仁堂提供的健康咨询、诊断、配药等一站式服务，让消费者感受到了专业性和便捷性。这种服务模式不仅满足了消费者的健康需求，也提升了他们的消费体验。

为了吸引更多的现代消费者，同仁堂也进行了一系列的创新尝试：

1. 产品线拓展：同仁堂不仅保留了传统的中药产品，还推出了符合现代消费者需求的新产品，如保健品、美容品等。

2. 数字化升级：同仁堂加强了线上渠道的建设，通过官方网站、电商平台等，为消费者提供了更加便捷的购药体验。

3. 健康服务升级：同仁堂加大了健康服务的投入，推出了个性化的健康管理方案，为消费者提供更加全面的健康保障。

中华老字号在现代消费市场中，凭借其深厚的历史文化底蕴和专业的产品品质，仍然具有强大的竞争力。同仁堂通过拓展产品线、数字化升级和健康服务升级等措施，成功吸引了更多现代消费者的目光，为其他老字号品牌提供了有益的借鉴。

职业能力测试

一、填空题

1. 在消费者行为学中，亚文化是指具有相似的生活方式、价值观和习俗的较小文化群体，其成员共享特定的 _____ 和 _____ 。

2. 中华民族优秀传统文化中所强调的集体主义观念对消费者行为的影响表现为，消费者更倾向于考虑 _____ 而不是个人需求。

3. 受中华民族优秀传统文化的影响，消费者在购买决策中往往更注重商品的 _____ 和 _____，而不仅仅是功能。

4. 社会文化因素通过影响消费者的 _____、_____ 和 _____ 来影响其购买决策。

5. 在中华民族优秀传统文化中，红色通常代表 _____，而白色则代表 _____。

二、判断题（对的打 √，错的打 ×）

1. 中华民族优秀传统文化对消费者行为的影响主要集中在家庭和关系网络方面。（　　）

2. 在中华民族优秀传统文化中，礼物赠送是一种重要的社交行为，通常与关系维护和商务交流有关。　　　　　　　　　　　　　　　　　　　（　　）

3. 亚文化群体的成员通常具有相似的教育背景、职业和兴趣爱好。　（　　）

4. 在中华民族优秀传统文化中，消费行为往往受到社会地位和群体认同的影响。（　　）

5. 社会文化因素对消费者行为的影响是长期且稳定的，不会随时间和社会的变迁而改变。　　　　　　　　　　　　　　　　　　　　　　　（　　）

三、简答题

1. 请简述中华民族优秀传统文化中"面子"对消费者行为的影响。

2. 讨论亚文化群体如何影响消费趋势和产品选择。

3. 分析社会地位在国内消费文化中的重要性，以及它如何影响消费者的购买决策。

4. 请列举中华民族优秀传统文化中的两个元素，并说明它们如何影响现代消费者的购买决策。

四、论述题

论述中华民族优秀传统文化中家庭对消费者行为的影响。

课中实训

实训一　思考填表

针对人口统计指标，通过调查资料，举例说明该指标下的亚文化类型完成下列表格。

人口统计指标	亚文化类型举例
年龄	
性别	
民族	
职业	
宗教信仰	
家庭类型	
收入水平	
地理位置	

实训二　思政研判

任务描述：学生分析案例提出的问题，拟写思政研判提纲；小组讨论，形成小组的思政研判报告；班级交流和相互点评各组的思政研判报告。

中华民族优秀传统文化在现代的璀璨绽放

故宫，作为中华民族优秀传统文化的瑰宝和象征，近年来通过推出文创产品，再次展现了其深厚的文化底蕴和独特的魅力。从中华民族优秀传统文化的角度来看，故宫文创产品的成功并非偶然，是其背后所蕴含的文化底蕴与现代设计理念完美结合的结果。

1. 深入挖掘传统文化元素

故宫文创产品在设计之初，就深入挖掘了传统文化元素，如龙凤、云纹、宫廷色彩等。这些元素不仅代表着皇家的尊贵和权威，而且蕴含着深厚的文化内涵。通过将这些元素巧妙地融入文创产品中，故宫成功地将传统文化与现代设计相结合，创造出了既具有传统韵味又具有现代感的产品。

2. 传承与创新的结合

在故宫文创产品的设计中，我们可以看到故宫对传统文化的尊重与传承，以及对传统文化的创新与发展。这使故宫文创产品既能够保持传统文化的独特魅力，又能够符合现代审美和实用需求。这种创新的方式，不仅让传统文化在现代社会中焕发新的活力，而且为传统文化的传承与发展提供了新的思路。

3. 弘扬文化自信

故宫文创产品的推出，不仅仅是对传统文化的传承与创新，更是文化自信与文化自豪的体现。这些产品的独特设计和精美制作，展现了中国文化的博大精深和独特魅力。通过购买和使用这些产品，消费者既能够感受到中国文化的独特魅力，也能够增强对中华民族优秀传统文化的自信心和自豪感。

4. 满足现代审美需求

故宫文创产品在设计上注重与现代审美需求的结合。通过运用现代设计理念和技术手段，故宫文创产品成功地将传统文化元素与现代审美相结合，创造出了既符合现代审美又具有传统文化韵味的产品。这种设计方式不仅满足了现代消费者的审美需求，而且为传统文化的传承与发展提供了新的可能性。

故宫文创产品的成功，展现了中华民族优秀传统文化的独特魅力和深厚底蕴，也为传统文化的传承与创新提供了新的思路。在未来的发展中，故宫文创团队期待更多的文创企业和品牌能够从中汲取灵感，深入挖掘传统文化元素，将其与现代设计理念相结合，创造出更多具有文化内涵和独特魅力的文创产品。同时，故宫文创团队也希望更多的消费者能够通过购买和使用这些产品，深入了解传统文化，增强对中国文化的自信心和自豪感。

问题：

(1) 故宫文创产品如何影响消费者文化认同感的产生？

(2) 试针对上述问题作出你的思政研判。

(3) 针对故宫文创产品在全球市场上的推广对中国文化国际传播力的影响进行思政研判。

小组讨论后，请将思政研判提纲填写在以下空白处。

思政研判提纲

实训项目评价

学生自评表

序号	评价素质点	佐　证	达标	未达标
1	知识点融会贯通能力	能够将知识点灵活运用于实训项目中		
2	资源整合能力	能够借助网络资源平台、人脉资源等完成实训项目		
3	小组分工合作能力	能够融入小组活动，有效协同工作		
4	创新素养	能够从营销的角度看待创新素养对产品营销的作用		

教师评价表

序号	素质点自评	佐　证	达标	未达标
1	知识点融会贯通能力	能够将知识点灵活运用于实训项目中		
2	资源整合能力	能够借助网络资源平台、人脉资源等完成实训项目		
3	小组分工合作能力	能够融入小组活动，有效协同工作		
4	创新素养	能够从营销的角度看待创新素养对产品营销的作用		

课后提升

中国传统桑蚕丝丝织技艺

中国传统桑蚕丝丝织技艺，历经数千年的传承与发展，是中国古代文明的瑰宝之一。从远古时期的蚕茧养殖到现代的高端丝绸制品生产，这一技艺不只承载着丰富的历史文化内涵，更在日常生活中对消费者产生着深远的影响。

1. 技艺特点与文化价值

中国传统桑蚕丝丝织技艺以其独特的织造工艺、精美的图案设计和卓越的质地著称。丝绸制品如绸缎、纱罗、织锦等，不只是高档的生活用品，更是文化的载体。它们传递着古人对于和谐、自然、美的追求，以及对生活品质的高度重视。

2. 文化对消费者的影响

(1) 文化对消费者审美观念的影响。传统桑蚕丝丝织品的精美图案和细腻质地，影响着消费者的审美观念。消费者在购买丝绸产品时，不仅看重其实用性，更看重其文化内涵和审美价值。

(2) 激发消费者文化传承的自觉。传统桑蚕丝丝织品的精美图案和细腻质地，让消费者逐渐认识到这一技艺的文化价值，从而产生传承和保护的自觉。他们愿意为高品质的丝绸产品支付更高的价格，支持传统手工艺的发展，同时也愿意将丝绸产品作为礼物赠送给亲朋好友，传递对传统文化的尊重和热爱。

(3) 桑蚕丝丝织品对消费者生活品质的提升。传统桑蚕丝丝织品以其独特的质感和美感，提升了消费者的生活品质。无论是在日常生活中穿着的丝绸服饰，还是在家居环境中使用的丝绸制品，都能给消费者带来舒适和愉悦的感受。

3. 现代社会中传承传统桑蚕丝丝织技艺面临的挑战与机遇

在现代社会，传承传统桑蚕丝丝织技艺面临着工业化生产、市场竞争大等挑战。然而，随着消费者对传统文化的重新认识和对生活品质的追求，传统桑蚕丝丝织技艺也迎来了新的发展机遇。许多丝绸企业开始注重产品的文化内涵和品质提升，通过创意设计、品牌塑造等方式，将传统桑蚕丝丝织技艺与现代消费需求相结合，推动了产业转型升级。

中国传统桑蚕丝丝织技艺作为中国古代文明的瑰宝之一，对消费者产生了深远的影响。它不仅仅提升了消费者的审美观念和生活品质，更激发了消费者对传统文化的尊重和自觉传承。在现代社会，我们应该更加珍视和保护这一传统技艺，让其在新的时代背景下焕发出新的生机和活力。

想一想：

(1) 传统桑蚕丝丝织技艺如何影响消费者对产品价值的判断？

(2) 如何在现代市场中有效地推广和传承传统桑蚕丝丝织技艺，使其符合现代消费者的生活方式和审美需求？

职业能力拓展

中国饮食地图：南北差异与地理文化交融

中国，作为世界上人口最多、地域最广的国家之一，其饮食文化丰富多样。南北方饮食差异是中国饮食文化的一个显著特点，这种差异不仅体现在食材、烹饪方法上，还体现在饮食习惯和口味上。

中国南北方跨度大，南北方地理位置和主要农作物差异显著。南方地区多山、多水，气候温暖湿润，适宜种植水稻。而北方地区地势平坦，气候寒冷干燥，适宜种植小麦。

历史上，中国南北方经历了不同的政治、经济和文化发展。南方地区经济发达、商业繁荣，对外交流频繁，饮食文化受到外来文化的影响较大，形成了独具特色的南方菜系。而北方地区由于历史上多次战乱和移民，形成了多种民族和文化的交融，呈现出多元化的饮食文化。

南北方饮食差异的形成与亚文化群体的存在密切相关。亚文化群体是指在一个更大的文化背景下，由于地理、经济、社会等因素而形成的具有独特文化特征的小群体。南北方人民由于生活在不同的地理环境和历史背景下，形成了各自独特的饮食文化，这些饮食文化成为各自身份认同和文化传承的重要组成部分。

以广东和山东为例，广东位于中国南方沿海地区，气候温暖湿润，以大米为主食，菜品口味清淡，注重原汁原味，善于利用海鲜资源。而山东位于中国北方内陆地区，气候寒冷干燥，以面食为主，菜品口味较重，常用炖、煮等烹饪方式。这种南北方饮食差异的形成与两地的地理位置、气候环境、历史发展等因素密切相关。同时，广东人和山东人作为不同的亚文化群体，他们的饮食文化也成为他们各自身份认同和文化传承的重要标志。

拓展任务说明

一、任务名称

探索南北方饮食差异及其背后的亚文化影响

二、任务背景

中国地域辽阔，南北方饮食文化差异显著。南方饮食追求原汁原味、清淡细腻，而北方饮食则倾向于浓郁调味、粗犷豪放。这种饮食差异不仅体现了地域特色，也蕴含着深厚的亚文化的影响。本任务将通过具体操作流程，探索南北方饮食差异，并分析其背后的亚文化因素，以期促进南北方文化的交流与融合。

三、任务要求

1.通过问卷调查、访谈、实地考察等方式，收集南北方不同地区的饮食文化信息，包括食材选择、烹饪方式、餐桌礼仪、饮食习俗等，对比分析南北方饮食文化的异同点。

2.选取具有代表性的南北方饮食文化案例，如粤菜、鲁菜等，深入剖析其背后的文化内涵和社会背景，探讨南北方饮食文化如何影响当地人民的生活方式和价值观。

3.基于南北方饮食文化的差异和共同点，探讨如何促进南北方饮食文化的交流融合，推动南北方文化的相互理解和共同发展。

四、任务分析

本任务将分为三个阶段：准备阶段、实施阶段和总结阶段。在准备阶段，我们将进行理论知识准备和实地调研计划制订。在实施阶段，我们将进行实地调研、数据分析和撰写研究报告。在总结阶段，我们将组织文化交流活动并总结反思。

五、任务操作

1.阅读相关文献，了解南北方饮食文化的基本特点和差异。

2. 设计调查问卷，涵盖饮食习惯、偏好和文化背景等方面。

3. 在网络上针对南北方不同城市进行问卷调查，收集数据。

4. 对收集到的数据进行统计分析，挖掘南北方饮食差异及其背后的文化因素。

5. 撰写研究报告，总结南北方饮食文化的差异和其背后的文化影响。

6. 组织文化交流活动，如美食节或线上展览，展示南北方特色菜品，促进文化交流。

六、任务思考

1. 本次实训任务中，你如何应用本节学到的知识和技能？

2. 在策划和执行活动过程中，你遇到了哪些困难和挑战，如何克服？

3. 通过本次实训任务，你认为自己的专业能力有哪些提升？

任务二　社会群体对消费者心理的引导

案例导入

群体影响理论下粉丝经济的多维形成机制

随着数字技术的飞速发展和社交媒体的广泛普及，粉丝经济已成为当代经济体系中的一个重要分支。粉丝不仅仅是品牌的消费者，更是其传播者、维护者和推广者。粉丝经济背后的驱动力何在？群体影响理论对此提供了一个独特的视角，帮助我们理解粉丝经济背后的深层逻辑。粉丝经济不是基于表面的消费和模仿行为，而是多维度、由群体影响机制驱动的复杂系统。

群体影响机制不仅仅使个体产生行为上的模仿或引发个体情感上的共鸣，更使个体表现出一种深层次的社会心理现象。在粉丝经济中，这种影响体现在以下几个方面。

1) 认知一致性

粉丝群体内部通过共享信息、讨论和互动，形成了对偶像或品牌的共同认知和评价标准。这种认知一致性使粉丝在进行消费决策时更倾向于选择符合群体共识的产品或服务。

2) 情感共鸣与身份认同

粉丝在追星过程中，通过与偶像或品牌建立情感联系，获得了一种身份认同和归属感。这种情感共鸣使粉丝更加愿意为偶像或品牌付出时间、金钱和精力，甚至愿意参与各种粉丝活动，共同维护偶像的形象和声誉。

3) 社会压力与从众行为

在粉丝群体中，单个粉丝可能会受到其他粉丝的压力，这种压力促使他们采取与群体一致的行为。例如，当多个粉丝购买了偶像代言的产品后，单个粉丝可能会受到群体压力的影响，也选择购买该产品。这种从众行为不仅加强了粉丝群体内部的凝聚力，也推动了粉丝经济的发展。

4) 群体规范与行为准则

粉丝群体内部往往有一套独特的规范和行为准则，这些规范和行为准则对粉丝的行为产生约束和引导作用。粉丝在参与粉丝活动时，会遵循这些规范和行为准则，以维护粉丝群体的形象和声誉，使粉丝经济在发展过程中更加有序和稳定。

通过对群体影响理论的深度剖析，我们可以看到粉丝经济的形成是多维度、由群体影响机制驱动的复杂系统的作用结果。认知一致性、情感共鸣与身份认同、社会压力与从众行为以及群体规范与行为准则等因素相互作用、相互影响，共同推动了粉丝经济的发展。

随着数字技术的不断发展和社交媒体的持续创新，粉丝经济的形态和模式也将不断演变和升级。因此，我们需要持续关注和研究粉丝经济的新动态和新趋势，以便更好地把握市场机遇和应对挑战。同时，我们也需要关注粉丝群体内部的变化和发展，以便更好地满足他们的需求和期望，推动粉丝经济的持续健康发展。

课前思考：

(1) 情感共鸣与身份认同对粉丝群体的作用是什么？

(2) 随着社交媒体的发展，粉丝群体对消费决策的影响有何变化？

课前导学

一、社会阶层对消费者心理的引导

1. 社会阶层的概念

社会阶层是指在某个社会中，由不同的人垂直有序组成的社会等级，其划分基础是人们在社会分工中的不同角色所显现出的收入、权力、社会地位等元素。同一社会集团成员之间在态度、行为模式、价值观等方面具有相似性，不同社会集团成员存在差异。社会阶层的概念起源于西方，阶层理论认为，理想的社会结构应为两头尖、中间宽的橄榄形，而非金字塔形或哑铃形。

社会阶层的划分通常基于多个因素，包括但不限于经济收入、教育水平、职业地位、社会声誉、家庭背景等。这些因素相互作用，共同决定了一个人在社会中的阶层地位。同时，社会阶层也是一个动态的概念，随着社会的发展和变化，阶层的划分也可能会发生变化。

2. 社会阶层的特征

社会阶层的特征主要表现在以下几个方面。

1) 行为模式相似性

同一阶层的人群通常具有类似的行为模式，同一社会阶层内的成员在价值观、态度和行为上具有相似性。这种相似性在很大程度上是由他们所处的共同的社会经济地位所决定的，同时也与他们彼此之间的频繁互动有关。同一社会阶层的成员往往因为具有相似的教育背景、职业、收入水平和生活方式等，形成了相似的价值观和行为模式。他们的生活和工作的态度，以及处理问题和决策的方式，都表现出一定的相似性。例如，富裕阶层可能更倾向于追求高品质的生活和精英教育，而中产阶级则可能更注重工作和家庭的平衡，追求稳定的生活。

此外，社会阶层的行为模式相似性还体现在消费习惯上。同一阶层的成员在购物、娱乐、旅游等方面的消费选择往往具有一致性。他们倾向于选择符合自己社会地位和品位的商品和服务，以展示自己的身份和地位。这种消费行为的相似性也进一步强化了社会阶层的特征。

2) 社会地位的不平等

社会阶层具有高低之分，不同社会阶层的人在社会中的地位和资源获取能力不同，即社会地位不平等。首先，不同社会阶层的人在财富、教育、医疗、信息等方面对资源的占有和获取存在显著的差异。一般来说，较高社会阶层的成员能够拥有更多的资源和机会，而较低社会阶层的成员在资源拥有方面则相对匮乏。这种资源分配的不平等导致了不同社会阶层在生活质量、发展潜力以及社会地位等方面的巨大差距。其次，权力的不平等分配也是社会地位不平等的重要体现。在社会中，不同阶层在政治、经济、文化等领域的权力分配不同。较高社会阶层的成员往往能够掌握更多的权力和决策权，而较低社会阶层的成员则可能处于被支配和边缘化的地位。这种权力的不平等分配导致不同社会阶层在决策参与、利益表达以及社会影响力等方面存在显著差异。

3) 多维度特性

社会阶层是职业、收入、教育水平、价值观等多个维度的综合结果的反映。经济变量、社会互动变量和政治变量（每个维度）都为划分社会阶层提供了重要的依据。

(1) 经济变量是决定社会阶层的最重要维度之一，主要包括职业、收入和财富。职业往往决定了人们的经济地位和社会地位，而收入和财富则直接反映了人们的经济状况。一般来说，职业地位高、收入丰厚和财富积累多的人往往属于较高的社会阶层。

(2) 社会互动变量主要包括个人声望、社会联系和社会化。个人声望是指一个人在社会中的名誉和地位，这往往与他们的职业、成就和社会活动有关。社会联系是指一个人在社会网络中的位置和关系，包括家庭背景、朋友圈、社交圈等。社会化则是指一个人在社会中接受的教育、文化和价值观，这也会影响他们的社会地位。

(3) 政治变量包括权力、阶层意识和流动性。权力是指一个人在政治体系中的影响力和控制力，这往往与他们的职业和社会地位有关。阶层意识是指一个人对自己在社会阶层中的位置和角色的认知，这会影响他们的行为和价值观。流动性则是指一个人在社会阶层中的上升或下降的可能性，这取决于他们的能力、努力和社会机会。

4) 变动性

社会阶层并非固定不变，个人在社会阶层中的位置可能随着职业发展、财富积累和社会关系的变化而发生变动。首先，社会阶层的结构可能发生变化。随着社会的经济发展、技术进步和文化变迁，新的社会阶层可能会产生，而一些旧的社会阶层可能会逐渐衰落或消失。例如，随着工业化和城市化的推进，传统的农民阶层可能会逐渐减少，而新兴的技术阶层和服务业阶层可能会逐渐壮大。其次，社会阶层的边界也可能发生变化。随着社会的开放和多元化，不同社会阶层之间的界限可能逐渐模糊，甚至一些新的跨界阶层也可能出现。例如，在某些地区，中产阶层的人数可能不断增加，导致中产阶层与其上、下阶层的界限变得模糊。第三，社会阶层的地位也可能发生变化。随着社会的变迁，一些社会阶层的地位可能会上升或下降。例如，随着知识经济的兴起，知识分子的地位可能会上升，而一些传统产业的工人阶层地位可能会相对下降。最后，社会阶层的成员构成也可能发生变化。随着时间的推移，一些社会阶层的成员可能会发生变化，新的成员可能会加入，而一些旧的成员可能会退出。例如，随着教育的普及和人口结构的变化，一些新兴的社会阶层如青年学生、自由职业者等可能会逐渐增多。

3. 影响社会阶层划分的因素

社会阶层并不单纯地由某一个变量如收入或职业所决定，而是由包括这些变量在内的多个因素共同决定的。

(1) 经济因素。经济条件是决定一个人所处的社会阶层的最直接和重要的因素之一。通常，收入水平越高，个人的社会地位也越高，所处的社会阶层也越高。同时，个人的财富积累也是社会阶层划分的重要依据，包括拥有的房产、股票、基金等。

(2) 教育水平。教育是影响个人职业发展和社会地位提升的关键因素。接受高等教育能够提高个人的知识水平和专业技能，从而获得更好的工作机会和更高的收入。不同教育水平的人的社会阶层也有所不同。

(3) 职业类型。职业是决定一个人社会阶层的重要标志之一。不同职业在社会中的声望、地位和收入水平不同，进而影响着从事这些职业的人所处的社会阶层。一些职业因其高收入、高声望而被视为"精英职业"，而从事另一些职业的人则可能被视为处于较低的社会阶层。

(4) 社会互动与人际关系。社会互动和人际关系也是影响社会阶层的重要因素。人们在社会交往中形成不同的社交圈子和生活方式，进而影响个人的社会地位和资源获取能力。同一阶层的人更可能形成相似的社交网络和互动模式。

(5) 个人成就与努力。个人在职业、学术、艺术等方面的成就和贡献也能够提升其社会地位，从而改变其所属的社会阶层。通过不断努力和追求卓越，个人能够实现自我价值的提升，从而获得更高的社会认可和地位。

(6) 社会资源与权力。个人所拥有的社会资源，如人脉、信息、影响力等，也是影响其社会阶层的重要因素。这些资源有助于个人在社会中获得更好的机会和地位，同时也影响着个人的影响力与权力。

4. 社会阶层对市场营销策略的影响

社会阶层对市场营销策略的影响主要体现在市场细分、产品定位、价格策略、促销策略和品牌形象等方面。企业需要深入了解目标市场的社会阶层分布和消费者的需求和特点，制定精准的市场营销策略，以实现更好的销售效果。同时，企业还需要根据市场反馈和销售数据不断调整和优化营销策略，以适应市场的变化和消费者的需求。

(1) 在市场细分方面。根据不同社会阶层消费者的需求和特点，将市场划分为不同的细分市场。例如，高端社会阶层的消费者可能更注重品质和个性化，而中低端社会阶层的消费者可能更注重实用性和性价比。通过市场细分，企业可以更好地了解目标市场的需求和特点，制定更精准的市场营销策略。

(2) 在产品定位方面。根据目标市场的社会阶层特点，对产品进行定位。例如，针对高端社会阶层，推出更具品质、设计和个性化的产品，如苹果公司的 iPhone 和 LV 的包包；而针对中低端社会阶层，推出更具实用性和性价比的产品，如小米的 Redmi 系列手机。

【素养园地】

华为手机产品定位

在快节奏的现代生活中，消费者对产品的选择日益多元化。华为作为全球领先的通信技术公司，其手机产品线覆盖了广泛的用户群体。从高端商务人士到普通消费者，从年轻人到中老年人，都能在华为找到适合自己的手机机型。这种市场策略成功的背后，正是源自对社会阶层理论的深刻理解。

对于高端社会阶层，华为推出了Mate系列和P系列的高端机型。这些机型在设计、性能、拍照等方面都达到了业界领先水平，满足了高端用户对品质和性能的追求。同时，华为还通过与徕卡等国际知名品牌合作，提升了手机在摄影领域的专业形象，进一步吸引了高端用户的关注。

对于中产阶级用户，华为推出了Nova系列和畅享系列等中端机型。这些机型在保持一定性能和设计水准的同时，价格相对更为亲民，更受中产阶级用户喜爱。此外，华为还针对中产阶级用户的需求，推出了多款具有高性价比的手机，如荣耀系列等，进一步扩大了市场份额。

对于年轻用户和学生群体，华为则推出了更加时尚和个性化的手机机型，如麦芒系列和畅享Z等。这些机型在设计上注重时尚感和科技感，同时在性能上也能够满足年轻用户的需求。此外，华为还通过与时尚品牌合作，推出了联名款手机，进一步吸引了年轻用户的目光。

对于老年用户群体，华为则推出了更加简单易用的手机机型，如畅享老年机等。这些机型在设计上注重易用性和实用性，如大字体、大图标、高音量等，以满足老年用户在操作手机时的特殊需求。

华为通过深入了解不同社会阶层用户的需求和特点，设计出了多样化的手机机型，这些机型成功覆盖了广泛的用户群体。这种市场策略不仅提升了华为的品牌形象和市场竞争力，也为消费者提供了更多选择和更好的消费体验。未来，随着社会的不断发展和变化，华为将继续深化对不同社会阶层用户的研究，推出更多符合用户需求的手机机型，为用户带来更加美好的生活体验。

(3) 在价格策略方面。价格的制定需要考虑目标消费者的购买力和价格敏感度。对于高端社会阶层的消费者，可能需要使用高价策略，如推出劳力士的手表；而对于中低端社会阶层的消费者，可能需要使用低价策略，如沃尔玛销售各类生活必需品。

社会阶层与
消费者行为

(4) 在促销策略方面。针对不同社会阶层的消费者，需要制定不同的促销策略。例如，针对高端社会阶层的消费者，可能需要提供高端、精致的促销活动，如奔驰的VIP客户活动；而针对中低端社会阶层的消费者，可能需要提供更具吸引力的折扣和促销活动，如淘宝的双十一活动。

(5) 在品牌形象方面。品牌形象的塑造也需要考虑目标消费者的社会阶层特点。企业可以通过品牌形象的塑造来吸引目标消费者的认同和关注，提高品牌知名度和忠诚度。例如，奢侈品牌路易威登一直以其高端、奢华的形象吸引着高端社会阶层的消费者。

二、参照群体对消费者心理的引导

1. 参照群体的概念

参照群体是指个体在心理上所从属的群体，是个体认同且能为个体树立和维持各种标准、提供比较框架的群体。参照群体具有两种功能，即规范功能和比较功能。规范功能是指参照群体的规范和价值观对个体存在影响，个体自觉或不自觉地以参照群体的标准来调整自己的行为。比较功能是指个体通过与参照群体的比较，来评估自己的地位和价值，确定自己的行为方向和目标。

参照群体的选择是个体的自主行为，但受到社会环境、文化背景、个人经历等多种因素的影响。因此，不同的个体可能选择相同的参照群体，同一个体也可能选择多个参照群体。同时，参照群体与个体所属的群体并不一定是同一个群体，人们常常将心目中理想或向往的群体作为自己的参照群体。

【见多识广】

巧借明星与网红之力，深化品牌影响力

百雀羚，作为中国历史悠久的护肤品牌，其成功的背后不仅仅是产品质量与品牌口碑的积累，更是对市场与消费者心理的深刻洞察。在消费者决策的过程中，参照群体的影响不可忽视。本文将以百雀羚为例，探讨参照群体如何影响消费者决策，并分析百雀羚如何利用这一影响实现品牌价值的最大化。

首先，百雀羚通过选择明星代言人，成功地吸引了大量粉丝和年轻消费者的关注。这些明星代言人不仅拥有广泛的粉丝基础，而且他们的形象与百雀羚的品牌形象高度契合，传递出东方护肤的和谐与天然安全的理念。当消费者看到自己喜欢的明星使用并推荐百雀羚的产品时，很容易受到影响，产生购买欲望。

其次，百雀羚还注重在社交媒体上建立与意见领袖和网红的合作。这些意见领袖和网红在各自的领域拥有极高的影响力和话语权，他们的推荐和评价往往能够左右消费者的购买决策。通过与这些意见领袖的合作，百雀羚不仅扩大了品牌曝光度，还增强了消费者对品牌的信任感。

除此之外，百雀羚还充分利用了消费者的亲友圈这一参照群体。例如，在节假日或特殊场合，百雀羚会推出限量版礼盒或套装，这些礼盒往往设计精美，寓意吉祥，非常适合作为礼物送给亲朋好友。

最后，百雀羚还通过举办各种线下活动和体验课程，让消费者亲身感受产品的质量和效果。这些活动吸引了大批消费者的参与，他们在体验过程中不仅能够了解到产品的独特之处，而且能与品牌建立更加紧密的联系。这种线下体验的方式，不仅增强了消费者对品牌的信任感，还使得他们在日后的购买决策中更加倾向于选择百雀羚。

百雀羚在营销过程中成功地利用了参照群体的影响。通过利用明星代言人、意见领袖、网红以及消费者的亲友圈等多种方式，百雀羚成功地吸引了消费者的关注并影响了他们的购买决策。同时，百雀羚还通过举办线下活动和体验课程等方式增强了消费者对其品牌的信任感和忠诚度。这些营销策略不仅使百雀羚在竞争激烈的市场中脱颖而出，还为其品牌价值的最大化提供了有力的支持。

2. 参照群体对消费者的影响

参照群体对消费者的影响是多方面的，包括信息性影响、规范性影响和价值观的影响。这些影响可以促使消费者更加倾向于选择某一品牌或产品，从而提高品牌忠诚度。企业通过调研参照群体对消费者的影响，可以更好地制定市场营销策略，提高品牌知名度和市场份额。

1) 信息性影响

参照群体能够为消费者提供产品或服务的相关信息，这些信息可能来自群体成员的经验分享、评价和推荐，也可能来自群体所共享的专家意见和知识。例如，很多消费者在选择手机时会参考亲朋好友的使用经验，或者在网络上寻找专业评测和用户评价。华为作为中国通信行业的领军企业，其手机业务在全球范围内取得巨大成功。华为通过提高研发实力和品牌影响力，针对不同市场进行精准的产品定位和营销策略，积极与当地合作伙伴合作，深入了解当地消费者的需求和文化背景，不断推出符合市场需求的产品和服务，满足了消费者的信息性需求。

2) 规范性影响

参照群体对消费者的规范性影响主要表现为群体成员共享行为准则和价值观。消费者会自觉或不自觉地以参照群体的标准来调整自己的行为，包括消费行为。例如，某个特定的消费群体可能认为某种品牌的产品是符合其身份和地位的选择，从而倾向于选择该品牌的产品。华为通过与各种明星和知名人士合作，将品牌形象与高端、时尚紧密结合，吸引了大量高端消费者。同时，华为还通过推出各种创新技术，如三摄技术、AI摄影等，满足了消费者的需求，进一步提高了品牌忠诚度。

3) 价值观的影响

参照群体对消费者的影响还表现在消费者对群体成员的价值观的认同和表达上。个体可能自觉遵守或接纳参照群体的价值观，从而在行为上与之保持一致。这种影响能够使消费者在行为上与参照群体保持一致，从而提高自我认同感。例如，一些追求环保理念的消费者可能会选择购买符合这一理念的品牌或产品。华为手机因其出色的性能和创新的设计而备受用户喜爱，其中，华为Mate系列手机主打高端商务市场，该系列手机凭借出色的性能和创新的设计赢得了消费者的认可。

3. 参照群体在市场营销中的作用

1) 口碑营销

口碑营销是指消费者之间通过口头交流、社交媒体分享、在线评价等方式，传递关于某一品牌、产品或服务的信息和意见。这种营销方式的核心在于消费者之间的自然、真实和可信的交流，因此具有很高的说服力和影响力。

口碑营销的核心理论是"六度分隔理论"，该理论认为世界上任何两个陌生人之间，通过不超过六个人的介绍，就能够建立联系。这意味着任何一个消费者都可能成为品牌口碑传播的起点或终点，口碑营销具有巨大的潜力和影响力。口碑营销的优势在于可以帮助品牌提高其产品和服务的知名度，从而吸引更多的消费者。与其他营销方式相比，口碑营销具有低成本、高产出、高效率和低风险的特点。在实施口碑营销时，企业需要明确营销目标，并通过可行的方法确定一系列营销活动。然后，企业需要建立有效的网络平台来传播信息，并创造出有吸引力的营销活动以吸引客户。最后，企业还需要加强口碑营销后的管理，以避免不良的口头口碑对客户的购买行为产生负面影响。

【知识拓展】

六度分隔理论，也被称为六度空间理论或者六度关系理论，是用于描述人际关系网络中人与人之间相互连接的可能性的社会学理论。这个理论主张，在人际网络中，任意两个陌生人之间，平均只需要通过六个人就能建立联系。也就是说，无论你与世界上的任何一个人有多么遥远，你们之间的连接距离都不会超过六个人。

这个理论最初是由哈佛大学的心理学教授斯坦利·米尔格拉姆 (Stanley Milgram) 在1967年提出的，他通过一次连锁性实验来验证这个理论。他随机选择了300个人，然后请他们将一封信传递给一个他们认识且住在波士顿的人。每个参与者都被要求将信传递给他们认为与该人关系最近的人。实验结果显示，大部分的信最终都到达了这个人，而且平均只需要经过六个人。

六度分隔理论揭示了社会网络中人与人之间的联系紧密程度。这个理论的重要性在于它揭示了社会网络中"弱纽带"的存在和重要性。弱纽带是指那些不常联系，但在关键时刻能够提供帮助的人际关系。虽然这些关系可能看起来并不强大，但它们在社会网络中却扮演着非常重要的角色。

口碑营销的主要特征包括以下几点。

(1) 真实性。口碑营销的信息往往来自消费者的真实体验和感受，因此具有很高的真实性和可信度。消费者更愿意相信和接受同龄、同群体或相似生活背景的其他人对产品的推荐和评价。

(2) 自发性。口碑传播大多是在不受商业利益驱使的消费者之间自然发生的。这种自发的传播方式使口碑营销更加贴近消费者，更容易被接受和信任。

(3) 互动性。口碑营销鼓励消费者之间的互动和交流，消费者可以通过社交媒体、在线评价等方式分享自己的体验和意见，同时也可以查看和参考其他消费者的评价和反馈。口碑营销的互动性不仅增强了消费者的参与感和归属感，还提高了口碑营销的传播效率和影响力。

(4) 病毒性传播。口碑营销的信息传播方式具有"病毒性"，一旦信息被传播出去，它就会像病毒一样迅速扩散，影响更多的消费者。这种传播方式使口碑营销具有很高的传播速度和覆盖面。

(5) 可测量性。通过在线评价、社交媒体分享等手段，企业可以实时监测和分析口碑营销的效果和影响力。测量到的数据不仅可以帮助企业了解消费者的需求和反馈，还可以为企业的营销策略调整提供数据支持。

因此，口碑营销是一种基于消费者真实体验和感受的营销方式。在当今信息爆炸的时代，口碑营销已经成为企业营销战略中不可或缺的一部分。通过有效利用口碑营销，企业可以提升品牌形象、吸引潜在消费者、提高销售业绩，并在竞争激烈的市场中脱颖而出。

【职业能力训练】

根据以下内容，分析网红品牌利用超长排队现象作为营销策略的利弊，并探讨企业在实施这种策略时应注意哪些方面问题以确保策略的长期效果和可持续性。

1. 许多网红品牌利用排队效应来吸引更多消费者的关注。当看到一家店铺前排队等候的消费者人头攒动时，其他人可能会认为这家店铺非常受欢迎，因此也想去尝试一下。这种"羊群效应"使网红品牌的知名度迅速提升，吸引了更多消费者的光顾。

2. 社交媒体和网红的推广也起到了关键作用。在当今社会，社交媒体已经成为人们获取信息的重要渠道。许多网红或意见领袖会在社交媒体上分享自己的购物体验和推荐，这些推荐往往能够影响他们的粉丝和关注者。因此，当品牌受到网红的推荐时，就会吸引更多消费者的关注和光顾。

3.一些网红品牌的产品本身也具有吸引力。这些品牌通常会注重产品的品质和设计，从而吸引更多追求品质和时尚的消费者。当这些消费者对产品感到满意时，就会愿意排队等候，甚至将产品推荐给其他人。

4.超长排队现象也与消费者的心理有关。对于一些消费者来说，排队等候本身也是一种享受。他们可能认为，排队等候可以让他们更好地体验品牌和产品，同时也可以与其他消费者交流分享。因此，即使排队时间很长，他们也愿意耐心等待。

2) 观念领导者

观念领导者是指在特定领域或社群中，能够提出、倡导并实践新观念、新思想或新行为方式的人。他们不仅是思想和行为的创新者，也是引领和改变社群认知方向的重要人物。观念领导者的影响力不局限于他们直接接触的群体，还可以通过传播和示范效应，触及更广泛的社群。

观念领导者的特征主要包括以下几点。

(1) 创新思维与前瞻性。观念领导者通常具备前瞻性的视野和创新性的思维。他们能够洞察未来的趋势，提出新颖且符合发展需要的观念。他们敢于质疑现有的规则和框架，推动社群从新的角度思考问题，寻找解决方案。

(2) 深度思考与系统性思维。观念领导者会深入探究问题的根源，理解问题的多个层面和相互关系。他们擅长运用系统性思维，将复杂的问题拆解为多个组成部分，并找出各个部分之间的关联，从而提出全面而深入的见解。

(3) 坚定的信念与使命感。观念领导者对他们所倡导的观念充满信心，并深信这些观念可以为社群带来积极的改变。他们有强烈的使命感，认为自己有责任推动社群的进步和发展。

(4) 卓越的沟通能力与影响力。观念领导者具备出色的沟通能力，能够以清晰、有力、有说服力的方式传达自己的观念。他们通过演讲、写作、社交媒体等多种渠道，扩大自己的影响力，吸引更多人关注和接受他们的观念。

(5) 持续学习与自我提升。观念领导者深知学习的重要性，他们始终保持对新知识、新技能的好奇心，不断提升自己的认知水平和能力。他们通过反思和实践，不断完善自己的观念，确保自己始终走在时代的前沿。

3) 社群与消费者行为

社群，作为一个由共同的兴趣、价值观或目标驱动的人群的集合，对消费者行为有着深远的影响。以下将详细分析这种关系。

(1) 社群为消费者提供了一个交流和分享的平台。在社群中，消费者可以与其他具有相似兴趣或需求的人进行交流，分享自己的购物经验、产品使用感受等。这种交流不仅有助于消费者形成对产品或服务的全面认知，还能够影响他们的购买决策。例如，当消费者在社群中看到其他成员的积极评价或推荐时，他们可能会更有信心购买该产品或服务。

(2) 社群中的意见领袖和专家对消费者行为有重要影响。这些意见领袖和专家通常具有较高的专业知识和信誉，他们的建议和推荐往往能够左右消费者的购买决策。在社群中，这些意见领袖和专家可以通过发布文章、评论、视频等形式，向其他成员传达自己的见解和建议，从而影响他们的消费行为。

（3）社群中的消费者行为也受到群体规范的影响。群体规范是指社群中的成员共同遵循的行为准则和期望。在社群中，消费者的行为往往会受到群体规范的影响，他们可能会为了符合群体期望而调整自己的消费行为。例如，当某个社群普遍推崇某种环保理念时，消费者在购买产品时可能会更倾向于选择符合这一理念的产品。

（4）社群对消费者行为的影响还体现在消费者之间的互动和相互影响上。在社群中，消费者可以通过评论、点赞、分享等方式与其他成员进行互动，这种互动不仅有助于增强消费者的归属感和满足感，还能够影响他们的购买决策。例如，当某个消费者在社群中分享了自己的购物经验或产品使用感受时，其他成员可能会因此受到启发或影响，从而调整自己的消费行为。

【见多识广】

十点读书的社群运营

十点读书是一个由厦门十点文化传播有限公司推出的读书分享自媒体平台，它不仅仅是一个栏目，更是一个文化生活平台。该平台以读书为入口，通过图文、音频、视频、图书分享、社群、书店活动等多种形态的内容产品，为用户提供丰富的阅读体验。内容产品覆盖文学、电影、时尚、教育、出版等多个领域。十点读书旨在通过内容供给，专注于向平台用户提供长期价值。除了内容的多样性，十点读书还非常注重与用户的互动。例如，它推出了"十点会员体系"，为用户提供全链路的阅读体验服务。从 2020 年起，十点读书更是布局并开拓了"文化消费 & 内容直播"的模式，这不仅带动了整个文化消费行业的可持续性发展，还深入女性用户的阅读消费需求中。

十点读书的社群运作是其成功的关键之一，可以从以下几个方面分析。

1. 聚集粉丝与增强参与感

十点读书通过多个渠道如微博、论坛等聚集粉丝。例如，它会在微博上发布读书推荐、活动信息等，吸引用户关注和参与。同时，它还利用论坛维护用户活跃度，鼓励用户在论坛上分享阅读心得、提问等。此外，十点读书还通过开发 MIUI（米柚，一种定制的安卓移动操作系统）等方式，让粉丝参与其中并提出建议和要求，由工程师对其改进，从而极大地增强了用户的主人翁感。

2. 增强用户的自我认同感

为了增强用户的自我认同感，十点读书举办了各种线下活动，如爆米花论坛、米粉节、同城会等。这些活动不仅让用户有机会与其他书友面对面交流，还通过活动主题和内容的设计，让用户感受到自己是这个社群的重要一员。

3. 全民客服与持续对话

在十点读书的社群中，从领导到员工都是客服。他们与粉丝持续对话，解答问题、处理反馈，确保用户在使用过程中得到良好的体验。这种全民客服的模式不仅提高了用户满意度，还加强了用户与社群之间的连接。

4. 内容驱动与社群发展

十点读书始终坚持以内容为核心，通过提供高质量的阅读内容和丰富的互动形式，吸引和留住用户。同时，它还根据用户需求和反馈，不断调整和优化内容策略，确保社群能够持续健康发展。

十点读书的社群运作案例展示了平台如何通过聚集粉丝、增强参与感、增加自我认同感和全民客服等方式，成功打造一个活跃、有凝聚力的社群。

三、家庭对消费者心理的引导

1. 家庭的概念和特征

家庭是指在婚姻关系、血缘关系或收养关系的基础上产生的，在亲属之间构成的社会生活单位。家庭有广义和狭义之分，狭义的家庭是指一夫一妻制构成的社会单元；广义的家庭则泛指人类进化的不同阶段上的各种家庭利益集团，即家族。从社会设置来说，家庭是最基本的社会设置之一，是人类社会最基本最重要的一种制度和群体形式。

家庭是社会经济活动的基本单位，它承担着生产、分配、交换和消费等一系列经济活动。在古代社会，家庭往往是一个自给自足的经济实体，而在现代社会，虽然家庭经济活动的重要性有所降低，但家庭仍然是社会经济活动的重要组成部分。家庭作为社会的基本单位，是实现社会控制与整合的重要手段之一。通过家庭规范和家庭权威，家庭能够有效地约束和引导家庭成员的行为，促进社会秩序的形成。

2. 家庭决策的类型

(1) 各自做主型。在各自做主型的家庭中，每个家庭成员都有权独立地作出关于商品的购买决策。每个家庭成员可以根据自己的需求和偏好来决定是否购买某个商品，而不需要与其他家庭成员协商。这种决策类型常见于家庭成员之间相对独立，个人需求和偏好较为突出的家庭。

(2) 丈夫支配型。在丈夫支配型的家庭中，主要的商品购买决策通常由丈夫作出。丈夫被视为家庭的主要经济支柱和决策者，负责家庭经济的大部分事务，包括购买商品和作出投资决策等。这种决策类型常见于传统社会中，男性主导家庭决策的情况。

(3) 妻子支配型。在妻子支配型的家庭中，主要的商品购买决策通常由妻子作出。妻子在家庭中拥有更高的决策权，负责家庭日常事务和大部分消费决策。这种决策类型常见于女性在家庭中占据主导地位的情况。

(4) 共同支配型。在共同支配型的家庭中，购买决策由夫妻双方协商决定。夫妻双方都有权参与家庭决策，共同商议并决定关于商品的购买问题。这种决策类型常见于现代家庭中，夫妻双方都有相似的影响力和决策权的情况。

通常在生活日用品、服装等类别的商品决策过程中，妻子一般占据主导地位。在电子类商品的购买过程中，丈夫通常是主要决策者。

3. 家庭生命周期理论

家庭生命周期理论是一个研究家庭发展变化规律的理论，它强调家庭随着时间发展所经历的一系列阶段，以及每个阶段的特点和任务。这个理论最初由美国人类学家格里克于1947年提出，后来经过不断发展和完善，成为研究家庭问题的重要工具。

家庭生命周期理论认为，家庭的发展和变化是一个循环运动的过程，可以分为一系列具有先后顺序的阶段。每个阶段都有其特定的任务和挑战，需要家庭成员根据具体情况进行应对和调整。这些阶段包括：新婚期、育儿期、学龄前期、学龄期、青少年时期、空巢期、中年父母期和老年家庭成员阶段等。

在新婚期，夫妻双方建立起一个新的家庭，面临着建立家庭和适应婚姻生活的问题。在育儿期，家庭成员有了孩子，需要承担起抚养和教育子女的责任。在学龄前期和学龄期，孩子逐渐长大，需要接受教育，家庭成员需要关注孩子的学习和成长。在青少年时期，孩子进入青春期，开始形成自己的独立意识和价值观，家庭成员需要关注孩子的心理健康和成长需求。在空巢期，孩子离家独立生活，父母开始面临空巢焦虑和适应新的家庭生活的问题。在中年父母期，父母逐渐进入中年阶段，需要关注自己的健康和生活质量，同时也要应对孩子成年后的各种问题。在老年家庭成员阶段，家庭成员开始面临养老和死亡的问题，需要互相支持和关爱。

家庭生命周期理论强调了家庭发展的动态性和阶段性，它可以帮助我们更好地理解家庭成员在不同阶段的角色和责任，以及家庭在社会发展中的作用。同时，该理论也可以为市场营销学提供重要的启示，帮助企业更好地了解消费者的需求和偏好，以制定相应的市场策略。

4. 家庭购买决策

家庭购买决策是指由两个或两个以上家庭成员直接或间接作出购买决定的过程。在日常生活中，家庭每天都要作出成千上万的购买决策，这些决策有的极为重要，如购买何种汽车，搬家到何处，去哪里度假，等等；有的则相对普通，如决定午餐吃什么。

1) 家庭购买决策的类型

在家庭购买决策中，存在三种类型：一是独自做主型，即每个家庭成员都有权相对独立地作出有关自己的决策；二是全家参与意见型，即家庭成员共同作出购买决策；三是调和型，即大部分决策由家庭各成员协商作出。

2) 影响家庭购买决策方式的因素

(1) 家庭成员角色与决策权。家庭成员角色与决策权是影响家庭购买决策方式的重要因素。不同的家庭成员在家庭中扮演着不同的角色，承担着不同的责任。一些家庭中，夫妻双方共同承担家庭的经济责任，并一起作出购买决策；而在其他家庭中，可能只有一方有主要的决策权。此外，不同的家庭成员对不同类型的产品或服务有不同的了解，这也影响决策过程。

(2) 家庭收入和经济情况。家庭收入和经济情况是影响家庭购买决策方式的另一个重要因素。高收入家庭可能更倾向于分散决策，因为每个家庭成员都有更多的资源来满足自己的需求；而低收入家庭可能更倾向于集中决策，以节约开支。此外，经济状况的稳定性也会影响家庭购买决策的方式，稳定的经济状况可能使家庭更倾向于长期规划和分散决策，而不稳定的经济状况可能使家庭更倾向于短期规划和集中决策。

(3) 文化背景。文化背景可以影响家庭成员的价值观和行为方式，从而影响购买决策。例如，一些文化可能更强调个人主义和自我表达，而另一些文化可能更强调集体主义和家庭和谐。这些不同的价值观会影响家庭成员在购买决策中的角色和责任。此外，不同文化背景下的消费者对商品的认知和偏好也会有所不同，从而影响购买决策方式的选择。

(4) 产品的特性和类型。产品的特性和类型也会影响购买决策方式。对于大件商品或高价值商品，家庭可能更倾向于通过协商作出决策；而对于日常用品，可能更多地由某一位家庭成员单独决策。此外，产品的品牌、质量、价格等也会影响家庭的购买决策方式。例如，知名品牌的产品可能更容易得到家庭成员的认可和信任，从而家庭成员更容易针对这类产品作出购买决策。

【课岗融通】

产品经理岗位职责

一、岗位概述

产品经理是负责产品全生命周期管理的核心角色，从产品规划、设计、开发到市场推广、销售支持，都需要产品经理的深度参与和决策。在这个过程中，产品经理需要深入理解消费者的心理和需求，以确保产品能够满足市场期望并实现商业成功。

二、岗位职责

1. 产品规划与设计：基于市场研究、消费者需求分析和竞争态势，制订产品规划方案，明确产品目标、定位、功能和特点。运用消费者心理学的原理，洞察消费者潜在需求，为产品设计提供指导。

2. 用户体验优化：与设计、研发团队合作，确保产品的用户体验符合消费者心理预期。通过用户反馈和数据分析，不断优化产品功能和产品界面设计，提升用户满意度和忠诚度。

3. 市场与销售支持：与销售、市场团队紧密合作，提供产品培训和销售支持材料。制定市场推广策略，通过广告、公关活动等方式提升产品知名度和市场份额。

4. 数据分析与迭代：收集和分析产品使用数据、用户反馈和市场表现，运用消费者心理学原理，深入挖掘用户行为和需求变化，为产品迭代和优化提供依据。

5. 跨部门协调与沟通：与设计、研发、市场、销售等多个部门保持密切沟通，确保产品开发的顺利进行和市场推广的有效性。

三、任职要求

1. 教育背景：心理学、市场营销、产品设计等相关专业本科及以上学历。

2. 知识要求：熟悉产品管理理论和方法，了解消费者行为学和消费者心理学的基本原理及其应用。

3. 技能要求：具备良好的市场分析能力、产品设计能力、项目协调能力和团队协作能力。

4. 其他要求：对产品开发和市场趋势保持敏感，具备创新思维和解决问题的能力。能够与多个部门和团队有效沟通，推动项目进展。同时，还须具备良好的抗压能力，能够应对复杂多变的市场环境和用户需求。

职业能力测试

一、填空题

1. 消费者行为学中，社会阶层是指根据 _____、_____、_____ 等因素划分的不同社会群体。

2. 社会阶层较高的消费者往往更倾向于购买 _____ 和 _____ 的品牌和产品。

3. 参照群体是指那些影响个体行为、观念和价值观的 _____ 或 _____。

4. 家庭在消费者购买决策中扮演着 _____ 和 _____ 的角色，对消费者的购买行为产生重要影响。

5. 家庭生命周期的不同阶段，消费者的购买决策也会发生相应的 _____ 和 _____。

二、判断题（对的打√，错的打×）

1. 社会阶层对消费者购买决策的影响主要体现在产品选择、品牌偏好和购物场所选择上。（ ）

2. 参照群体对消费者的影响总是积极的，能够促使消费者作出购买决策。（ ）

3. 在家庭中，夫妻双方都会参与购买决策，但妻子往往扮演着更为重要的角色。（ ）

4. 家庭收入是影响家庭购买决策的重要因素之一，收入越高，家庭购买力越强。（ ）

5. 参照群体对消费者的影响会随着消费者年龄的增长而减弱。（ ）

三、简答题

1. 请分析社会阶层对消费者购买决策的影响，并举例说明。

2. 描述参照群体在消费者购买决策中的作用，并讨论如何有效利用参照群体进行市场营销。

3. 家庭在消费者购买决策中扮演着哪些角色？请结合实际案例进行说明。

4. 如何理解家庭生命周期对消费者购买决策的影响？请举例说明。

四、讨论题

请讨论不同社会阶层和参照群体在消费者购买决策中的相互作用，并说明这种相互作用对企业市场策略的影响。

课中实训

实训一 思考填表

根据参照群体与产品和品牌的关系，说明下列影响力的大小。

	必 需 品	非必需品
公众的	公众必需品 参照群体对产品的影响力：_____ 参照群体对品牌的影响力：_____	公众奢侈品 参照群体对产品的影响力：_____ 参照群体对品牌的影响力：_____
私人的	私人必需品 参照群体对产品的影响力：_____ 参照群体对品牌的影响力：_____	私人奢侈品 参照群体对产品的影响力：_____ 参照群体对品牌的影响力：_____

实训二 思政研判

任务描述：学生分析案例提出的问题，拟写思政研判提纲；小组讨论，形成小组的思政研判报告；班级交流和相互点评各组的思政研判报告。

喜茶爆红背后的秘密：从众心理如何助力品牌飞速崛起？

喜茶，作为一家近年来迅速崛起的茶饮品牌，其成功不仅仅是因为其独特的口感和创新的营销策略，消费者的从众心理对其成功也起到了关键的作用。从众心理，即个体在面对群体行为或意见时，倾向于选择与群体一致的行为或意见的心理现象。在消费行为中，从众心理表现为消费者往往倾向于选择那些受到大众欢迎、口碑良好的产品或服务。这是因为人们通常认为，选择大多数人喜欢的产品或服务能够减少决策风险，避免出错。

喜茶如何利用从众心理吸引和留住消费者，进而实现品牌的快速扩张呢？

1. 创造排队现象

喜茶在开业初期，常常通过限制出品速度、限量销售等方式，营造出排队购买的热闹场景。这种排队现象实际上是一种对从众心理的巧妙运用。当消费者看到长长的队伍时，会认为这家店的茶饮一定非常受欢迎，从而产生购买欲望。此外，排队现象还能够让喜茶在社交媒体上引发关注，吸引更多人前来尝试。

2. 利用社交媒体传播口碑

喜茶在社交媒体上的营销策略也充分体现了其对从众心理的运用。邀请网红、明星等具有影响力的人物品尝并分享喜茶不仅让喜茶在社交媒体上的曝光度大大提高，吸引了大量粉丝的关注和转发，还激发了消费者的购买欲望。当消费者看到身边的朋友、偶像都在推荐喜茶时，自然会认为喜茶是值得尝试的茶饮品牌。

3. 创新产品吸引眼球

喜茶不断推出新品，如季节限定款、联名款等，这些新颖的产品往往能够吸引大量消费者前来尝鲜。当消费者看到其他人都在尝试这些新品时，也会产生从众心理，想要加入其中。此外，喜茶还通过跨界合作等方式，向消费者提供独特的消费体验，进一步满足消费者的从众心理。

4. 开设新门店

喜茶在扩张过程中，往往会选择在人流密集、商业氛围浓厚的地段开设新门店。这些地段往往已经形成了一定的消费氛围和群体效应，有利于吸引更多消费者前来尝试喜茶。同时，新门店的开设也能够进一步巩固喜茶在消费者心中的品牌形象和口碑。

5. 推出联名款和限量版产品

喜茶通过与知名品牌、文化IP(具有文化特色的知识产权)等合作推出联名款和限量版产品，不仅增加了产品的独特性和吸引力，还能够在合作品牌或文化IP的粉丝群体中引发关注和讨论。这些粉丝往往具有较强的从众心理，会跟随偶像或群体的选择而购买喜茶的产品，从而使喜茶的消费群体和市场份额进一步扩大。

喜茶在运营过程中巧妙运用从众心理，通过创造排队现象、利用社交媒体传播口碑、创新产品吸引眼球等方式吸引消费者；并通过开设新门店、推出联名款和限量版产品等方式实现品牌扩张。这些策略不仅满足了消费者的从众心理需求，还推动了喜茶品牌的快速发展和壮大。

问题：

(1) 从众心理如何影响消费者对喜茶的认知？

(2) 试针对从众心理促使消费者盲目跟风的现象作出你的思政研判。

(3) 通过网络搜索或图书馆调研等途径收集你进行思政研判时依据的相关规范。

小组讨论后，请将思政研判提纲填写在以下空白处。

思政研判提纲

实训项目评价

学 生 自 评 表

序号	评价素质点	佐　证	达标	未达标
1	知识点融会贯通能力	能够将知识点灵活运用于实训项目中		
2	资源整合能力	能够借助网络资源平台、人脉资源等完成实训项目		
3	小组分工合作能力	能够融入小组活动，有效协同工作		
4	职业道德	能够从职业道德的角度理性看待社会现象，进行思政研判		

教 师 评 价 表

序号	素质点自评	佐　证	达标	未达标
1	知识点融会贯通能力	能够将知识点灵活运用于实训项目中		
2	资源整合能力	能够借助网络资源平台、人脉资源等完成实训项目		
3	小组分工合作能力	能够融入小组活动，有效协同工作		
4	职业道德	能够从职业道德的角度理性看待社会现象，进行思政研判		

课后提升

瑞幸咖啡：巧借微信之力，实现品牌营销与业绩双提升

随着移动互联网的普及和微信平台的快速发展，微信营销成为越来越多的企业的重要推广手段。瑞幸咖啡作为一家新兴的咖啡品牌，也看到了微信营销的巨大潜力。为了扩大

品牌知名度、提高用户黏性、增加销售额，瑞幸咖啡开始积极尝试微信营销，并将其作为整体营销策略的重要组成部分。瑞幸咖啡主要采用以下营销方式。

1. 注册公众号：瑞幸咖啡在微信上注册了官方公众号，并通过发布优质内容吸引用户关注。内容涵盖咖啡知识、新品推荐、优惠活动等，旨在提高用户对品牌的认知度和好感度。同时，公众号还提供了在线点单、会员积分查询等功能，方便用户随时随地进行互动和交易。

2. 开发小程序：瑞幸咖啡还推出了自己的微信小程序，实现了线上线下一体化服务。用户不仅可以在小程序中浏览菜单、下单支付、领取优惠券等，还可以参加各种互动活动和进行积分兑换。小程序的开发不仅提升了用户的购物体验，也为企业带来了更多的流量和销售额。

3. 社群运营：瑞幸咖啡通过建立微信群、朋友圈等方式与用户进行互动和沟通。在微信群中，品牌会定期发布咖啡知识、新品信息、优惠活动等，吸引用户参与讨论和分享。同时，瑞幸咖啡还会通过发布朋友圈广告等方式向用户推送个性化内容，提高用户的参与度和黏性。

4. 数据分析与优化：瑞幸咖啡通过微信平台提供的数据分析工具对用户行为进行深入挖掘和分析，了解用户的喜好和需求。根据数据分析结果，品牌会不断优化内容策划、活动设计等方面的工作，提高营销效果和用户满意度。

瑞幸咖啡通过以上微信营销方式，在宣传方面取得了显著的成效。

首先，通过微信营销的持续推广，瑞幸咖啡的品牌知名度得到了显著提升。越来越多的用户开始关注和认可这个新兴的咖啡品牌。

其次，用户黏性增强。通过提供优质的内容和服务，瑞幸咖啡成功吸引了大量用户并与其建立了紧密的联系。用户不仅可以在微信上随时了解品牌动态和优惠信息，还可以通过小程序随时下单购买咖啡。这种便捷的服务体验让用户黏性不断增强。

第三，瑞幸咖啡的销售额显著增长。随着微信营销的不断深入和优化，瑞幸咖啡的销售额也呈现稳步增长的态势。小程序和公众号等渠道的流量不断转化为实际销售额，为品牌带来了可观的收益。

最后，口碑传播效果显著。通过社群运营和朋友圈发广告等方式，瑞幸咖啡成功激发了用户的分享和讨论热情。通过号召用户在微信群中分享自己的咖啡体验、晒出优惠券等活动，瑞幸咖啡进一步扩大了品牌的影响力和口碑传播效果。

因此，瑞幸咖啡通过微信营销的方式成功提升了品牌知名度、增强了用户黏性、提高了销售额并实现了口碑传播。这些积极的成果证明了微信营销对于瑞幸咖啡品牌发展的重要性和有效性。

想一想：

(1) 微信营销在瑞幸咖啡整体营销策略中的角色与重要性如何？

(2) 瑞幸咖啡如何克服微信营销中的挑战，如何提高用户参与度、确保内容质量以及维护品牌形象？

职业能力拓展

"亲子时光"创新营销，打造家庭亲子游新体验

随着亲子游市场的不断升温，越来越多的家庭选择在假期带着孩子出游，以增进亲子关系，拓宽孩子的视野。在这样的背景下，"亲子时光"文旅项目应运而生，凭借其独特

的营销策略和创新的服务模式，迅速在市场中脱颖而出。

1. 体验式营销策略

"亲子时光"文旅项目注重为家庭提供沉浸式的旅游体验。例如，他们推出了"小小农场主"体验活动，让孩子们在农场里亲手种植蔬菜、喂养动物，体验农耕的乐趣。此外，项目还组织了夜间观星活动，让家长和孩子在专业导师的指导下观测星空，了解天文知识。这种体验式营销策略不仅增强了亲子互动的趣味性，也让孩子们在参与中获得了成长和学习的机会。

2. 主题化营销策略

"亲子时光"文旅项目以家庭需求为导向，打造了多个主题鲜明的亲子活动区域。比如，"探险森林"区域以森林探险为主题，设置了各种趣味挑战和探险游戏，让孩子们在探险中锻炼勇气和团队协作能力。这种主题化的营销策略不仅满足了家庭消费者对亲子文旅的多样化需求，也提升了项目的吸引力和竞争力。

3. 精细化服务策略

在服务方面，"亲子时光"文旅项目提供了精细化、个性化的服务。他们为家庭消费者提供了专属的家庭导游服务，确保家庭成员在游玩过程中得到及时的帮助和指导。此外，项目还设置了亲子餐厅、儿童游乐区等，让家长和孩子在游玩的同时也能享受到舒适的休闲时光。

4. 科技化营销策略

"亲子时光"文旅项目积极运用科技手段提升游客体验。他们引入了 VR 技术，为家庭消费者提供虚拟现实的旅游体验。孩子们可以通过佩戴 VR 眼镜，身临其境地参观各种自然和文化景观，这增强了旅游的乐趣和互动性。

5. 情感化营销策略

在营销过程中，"亲子时光"文旅项目注重情感化的沟通。他们通过社交媒体平台分享亲子游玩的温馨照片和感人故事，激发家庭消费者对亲子文旅的情感共鸣。此外，项目还定期举办亲子互动活动，如亲子运动会、家庭才艺比赛等，让家庭成员在参与中感受到亲子活动的快乐。

"亲子时光"文旅项目通过体验式、主题化、精细化、科技化和情感化的营销策略，成功吸引了大量家庭消费者的关注和喜爱。这些策略不仅满足了家庭消费者对亲子文旅的需求和期望，也提升了项目的品牌形象和市场竞争力。此外，"亲子时光"文旅项目还注重与消费者的互动和沟通，通过收集和分析客户数据，不断优化产品和服务，提高客户满意度和忠诚度。这些成功的经验可以为其他亲子文旅品牌提供有益的借鉴和启示。

拓展任务说明

一、任务名称

基于家庭决策理论的亲子游体验规划

二、任务背景

随着生活水平的提高，家庭旅游已成为增进亲子关系、丰富家庭生活的重要方式。不过，在选择亲子游目的地和规划行程时，家庭成员往往因个人兴趣、预算和时间等因素产生分歧。家庭决策理论强调家庭成员间的互动与沟通，以确保决策可平衡各方的需求和期望。

三、任务要求

(1) 分析家庭决策理论在亲子游规划中的应用。

(2) 结合案例，制订一套亲子游体验规划方案。

(3) 提出实施规划方案的具体操作步骤。

四、任务分析

(1) 研究家庭决策的核心要素，如家庭成员的角色、决策过程、沟通机制等。

(2) 选择一个典型的家庭亲子游案例，分析其决策过程中的成功与不足。

(3) 探讨家庭决策理论在亲子游规划中的实际应用，如目的地选择、预算分配、活动安排等。

(4) 根据案例分析和家庭决策理论，制订一套旨在提升亲子游体验的规划方案。

五、任务操作

(1) 收集并阅读关于家庭决策理论的文献，理解其基本原理和应用范围。

(2) 分析家庭决策理论在旅游规划中的适用性，特别是该理论如何应用于亲子游场景。

(3) 选择一个典型的家庭亲子游案例，了解其决策过程、成员需求、预算分配等方面的情况。

(4) 分析案例中家庭成员在亲子游规划中的角色职责，角色包括决策者、执行者、反馈者等。

(5) 探讨案例中家庭成员间的沟通机制和决策过程，分析其有效性和不足。

(6) 基于上述分析，制订一套亲子游新体验规划方案。

六、任务思考

(1) 家庭决策是如何进行的？是单一决策还是共同决策？

(2) 如何根据不同的家庭生命周期的需求来设计和调整亲子体验规划的产品或服务？

(3) 社会文化因素 (如家庭价值观、教育理念、传统习俗等) 是如何影响家庭在选择亲子文旅项目时的决策的？

任务三　消费流行对消费者心理的引导

 案例导入

董宇辉直播带货崛起：流行文化融合下的消费新趋势

近年来董宇辉成为直播带货领域的璀璨明星。他的直播风格与众不同，在传递知识和卖货的同时，赢得了众多网友的喜爱，带动了独特消费流行趋势的形成。

董宇辉的直播带货之路始于新东方转型之际。他凭借深厚的知识储备和幽默风趣的个性，在直播间里为观众带来了全新的购物体验。他的直播间不仅仅是商品的展示平台，更是知识的传播场所。他会在介绍商品的同时，穿插各种知识点，让观众在购物的同时，也能收获知识。比如，在推销一款大米时，董宇辉不仅详细介绍了大米的产地、口感和营养价值，还分享了与之相关的历史事件和文化背景。这种独特的直播方式让观众感到新鲜有趣，也让他们对商品有了更深入的了解。

董宇辉的直播带货风格和独特的魅力吸引了大量粉丝的关注和喜爱。这些粉丝在观看直播的过程中，不仅被董宇辉的知识和幽默所吸引，也被他对商品的真诚推荐打动。粉丝纷纷下单购买董宇辉推荐的商品，导致独特消费流行趋势的形成。这种消费流行趋势的形成不仅得益于董宇辉个人的魅力和实力，也离不开新东方品牌的影响力和直播带货平台的助力。随着董宇辉的直播带货越来越受欢迎，越来越多的品牌和商家也开始寻求与他的合作，进一步推动了消费流行的趋势。

消费流行趋势在助力董宇辉成为直播带货界的佼佼者方面，起到了不可忽视的推动作用，主要表现在以下几个方面。

1) 迎合了当代人对知识的渴求

在当今信息爆炸的时代，人们对知识的渴求日益增强。董宇辉的直播带货风格正好迎合了这一需求。他不仅在直播中介绍商品，还穿插各种知识点，让观众在购物的同时也能学到新知识。这种寓教于乐的直播方式，符合当代人对知识的追求和对学习的渴望。

2) 与年轻人的价值观契合

流行文化往往代表着年轻人的价值观和生活方式。董宇辉的直播带货风格与年轻人的价值观相契合，他的直播间注重个性表达、情感共鸣和品质生活传递。他在直播中分享自己的成长经历、人生感悟等，让观众感受到他的真诚和热情，这更容易引发年轻人的共鸣和认同。

3) 借助社交媒体的传播力量

流行文化的传播往往离不开社交媒体的推波助澜。董宇辉的直播带货视频切片在社交媒体上得到了广泛的传播和分享。网友们纷纷在社交媒体上转发他的直播视频、发表评论和点赞，进一步扩大了他的影响力和知名度。这种社交媒体的传播力量，让更多的人了解并喜欢上了董宇辉的直播带货风格。

4) 创新了直播带货的模式

董宇辉的直播带货风格打破了传统的直播带货模式，注入了新的元素和活力。他不仅注重商品的介绍和推销，还通过分享知识、讲述故事等方式，增加了直播的趣味性和互动性。这种创新的直播带货模式，让观众感到新鲜有趣，也提高了直播的观看率和购买转化率。

董宇辉的直播带货风格受到了网络文化、娱乐文化、知识文化以及生活方式转变等多种文化因素的推动。这些文化元素相互融合，共同塑造了他独特的直播魅力，也让他在直播带货领域脱颖而出。

思考：

(1) 文化元素在董宇辉的直播中扮演了怎样的角色，它们是如何吸引年轻消费者的？

(2) 随着生活方式的转变，消费者对品质生活的追求是如何通过董宇辉的直播带货得到满足的，这对他们的购买决策产生了怎样的影响？

(3) 董宇辉的直播带货风格是否引发了一种新的消费趋势，这种趋势在未来会如何持续发展并影响消费者的决策？

一、消费流行的概念

消费流行是指一种普遍的、广泛的、大量的消费现象，它是指在一定时期内，人们对于某种商品或服务产生共同的兴趣，并激发起一股流行热潮的现象。这种流行现象通常表现为消费者争相购买或使用某种商品或服务，并伴随着相关信息的迅速传播和普及。

消费流行的方式多种多样，以下将详细阐述几种消费流行方式。

1. 口碑传播引发的消费流行

口碑传播是一种非常有效的消费流行方式，它依赖消费者间的口口相传和推荐。当某个商品或服务受到一部分消费者的好评并得到消费者的推荐时，这些信息会迅速传播开来，吸引更多消费者关注和购买。口碑传播通常具有可信度高、传播速度快的特点，能够迅速引发消费流行。

2. 社交媒体引领的消费流行

社交媒体是当今最流行的信息传播平台之一，具有用户基数大、互动性强、传播速度快等特点。当某个商品或服务在社交媒体上受到关注和追捧时，很容易引发消费流行。社交媒体上的网红、意见领袖等也能够对消费流行起到推波助澜的作用。

3. 跨界合作引发的消费流行

跨界合作是指不同领域、不同行业的品牌或个体进行合作，通过资源共享、优势互补，共同推出新产品或服务，从而引发消费流行。

【见多识广】

瑞幸咖啡与茅台跨界联名：传统与现代的完美融合

瑞幸咖啡与茅台酒的联名合作是近期营销界的一大亮点案例。这两个在各自领域具有极高知名度和影响力的品牌，通过跨界合作，成功引发了市场的广泛关注和热议。

在合作中，瑞幸咖啡将茅台酒的酱香元素融入其咖啡产品中，推出了创新性的酱香拿铁。这款新品不仅口感独特，而且将东西方的饮品文化巧妙地结合在一起，为消费者带来了全新的体验。

从营销的角度来看，这次联名合作无疑是一次成功的品牌传播事件。茅台作为中国白酒的代表性品牌，其品牌形象深入人心，具有极高的市场认可度。而瑞幸咖啡则是近年来快速崛起的咖啡连锁品牌，其年轻、时尚的品牌形象深受年轻消费者的喜爱。二者的合作，不仅让瑞幸咖啡借助茅台的品牌影响力提升了自身的市场地位，也让茅台这一传统品牌以全新的方式呈现在消费者面前，进一步扩大了茅台的品牌影响力。

此外，这次联名合作也在社交媒体上引发了广泛的讨论和分享，许多消费者纷纷表示出对这款新品的期待和好奇。这无疑为两个品牌带来了大量的曝光和口碑传播，进一步提升了合作的效果。

瑞幸咖啡与茅台酒的联名合作是一次成功的跨界营销案例。它不仅展现了品牌间的无限可能，也为消费者带来了全新的产品体验。在未来，我们期待看到更多这样的创新合作，为市场带来更多的活力和惊喜。随着消费者对产品选择的日益多元化，中华老字号，这些拥有深厚历史和文化底蕴的品牌，面临着新的市场环境和消费者需求。它们如何在保持传统特色的同时，更加吸引消费者的目光，这成为一个值得探讨的课题。

4. 限量销售引发的消费流行

限量销售是指商品或服务的数量有限，消费者需要在一定时间内抢购。这种方式往往能引发消费者的购买热情，形成消费流行。

5. 体验式营销引发的消费流行

体验式营销是指企业通过为消费者提供独特的体验和服务，以吸引消费者的参与和购买的营销方式。这种营销方式能够让消费者亲身感受商品或服务的优势和特点，形成良好的口碑传播效应，推动消费流行。

【素养园地】

苏绣工作坊的重生

在中国众多的非物质文化遗产中，苏绣以其精湛的技艺和深厚的文化底蕴备受关注。然而，随着现代化进程的推进，传统手工艺面临着传承和发展的双重挑战。为了推广苏绣文化并吸引现代消费者的关注，一家名为"锦绣××"的苏绣品牌，推出了物质文化遗产（非遗文化）体验式营销活动并取得显著成效。

1. 苏绣工作坊的体验之旅

"锦绣××"品牌公司在北京、上海等大城市的核心商圈开设了苏绣工作坊体验店。这些店铺不仅展示了精美的苏绣作品，还提供了一个让消费者亲身参与、体验苏绣制作过程的平台。消费者可以在专业绣娘的指导下，尝试绣制自己的作品，从精湛的刺绣技艺里感受苏绣的魅力和绣工精湛的技艺。

2. 结合现代元素，创新产品设计

为了吸引年轻消费者，"锦绣××"品牌在设计上进行了创新。他们结合现代审美和时尚元素，推出了一系列融合传统与现代风格的苏绣产品，如现代家居装饰画、时尚手包等。这些产品既保留了苏绣的传统韵味，又符合现代消费者的审美需求。

3. 非遗文化教育与传承

除了提供体验服务和创新产品设计外，"锦绣××"还积极开展非遗文化教育和传承的工作。他们定期举办苏绣文化讲座和技艺培训班，邀请知名绣娘和专家为消费者讲解苏绣的历史、技艺和文化内涵。同时，品牌还设立了非遗文化传承基金，支持年轻一代绣娘的成长和发展。

通过非遗文化体验式营销，"锦绣××"品牌成功地将传统苏绣文化与现代消费需求结合，为消费者带来了全新的体验。这种以消费者为中心、注重文化传承和创新的营销方式不仅提升了品牌的形象和市场竞争力，还为非遗文化的传承和发展注入了新的活力。对于其他非遗项目来说，"锦绣××"的成功经验值得借鉴和学习。

以上几种消费流行方式各具特色，但都能够在短时间内迅速引发消费热潮。对于企业而言，了解并掌握这些消费流行方式，有助于更好地制定市场营销策略，把握市场机遇。同时，企业也需要注意消费流行的周期性和变化性，不断调整和创新营销策略以适应市场变化。

二、消费流行的特点

消费流行的特点如下：

1. 时效性

消费流行往往在短时间内迅速兴起并达到高峰，随后逐渐减弱或消失。这种时效性反映了消费者对于新鲜、独特事物的追求，以及市场趋势的快速变化。企业需要抓住流行的时间窗口，迅速推出符合市场需求的产品或服务，以获取最大的经济效益。同时，也需要在流行结束后及时调整策略，转向下一个市场热点。

2. 群体性

消费流行通常表现为大量消费者同时关注并购买某种商品或服务。这种群体性特征使消费流行具有强大的影响力，能够迅速改变市场格局。企业需要关注消费者的群体需求，通过市场调研和数据分析了解大多数消费者的共同偏好，以便推出符合市场需求的产品或服务。

3. 地域性

不同地区、不同文化背景下的消费者对于同一商品或服务的接受程度可能存在差异。这种地域性差异反映了消费者需求和消费习惯的多样性。企业需要深入了解目标市场的文化背景和消费习惯，制定针对性的营销策略，以确保产品或服务在当地市场得到成功推广。

4. 周期性

消费流行往往呈现一定的周期性规律，即某种商品或服务在一段时间内流行，随后被其他新的流行趋势所取代。这种周期性反映了消费者需求和消费习惯的变化。企业需要密切关注市场变化，及时捕捉新的流行趋势，并调整产品或服务策略以适应市场的变化。

5. 变异性

随着社会的发展和科技的进步，消费者的需求和消费观念也在不断变化和创新，即消费流行具有变异性。这种变异性使消费流行的内容和形式也在不断变化和创新。企业需要不断创新和改进产品或服务，以满足消费者日益多样化的需求。同时，企业也需要关注市场变化，及时调整产品或服务策略以适应新的消费趋势。

6. 传播性

消费流行的传播性特征表现为流行趋势的扩散和传播。在现代社会中，信息传播的速度和范围不断扩大，这使消费流行的传播更加迅速和广泛。企业需要借助现代传媒手段，如社交媒体、广告、公关活动等，积极推广产品或服务，以扩大市场影响力和占有率。同时，企业也需要关注消费者的口碑传播和消费者在社交媒体上的反馈，以获取更多的市场机会。

三、影响消费流行的主要因素

消费流行作为一种社会现象，有其深刻的社会根源。影响消费流行的主要因素有以下几个方面。

1. 社会文化背景

社会文化背景是影响消费流行的关键因素之一。它涵盖了价值观念、生活方式、教育水平、文化传统和习俗等多个方面，这些方面共同构成了消费者所处的社会文化环境，进而影响他们的消费行为和选择。社会的价值观念直接影响消费者对产品的认知和接受度。例如，在某些文化中，节约和节俭被视为美德，因此消费者可能更倾向于选择价格适中、性价比高的产品。而在其他文化中，追求品质和奢华可能更受推崇，消费者可能更愿意为高端品牌支付更高的价格。文化传统和习俗对消费流行的影响尤为显著。不同的国家和地区有着独特的文化传统和习俗，这些文化传统和习俗往往会影响消费者的购买决策。例如，在中国，春节是一个重要的传统节日，春节期间，会有大量的年货消费，如对联、鞭炮、新衣服等。

【素养园地】

春节是中国最重要的传统节日之一，也是一年中消费流行最为明显的时期之一。在这个时期，各种年货产品如雨后春笋般涌现，成为消费者关注的焦点。

在春节期间，许多消费者会购买年货作为礼物送给亲朋好友，以表达祝福和关爱。这种消费行为体现了中国传统文化中重视家庭、亲情和友情的价值观念。随着生活方式的改变，现代消费者在购买年货时更加注重品质和环保性。有机食品、绿色食品等环保健康的食品在春节期间备受青睐。

春节期间的年货充分体现了中国传统文化的特点。对联、鞭炮、红包等在春节期间成为必不可少的消费品。这些传统消费品不仅具有文化意义，也成为消费者表达节日氛围和喜庆情感的重要载体。

社会文化背景对消费流行的影响是多方面的。它不仅塑造了消费者的价值观念和生活方式，还决定了他们对产品的认知和接受度。因此，在营销活动中，企业需要充分考虑社会文化背景的影响，以更好地满足消费者的需求和期望。

2. 群体影响

群体影响因素在消费流行中扮演着至关重要的角色。它涉及消费者所处的社会群体、参照群体以及群体行为等多个方面,这些因素通过不同的机制对个体的消费行为产生影响。

不同的消费者往往归属于不同的社交圈,如家庭、朋友、同事、社区等。这些群体内部的价值观、行为规范、生活方式等会对个体产生潜移默化的影响。例如,某个社区推崇健康生活方式,那么该社区的居民可能更倾向于购买有机食品、健身器材等产品。参照群体是指消费者在日常生活中所参考或模仿的群体。这些群体可能是名人、专家、意见领袖等。消费者往往会受到参照群体的影响,模仿他们的消费行为、品位和选择。例如,明星代言的产品往往能引发消费者的关注和购买热潮。

【知识拓展】

快时尚品牌的流行

快时尚品牌如 Zara、H&M 等的流行就是一个典型的群体影响因素作用下的案例。

快时尚品牌主要面向年轻人、都市白领等社会群体进行营销。这些群体注重时尚、追求个性,愿意为时尚买单。快时尚品牌通过不断推出新品、紧跟潮流,满足了这些群体的消费需求,从而受到这些社会群体的广泛关注和喜爱。

快时尚品牌经常邀请明星、网红、时尚博主等穿着示范或推荐的品牌产品,吸引粉丝和关注者的模仿。这些参照群体的影响力使快时尚品牌在短时间内迅速传播开来,其产品被消费者争相购买。

群体影响因素在消费流行中起到了关键作用。在社会群体和参照群体的共同作用下,某些产品或服务在短时间内迅速流行起来。因此,企业在制定营销策略时,需要充分考虑群体影响因素的作用,以更好地把握市场机遇和消费者需求。

3. 经济因素

经济发展水平越高,消费者的购买力和消费欲望就越强,这有助于消费流行的形成和传播。商品价格的变化会影响消费者的购买决策,从而影响消费流行的形成。例如,降价促销往往能引发消费者的购买热潮。消费者的收入水平直接决定了其购买力,进而影响其消费选择和行为。

4. 技术因素

新技术的出现和应用往往带来新的消费方式和消费体验,从而推动消费流行的形成。例如,智能手机的普及推动了移动支付的流行。企业不断进行产品创新,以满足消费者日益增长的需求,从而推动消费流行。

【见多识广】

1. 智能家居的流行

随着物联网技术的成熟和普及,智能家居产品逐渐进入千家万户。消费者可以通过智能手机、平板电脑等设备远程控制家中的灯具、空调、安防系统等设备,实现智能家居体验。智能家居不仅提高了生活便利性,还赋予了消费者更个性化的居住体验。例如,智能照明系统可以根据时间和用户习惯自动调节光线亮度和色温,为用户创造舒适的视觉环境。这种技术革新迅速在消费者中流行开来,成为现代家居生活的新趋势。

2. 无人零售的崛起

无人零售技术结合了物联网、人工智能和移动支付等先进技术,实现了无人值守的购物。消费者可以通过自助扫码、自助结账等方式完成购物过程,无须排队等待。无人零售的兴起为消费者提供了更加便捷、高效的购物方式。无人便利店、无人售货机等新型零售模式逐渐在城市中普及，吸引了大量年轻消费者的关注和尝试。这种技术驱动的消费流行不仅改变了传统的零售模式，也为消费者带来了全新的购物体验。

3. 虚拟现实游戏的热潮

虚拟现实 (VR) 技术的发展为游戏产业带来了新的革命。通过虚拟现实头盔和手柄等设备，玩家可以在一个逼真的虚拟世界中享受沉浸式的游戏体验。虚拟现实游戏不仅提供了更加逼真的游戏画面和音效，还赋予了玩家更多的互动性和自由度。例如，《头号玩家》等虚拟现实游戏一经推出便迅速走红，吸引了大量玩家的参与。这种技术驱动的娱乐消费流行不仅丰富了消费者的娱乐生活，也推动了游戏产业的创新和发展。

5. 媒介因素

大众传媒包括电视、报纸、杂志、互联网等，大众传媒是消费流行的重要传播渠道。大众传媒通过报道、宣传和广告等手段，影响消费者的购买决策。社交媒体的出现使信息传播更加迅速和广泛，这对消费流行的形成和传播起到了重要的推动作用。

6. 心理因素

消费者的购买决策往往受到消费者心理因素的影响，如求新、求异、从众等心理。这些心理因素会影响消费者对某种商品或服务的接受程度和购买意愿。消费者对品牌的认知和评价也会影响消费选择和行为，知名品牌往往更容易引发消费流行。

这些因素相互作用、相互影响，共同决定了消费流行的形成和发展趋势。对于企业而言，深入了解和把握这些因素，有助于更好地制定营销策略和推广计划，以应对市场挑战、抓住市场机遇。

四、消费流行与市场营销策略的关系

消费流行与市场营销策略之间存在着密切的关系，两者相互影响、相互作用。以下是它们之间关系展现出的几个方面。

1. 市场需求驱动消费流行

消费流行是市场需求的体现。当某种商品或服务在消费者中流行起来时，市场需求会相应增加。市场营销策略需要紧密关注这种变化，及时调整产品组合、定价策略、促销手段等，以满足市场需求。企业可以通过分析消费流行的趋势和特点，预测未来市场需求的变化，从而制定更具针对性的市场营销策略。

2. 消费流行影响产品创新与市场定位

消费流行往往伴随着产品创新。企业需要不断推出新颖、独特的产品或服务，以满足消费者的需求和期望。市场营销策略在产品创新过程中起着关键作用，企业需要通过市场定位、品牌塑造等手段，创新产品以获得市场竞争优势。同时，市场定位也需要考虑消费流行的特点。企业应根据目标市场的需求和偏好，制定符合消费流行趋势的市场定位策略，以提高产品或服务的市场接受度。

3. 消费流行的传播与推广受市场营销策略的影响

消费流行的形成和传播离不开有效的市场营销策略。企业需要利用大众传媒、社交媒体等渠道，通过广告、公关活动、促销等手段，积极推广产品或服务，以扩大市场影响力和市场占有率。同时，企业也需要关注消费者的评价，积极开通社交媒体互动渠道，以获取更多的市场反馈和机会。企业通过与消费者的互动和沟通，可以更好地了解消费者的需求和偏好，从而调整市场营销策略，推动消费流行的形成和传播。

4. 消费流行为企业带来的风险与机遇

消费流行具有时效性和不确定性，这为企业带来了风险和机遇。市场营销策略需要关注这些风险，制定相应的应对措施，以降低潜在的市场风险。同时，消费流行也为企业带来了市场机遇。通过紧密关注消费流行的趋势和特点，企业可以及时调整市场营销策略，抓住市场机遇，实现快速发展。

消费流行与市场营销策略之间存在着密切的关系。企业需要深入了解和把握这种关系，制定更具针对性的市场营销策略，以应对市场挑战，抓住市场机遇。同时，也需要不断创新和改进产品或服务，以满足消费者日益多样化的需求，推动消费流行的形成和传播。

职业能力测试

一、填空题

1. 消费流行是指某种商品或服务在特定时间内受到广大消费者追捧和模仿的 _____ 。

2. 当消费流行兴起时，消费者购买决策受到的影响主要表现在对产品的 _____ 和 _____ 上。

3. 消费流行通常是由 _____ 、 _____ 和 _____ 等因素共同推动的。

4. 在消费流行的影响下，消费者可能更倾向于购买 _____ 和 _____ 的商品或服务。

5. 消费流行对企业而言是一个重要的市场机会，企业可以通过 _____ 和 _____ 等手段来抓住这一机会。

二、判断题（对的打 √，错的打 ×）

1. 消费流行对消费者购买决策的影响是短暂的，一旦流行结束，消费者的购买行为就会恢复原状。　　　　　　　　　　　　　　　　　　　　　　（　　）

2. 消费流行通常是在媒体和意见领袖的推动下形成的，与消费者的实际需求无关。（　　）

3. 在消费流行期间，消费者的购买决策更容易受到群体压力和从众心理的影响。（　　）

4. 消费流行只针对某些特定商品或服务，对其他产品或市场没有影响。　　（　　）

5. 企业应该积极利用消费流行的机会，通过产品创新和市场推广来扩大市场份额。（　　）

三、简答题

1. 请解释什么是消费流行，并说明其对消费者购买决策的影响。

2. 讨论在消费流行期间，消费者购买决策的主要特点是什么。

3. 请举例说明，企业应如何抓住消费流行的机遇，制定有效的市场营销策略。

4. 请举例说明，消费流行如何影响某个具体商品或服务的市场表现。

四、讨论题

分析并讨论，消费流行结束后，消费者购买行为可能发生的变化以及企业应如何应对这种变化。

课中实训

实训一　消费流行的特点

任务描述：根据消费流行的特点，举例说明能反映这类特点的事件。

特　点	举　例　说　明
时效性	
群体性	
地域性	
传播性	

实训二　思政研判

任务描述：学生分析案例提出的问题，拟写思政研判提纲；小组讨论，形成小组的思政研判报告；班级内交流和相互点评各组的思政研判报告。

从国内流行风潮缔造者到国际舞台的璀璨明星

蜜雪冰城，一个在国内饮品市场迅速崛起的品牌，凭借其独特的市场营销策略和深入人心的品牌形象，不仅在国内引发了流行风潮，也在国际市场上获得了广泛的认可和欢迎。

1. 国内流行风潮的缔造者

在国内市场，蜜雪冰城通过一系列精心策划的市场营销活动，成功地吸引了大量年轻消费者的目光。其中最具代表性的就是其魔性洗脑神曲"你爱我，我爱你，蜜雪冰城甜蜜蜜"。这首歌曲以朗朗上口的歌词和魔性的画面，迅速在社交媒体上传播开来，成为许多年轻人心中的"神曲"。不仅如此，蜜雪冰城还通过与热门IP、明星等合作，推出了一系列联名产品和活动，进一步扩大了品牌影响力。

2. 国际舞台的璀璨明星

除了在国内市场取得了巨大成功外，蜜雪冰城还积极开拓国际市场，将其独特的品牌形象和市场营销策略带到了海外。在海外市场，蜜雪冰城同样受到了广大消费者的喜爱和追捧。蜜雪冰城的高品质的产品、独特的品牌形象以及富有创意的市场营销活动，让其在国际市场也获得了广泛的认可。

蜜雪冰城之所以能够在国内外市场都取得如此巨大的成功，其跨文化营销策略起到了关键性的作用。在进军国际市场时，蜜雪冰城并没有简单地将国内市场的成功经验复制到海外市场，而是根据当地消费者的文化背景和消费习惯进行深入的市场调研和分析，并在此基础上，制定了符合当地市场需求的营销策略和推广活动，成功地吸引了当地消费者的关注和喜爱。

蜜雪冰城在影响国际市场时，对跨文化营销策略的运用起到至关重要的作用，主要总结为以下几个方面。

(1) 与当地文化元素融合：蜜雪冰城在广告营销中巧妙地融入当地的文化元素，如与当地知名IP、明星或地标性建筑进行合作，推出联名产品或活动。这种与当地文化的融合，使蜜雪冰城更容易被当地消费者接受和喜爱。

(2) 利用社交媒体和网红进行营销：在社交媒体日益普及的今天，蜜雪冰城不仅积极利用社交媒体平台进行跨文化营销，比如，与当地的网红或意见领袖合作，通过他们的影响力将品牌传播给更广泛的消费者群体，蜜雪冰城还利用社交媒体平台与消费者进行互动，收集反馈并及时调整营销策略。

(3) 注重口碑和品质：无论在哪个市场，蜜雪冰城都坚持提供高品质的产品和服务。它相信只有塑造好的口碑才能赢得消费者的心，因此在跨文化营销中，它始终注重口碑和品质的建设。

蜜雪冰城作为一个国内饮品品牌，其成功的跨文化营销策略为其他国内品牌提供了宝贵的经验和启示：只有深入了解当地市场和文化背景，才能制定出更加精准有效的营销策略和推广活动，最终在国际市场上取得更大的成功。

问题：

(1) 消费流行如何影响蜜雪冰城的产品创新决策？

(2) 试针对"消费者决策受到品牌流行度的影响"，作出你的思政研判。

(3) 在跨文化营销策略下，对"消费流行塑造蜜雪冰城在国际市场的消费者决策"这一观点进行思政研判。

小组讨论后，请将思政研判提纲填写在以下空白处。

思政研判提纲

实训项目评价

学生自评表

序号	评价素质点	佐证	达标	未达标
1	知识点融会贯通能力	能够将知识点灵活运用于实训项目中		
2	资源整合能力	能够借助网络资源平台、人脉资源等完成实训项目		
3	小组分工合作能力	能够融入小组活动，有效协同工作		
4	创新素养	能够从创新意识的角度理性看待现代营销，进行思政研判		

教师评价表

序号	素质点自评	佐　证	达标	未达标
1	知识点融会贯通能力	能够将知识点灵活运用于实训项目中		
2	资源整合能力	能够借助网络资源平台、人脉资源等完成实训项目		
3	小组分工合作能力	能够融入小组活动，有效协同工作		
4	创新素养	能够从创新意识的角度理性看待现代营销，进行思政研判		

课后提升

完美日记品牌案例：消费流行理论的实践典范

完美日记，一个在短短几年内迅速崛起的美妆品牌，其成功离不开品牌对消费流行理论的深入理解和实践。消费流行是指在一定时期和范围内，在消费者中出现的对一种或多种消费品的集中性、趋势性的购买现象。完美日记正是抓住了这一市场机遇，通过一系列营销策略，将自身打造成消费流行的代表品牌。

1. 洞察消费流行趋势，精准定位目标群体

完美日记敏锐地捕捉到年轻消费者对于美妆产品的个性化、时尚化需求。这一群体追求新潮、注重体验，愿意为符合自己审美和价值观的产品买单。完美日记紧扣这一消费流行趋势，将目标群体锁定为年轻、独立、有个性的一代，通过提供高品质、创新性强、性价比高的美妆产品，以满足这一群体的消费需求。

2. 社交媒体引领消费流行，网红经济助力品牌传播

在社交媒体时代，网红经济成为推动消费流行的重要力量。完美日记深谙此道，通过与大量网红、意见领袖合作，利用他们的影响力和粉丝基础，向目标消费者传播品牌和产品信息。同时，完美日记还积极在社交媒体平台上开展互动营销，如举办线上妆容挑战、发布教程视频等，吸引消费者的参与和分享，进一步扩大了品牌的影响力。

3. 打造爆款产品，引领消费潮流

完美日记注重产品的研发和创新，不断推出符合市场需求的爆款产品。这些产品不仅在设计上独具匠心，还在功能上满足了消费者的实际需求。例如，其推出的动物眼影盘系列，以独特的色彩搭配和精致的包装设计，迅速成为市场上的热销产品。爆款产品的推出，不仅提升了品牌的知名度和美誉度，还引领了消费潮流，带动了整个美妆市场的发展。

4. 注重用户体验，培养品牌忠诚度

完美日记非常重视用户的购物体验和产品使用感受。在销售渠道上，完美日记积极布局线上线下，为消费者提供便捷的购物渠道。同时，品牌还注重与消费者的互动和沟通，通过收集用户反馈、定期推出新品试用等活动，不断优化产品和服务。这种注重用户体验的做法，提升了消费者的满意度和忠诚度，使完美日记在竞争激烈的市场中脱颖而出。

5. 持续运用创新营销策略，保持品牌活力

消费流行是一个不断变化的过程，要想保持品牌的领先地位，就必须持续运用创新营

销策略。完美日记不断尝试新的营销手段和推广方式，如跨界合作、限量版发售、快闪店等，以保持品牌的活力和新鲜感。这些创新的营销策略不仅吸引了消费者的眼球，也提升了品牌的附加值和市场竞争力。

完美日记的成功是对消费流行理论的深刻理解和实践的结果。通过洞察消费流行趋势、精准定位目标群体、利用社交媒体引领消费流行、打造爆款产品、注重用户体验以及持续运用创新营销策略等一系列举措，完美日记成功地将自身打造成美妆消费流行的代表品牌，为美妆行业树立了新的标杆。

想一想：

(1) 完美日记如何在竞争激烈的市场中保持品牌的独特性和新鲜感？

(2) 完美日记的私域流量运营策略是如何影响品牌长期发展的？

▌▌职业能力拓展

为什么年轻人都无法抵挡对泡泡玛特的喜爱？

泡泡玛特，作为潮流玩具领域的佼佼者，其成功来自对市场的敏锐洞察，更来自对流行文化的深入理解和巧妙运用。流行文化，作为一种广泛传播且受到大众喜爱的文化现象，对于品牌营销有着不可忽视的作用。泡泡玛特正是凭借其对流行文化的精准把握和出色运用，获得了市场的广泛认可，实现了品牌的快速崛起。

1. 流行文化对年轻消费者需求的满足

年轻消费者是流行文化的主要受众群体，他们追求新鲜事物、独特个性和社交认同。泡泡玛特精准地捕捉到这一消费趋势，通过引入潮流玩具这一流行文化元素，与年轻消费者建立了紧密的联系。泡泡玛特的潮流玩具设计充满创意，不仅具有独特的外观和精美的细节，还常常融入当下流行的文化元素和符号，如动漫角色、明星形象等。这些设计元素使泡泡玛特的产品不仅具有实用性，而且成为年轻消费者展示个性和时尚态度的重要载体。

2. 流行文化在泡泡玛特营销中的具体应用

1) 联名合作

泡泡玛特经常与各大知名品牌、设计师或艺术家进行联名合作，推出限量版产品。这些联名产品往往融合了双方的文化元素和创意，既体现了品牌的独特性，又满足了消费者对于新鲜感和独特性的追求。例如，泡泡玛特与迪士尼合作推出的系列玩具，将经典的迪士尼角色与潮流玩具相结合，既吸引了迪士尼粉丝的关注，又拓宽了潮流玩具的市场受众。

2) 社交媒体营销

在社交媒体时代，泡泡玛特充分利用各种平台与消费者进行互动。泡泡玛特通过微博、微信、抖音等社交媒体平台发布最新的产品信息、潮流资讯，积极与粉丝互动，并举办线上线下的活动。这种互动式的营销方式不仅使消费者更深入地了解品牌和产品，也增强了消费者对品牌的忠诚度和黏性。

3) 限量发售与盲盒营销

泡泡玛特经常采用限量发售的策略，通过制造稀缺效应激发消费者的购买欲望，比如盲盒营销，消费者可以在购买盲盒的过程中体验未知的惊喜，这种刺激和期待感使消费者更加愿意为产品买单。

3. 流行文化对泡泡玛特品牌价值的提升

流行文化的融入不仅使泡泡玛特的产品更具有个性和吸引力，而且提升了其品牌价值。一方面，泡泡玛特通过与知名品牌、设计师和艺术家的联名合作，成功地提升了自身的品牌地位和形象，成为潮流玩具领域的佼佼者。另一方面，泡泡玛特积极参与各种文化活动和公益事业，通过传递正能量和关爱社会的行为，进一步增强了品牌的美誉度，提高了消费者对品牌的认同感和好感，也为品牌的长远发展奠定了坚实的基础。

潮流文化作为一种广泛传播且受到年轻人喜爱的文化现象，对于泡泡玛特的兴起起到了重要的推动作用。随着潮流文化的不断发展，越来越多的年轻人开始关注和追捧潮流玩具。而泡泡玛特作为潮流玩具领域的佼佼者，凭借其独特的设计和出色的品质，成功吸引了大量年轻消费者的目光和喜爱。年轻人无法抵挡对泡泡玛特的喜爱的原因，一方面是其产品设计独特、符合年轻人的审美与价值观，承载了年轻人的情感与社交需求。另一方面，是泡泡玛特创新的营销策略与互动体验满足了年轻人对未知和惊喜的追求，实现了品牌形象与年轻人价值观的契合。未来，随着潮流文化的不断发展和年轻人消费需求的不断升级，泡泡玛特有望继续保持其领先地位，并吸引更多年轻消费者的关注和喜爱。

拓展任务说明

一、任务名称

基于消费流行理论下的流行文化产品推广策略

二、任务背景

随着社会的快速发展和信息时代的来临，消费流行成为影响市场趋势和消费者行为的重要因素。年轻人作为消费市场的主力军，他们的消费观念和喜好直接影响着消费趋势。近年来，潮流玩具和文化产品受到年轻人的热烈追捧，成为流行文化的重要组成部分。本任务项目旨在运用消费流行理论，依据年轻人对流行文化产品的喜爱，制定一套具体的、有针对性的流行文化产品推广策略。

三、任务要求

1. 分析消费流行理论的核心概念和影响因素，特别是针对年轻人的消费心理和行为特征对其进行分析。

2. 深入研究年轻人对泡泡玛特等流行文化产品的喜好和消费习惯，明确其购买决策影响因素。

3. 制定一套具体、可操作的推广策略，包括产品定位、目标市场选择、推广渠道、促销活动等，以提升产品在年轻人市场中的知名度和影响力。

4. 思考推广策略可能面临的挑战，以及如何利用新技术和趋势提升推广效果。

四、任务分析

1. 通过定量和定性研究方法，深入了解年轻人对流行文化产品的喜好和年轻人的消费习惯。

2.结合理论知识和市场研究结果，制定具体、可操作的推广策略，确保策略的有效性和可执行性。

3.评估策略可能面临的挑战，思考应对措施，并关注新技术和趋势，探索如何提升推广效果。

五、任务操作

1.分析流行文化趋势：关注时尚、娱乐、社交媒体等领域的最新动态，了解当前的流行文化趋势和年轻人的关注热点。

2.设计并发布针对年轻人的问卷调查，了解他们对流行文化产品的认知、态度、购买意愿等信息。分析调查结果，识别主要的目标客户群体和他们的消费习惯、购买决策影响因素等。

3.通过监测和分析社交媒体，了解年轻人在社交媒体平台上的讨论热点和话题趋势。

4.根据市场研究结果，明确产品的特点和优势，确定目标市场定位，如设计符合追求个性、时尚、潮流的年轻人群体审美的产品。

5.明确各项策略的具体执行步骤、时间节点和责任人，确保策略的顺利推进。

六、任务思考

1.思考价值观、生活方式、兴趣爱好这些因素如何影响年轻人对流行文化产品的偏好。

2.分析新技术和新趋势对年轻人的消费行为和推广策略的影响，并思考如何适应和利用这些新技术和新趋势。

3.思考推广策略是否符合道德规范和社会责任要求，如在保护消费者隐私、避免过度营销等方面。

4.通过本次实训任务，你认为自己的专业能力有哪些提升？

项目四　营销策略与消费者行为

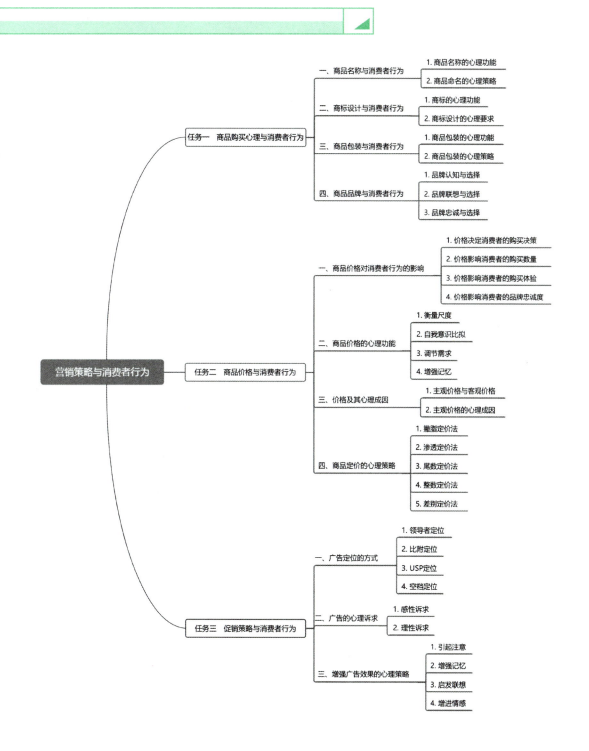

在买方市场环境下，企业能否洞察消费者的心理活动影响企业营销的成败。产品和价格是影响消费者购买心理的最直接的因素，而广告在营销中起到了传播产品信息、影响消费者认知和心理的作用。只有掌握消费者对产品、价格和广告等的心理需求，才能对消费者的购买活动进行分析和总结，从而量体裁衣地制定市场营销策略。

教学目标

▲ 知识目标

- 了解营销因素对消费者行为的影响；
- 理解商品名称、包装以及商标的心理功能；
- 理解商品价格的心理成因和心理功能；
- 掌握商品命名策略、包装策略以及商标设计的心理要求；
- 掌握商品定价策略；
- 掌握广告定位方式；
- 掌握增强广告效果的心理策略。

▲ 能力目标

- 能根据所学理论分析影响消费者购买行为的营销因素；
- 能根据消费者的商品购买心理提出商标和包装设计的方案；
- 能结合实际分析影响商品价格的心理因素；
- 能根据商品特点提出商品定价的方案；
- 能结合实际确定产品广告定位的方式；
- 能结合实际提出推广产品的广告方案。

▲ 素质目标

- 树立学生不拘一格、突破传统的创新意识；
- 培养学生继承和发扬中华民族优秀传统文化的信心和能力；
- 培养学生理论应用于实际的能力；
- 培养学生依照行业规范或标准分析对错善恶的能力；
- 培养学生具备丰富情感、注重精神文化修养的意识和能力。

任务一　商品购买心理与消费者行为

○ 案例导入

断舍‘梨（离）’，上闲鱼

在这个飞速运转、压力重重的现代社会，焦虑如同幽灵般悄然侵入了每个人的生活。我们每天忙于应付层出不穷的任务、追求遥不可及的目标，如同追逐缥缈的幻影，身心承受着无形的重压。我们在渴望更多、更好、更快的过程中，却往往迷失了自我，遗忘了生活的真谛。

闲鱼作为年轻人钟爱的闲置品交易平台，始终敏锐地捕捉着年轻一代的生活状态和精神追求。在这样的背景下，闲鱼跨界联手大润发，在大润发门店、寺庙等各大场合推出断舍'梨'概念海报、购物袋，这为人们带来了一缕清新的风。他们提出口号："来大润发吃好梨，上闲鱼断舍离。"这里的"梨"，不仅仅是一种水果，更是一个富含深意的符号，寓意着人们应当学会断舍离——这是对物质的割舍，更是对心灵的净化。

"断舍'梨'"购物袋的别致的包装设计，选用了类似编织袋的朴素材质，似乎在提醒我们，生活的本质在于简约与纯粹。我们应该学会放下物质的包袱，拥抱内心的宁静与平和。

当感到生活压抑、喘不过气时，不妨将自己置身于这个编织袋的怀抱中，感受一次心灵的洗涤与重生。这不是逃避现实，而是一种寻求内心平衡与自我认知的过程。通过这样的体验，我们能够更加清晰地审视自己，明白自己真正追求的是什么。

此次"断舍'梨'"活动，不仅为年轻人提供了一个情感释放的出口，更引导他们用全新的视角审视生活。通过断舍离的生活方式，我们能够摆脱不必要的物质束缚和心灵枷锁，更加专注于内心的价值需求。

此外，闲鱼还在全国各大寺庙周边推广这一活动，借助寺庙的禅学底蕴和宁静氛围，为"断舍'梨'"增添了深厚的文化底蕴和智慧启示。在禅学的熏陶下，我们得以更深入地领悟断舍离的真谛，将其融入日常生活的点滴之中。

综上所述，"断舍'梨'"活动是一次创新的商业实践，更是一次情感与文化的深度交融。它巧妙地将闲鱼的商业价值与年轻人的情感需求相结合，开创了一种全新的生活方式和交易场景。这种创新不仅为闲鱼带来了新的发展机遇和挑战，更为整个社会带来了深刻的思考和启示。

思考：

(1) 营销活动与消费者行为有什么关系？

(2) 产品命名策略有哪些？

(3) 广告怎么改变消费者行为？

课前导学

一、商品名称与消费者行为

1.商品名称的心理功能

(1) 名实相符。所谓名实相符，是指商品的名称与商品的实体特性和基本效用相适应，缩短消费者认识商品、了解商品的过程。前些年流行的"电饭煲""热得快"等，近些年出现的"无人机""平衡车"等商品，名称即用途，名实相符是商品命名的基本心理要求。

产品名称与
消费者心理

(2) 便于记忆。商品命名应力求以最简洁的语言文字来高度概括商品的实体特性，名称要易读易记、言简意赅。名称字数不宜过长，不宜出现难字怪字，应通俗易懂。一个难以发音和不易理解的商品名称，会使消费者产生畏惧心理，从而阻碍了购买行为的发生。

例如，听到"金嗓子"，消费者就会明白它是致力于温润嗓子的药物，而且其名称便于记忆，可突出产品的特征，人们在选购润嗓子药物时，便会优先购买这个品牌的商品。

(3) 诱发情感。商品名称能够反映消费者的个性化心理特征，它可以带有特定的情感色彩，引发消费者的情感共鸣，满足消费者的心理需求，激发消费者的购买动机。

例如，红豆集团前身为一个针织制衣厂，品牌名为"山花"，此名称缺乏文化内涵，不易引发消费者的情感共鸣。后来，创始人周耀庭结合民族文化和产品特点，以王维的《相思》为灵感，将品牌名改为"红豆"，成功将消费者的真实需求和情感需求联系起来，使产品畅销世界。

(4) 激发联想。一个好的商品名称可以引发消费者的想象和联想，让他们对商品产生更好的印象和感受，从而激发购买欲望。

娃哈哈品牌命名是一个非常成功的案例，其命名对品牌建设和营销都起到了积极的作用。该命名成功的原因有三：一是易于记忆和识别，娃哈哈三字简单易记，其独特的发音和字形，使得品牌名称在视觉上也很容易识别和记忆。二是富有情感色彩，"娃"字具有亲昵、可爱的情感色彩，而"哈哈"则传递出欢乐、开心的情绪，使得品牌形象更加积极、阳光，容易让人产生好感。三是有一首广为流传的儿歌叫《娃哈哈》，方便品牌传播。

【素养园地】

来源传统文化的名称

众里寻他千百度，蓦然回首，那人却在，灯火阑珊处。

——[宋] 辛弃疾《青玉案·元夕》节选

红豆生南国，春来发几枝。愿君多采撷，此物最相思。

——[唐] 王维《相思》

古人认为天地开辟之前是一团混沌的元气，这种自然的元气叫作鸿蒙。

——华为鸿蒙系统

2. 商品命名的心理策略

(1) 因功效命名。商品名称应直观地揭示其核心功能和主要用途，凸显其固有的特质，以便消费者能够迅速把握该商品所能提供的实际效果。如"感冒清""脑白金"等，名称直接表达产品的功效，突出产品用途。

(2) 因成分命名。商品名称能直接反映商品的主要成分或功效，以原材料来吸引消费者，让人感觉成分的名贵和真实添加，引发消费者的购买欲望。例如，一些化妆品品牌喜欢用植物或化学成分来命名，如"芦荟胶""维生素 C"等。

(3) 因形命名。因商品独特的形态、设计而对其命名，使消费者更容易记忆和识别商品。例如"猫耳朵"，是一种传统风味面食，因其形状类似于猫的耳朵而得名。"鼠标"，因其形状像老鼠且尾部有一条线像老鼠的尾巴而得名，同时鼠标的移动方式也像老鼠一样灵活。这类名称都具有形象、生动的特点，能够吸引消费者的注意并激发购买欲望。

(4) 因地而名。根据商品产地来命名，这种命名方式通常具有浓厚的地域特色和文化内涵，能够吸引消费者的关注，引发消费者的情感共鸣。例如，"景德镇瓷器"，产于中国江西省景德镇市，以地名命名，代表了中国瓷器的高品质和精湛工艺。

(5) 因人而名。根据历史人物、文化名人或企业创始人等人物来命名商品，这种命名方式通常具有浓厚的文化内涵和情感色彩。例如，"王守义十三香""张小泉剪刀"等，这些名称不仅向消费者传递了对传统文化和人物精神的尊重与敬意，也展示了自身对打造优质商品的执着与决心。

(6) 因色而名。因商品的颜色而对其命名，产品名称通常与产品的颜色或色彩组合紧密相关，这种命名方式能够直观地传达产品的外观特征，吸引消费者的注意力。例如，"白加黑"感冒片、"象牙"香皂等，这些商品名加深了消费者对产品的记忆。

【见多识广】

茶颜悦色：将互联网思维发挥到极致的消费品

茶颜悦色在茶饮市场中独树一帜，与喜茶、奈雪的茶等追求时尚感的品牌形成鲜明对比。它深植于中国丰厚的茶文化沃土，从品牌理念到视觉形象，都紧密围绕"中国风"这一核心概念进行打造。在品牌形象的塑造上，茶颜悦色更是巧妙迎合了当下"国风"潮流的审美趋势。

品牌名称"茶颜悦色"由"察言观色"巧妙地演变而来，寓意着品牌对消费者需求的敏锐洞察。名字中的"茶"字直接凸显了产品属性，而其余三个字则散发着浓郁的传统美感。在茶饮命名上，茶颜悦色同样别出心裁。红茶系列被赋予了"红颜"这一古典而美丽的名称；最受欢迎的"幽兰拿铁"，虽非咖啡，却以其独特的"中茶西做"方式，将现萃锡兰红茶与纯牛奶完美融合，打造出奶茶的新境界。绿茶系列则被命名为"浣纱绿"，如同古代美女浣纱于绿水之间，清新脱俗。而加入了坚果、巧克力等丰富配料的奶盖茶系列，则被冠以"豆蔻"之名，寓意着年轻与活力，每一种产品名都充满了诗意和想象力。

商标：茶颜悦色的 LOGO 形象就是一个婉约的江南女子，主要用了三个经典元素：八角窗、仕女、团扇，配上传统的窗花元素，经典的黑红配色，展现着中式古风的高贵与典雅，非常具有东方美感。

包装：一个别出心裁的包装设计，往往能够打破消费者的固有认知，引发全新的感官体验。茶颜悦色深谙此道，他们追求的不仅仅是包装的视觉美感，更是将其提升至艺术品的层次。茶颜悦色不惜重金，从全国各大博物馆购得藏画的使用权，在他们的巧手之下，经过类似滤镜的现代美化处理，传统文化的魅力得以全新绽放。每一款包装设计都是对传统文化的致敬与创新。不同口味的茶饮配以各具特色的外观设计，每一杯奶茶都仿佛蕴含着一个文化故事。这种深度的文化融入，使每一杯茶颜悦色的奶茶都成为年轻人心中的文化符号，成为他们社交圈中的"流通货币"。

二、商标设计与消费者行为

商标是用以识别和区分商品或者服务来源的一种标志。人们选择商品，往往是认准某种商标进行选购。商标主要有三种类型：文字或字母型；图案型；组合型，即由上述文字或字母和图案组合而成，具体如图 4-1 所示。

图 4-1　商标的三种类型

1. 商标的心理功能

(1) 认知功能。商标可以帮助消费者识别商品或服务的来源，使消费者将不同的商品或服务区分开来。

(2) 记忆功能。商标通过独特的设计和形象的表达，可以帮助消费者记忆商品或服务的特点和优势，提高消费者对商品或服务的认知度和信任度。

(3) 情感功能。商标的设计和表达可以激发消费者的情感和联想，使消费者对商品或服务产生好感和信任，促进消费者的购买决策。

(4) 联想功能。商标可以引发消费者的联想和想象，使消费者将商品或服务与自己的生活经验、文化背景等联系起来，增加消费者对商品或服务的认知和认同。

2. 商标设计的心理要求

(1) 简洁明了，深入人心。一个优秀的商标应当言简意赅地传达品牌的核心价值和独特魅力，同时易于被大众记住和辨识。在商标的设计过程中，应注重图案、文字、颜色等元素的巧妙搭配和组合，以提升商标的吸引力和记忆度。

(2) 优雅美观，赏心悦目。一个充满艺术感染力的商标形象，通过优雅美观的造型和和谐平衡的构图，能够迅速吸引顾客的注意力，让他们百看不厌，并完全满足他们的审美需求。

以华为LOGO为例，其标志犹如一朵绽放的菊花，通过聚散有致的设计模式，八片花瓣由紧密聚拢到逐渐散开，象征着华为员工的蓬勃向上和团结一心。其采用的红色调与太阳光芒的颜色呼应，整个设计既简洁又美观，给人愉悦的视觉享受。

(3) 洞察需求，贴心设计。在设计商标之前，深入了解目标顾客的独特心理特征和需求是至关重要的。基于顾客的生活习惯、教育背景以及对商品的特殊偏好，我们可以精心选择商标的图文元素、色彩搭配、形状设计以及读音和韵律，以更好地迎合顾客的喜好，并激发他们的美好联想和购买欲望。

(4) 尊重习俗，消除歧义。在设计商标时，我们必须充分考虑各地的风俗习惯和不同国家间的文化差异。这样可以确保商品在更广阔的市场被广大消费者接受和认可，避免产生误解或冲突。

三、商品包装与消费者行为

1. 商品包装的心理功能

商品包装具有指示功能、便利功能、美化功能和自我表现功能。精美的包装设计可以吸引消费者的注意，增加销售量，同时也可以提高商品的价值感和品牌形象，增强消费者对商品的信任和忠诚度。

杜邦公司研究发现，63%的消费者根据包装选择产品。例如，好的食品包装能引起食欲，提示产品的口感和质量，令人垂涎欲滴。英国市场调查公司报道，女性购物时受精美包装等因素吸引，其购买数量常常超出原计划的45%。

2. 商品包装的心理策略

(1) 适应消费者的购买习惯和偏好。根据消费者的购买习惯和偏好，设计更方便、实用和符合消费者习惯的包装，如便携式包装、易开式包装、组合式包装和轻便包装等。

(2) 迎合消费者的年龄。不同年龄段消费者的需求和偏好不同。不同年龄段消费者选择包装时，群体心理和包装设计策略具体如表 4-1 所示。

表 4-1　不同年龄段消费者的群体心理和包装设计策略

消费者类别	群体心理	包装设计策略
儿童	兴趣和好奇心	色彩鲜艳、有卡通图案、易打开和携带、安全
青少年	新奇和独特性	新颖独特、环保，突出品牌特色和形象
成年人	简洁、实用	品质感、实用、方便
中老年人	容易使用	易打开，具有传统和怀旧元素，表面有清晰说明

(3) 适应消费者的可支配收入。可支配收入是影响消费者对产品包装要求的一个重要因素。随着可支配收入的提高，消费者对产品包装的要求也会相应提高，要求符合一定的审美，体现自身的档次和品位。可支配收入较低的消费者往往更注重产品的质量，对产品包装没有太多的要求，因此，以这类消费者为目标对象的产品包装设计要简洁、实在。

(4) 尊重消费者文化需求。尊重消费者的文化背景和价值观，设计出符合不同文化需求的包装，如传统特色包装、节日庆典包装等。

【素养园地】

创新是品牌发展之道

商品名称是商品与消费者之间的"初次邂逅"，一个富有创意和吸引力的商品名称，往往能够让商品在激烈的市场竞争中脱颖而出。商品名称创新，不仅仅关乎品牌形象，更与市场营销策略、消费者心理紧密相连。

市场中不乏模仿他人进行产品命名的例子。比如"六个核桃"与"八个橙子"：六个核桃是一款以核桃为主要原料的饮品，因其独特的命名和包装在市场上取得了成功。随后，有商家推出了名为"八个橙子"的饮品，明显是在模仿前者的命名策略。还有"雪碧"与"雷碧"。雪碧是全球知名的碳酸饮料品牌，为了与这一大品牌产生某种联系，吸引消费者的注意，有的商家推出了名为"雷碧"的饮料。尽管两者在口感、成分上可能完全不同，但"雷碧"这一名称明显是在模仿"雪碧"的命名风格，试图通过这种方式快速进入市场。

模仿成功的商品名称可以让模仿者在短期内获得一定的关注度，但从长期来看，这种做法会削弱企业的创新能力和品牌形象。只有结合企业自身特点和市场环境进行有针对性的创新，才能打造出真正具有竞争力的商品名称。

(1) 建立品牌独特性：深入挖掘中华民族优秀传统文化元素，建立品牌的独特性，表明品牌独特的品牌形象和定位。

(2) 满足消费者需求：时刻关注行业最新动态，了解最新的市场趋势和消费者需求。围绕消费需求进行针对性创新，解决消费者痛点。

(3) 建立品牌忠诚度：一个独特且富有创意的商品名称能够让消费者在心中建立起深刻的品牌印象。这种品牌印象会逐渐转化为品牌忠诚度，使消费者更愿意选择该品牌的产品。

因此，我们平时要多研究成功案例，理解其背后的逻辑和创新点。积极参与创新活动，学习创新方法，尝试将其他领域的知识或元素融入产品命名中，产生新的创意火花，为未来的职业发展奠定坚实的基础。

【见多识广】

农夫山泉兔年营销案例

自 2016 年猴年伊始，农夫山泉便开启了一项别具一格的传统营销活动：每年春节前夕，推出一款限量版的生肖款高端玻璃瓶装天然矿泉水。每年新款瓶装水对众多爱好者而言，不仅仅代表一瓶清新、解渴的矿泉水，更像是一段深厚的情谊里无声的陪伴。

农夫山泉的生肖瓶设计不仅凸显了卓越的仪式感和观赏性，更展现了其独特的收藏价值，这些特质已然超越了瓶装水本身的饮用功能。农夫山泉的生肖 IP 已成为每年春节前夕消费者翘首以盼的亮点。2023 年的金兔瓶继续沿用了简洁而精致的插画风格，以白色线条刻画出生动的兔子家族——兔爸爸、兔妈妈以及一群活泼可爱的兔宝宝，巧妙地传递出新年阖家团圆的温馨氛围。

【课岗融通】

产品包装设计师岗位职责

一、岗位概述

产品包装设计师是负责产品包装设计的专业人员，他们需要结合产品的特点、品牌形象和市场趋势，为产品设计出具有吸引力、创新性和实用性的包装。他们的工作涉及多个领域，包括平面设计、结构设计、材料选择等，工作目标是确保产品的包装既美观又实用。

二、岗位职责

(1) 负责新产品的包装设计，根据产品的定位、特点以及目标市场，设计出符合品牌形象和市场需求的包装方案。

(2) 对现有产品的包装进行优化和改进，以提高产品的吸引力和市场竞争力。

(3) 与市场营销团队紧密合作，了解市场动态和消费者需求，为产品包装设计提供有力的市场支持。

(4) 与印刷厂、包装材料供应商等合作伙伴沟通，确保包装设计的可行性和生产效率。

(5) 参与产品包装设计相关的市场调研和分析，为公司的产品研发和营销策略提供有价值的建议。

三、任职要求

(1) 具有美术、平面设计、包装设计等相关专业专科及以上学历，具备扎实的美术功底和良好的创意设计能力。

(2) 熟悉各种包装设计材料，具备独立完成包装设计项目的能力。

(3) 具备较强的消费洞察力，能够准确把握市场趋势和消费者需求。

(4) 善于沟通与协作，具备良好的团队合作精神和创新能力。

(5) 有较强的学习能力和责任心，能够不断提升自己的专业素养和综合能力。

四、商品品牌与消费者行为

1. 品牌认知与选择

品牌认知 (Brand Awareness) 指的是消费者对品牌的了解、识别和记忆的程度。它不仅反映了消费者对品牌的熟悉程度，还体现了品牌在消费者心中的地位和影响力。当消费者对某一品牌形成积极的认知后，他们在购买决策中会更容易选择该品牌，从而增加该品牌的市场份额和竞争力。

例如，当消费者考虑购买一款汽车时，他们可能会首先想到一些知名品牌，如宝马、奔驰、奥迪等。这些品牌之所以能够在消费者心中留下深刻的印象，是因为它们长期以来在广告宣传、产品质量、服务水平等方面都表现出色，从而赢得了消费者的信任和认可。提高品牌认知度可以采取以下策略。

(1) 明确的定位与核心价值传播。首先，品牌需要明确自己的定位与核心价值，这包括确定目标市场、消费者群体以及品牌所具有的特色和优势。例如，苹果始终强调其产品的创新、设计和用户体验，这些核心价值贯穿于每一款产品和每一次营销活动。苹果通过其标志性的设计和简洁的用户界面，成功地传达了其品牌的核心价值，从而提高了品牌认知度。

(2) 利用社交媒体和内容营销。通过广告、公关、社交媒体等多种渠道进行品牌传播，提高品牌的知名度和曝光率。例如，可口可乐品牌在社交媒体上非常活跃，通过发布有趣、富有创意的内容，吸引大量粉丝互动。此外，可口可乐还通过赞助各种活动和节目，增加品牌在社交媒体上的曝光度，从而提高了品牌认知度。

(3) 创造独特的品牌体验。为消费者创造独特的购物环境、优质的售后服务等，使消费者与品牌建立了情感联系。例如，星巴克不仅提供高品质的咖啡，还创造了一种独特的咖啡文化体验。通过舒适的店内环境、友好的服务和各种特色活动，为消费者提供了一种独特的品牌体验。

(4) 合作与联名。知名品牌间、具有影响力的个体间或品牌和个体间进行合作与联名，可以借助对方的影响力和资源，提高品牌的知名度和影响力。例如，耐克与乔丹的合作是品牌合作中的经典案例。乔丹作为篮球界的传奇人物，具有极高的影响力和粉丝基础。通过与乔丹的合作，耐克成功地将其品牌与篮球文化紧密联系在一起，提高了品牌认知度，并赢得了大量忠实消费者的支持。

2. 品牌联想与选择

品牌联想是指消费者在看到或听到某一品牌时，能够在其记忆中引发的与该品牌相关的各种信息、形象、情感和价值观。例如，当提到苹果这个品牌时，消费者可能会联想到创新、设计、高端品质、易用性以及一系列标志性的产品，如 iPhone、iPad 和 MacBook。这些联想反映了苹果品牌一贯的产品理念和市场定位，同时也体现了消费者对苹果品牌的独有认知。加强品牌联想可以采取以下策略。

(1) 强化品牌故事与分享。通过讲述有吸引力的品牌故事和分享，激发消费者与品牌的共鸣和情感联系。例如可口可乐的"分享一瓶可乐"活动。可口可乐通过推出印有各种名字和词语的个性化瓶身，鼓励人们分享自己的故事和经历。这一活动不仅增强了消费者与品牌的情感联系，还使消费者在分享故事的过程中，将可口可乐与快乐、团聚、友谊等积极情感紧密联系在一起，提高了品牌联想的强度和正面性。

(2) 创造独特的品牌视觉识别。设计独特的品牌标志、包装和视觉元素，使品牌在市场上具有辨识度，并激发消费者的联想。例如霸王茶姬，其标志设计采用古典书法字体，既有传统的韵味，又透露出一种霸气。店面设计中，运用了大量的中国元素，如古典的窗花、木制家具和传统的茶具，营造出一种古朴典雅的氛围。此外，霸王茶姬的茶饮包装也独具特色，采用纸质材料，上面印有精美的茶叶图案和古典诗句，既体现了品牌的传统特色，又增加了产品的艺术价值。这种独特的品牌视觉识别让霸王茶姬在众多茶饮品牌中脱颖而出。

(3) 建立品牌与文化的紧密联系。通过品牌与文化的紧密结合，使品牌在消费者心中建立起独特的文化形象。迪士尼作为一家以娱乐和文化为核心的公司，通过推出各种受欢迎的动画电影、主题公园和文化产品，成功地将其品牌与家庭、欢乐、童年等文化元素紧密联系在一起。消费者在提到迪士尼时，往往会联想到这些文化元素，从而增强了消费者联想的丰富性和情感深度。

(4) 进行持续的品牌沟通和互动。围绕消费者心理需求，提出打动人的口号并加以创意表达。例如耐克，通过其标志性的"Just Do It"口号和一系列富有创意的营销活动，如签约顶级运动员、举办大型体育赛事等，持续地向消费者传达其核心价值观和理念。这些沟通和互动活动使消费者在看到耐克的产品或广告时，能够迅速联想到其品牌所代表的挑战、突破、自我实现等积极形象，从而增强了品牌吸引力。

3. 品牌忠诚与选择

品牌忠诚是指消费者与某一品牌形成强烈的情感连接，并愿意持续购买和使用该品牌的产品或服务。提高品牌忠诚度可以采取以下策略。

(1) 提供卓越的产品或服务。品牌首先要确保提供的产品或服务满足甚至超越消费者的期望。例如，茶颜悦色的消费者之所以对其产品保持高度忠诚，很大程度上是因为其产品在口味、包装设计以及店铺体验上的卓越表现，给消费者一种艺术文化的熏陶，成功地吸引了大量忠实粉丝。

(2) 建立情感连接。品牌需要与消费者建立情感连接，让消费者感受到品牌的独特价值。例如，可口可乐的品牌故事和广告常常与家庭和友情等情感元素紧密结合，让消费者在喝可乐的同时感受到温暖和快乐。

(3) 提供个性化体验。随着消费者个性化需求的增加，品牌需要提供定制化的产品或服务来满足消费者的个性化需求。例如，星巴克通过提供个性化的咖啡杯、卡片和名字刻印等服务，让消费者感受到品牌的关注和尊重，从而增强了消费者的品牌忠诚度。

(4) 建立忠诚计划。忠诚计划是一种通过奖励和优惠来鼓励消费者持续购买品牌产品或服务的策略。例如，盒马鲜生建立会员制度，会员可以享受更多的优惠和服务。会员可以获得积分，积分可以用来兑换商品或者享受折扣；同时，会员还可以享受免费送货、优先配送等特权。

【见多识广】

年轻消费者当道，品牌如何俘获他们的心？

数字时代背景下，年轻消费人群的崛起带动了购物趋势的演变。可以说，俘获年轻一代的消费者就等于获得了未来。在此背景下，不论是历史悠久的传统品牌，还是横空出世的新潮品牌，都在不断追赶着年轻化的潮流。然而，品牌年轻化绝不是盲目地加入年轻人喜爱的元素，浮于表面的年轻化就像一个严肃的中年人突然穿起了卫衣，玩起了嘻哈，生硬的转型只会让品牌的年轻化充满违和感，效果反而适得其反。只有抓住年轻人的痛点，分析其消费的社会心理，对症下药做好营销活动，才能真正得到年轻消费者的青睐。

1.加入年轻力量，融入年轻理念

对年轻人而言，有趣远比有用更有吸引力，品牌企业需要借助年轻化的传播方式进行品牌宣传。以国民品牌百雀羚为例，作为一个历史悠久的化妆品品牌，它曾经被认为是"过时的""老一辈才会用的"。而在品牌年轻化营销中，百雀羚不仅聘请了王一博这位新生代明星作为代言人，还陆续推出一系列创意长图广告，其迅速打破公众的感知，掀起了一股热潮。

2.找准自身定位，迸发品牌生机

产品的"老化"是阻碍品牌吸引年轻人的一个重要因素。许多品牌未能足够重视产品的时尚度，导致年轻化的品牌形象与老化的产品之间存在明显的断层。以某些博物馆为例，尽管它们推出了文创品牌并尝试以年轻化的方式进行宣传包装，但在这些博物馆旗舰店中销售的文创用品与普通景点纪念品相似，缺乏独特的创意。对此，可以考虑深入挖掘文物和历史故事等的文化元素，寻找与年轻人兴趣相契合的表达方式，结合消费者的实际需求进行创意转化。例如，故宫博物院成功研发出一系列既美观又实用的年轻化产品，这些产品不仅展现了传统文化的魅力，还被赋予了现代感，从而吸引了年轻人的关注和喜爱。

3.洞察群体需求，传递独特理念

一些品牌制造商深刻理解如何吸引年轻人的兴趣，他们通过精心策划的营销手段，使产品创意广告精准触达年轻人群。以亚朵酒店为例，该品牌不仅致力于提供住宿服务，更致力于创造一个具有社会生活学习功能的平台。为了深入实践这一理念，亚朵酒店联手同道大叔、网易漫画、腾讯QQ超级会员、日食记等9个极具影响力的IP，共同打造了"亚朵奇妙夜"主题快闪房。每个主题房间都独具特色，与相应的IP紧密连接，每个IP背后都拥有庞大的粉丝群体，因此受到了广大年轻消费者的热烈欢迎和好评。

品牌要俘获年轻消费者的心，需要深入了解他们的需求，开发或提取清晰的人群画像、创新产品和服务，并深入挖掘中华民族传统的优秀文化元素，借助社交媒体和数字化渠道，与年轻人建立情感联系。

职业能力测试

一、填空题

1._____ 是指商品的名称要与商品的实体特性、基本效用相适应。

2.农夫山泉采取了因 _____ 而名的策略。

3.商标的形式有 _____ 、_____ 和 _____ 。

4.华为商标满足了商标设计的 _____ 心理要求。

5._____ 指的是消费者对品牌的了解、识别和记忆的程度。

二、判断题（对的打 √，错的打 ×）

1.娃哈哈的品牌名称能激发消费者的品牌联想，诱发情感。　　　　　（　　）

2.因人而名指以发明者或历史人物等的名字给商品命名的方法。　　　（　　）

3. 可支配收入高的消费者对产品包装设计的要求是简洁、实用。　　（　）

4. 产品包装设计要追求美观时尚，忽略消费者的消费习惯。　　（　）

5. 针对老年人的产品，其产品包装应注意与众不同、表现自我。　　（　）

6. 应塑造品牌联想，强调品牌故事分享和独特的品牌识别。　　（　）

7. 品牌忠诚会让消费者与品牌形成强烈的情感连接，并愿意持续购买产品或服务。（　）

8. 设计商标时，要充分考虑各地的风俗习惯和各国的文化差异。　　（　）

三、简答题

1. 简述迎合消费心理的产品命名策略。

2. 举例说明商标的心理功能。

3. 简述如何塑造品牌联想来影响消费者行为。

4. 简述迎合消费需求心理的包装策略。

四、论述题

试分析产品营销对消费者行为的影响。

课中实训

实训一　实例填表

针对每种产品命名策略列举三个例子。

策略	因功效而名	因成分而名	因形而名	因地而名	因人而名	因色而名
例子						

实训二　思政研判

任务描述：学生分析案例提出的问题，拟写思政研判提纲；小组讨论，形成小组的思政研判报告；班级交流和相互点评各组的思政研判报告。

霸王茶姬创意传播

霸王茶姬之所以能够在短短几年内火速出圈，离不开对品质的坚守和把控。从产品基底的更新到如今服务体验的优化，它顺应着健康消费风向、响应着消费者的反馈与质疑、以创新营销方式回应着健康诉求，在健康化品牌建设的道路上从产品到营销进行多重升级。

品牌发展历程：2017 年，"霸王茶姬"在云南昆明诞生。霸王茶姬定位国风新茶饮，他们坚持走"国风"路线，将东方文化与茶文化的传承与创新结合为一体，以优秀的产品与独特的品牌文化，在云南地区迅速崛起，成为地区头部茶饮品牌。

品牌设计：品牌名源于大众熟知的历史典故霸王别姬，以京剧花旦脸谱作为品牌logo。在店型设计上，以"东方新茶铺"为设计理念，结合新中式文化元素的表达，打造出以东方茶文化为核心的美学空间，门店设计采用古建筑榫卯结构、汉服刺绣工艺，让门店的每个细节都蕴藏着传统美学文化。

产品分析：霸王茶姬形成了"核心经典大单品＋爆款关联矩阵产品＋边际竞品"的产品矩阵。三者分别对应的产品是：伯牙绝弦；原叶鲜奶茶系列的其他单品；雪顶系列、水果茶、冷泡茶等。

广告创意：主要借助"中国公主"花木兰的形象，制造大量曝光，吸引流量，树立起霸王茶姬的中国品牌形象，满足"以中国茶"为主题的创意；迪士尼的国际传播度以及与花木兰相关的各个公主的国际性很好地契合了"会世界友"的主题；迪士尼主要受众为女性，这与霸王茶姬的实际受众（即本次广告的目标群体）相吻合，宣传效果更佳；迪士尼本身所传播的友善、和平与爱的内核与霸王茶姬的品牌内涵强相关，两者匹配度较高。

杯子人影：霸王茶姬将杯身制成可撕形式，撕开指定区域可以发现杯衣上有身着汉服的迪士尼公主形象，消费者可收集公主形象卡片，集齐3位公主可以兑换一杯指定款奶茶，集齐全部9位公主可以获得一个公主汉服形象手办盲盒。

问题：

(1) 霸王茶姬的广告营销创意有什么特点？

(2) 探析霸王茶姬在营销中体现的思政元素。

(3) 本案例给同行业奶产品品牌哪些启示？分析文化传承和创新在品牌营销中的意义。

小组讨论后，请将思政研判提纲填写在以下空白处。

思政研判提纲

实训项目评价

学生自评表

序号	评价素质点	佐　证	达标	未达标
1	知识点融会贯通能力	能够将知识点灵活运用于实训项目中		
2	资源整合能力	能够借助网络资源平台、人脉资源等完成实训项目		
3	小组分工合作能力	能够融入小组活动，有效协同工作		
4	创新素养	能够从营销的角度看待创新素养对产品营销的作用		

教师评价表

序号	素质点自评	佐 证	达标	未达标
1	知识点融会贯通能力	能够将知识点灵活运用于实训项目中		
2	资源整合能力	能够借助网络资源平台、人脉资源等完成实训项目		
3	小组分工合作能力	能够融入小组活动，有效协同工作		
4	创新素养	能够从营销的角度看待创新素养对产品营销的作用		

课后提升

京东小魔方在新品消费阵地中提升创意的新玩法

1. 竞争点趣味化，"更好"的新品火速来袭

趣味广告一直是促销节点常用的创意思路，它的优势在于能以趣味的外衣包装生硬的平台、品牌、产品卖点，较为轻松地敲开消费者防备的心灵，完成信息的植入。京东小魔方从食品饮料、电脑数码、运动装备、服饰美妆四个角度入手，细致、趣味地解析"好"与"新"兼得的模样，传递出一个信息，即消费者的日常不同消费需求都可在京东小魔方得到满足。

"更好"如何表达？

由于"好"与"不好"受到人们主观态度的影响，评判标准十分抽象，京东小魔方将抽象的"好"融入消费场景之中，让消费者亲自去感受，不得不说，相比直接吹嘘的生硬方式，更显创意，更加有效。

京东小魔方以趣味方式展示了好和新品的紧密连接。在食品饮料方面，以小孩为主角，模仿大人品茶的系列专业操作，品尝到好喝的牛奶后，赞叹"好奶"，并急切想要再喝一杯，通过这一系列动作巧妙地表达了好牛奶给人的味觉享受。在电脑数码方面，从年轻人理想的工作状态出发，一一实现他们对工作的期待，如文件错误快速纠正、加班后休息等，展现出京东小魔方数码新品对职场生活的助力。此外，运动装备和时尚美妆也是健康美好生活的得力助手，它们传递出年轻人追求健康、塑造高颜值的生活态度。这些场景无一不是年轻人情感需求的真实写照。

2. 以新品为沟通渠道，多方赋能的发展思路

新品对于消费者来说，就像生活中的新鲜调味剂，可以为生活增添一丝色彩和期待。然而，即使没有这些新品，消费者的生活也能照常进行，因为老产品已经满足了他们的需求。在市场上，新品往往没有得到时间的考验，消费者对于其使用感受并不十分了解。因此，即使消费者对新品产生了兴趣，他们也可能因为疑虑而不敢轻易尝试。这也导致新品在刚进入市场时，相比那些已经经过市场检验的老产品，往往处于劣势地位。

品牌为何要不断推出新品？从消费者的角度来看，这是为了满足不断变化和发展的消费需求。在这个快速发展的时代，消费者的需求也在不断地变化和更新。品牌通过推出新品，可以积极回应这种变化，满足消费者的需求，并吸引更多的消费者。

虽然推出新品需要品牌投入大量的成本和精力，并且可能无法得到相应的回报，但是从另一个角度来看，新品研发也是品牌对消费者需求变化方向的尝试和探索。通过不断尝试和探索，品牌可以更好地了解消费者的需求和喜好，从而更好地满足他们的需求。

此外，从新品中收获的反馈也可以成为开发品牌明星产品以及未来新品的基础。同时，推出新品也是为了迎合年轻人追求新鲜、尝试新事物的心理，这不仅可以革新品牌形象，还可以探知消费新趋势，为品牌的未来发展提供有价值的参考。因此，推出新品不失为一举两得的好方法。

3. 京东加速布阵新品频道

京东小魔方不仅将成为京东展现潮流玩法的核心平台，更是吸引年轻消费市场的强大力量，是覆盖年轻化圈层的关键渠道。在当今时代，消费者需求瞬息万变，特别是新一代年轻人追求个性、注重时尚、热衷新鲜事物的特质日益凸显。因此，开发满足这些需求的新品成为各大品牌工作的焦点。

京东小魔方敏锐地捕捉到了这一趋势，从视觉效果、浏览体验、品牌建设等多个层面进行全面升级。他们用更加贴合年轻消费者审美的方式进行视觉设计，去货架化的设计让消费者在浏览时享受到全新的体验。此外，京东小魔方更加注重营销触点的打造，通过精准的营销策略和创意广告，将新品牌、新营销手段和新消费者概念紧密联系在一起。这些调整不仅让京东小魔方更好地适应了市场的新变化，也为其在未来的发展中赢得了更多的机遇。

想一想：

京东小魔方如何通过新品营销影响消费者购买行为？

职业能力拓展

瑞幸咖啡视觉传播研究

随着新媒体技术的发展，视觉传播形态愈发多元，企业开始重视品牌形象与视觉传播的整合。具有个性的品牌形象更容易被大众所熟知，以独特风格吸引消费者，引发视觉或触觉等感官体验。

1. 瑞幸咖啡的 Logo 设计：瑞幸咖啡在品牌标志中运用"鹿头"造型，将其作为主视觉形象，寓意吉祥幸福，象征着活力、高贵、优雅，符合其高品质生活的定位，也符合目标客户群体的特质。劳拉·里斯在《视觉锤》一书中指出，如果你进入某个品类较早，那你就能通过抢占某个特定颜色来建立自己品牌的声誉。

2. 瑞幸咖啡的色彩设计：不同于市面上的传统咖啡品牌颜色，选择了蓝色作为主视觉色，白色的鹿头与大面积蓝底的结合，给人简洁又强烈的视觉冲击力。经过长时间宣传，"小蓝杯"的视觉形象深入人心，蓝色视觉色与鹿头造型提升了瑞幸咖啡的品牌影响力，形成品牌印象。

3. 瑞幸咖啡 APP（用户程序界面）设计：瑞幸在营销推广中，利用移动终端 APP 形式发布产品、推送广告、开展各种销售促进活动。APP 的启动页面上是品牌 Logo、简洁的广告语以及闪屏的宣传图，首页顶部以瑞幸的深蓝色品牌色打底，以灰白色作为背景色，能突出主要信息，再配上鹿头纹理的会员卡模块，凸显了瑞幸咖啡的品牌调性；图标设计简洁清晰，表意明确，符合用户的认知习惯，能够引导用户快速操作。整体排版采取左右分栏和上下分割形式，将重要信息呈现在左侧，提高用户的浏览效率，在上方将热门产品拿出来单独归类，比如秋冬暖咖、圣诞限定等海报。总之，瑞幸APP的界面设计无时无刻不在将品牌视觉"钉"在用户心里，不断强化品牌的蓝色与鹿头这个印象。

瑞幸咖啡为了保持品牌形象的统一性和辨识度，视觉传播上的呈现十分统一，不论是品牌标识、饮品包装还是APP界面，瑞幸将始终统一的品牌形象展示在观众面前，这也为瑞幸的品牌塑造带来了很好的效果。

4.瑞幸咖啡线下门店设计：通过开设主题体验店，营造出独特的体验场景。太空主题体验店的店内充满了太空元素，如真实的太空舱、星球密室和太空滑梯。整体店面形象呈现未来科技感，给顾客带来全新的体验。此外，瑞幸咖啡还与网易云音乐合作开设了一家集音乐体验和咖啡饮品于一体的音乐主题咖啡店。店内空间采用流线型设计，融入了云、水、岛的圆弧感和曲线感，卡座上配备了耳机，形成了浓厚的人文底蕴。这些主题体验店的设计旨在为顾客提供独特的体验，增加品牌的认知度和吸引力。

拓展任务说明

一、任务名称

品牌新生："××茶饮"品牌视觉设计实战

二、任务背景与目标

近年来，茶饮市场蓬勃发展，各种茶饮品牌如雨后春笋般涌现。作为一家历史悠久但面临激烈市场竞争的茶饮品牌——"××茶饮"，决定进行全面品牌升级，特别是升级品牌视觉识别系统。本次实训的目标是为"××茶饮"设计一套全新的品牌视觉识别系统，以更年轻、更时尚的形象吸引年轻消费群体，提升该茶饮品牌的市场竞争力。

三、任务分析

1.品牌定位分析

对"××茶饮"品牌进行全面调研，包括品牌历史、市场定位、消费群体、竞争对手；茶饮的市场趋势和年轻消费者的审美偏好；确定"××茶饮"新的品牌定位和目标消费者画像。

2.品牌视觉元素设计

标志设计：基于品牌定位，设计一款简洁、易记且富有辨识度的标志。

色彩搭配：选择符合品牌调性和年轻消费者审美的色彩组合。

字体设计：为品牌设计专属字体或选择合适的字体库字体。

3.设计方案呈现与优化

将设计方案以PPT或设计手册的形式呈现给指导教师和模拟客户，根据反馈进行优化调整，直至方案获得认可。

四、工作要求

1.完成任务期间须保持高度的责任感和团队合作精神。

2. 设计方案须原创，不得抄袭或侵犯他人知识产权。

3. 提交"××茶饮"品牌的视觉识别设计方案。

任务二　商品价格与消费者行为

 案例导入

宜家 (IKEA) 的低价策略

宜家是全球知名的家居零售品牌，以其低价策略和自助式购物体验而闻名。宜家的低价策略是其成功的重要原因之一，下面我们来感受一下它的低价策略下的价格创新营销策略。

1. 成本导向定价策略

宜家在定价时注重成本控制，以保持低价策略。他们通过优化供应链、精简产品线和降低库存等方式来降低成本。此外，宜家的自助式购物模式也降低了人力成本。

2. 捆绑定价策略

宜家采用捆绑定价策略，将一些产品组合在一起，以更优惠的价格出售。这种策略不仅增加了销售额，还降低了消费者的购买成本，提高了消费者的购买意愿。

3. 会员计划和积分制度

宜家推出了会员计划和积分制度，以增加消费者的忠诚度和购买频率。会员可以享受更多优惠和特殊服务，例如免费停车、优先购买新产品的机会等。这种策略不仅提高了消费者的购买意愿，还提高了品牌的知名度。

4. 定期折扣和促销活动

宜家会推出定期折扣和促销活动，以吸引更多的消费者。这些活动包括限时折扣、买一送一、满额减免等。这些活动不仅提高了销售额，还提高了品牌的知名度。

5. 全球定价策略

宜家在定价时考虑了全球市场，以保持全球范围内的竞争力。他们根据不同市场的消费水平和竞争状况来制定价格策略，以满足不同市场的需求。

宜家的低价策略下的价格创新营销策略是其成功的重要原因之一。他们通过优化成本控制、捆绑定价、会员计划、定期折扣和促销活动以及全球定价策略等方式来实现低价策略。这种策略不仅提高了销售额和消费者的忠诚度，还提高了品牌的知名度和竞争力。

思考：

(1) 试分析价格对消费者的影响。

(2) 宜家采取了哪些价格创新营销策略影响消费者？

(3) 宜家的价格创新营销策略给你哪些启示？

一、商品价格对消费者行为的影响

1. 价格决定消费者的购买决策

价格对消费者的购买决策有重要决定作用。如果价格过高，消费者可能会选择放弃购买或者寻找其他更便宜的替代品。如果价格过低，消费者可能会怀疑产品的质量或者购买决策的合理性。因此，价格必须合理地反映产品的价值，才能吸引消费者购买。

2. 价格影响消费者的购买数量

价格高低会影响消费者的购买数量。如果价格过高，消费者可能会减少购买数量或者延迟购买。如果价格过低，消费者可能会增加购买数量或者更频繁地购买。因此，价格必须根据产品的特点和市场需求进行合理设置，以吸引消费者购买并实现销售最大化。

3. 价格影响消费者的购买体验

价格不仅影响消费者的购买决策和购买数量，还会影响消费者的购买体验。如果价格过高，消费者可能会感到不满意或者失望。如果价格过低，消费者可能会对售后服务产生担忧。因此，价格必须合理地反映产品的质量和售后服务水平，以提升消费者的购买体验。

4. 价格影响消费者的品牌忠诚度

价格高低也会影响消费者的品牌忠诚度。如果价格过高，消费者可能会转向其他品牌或者寻找更便宜的替代品。如果价格过低，消费者对品牌的信任度可能会降低。因此，价格必须合理地反映品牌的价值和信誉，以保持消费者的品牌忠诚度。例如，苹果公司通过创造独特的用户体验和生态系统，使部分消费者对 iPhone 产生了强烈的忠诚度和依赖性，从而愿意持续购买新款 iPhone。

价格对消费者行为有着重要的影响，必须根据产品的特点、市场需求和目标受众合理设置产品价格，以实现销售最大化和品牌忠诚度提升的目标。

二、商品价格的心理功能

1. 衡量尺度

消费者通常会通过商品价格来衡量商品的价值和品质的高低。价格高的商品，消费者倾向于认为其价值高、品质优秀；价格低的商品，则会被认为价值低、品质较差。

在商品更新换代速度日益加快的时代，新产品不断涌现，但普通顾客由于专业知识和鉴别能力的不足，难以准确评估新产品质量的优劣和实际价值的高低。这时，价格成为了他们衡量商品的质量与价值的重要标准。那么企业是否可以随心所欲地制定高价，以谋取高额利润呢？

答案是，企业不能随意制定高价以获取高额利润。对于具有可比性的商品，这是不可能实现的。顾客可以通过比较分析来判断这件商品的价格是否合理，是否物有所值。因此，企业不能仅靠价格来获取竞争优势，也应该注重提高产品的质量和性能，以及提供优质的服务和塑造良好的品牌形象。相反，如果企业能够提供高质量、高性能的产品，并给予良好的服务和品牌形象的支持，那么即使价格稍高，顾客仍然会愿意购买。因此，在制定价格策略时，企业需要考虑产品的整体价值，而不仅仅是价格本身。

【见多识广】

产品营销噱头

我国广告法明确规定，广告不得使用"最高级""最佳"等用语，"全网最低价"这种表述本身就涉嫌违法。监管部门应该加强监管，及时叫停"全网最低价"的营销行为，避免其误导消费者。

在"双十一"活动中，多家电商纷纷以"全网最低价"为卖点，然而，消费者在选购时需要保持理性，不要被这类标签所迷惑。实际上，很多商家只是将"全网最低价"作为营销手段，玩弄文字游戏。比如，很多电商平台存在"一品多价"的现象，同一个商品介绍页面实际上包含了多件商品，对应不同的价格，而所谓的"全网最低价"很可能只是针对其中最低配的产品。

此外，《牙膏监督管理办法》明确规定，牙膏实行备案管理，牙膏备案人应对牙膏的质量安全和功效宣称负责。同时，还明确牙膏禁止标注"明示或暗示具有医疗作用""虚假或者引人误解"的内容。一大批主打功效型的"牙膏刺客"将受到更明确的规范审视。

2. 自我意识比拟

消费者在购买商品时，会通过联想和想象，把商品与自己的愿望、情感、人格特点联系起来。他们可能认为，购买的商品与自己的身份、地位、价值观等符合，从而产生满足感和自豪感。

(1) 社会地位比拟。这种比拟是指消费者将自己与他人或某些社会群体进行比较，来评估自己在社会中的地位和声望。例如，消费者可能会认为使用某种高档品牌的商品可以提升自己的社会地位，因为该品牌在社交场合常被视为一种地位的象征。社会地位比拟可以影响消费者的购买决策和消费行为，并增强他们的自尊心和自我价值感。

(2) 经济地位比拟。这种比拟是指消费者将自己的经济状况与其他人或某些社会群体进行比较，来评估自己的经济地位和价值。例如，消费者可能会认为购买某种高端产品可以彰显自己的经济实力，因为该产品的价格昂贵且品质卓越。

(3) 文化修养比拟。这种比拟是指消费者将自己的文化修养与其他人或某些社会群体进行比较，来评估自己的文化素质和修养。例如，消费者可能会认为观看某场音乐会可以提升自己的文化修养，因为该音乐会涉及高雅的艺术和文化。

(4) 生活情操比拟。这种比拟是指消费者将自己的生活情操与其他人或某些社会群体进行比较，来评估自己的生活质量和价值观。例如，消费者可能会认为参加某种健身课程可以提升自己的生活情操，因为该课程可以帮助自己保持健康和积极的生活态度。

3. 调节需求

商品价格的高低对供求关系有调节作用。当某种商品价格上涨时，消费者对这种商品的需求可能会减少；而当这种商品价格下跌时，需求可能增加。这种心理现象可以帮助企业根据市场需求来制定相应的价格策略。

【知识延伸】

假设有一种商品叫作 A 商品，在市场上供不应求，价格逐年上涨。当价格上涨到一定程度时，消费者会感到购买 A 商品的欲望减弱，需求量减少。产生该情况的原因是，价格上涨导致消费者需要花费更多的金钱来购买同样的商品或服务，消费者会更加谨慎地考虑自己的购买决策。相反，如果 A 商品的价格下跌，消费者会感到购买该商品的欲望增强，需求量增加。产生该情况的原因是，价格下跌使消费者可以以更低的价格购买同样的商品或服务，由此购买变得更加划算。

4. 增强记忆

通过联想把购买商品的价格同个人的愿望、情感、人格特点联系起来，让价格成为反映个人特征的标志。

综上所述，商品价格的心理功能会对消费者的购买决策和购买行为产生重要影响。因此，在制定营销策略时，需要充分考虑价格的心理功能，以实现销售额最大化和品牌忠诚度提升的目标。

华为手机在采用定价策略时考虑了价格的心理功能。首先，针对高端市场，华为推出了价格较高的 Mate 系列和 P 系列手机，这类手机配备了高性能的处理器、大容量内存和先进的摄像头技术，满足了消费者对高品质、高价值的需求。其次，针对中档市场，华为推出了价格适中的 nova 系列和畅享系列手机，这类手机在性能和价格之间取得了平衡，吸引了更多追求性价比的消费者。最后，针对低档市场，华为推出了价格较低的 Y 系列和畅享系列手机，这类手机主要针对入门级市场和预算有限的消费者。

华为手机的定价策略充分考虑了价格的心理功能，针对不同市场区间和消费者需求，推出了不同价格的手机产品。这种策略不仅满足了消费者的不同需求和预算，还提高了消费者的忠诚度，促使消费者购买决策的下达。

【素养园地】

理性消费，不在追求高昂商品中迷失自我

在当今社会，消费不仅仅为了满足基本的生活需求，更成为展现个人价值、品位与身份的一种方式。尤其是购买高昂商品，往往能够更直接地体现一个人的经济实力和社会地位。但如何不在这一过程中迷失自我，真正做到理性消费并凸显自身价值，是每一位消费者都需要深入思考的问题。

首先，在购买高昂商品之前，我们要明确自己的价值观和消费观。这不仅仅关乎金钱，更关乎我们对生活的态度和对自我的认知。一个真正有价值的人，不在于他拥有多少物质财富，而在于他的内心世界是否丰富，他的人生是否有追求和目标。

其次，我们应该保持理性，拒绝盲目跟风。不要因为某个品牌或某个款式突然流行就盲目购买，而应该根据自己的实际需求和预算作出决策。理性消费不只能够帮助我们节省不必要的开支，还能让我们在消费过程中保持清醒的头脑，不被外界的诱惑所左右。

然后，除了商品本身的价值外，我们还应该注重商品的附加值。这包括商品的售后服务、品牌的历史和文化内涵等。一个有价值的消费者，不仅仅看重商品的价格和质量，更看重商品背后的故事和精神。选择那些有深厚文化底蕴和良好售后服务的品牌，能够让我

们在消费过程中获得更多的精神满足和价值体验。

购买商品并不是一件简单的事情，它需要我们对自己的价值观和消费观有清晰的认识，对商品的品质有独特的追求，对消费过程保持理性，并注重商品的附加值。只有这样，我们才能在消费过程中真正凸显自身的价值，成为一个有品位、有追求、有价值的消费者。

三、价格及其心理成因

价格可被分为主观价格和客观价格。

1. 主观价格与客观价格

(1) 客观价格。客观价格通常是指商品或服务的实际价格或货币价格，它是基于经济活动的规律确定的，不受人的主观想法影响。例如，一瓶矿泉水的客观价格可能是 2 元，这个价格是由生产成本、市场供需关系等因素决定的，与人的主观感受无关。

(2) 主观价格。主观价格则是指消费者对商品或服务的主观价值判断，它可能受到消费者的心理、情感、认知等多种因素的影响。例如，消费者在购买一瓶矿泉水时，可能会因为口感、品牌、包装等因素而认为这瓶水的价值高于其他品牌的矿泉水，从而愿意支付更高的价格。这个价格就是消费者主观感受的结果，可能与客观价格存在差异。

在实际的市场竞争中，主观价格和客观价格往往相互影响、相互作用。客观价格是基础，它向消费者表明了商品或服务的实际价值；而主观价格是商品形象的重要组成部分，它不仅反映了商品的实际价值，还与消费者的心理、情感和认知密切相关。对于一些有较高自我意识的人来说，购买价格偏低的商品可能被他们认为不符合自身的身份地位，因此这类人更倾向于购买价格更高的商品。

以福建某服装厂为例，他们的一款西装价格定为 580 元时，销量一直不佳。后来，企业负责人听取了一位海外商人的建议，将价格改为 5800 元一套，市场一下子就打开了。购买者多为富人，他们认为穿着这样高档的服装才符合他们的身份地位。这个例子说明了主观价格在商品销售中的重要性，它不仅受到客观因素的影响，还受到消费者心理、情感和认知的影响。

2. 主观价格的心理成因

(1) 消费者对价格的感知不仅取决于理性思考，还受到心理因素的影响。例如，消费者可能因为购买过程中的心理感受，如购买欲望、购买习惯、对品牌的偏好等，而对价格产生不同的主观评价。

(2) 消费者的生活经验、经济条件、知觉程度、心理特征等也导致其对价格的感知不同。例如，习惯性、社会比较、锚定效应等因素都会影响人们对价格的判断。

(3) 商品本身的特点也会影响消费者对价格的主观评价。例如，一些商品可能具有独特性、稀缺性或品质上的优势，消费者愿意为此支付更高的价格。

(4) 消费者的情绪和心态也会影响消费者对商品价格的评价。例如，消费者在购买商品时的心情、购买目的、购买环境等都会影响他们对价格的接受程度。

(5) 消费者的文化背景和价值观也会对价格感知产生影响。例如，不同文化背景和社会阶层的人，对价格的看法和消费观念可能会有所不同。

四、商品定价的心理策略

1. 撇脂定价法

撇脂定价法是一种特殊的定价策略，它通常在新产品上市时使用，以获取最大的利润。这种定价策略的原理是在产品生命周期的最初阶段把产品价格定得很高，以求最大利润，尽快收回投资。在高科技行业，如芯片、手机、彩电等，撇脂定价法最为常见。这是因为这些行业中的产品更新换代迅速，消费者对新产品有较高的需求和期望，愿意为之付出较高价钱。

【知识拓展】

撇脂定价法的适用情况

1. 产品具有独特性或创新性，市场需求较高，消费者对价格不敏感。
2. 市场上存在一批购买力很强且对价格不敏感的消费者。
3. 这样的一批消费者的数量足够多，企业有厚利可图。
4. 暂时没有竞争对手推出同样的产品，本企业的产品具有明显的差别化优势。
5. 当有竞争对手加入时，本企业有能力转换定价方法，通过提高性价比来提高竞争力。
6. 本企业的品牌在市场上有较大的影响力。

在采取撇脂定价法时，企业需要仔细评估市场需求和消费者行为，以确保价格不会过高或过低。如果价格过高，可能会抑制市场需求，导致销售不佳；如果价格过低，可能会影响企业的利润和投资回报。

总之，撇脂定价法是一种高风险、高回报的定价策略，需要企业根据自身情况和市场环境灵活运用。

2. 渗透定价法

渗透定价法与撇脂定价法相反，即在新产品进入市场初期，迎合消费者"求实""求廉"的心理，低价投放新产品，给消费者物美价廉、经济实惠的感觉，从而刺激消费者的购买欲望；待产品打开销路、占领市场后，企业再逐步提价。这种策略的主要目的是通过低价吸引大量消费者，增加销售额，从而降低单位成本，提高市场份额。

【知识拓展】

渗透定价法的适用情况

渗透定价法通常适用于需求弹性较大的商品，如快消品、互联网产品等。以下是几个可以使用渗透定价法的产品：

快消品：如饮料、零食等，或纸巾、肥皂、洗发水等日常消耗品，由于消费频次高或需求量大，且产品同质化严重，消费者对价格较为敏感，可以采用渗透定价法以较低的价格吸引消费者，增加购买频次和销售额。

互联网产品：例如一些基础版本的APP或者服务，由于竞争激烈且用户对价格敏感，可以采用渗透定价法以较低的价格吸引用户，再通过升级版本或者增加服务等方式增加企业收入。

需要注意的是，渗透定价法并不适用于所有产品。对于一些高端产品、奢侈品或者有专利保护的产品，由于市场竞争不激烈或者消费者对价格不敏感，采用渗透定价法可能会影响企业的品牌形象和产品的销售。

3. 尾数定价法

尾数定价法通常用于确定消费品的零售价格，以小数结尾，使用户在心理上产生便宜且定价精确的感觉，或是按照风俗习惯，价格尾数取吉利数字，使消费者乐于接受。比如，对于 5 元以下的商品，末位数为 9 最受欢迎；对于 5 元以上、100 元以下的商品，末位数为 95 效果最佳；对于 100 元以上的商品，末位数为 98、99 最为畅销。这种定价策略已被广泛应用于各个行业，从日用品到家电、汽车，从国外的家乐福、沃尔玛到国内的华联超市、华润万家都在采用尾数定价策略。

4. 整数定价法

整数定价法是一种定价策略，商家有意将产品价格定为整数，以方便购销并满足消费者支付上的方便需求。整数定价的产品能给消费者留下一种方便、简洁的印象。这种定价方法通常适用于具有高端品质或知名品牌的商品，如高档礼品、工艺品等。

5. 差别定价法

基于每个人对于同样一件商品的价值认知是不同的，不同企业通过各种不同的营销努力，使同种同质的不同企业生产的产品在消费者心目中树立起不同的产品形象，进而根据自身特点，选取低于或高于竞争者的价格作为本企业产品价格。

【知识拓展】

差别定价法的形式

1. 顾客细分定价。该定价法指企业把同一种商品或服务按照不同的价格卖给不同的顾客。比如公园、旅游景点、博物馆将顾客分为学生、老人和一般顾客，对学生和老人收取较低的费用；铁路公司对学生、军人售票的价格往往低于一般乘客。

2. 产品形式差别定价。该定价法指企业按产品的不同型号、不同式样，制定不同的价格。比如女生喜欢买好看的裙子，一件素裙子成本 50 元，售价 100 元。可如果在裙子上绣个好看的图样，价格可能就能定到 500 元甚至更高。

3. 产品形象差别定价。该定价法指企业对同一产品使用不同的包装或商标以塑造不同的产品形象。最常见的就是香水厂商，把香水装入普通瓶中，售价为 20 元，装进华丽高端一点的瓶子里，再赋予不同的名称和形象，定价可能就上千元。

4. 地点差别定价。该定价法指企业对处于不同位置或不同地点的产品和服务制定不同的价格。例如影剧院不同座位的成本费用都一样，却按不同的座位给出不同价格，因为公众对不同座位的偏好不同。

【课岗融通】

定价专员岗位

一、岗位介绍

定价专员是一个专注于产品价格策略制定和管理的关键岗位。在竞争激烈的市场环境下，定价专员的工作是确保公司产品价格合理、有竞争力并符合市场需求。他们需要深入了解市场趋势、消费者行为、竞争对手的定价策略以及产品的成本结构，从而为公司提供策略性的定价建议。

二、岗位职责

(1) 市场调研与分析：定价专员需要定期进行市场调研，收集并分析竞争对手的定价信息、市场趋势和消费者行为数据，为制定和调整定价策略提供依据。

(2) 定价策略制定：根据市场调研结果、产品成本结构和公司战略目标，制定合理的产品定价策略，确保产品价格既具有竞争力又能实现营利目标。

(3) 价格调整与优化：监控市场价格变化，及时调整和优化产品定价，以应对市场波动和竞争对手的价格调整。

(4) 数据分析与报告：运用数据分析工具，对定价策略的执行效果进行定期评估，并向管理层报告分析结果和提出建议。

(5) 遵守法律法规：确保公司的定价策略符合相关法律法规和行业规定，避免价格歧视、欺诈等违法行为。

三、任职要求

(1) 学历背景：专科及以上学历，经济学、市场营销、商业分析等相关专业毕业为佳。

(2) 专业知识：熟悉定价理论和方法，了解市场经济学、消费者行为学、竞争战略等相关知识。

(3) 数据分析能力：具备较强的数据分析能力，能够熟练运用数据分析工具 (如 MS Excel、SPSS 等) 进行数据处理和分析。

(4) 沟通能力：具备良好的沟通能力，能够清晰、准确地传达定价策略和分析结果，与各部门进行有效协作。

(5) 团队协作：具备团队协作精神，能够积极参与团队讨论，为团队目标达成贡献自己的力量。

(6) 学习能力：具备持续学习的能力，能够关注行业动态和最新研究成果，不断提升自己的定价策略水平。

(7) 抗压能力：能够在紧张的工作环境中保持冷静，应对各种挑战和压力。

【素养园地】

实施差别定价的基本策略

某知名视频平台为了增加收入和提升用户黏性，推出了 VIP 会员制度。根据该制度，VIP 会员可以享受无广告观看、高清画质、独家影片等增值服务，而非会员用户则需要忍受较长的广告时间，且某些高清或独家内容无法观看。

然而，这一差别定价策略却引起了部分消费者的不满。原因是，该平台在执行差别定价时，对于会员和非会员之间的权益差距设置得过大。非会员用户不仅需要忍受长时间的广告，而且在观看某些热门影片或独家影片时，会被频繁提示升级为 VIP 会员。这种强硬的推销方式让许多用户感到被剥削和不被尊重。

此外，该平台在定价上也存在一些问题。VIP 会员的费用相对较高，对于一些经济条件有限的用户来说是一个负担。而且，该平台还经常推出各种限时优惠活动，导致会员价格频繁变动，让一些长期会员感到不公平和被欺骗。由于这些原因，该视频平台的差别定价策略引发了大量消费者的不满和抱怨。许多用户在社交媒体上表达了对该平台的不满。

虽然差别定价是一种有效的营销策略，但如果不当运用，很容易引起消费者的不满和反感。因此，企业在实施差别定价时，需要充分考虑消费者的需求和感受，确保定价策略的公平性和合理性。

职业能力测试

一、填空题

1. 商品价格的心理功能包括 _____、_____、_____ 和 _____。
2. _____ 是指消费者对商品或服务的主观价值判断。
3. _____ 定价法是指把产品价格定得很高以求最大利润，尽快收回投资。
4. _____ 定价法使用户在心理上产生商品便宜且定价精确的感觉。
5. _____ 是指企业把同一种商品或服务按照不同的价格卖给不同的顾客。

二、判断题 (对的打 √，错的打 ×)

1. 差别定价法就是企业对同一产品采取不同的包装或商标以塑造不同的形象，进而采用不同的价格。 （　　）
2. 在制定价格策略时，企业主要考虑自己的预期利润。 （　　）
3. 采用整数定价法，一旦制定好价格，更改较为困难，缺乏灵活性。 （　　）
4. 新产品进入市场初期，为迎合消费者"求实""求廉"的心理，应高价投放新产品。 （　　）
5. 主观价格基于经济活动的规律来确定。 （　　）
6. 撇脂定价法能迅速将新产品打入市场，提高市场占有率。 （　　）

三、简答题

1. 简述商品价格对消费者行为的影响。
2. 简述主观价格、客观价格的制定原理及两者间的关系。
3. 对比分析撇脂定价法和渗透定价法的优缺点。
4. 定价策略有哪些？

四、讨论题

产品价格降低，消费需求量一定会提高吗？列举哪些产品可以进行薄利多销。

课中实训

实训一　分析填表

对比分析撇脂定价、渗透定价、整数定价和尾数定价策略的优缺点及适用情况并填表。

定价策略	撇脂定价	渗透定价	整数定价	尾数定价
优点				
缺点				
适用情况				

实训二　思政研判

任务描述：学生分析案例提出的问题，拟写思政研判提纲；小组讨论，形成小组的思政研判报告；班级交流和相互点评各组的思政研判报告。

网红高端面食的兴衰

在当今的消费时代，随着消费者口味的日益升级和餐饮行业的持续创新，网红高端面食逐渐崭露头角，成为年轻一代的新宠。其中，陈香贵拉面凭借独树一帜的经营策略和卓越品质，在网红高端面食市场中脱颖而出。

陈香贵拉面以兰州拉面制作工艺为品牌核心，将传统拉面工艺与现代设计理念及营销策略巧妙结合，为消费者带来了一种别开生面的餐饮体验。其拉面不仅口感独特，而且视觉呈现上也极具吸引力，迅速赢得了年轻消费者的青睐。尽管价格高达30元每碗，顾客们仍旧络绎不绝，甚至不惜排队等候。在资本的鼎力支持下，陈香贵拉面迅速崛起，短短一年内开设了170家门店，投资超过2亿元，巅峰时期估值更是飙升至10亿元以上，成为网红拉面界的一股不可忽视的力量。

然而，好景不长。随着时间的推移，陈香贵拉面逐渐降温。到了2023年，其门店数量大幅缩减，业绩也呈现下滑态势。类似的情况也发生在张拉拉兰州手撕牛肉面、和府捞面等网红面馆身上，它们的扩张步伐明显放缓。

这些新兴的兰州拉面品牌有一个共同的特点，那就是"高价位"。陈香贵拉面的平均客单价在35至40元之间，张拉拉兰州手撕牛肉面的客单价更是高达40至50元。这让许多习惯在普通兰州拉面馆享用15元左右一碗牛肉面的消费者感到不解：这样的价格是否合理？

与传统兰州拉面馆不同，这些新兴的拉面品牌选择了"高端"路线。它们通常将门店开设在繁华的购物中心和写字楼内，主要面向白领和年轻消费群体。通过概念包装和品牌升级等手段提高拉面的价格定位，试图改变人们对兰州拉面"价廉物美"的固有印象。然而，这种策略也伴随着巨大的风险。因为它们是建立在"高租金 - 高客流 - 高客单价"的模式之上，一旦客流减少而租金等固定支出不变，这些品牌的经营便会陷入困境。

除了价格因素外，网红高端面食热度消退的原因还包括：

(1) 同质化严重。市场上涌现出大量类似的网红面馆，产品和营销策略缺乏创新，差异化不足，这导致消费者审美疲劳。

(2) 品质与价格不匹配。部分网红高端面食在营销上过于注重表面因素而忽略了产品的品质和口感，这导致消费者产生失望心理。

(3) 消费观念变化。消费者越来越注重品质、健康和性价比，对于过度炒作的网红产品的热情逐渐降低。

(4) 竞争激烈。餐饮市场竞争激烈，新的美食和潮流不断涌现，消费者选择更加多样化，网红高端面食面临更多竞争对手的挑战。

(5) 缺乏持续创新。如果网红高端面食无法持续推出新的产品和体验以满足消费者的需求和期待，就容易被市场淘汰。

要保持网红高端面品牌的热度和竞争力，品牌需要不断创新、提升品质、关注消费者需求，并建立良好的口碑和品牌形象。同时，也要根据市场变化及时调整策略，以适应市场的发展和变化。

问题：

(1) 结合案例分析网红高端面受年轻人追捧的原因。

(2) 分析网红高端面品牌的营销，讨论其体现的思政元素。

(3) 网红高端面品牌若想要破除困境，你认为应如何进行创新改良？

小组讨论后，请将思政研判提纲填写在以下空白处。

思政研判提纲

实训项目评价

学 生 自 评 表

序号	评价素质点	佐　证	达标	未达标
1	知识点融会贯通能力	能够将知识点灵活运用于实训项目中		
2	资源整合能力	能够借助网络资源平台、人脉资源等完成实训项目		
3	小组分工合作能力	能够融入小组活动，有效协同工作		
4	职业道德	能够从职业道德的角度理性看待社会现象，进行思政研判		

教师评价表

序号	素质点自评	佐　证	达标	未达标
1	知识点融会贯通能力	能够将知识点灵活运用于实训项目中		
2	资源整合能力	能够借助网络资源平台、人脉资源等完成实训项目		
3	小组分工合作能力	能够融入小组活动，有效协同工作		
4	职业道德	能够从职业道德的角度理性看待社会现象，进行思政研判		

课后提升

一磅铜的价格

在人类历史长河中，智慧是无价之宝。铸造智慧像铸造金币一样，正确的引导和磨炼必不可少。在奥斯威辛集中营中，一个犹太人以他的智慧和独特的视角向他的儿子传授了如何铸造智慧的秘诀。他说："现在我们唯一的财富就是智慧。当别人说 $1+1=2$ 的时候，你应该想到大于 2。"这种对智慧的独特理解救了他们父子的命，让他们在纳粹的毒气室中幸存下来。

1946 年，他们来到美国，在休斯敦开始做铜器生意。一天，父亲问儿子一磅铜的价格是多少？儿子回答 35 美分。父亲说："对，整个得克萨斯州都知道每磅铜的价格是 35 美分，但作为犹太人的儿子，应该说 3.5 美元。你试着把一磅铜做成门把手看看。"这种对价格的独到见解和对产品的无限创意，使得他们的产品在竞争激烈的市场中脱颖而出。

20 年后，父亲去世，儿子独自经营铜器店。他渴望赚钱，他的脑海里充满了赚钱的想法。他做过铜鼓，做过瑞士钟表上的簧片，做过奥运会的奖牌。他曾把一磅铜卖到 3500 美元，这时他已经是麦考尔公司的董事长了。然而，真正使他扬名的，是纽约州的一堆垃圾。

1974 年，美国政府为清理翻新自由女神像时产生的废料，向社会广泛招标。但几个月过去了，没人应标。正在法国旅行的他听说后，立即飞往纽约，看过自由女神像下堆积如山的铜块、螺丝和木料后，未提任何条件，当即就签了字。这个举动让纽约许多运输公司嘲笑不已，因为在纽约州，垃圾处理有严格规定，弄不好会受到环保组织的起诉。然而他却以独特的视角和无与伦比的创造力将废料变成了纪念品和艺术品。不到 3 个月的时间，他让这堆废料变成了 350 万美元现金，每磅铜的价格整整翻了 1 万倍。

犹太人的智慧并非天生就如此卓越，但他们懂得如何去铸造无价的智慧。在他们的孩子刚懂事的时候，母亲们就会将蜂蜜滴在书本上，让孩子去舔书上的蜂蜜，其用意是告诉孩子：书本是甜的。这种对知识的热爱和追求为他们的智慧之路打下了坚实的基础。

诺贝尔奖获得者华人物理学家李政道曾说，一个人想做点事业，非得走自己的路。要开创新路子，最关键的是你会不会自己提出问题，能正确地提出问题就是迈开了创新的第一步。这句话告诉我们，创新的源泉在于对问题的敏锐洞察和独立思考。只有敢于走自己的路，才能发现新的可能性并创造出前所未有的价值。

总之，犹太人的成功并非偶然，而是他们对智慧的执着追求和对创新的热爱使然。他们懂得如何铸造无价的智慧并运用独特的视角和创造力开创属于自己的事业。这种精神值得我们学习和借鉴。

想一想：

结合以上故事，思考创新精神在价格策略中的意义，以及其对消费者行为的影响。

职业能力拓展

阅读案例，完成工作任务。

双十一大战，从最低价"卷"起

2023年的双十一比往年更早一些，短视频平台的活动宣传甚至更早于传统电商平台，率先拉开了双十一大促销的大幕。在10月18日，快手电商以"大牌百亿补，尽在快手商城"为主题，正式开启了双十一预售。随后，京东、淘宝天猫、抖音等平台也纷纷启动了双十一活动。

与往年双十一大促销不同的是，今年各大平台都将战略重点聚焦在了"低价"上。例如，京东强调实打实的真低价，让消费者闭眼买；淘宝天猫则将全网最低价定为双十一核心目标。此外，平台们化繁为简，实行"单件立减""不凑单"等简单的优惠政策。但是消费者是否会因此重回疯狂"买买买"的时代呢？"'最'低价"大战，真的便宜吗？定价权到底在谁手中呢？这些问题值得深入思考。

1. "'最'低价"博弈

抢占"'最'低价"一直是各平台的共同选择，让消费者得实惠，但商家落实最低价策略需要技术。

大促销前夕，平台会与商家沟通制定促销机制，今年各平台诉求不同。京东采销希望更低价，淘宝天猫要求主推产品降价，抖音商城要求降价15%。

抖音还对商家投入、产出GMV（商品交易总额）有要求。某品牌的短视频电商渠道运营负责人表示，抖音、快手会与商家一起制定双十一机制政策，抖音对商家投入和产出GMV要求更高，同比将上涨40%。快手通过大牌大补策略实现低价目标，但降价幅度干预不大。快手一位商家称，平台没有要求降价幅度，只要求商家今年销售额比去年增长10%~20%。要实现平台最低价目标，需要商家配合让利。没有商家的配合，即使平台百亿补贴也难以避免纠葛。

2. 究竟谁是"'最'低价"

平台追求"'最'低价"容易，但实现需要商家让利和平台补贴。今年淘宝天猫、京东、抖音等平台都推出大规模优惠措施，如跨店满减、官方直降等，预计将有超过8000万元的商品降至全年最低价。除了平台政策，商家也要承担"满减"与"立减"成本，并面临流量成本飙升的问题。商家让利多少建立在保证一定盈利的基础之上，而价格失守可能会引发窜货等风险。

3. 低价能否打动消费者

低价策略是双十一期间最为常见的营销手段之一，也是吸引消费者购买的重要因素之一。然而，随着电商行业的不断发展，消费者对于双十一的热情也在逐渐减弱。

一方面，消费者对于双十一的期待值在逐渐降低。过去几年，消费者对于双十一的热情非常高，很多消费者会提前作好购物准备，等待双十一的到来。但是随着时间的推移，消费者对于双十一的期待值在逐渐降低，面对商家的低价策略也变得越来越理性。另一方面，消费者对于商品品质的要求也在逐渐提高。在过去的几年中，消费者对于商品品质的要求相对较低，只要价格低就可以接受。但是随着电商行业的不断发展，消费者对于商品品质的要求也在逐渐提高。如果商家只是简单地追求低价，忽略了商品品质，则消费者对于这种商品的评价就会降低，也不会再次购买。

因此，双十一的低价策略虽然可以吸引消费者购买，但是要想真正打动消费者，商家还需要注重商品品质和服务质量。只有在保证商品品质和服务质量的前提下，再配合低价策略，才能够真正赢得消费者的心。

拓展任务说明

一、任务背景

促销价格制定是促销活动的核心环节，它直接关系促销活动的成功与否。对于学习市场营销的学生来说，掌握促销价格制定的方法和技巧至关重要。本次实训任务将模拟一个真实的市场环境，要求根据市场需求、竞争状况、产品特性等因素，为一家虚构的企业制定促销价格策略，并通过模拟市场反应来评估策略的有效性。

二、任务分析

1. 市场需求分析

首先需要分析目标市场的消费者需求，包括消费者对产品的期望、购买习惯、价格敏感度等。这将有助于确定促销活动的目标受众和价格定位。

2. 竞争状况评估

了解竞争对手的促销活动、价格策略、市场份额等信息，有助于制定差异化的促销价格策略，以吸引消费者并提升市场份额。

3. 产品特性分析

产品的特性、品质、定位等因素也会影响促销价格的制定。例如，高端产品可能更适合采用降价幅度较小的促销策略，而低端产品则可能需要更大的降价幅度来吸引消费者。

4. 促销目标设定

明确促销活动的目标，如提高销售额、扩大品牌影响力、清理库存等。

5. 促销价格策略制定

综合以上分析，制定促销价格策略，包括促销方式（满减、折扣、赠品等）、促销期限、降价幅度等。

三、任务要求

1. 任务期间须保持高度的责任感和团队合作精神。

2. 设计方案须原创，不得抄袭或侵犯他人知识产权。

3. 提交促销价格策略报告：根据市场与竞争分析报告，为一家虚构的企业制定一份促销价格策略报告。报告应明确促销活动的目标、促销方式、促销期限、降价幅度等细节。

任务三　促销策略与消费者行为

 **案例导入**

美团 —— 以小见大传递品牌升级

2023 年 12 月 1 日，美团买菜正式更名为小象超市，并推出了一部富有深意的品牌升级 TVC（商业电视广告）短片《会长大的家》。这部广告短片通过讲述一个家庭逐渐壮大的温馨故事，生动展现了品牌升级的多重内涵，建立起品牌与消费者之间的情感纽带，进一步强化了品牌的价值主张。

广告短片以小孩子的视角展开，透过纯真的眼睛和声音，描绘了父母共同努力经营家庭，家从最初的狭小空间逐渐变为大的温馨家园的过程。每一次家的扩张，都伴随着对生活的热爱和追求，象征着品牌不断追求更高品质的产品和服务的不懈努力。特别是那种夸张地推开墙壁以扩大空间的情节，不仅充满了童趣，也巧妙地传达了品牌升级带来的新变化和可能性。

在广告短片中，小象超市的每一次出现都伴随着家庭的重要时刻，从最初的食材供应到后来生活用品的丰富，再到玩具的加入，都反映了品牌从"菜篮子"到"零售＋科技"大型超市的转型升级。这种转变不仅体现在产品种类的增加上，更体现在品牌对于消费者需求的深入洞察和满足上。

广告短片以孩子的视角结束，留下了无限的想象空间，同时也预示着小象超市与消费者之间的故事还将继续。通过沉浸式的场景描绘，小象超市成功地将"家"与品牌升级紧密结合，传达出"陪每一个家慢慢长大"的核心理念。这种温情而真实的表达方式，不仅让消费者对品牌产生了更深的认同感和归属感，也进一步巩固了品牌在消费者心中的形象。

此外，这部广告短片还巧妙地传递了"不是准备好一切才有了家，而是有了家，才准备好了一切"的深刻寓意。它提醒我们，家的意义不仅仅在于物质的丰富和完善，更在于情感的陪伴和成长。而小象超市作为这个家的守护者和陪伴者，也在不断地成长和升级，为消费者提供更优质的服务和更丰富的选择。

从营销层面来看，这部广告短片通过讲述一个家庭的成长故事，巧妙地传递了品牌升级的信息和价值主张。它不仅展现了品牌对于消费者需求的深刻洞察和满足消费者需求的能力，也体现了品牌对于家庭和社会的责任和担当。通过聚焦"家"这个温馨而具有普遍意义的话题，小象超市成功打造了一个温情人设，进一步加深了消费者对于品牌的认知和好感度。在未来的营销道路上，小象超市将继续以"家"为核心，不断创新和升级，为消费者带来更加优质的服务和体验。

思考：

美团《会长大的家》TVC 如何搭建品牌与消费者之间的桥梁，抢占用户市场。

课前导学

一、广告定位的方式

1. 领导者定位

领导者定位是指企业将自身定位为市场领导者,并借助其强大的品牌形象和优势资源,通过广告宣传和营销活动,强化消费者对品牌的认知和信任,提升品牌价值和市场占有率。

例如,可口可乐公司将其定位为市场领导者,通过"只有可口可乐,才是真正的可乐"的广告语来暗示可口可乐是衡量其他可乐的标准,在顾客心目中占据了"真正的可乐"这样一个独特心理位置。

【知识延伸】

如何实现广告领导者定位

(1) 强调品牌领先地位。在广告中强调品牌作为市场领导者的地位,突出品牌在产品类别或行业中的领先地位。例如,可以使用类似于"市场领导者""行业先驱"等表述来强调品牌的领先地位。

(2) 强调产品质量。广告可以通过强调产品的卓越品质,突出其品牌在市场中的竞争优势。例如,可以使用类似于"优质""卓越品质""绝佳选择"等表述来强调产品的质量。

(3) 强调品牌创新能力。广告可以突出品牌的创新能力,强调品牌不断推出新产品或新技术,引领行业发展。例如,可以使用类似于"创新领导者""前沿技术"等表述来强调品牌的创新能力。

(4) 强调品牌服务的优势。广告可以通过强调品牌服务的优势,突出品牌在市场中的竞争力。例如,可以使用类似于"全方位服务""专业支持"等表述来强调品牌服务的优势。

(5) 使用视觉元素。广告可以通过使用视觉元素来传达品牌的领导地位。例如,可以使用类似于"皇冠""领导者标志"等图像来突出品牌的领导地位。

2. 比附定位

比附定位方法常为市场追随者采用。弱小产品在寻找市场认同的时候,采用类比强者的手法,与高知名度和美誉度的领先品牌建立联系,使得自己的品牌能快速进入消费者心里,并占领一个牢固的位置。1999 年,刚成立的蒙牛实在微不足道,此时伊利已是龙头企业。蒙牛以"蒙牛乳业,创内蒙古乳业第二品牌""向伊利学习,为民族产业争气,争创内蒙古乳业第二品牌!"为标题,用在呼和浩特的户外广告上,把比附定位的精髓运用得淋漓尽致。

【知识延伸】

比附定位的三种形式

(1) 第一主义。明确承认市场的第一品牌,强调公司与第一品牌之间的关联,使消费者认为自己公司是第二,但强调"我们正在努力超越"的定位。例如,美国阿维斯出租汽车公司的"我们是第二,我们要进一步努力"的定位。

(2) 攀龙附凤。承认市场中已卓有成就的品牌，强调本品牌虽自愧弗如，但在某地区或在某一方面还可与这些最受消费者欢迎和信赖的品牌并驾齐驱，平分秋色。例如，内蒙古的宁城老窖的"宁城老窖——塞外茅台"定位。

(3) 俱乐部策略。如果不能取得本市场第一地位又无法攀附第二名，便退而采用此策略，希望借助群体的声望和模糊数学的手法，打出会有严格限制的俱乐部式的高级团体牌子，强调自己是这一高级群体的一员，从而借助俱乐部等其他市场领先品牌的光辉形象来抬高自己的地位形象。

3. USP 定位

USP 是英文 Unique Selling Proposition 的缩写，意思是独特的销售主张，通俗的说法叫独特卖点——找到产品独特的卖点，并在广告中强化宣传。简单来说，USP 就是让你创造出竞争对手没有的东西。这种定位策略的基本逻辑是：

① 每则广告都向顾客提出同一个主张。

② 这个主张必须是竞争对手所不能或不曾提出的。

③ 这个主张必须有足够的促销实力，能打动顾客。

"白加黑"感冒药片的广告语："感冒了……怎么办……你可以选择黑白分明的方法。白天吃白片不瞌睡；晚上吃黑片睡得香。治疗感冒，白加黑。""白加黑"将容易使人产生睡意的镇静成分放在黑片中，既不影响日常工作又睡得香。正因为如此，"白加黑"才得以在竞争激烈的市场角逐中迅速崛起，一举站稳脚跟，成为一个很有竞争力的品牌。

4. 空档定位

空档定位方法旨在寻找人们心目中（而不是市场）的空隙，然后加以填补。这种策略的优点在于，在竞争激烈的市场环境中，企业可以通过寻找市场空档，避免与主要竞争对手直接竞争，从而降低营销难度和成本。同时，利用空档期进行品牌宣传和产品定位，可以增加消费者对产品的认知度和好感度，提高产品的市场占有率。

七喜汽水公司运用空档定位的心理方法，把自己生产的柠檬饮料定为非可乐饮料，并不断强调，可口可乐是可乐型饮料的代表，而自己则是非可乐型饮料的代表，以此方法把自己产品塑造成与强大竞争对手并列的另一种类型，巧妙而有力地使自己从硝烟弥漫的可乐战场中抽离，成为非可乐型饮料中首屈一指的名牌。

二、广告的心理诉求

1. 感性诉求

感性诉求营销（即情感营销）强调广告的人性化，主要是指采用感性的说服方法，诉诸于情，利用广告场景和广告词调动消费者的情绪和情感，使消费者对广告产品产生好的情感与态度。这种诉求方式注重建立强劲的品牌形象和温馨的感觉等，强调广告的人性化因素，以引导消费者产生强烈的感情。感性诉求的类型有以下几类。

(1) 强调爱与关怀。这种诉求方式通过激发消费者的情感和情绪来吸引他们的注意，并让他们对产品产生好感。在广告中，感性诉求通常采用温馨、感人的场景和情节来表达，例如本节案例导入中小象超市的《会长大的家》短片，讲述一个小家慢慢长大的故事，以此打造温情人设，引发消费者共鸣。

【见多识广】

农夫山泉：龙年，我们相信

2024，是甲辰龙年，自带吉祥、希望的美好寓意。农夫山泉推出一支极具鼓舞意味的春节短片——《龙年，我们"相信"》，讲述小女孩除夕之夜跌跌撞撞舞龙，哪怕屡试屡败依旧不放弃，最后得以见真龙的神秘东方故事。

从内容上来说，农夫山泉第一次没有用生肖动物，而是以人作为主角，更易被大家共情。主角是舞龙少女，也是站在时代大幕前用力演好人生剧本的你我，会跌跌撞撞受挫、会怀疑，但只要拥有相信的力量，总会拨开云雾见月明。与此同时，充满细节张力的动画伴随悠扬甜美的歌声，形成一种富有诗意的浪漫表达，在岁末新春，点燃群体的温暖情绪。

从制作上来说，这次的舞龙少女，再度刷新技术上限，用科技串起整个创意制作流程——自主研发表情捕捉与驱动系统，融合深度学习，精准还原灵动表情，只为呈现最真实生动的荧幕故事，所以才有我们现在所看到的精彩，背后之用心，值得肯定。

(2) 利用生活情趣。生活中蕴藏着丰富的情趣，如好奇、休闲、幽默等，它们可以唤起积极的心理感受，很容易感染到诉求对象。

例如，左岸咖啡有一句流传已久的广告语："生命就该浪费在美好的事物上。"知乎App用"发现更大的世界"来强调探索与发现的好奇心。

(3) 利用自我观念和个性。自我观念是指一个人对自己身份和特征的认识，包括职业、个性、价值观、兴趣爱好等方面。

例如，一个时尚服饰品牌可以通过展示个性、时尚、品位等元素，来吸引那些注重自我观念和形象的消费者。

个性是指一个人独特的性格特点和行为方式，它是品牌与消费者之间建立联系的桥梁。例如，一个运动品牌可以通过展示年轻、活力、激情等个性特点，来吸引那些热爱运动、追求健康生活的消费者。

例如，饿了么的"这世界，多数人想要，少数人敢要"；QQ浏览器的"我要的，现在就要"；新百伦的"人生没有白走的路，每一步都算数"。

广告运用感性诉求策略具有显著的效果。研究表明，情感反应可以增强记忆、注意和认知过程，从而增加广告信息的传播效果。同时，情感反应还可以影响消费者的态度和购买决策，使他们对产品或品牌产生积极的评价和行为反应。

【知识拓展】

感性诉求的挑战与对策

虽然感性诉求具有显著的效果，但它的实施也面临一些挑战。首先，感性诉求需要准确把握受众的情感需求和文化背景，否则可能产生相反的效果。其次，感性诉求需要适度使用，避免过度依赖情感而忽略产品本身的价值和特点。最后，感性诉求需要与品牌形象和定位相符合，避免与品牌形象产生冲突。

为了克服这些挑战，广告主可以采取以下对策：

1. 进行市场调研：了解目标受众的情感需求和文化背景，根据调研结果制定相应的感性诉求策略。

2. 适度使用感性诉求：避免过度依赖情感而忽略产品本身的特点和价值，同时要与品牌形象和定位相符合。

3. 创新广告形式和内容：创新广告形式和内容，吸引受众注意力，增强广告效果。

4. 提供实际价值：在满足受众情感需求的同时，提供实际的产品或有价值的服务，增强受众对产品或品牌的信任和认可。

总之，感性诉求是一种有效的广告策略，但需要准确把握受众的情感需求和文化背景，适度使用，并与品牌形象和定位符合。只有这样，才能真正发挥感性诉求在广告运用中的最大效果。

2. 理性诉求

理性诉求指的是广告诉求定位于受众的理智动机，通过真实、准确、公正地传达企业、产品、服务的客观情况，使受众经过概念、判断、推理等思维过程，理智地作出决定。

(1) 直接陈述。直接大声喊出产品的特点和功能是一种常用的广告策略，它通过简洁明了的语言，直接传达产品的特点和功能，从而吸引消费者的注意力。这种方法通常用于创造品牌形象和塑造产品特点，以便让消费者在短时间内记住产品并产生购买欲望。

"收礼还收脑白金"是一个非常经典的例子，通过简洁的语言，直接传达了"脑白金可以作为保健品送给老年人"这一产品特点。这种诉求方式直接明了，易于记忆，从而使脑白金成为送礼的首选保健品之一。

(2) 引用数据。OPPO、VIVO 和华为都是知名的手机品牌，它们在广告中采用了引用数据的方法来吸引消费者。具体来说，它们通过提供具体的数据和信息，突出了产品的特点和优势，从而引导消费者进行购买决策。

OPPO 的"充电 5 分钟，通话 2 小时"是一个非常具体的描述，它向消费者展示了 OPPO 手机充电速度极快，并且续航时间长的特点。VIVO 的"1600 万柔光自拍，照亮你的美"则强调了 VIVO 手机在自拍方面的优势。华为的"2400 万海报级自拍"也同样强调了华为手机在自拍方面的优势，通过提供具体的像素数据和描述，华为向消费者传达了华为手机自拍效果极佳的信息。

(3) 场景创造。场景创造方法也称为"需求引导法"，旨在帮助消费者意识到自己在一个特定场景下的需求或痛点，并引导他们找到能够满足这些需求的特定产品或服务。

场景创造通过描绘一个消费者可能遇到的特定场景，使消费者联想到自己生活中的类似情境。这种情境通常是一个问题或痛点，是消费者在日常生活中遇到并希望得到解决的问题。例如，"怕上火，喝王老吉"创造了一个预防上火的场景利益点。"困了累了，喝红牛"则是创造了一个提神解困的场景利益点。

关于感性诉求和理性诉求的关系，在广告中，理性诉求和感性诉求可以相互融合，共同构成一个完整的广告策略。例如，在宣传介绍产品时，可以采用信息承载量大、表达形式灵活的介质，如报纸、杂志等，以突出产品的具体功能和利益点。同时，也可以采用感性诉求的方式，通过营造浪漫、温馨的氛围来吸引消费者的注意，并增强他们对产品的情感认同。

【课岗融通】

新媒体广告策划岗位

一、岗位介绍

新媒体广告策划是伴随着数字技术与互联网的飞速发展而逐渐兴起的一个职业。在这个岗位上，策划人员需要深入了解新媒体的特性，结合广告学、市场营销、消费者行为分析等多方面的知识和技能，为品牌或产品制订富有创意和策略性的广告方案。

二、岗位职责

(1) 市场调研与分析：新媒体广告策划人员需要定期进行市场调研，了解行业动态、消费者需求以及竞争对手的广告策略，为制订广告方案提供数据支持。

(2) 广告策略制定：根据市场调研结果，结合品牌或产品的特点，制订符合目标受众需求的新媒体广告策略，包括广告主题、广告内容确定、传播渠道等。

(3) 创意策划与执行：策划人员需要具备一定的创意能力，能够提出新颖、独特的广告创意，并负责广告的文案、视觉设计等方面的执行工作。

(4) 媒体资源整合：与各大新媒体平台建立合作关系，整合优质媒体资源，确保广告能够精准触达目标受众。

(5) 广告效果评估与优化：通过数据分析工具，实时监测广告效果，根据效果反馈及时调整广告策略，提高广告投入产出比。

三、任职要求

(1) 学历背景：要求专科及以上学历，广告学、市场营销、消费者行为学等相关专业毕业生。

(2) 知识储备：具备市场营销、数据分析、消费人群画像、广告定位、广告内容策划、新媒体运营等方面的专业知识，能够灵活运用这些知识解决实际问题。

(3) 技能要求：熟练掌握市场调研、数据分析、创意策划等技能，具备一定的文案撰写和视觉设计能力。

(4) 工作经验：要求有一定的广告策划或相关领域的工作经验，能够独立完成广告策划项目。

(5) 创新思维：具备敏锐的市场洞察力和创新思维，能够提出新颖、独特的广告策划方案。

(6) 团队协作能力：具备良好的团队协作能力，能够与其他部门紧密合作，共同完成广告策划任务。

三、增强广告效果的心理策略

增强广告效果的心理策略包括引起注意、增强记忆、启发联想和增进情感，如图 4-2 所示。

增强广告效果
的心理策略

图 4-2　增强广告效果的心理策略

1. 引起注意

广告首先需要引起消费者的注意，才能被关注和接受。为了吸引消费者的注意力，广告通常会采用各种创意和表现形式，例如引人入胜或有互动性的故事情节、视觉冲击、听觉吸引、醒目的标题和情感共鸣等。通过引起消费者的注意，广告能够引导他们进入下一个心理阶段。

例如，某电视广告中使用了夸张的音效和视觉效果，如闪电、爆炸等，来吸引观众的注意力。这种广告策略通过刺激消费者的感官，引起他们的注意，并引导他们进入广告的情境中。

2. 增强记忆

广告宣传需要策略性地重复，通过不断刺激消费者的视觉和听觉，来加深产品在消费者心中的印象。为了更好地达到记忆效果，广告应尽量做到短小精悍、简明扼要。因为，在相同的记忆时间内，记忆的难度越低，记忆效果就越好。同时，广告也需要形象和直观的设计，让消费者能够一眼就理解产品信息，从而增强记忆效果。

比如，"农夫山泉，有点甜"这句广告语将农夫山泉矿泉水与"有点甜"联系在一起，让消费者在购买矿泉水时更容易想起这个品牌，并认为它的味道具有一定的特色。

"999感冒灵，家中常备"这句广告语将999感冒灵与"家中常备"联系在一起，让消费者在购买感冒药时更容易想到999感冒灵，并认为它应该是家庭常备药品。

"佳能，感动常在"这句广告语将佳能相机与"感动常在"联系在一起，让消费者在购买相机时更容易想到佳能品牌，并认为它能够记录下珍贵的瞬间。

这些广告语都通过简短、易记的语言将品牌产品的特点与情感联系在一起，并通过重复和突出重点来增强消费者的记忆，让消费者更容易记住该品牌及其产品特点。

3. 启发联想

广告不仅要让消费者记住产品或品牌的信息，还需要启发他们产生积极的联想和想象，从而激发消费者的购买欲望。例如，广告可以通过展示产品的好处和使用效果，让消费者联想到自己使用产品后的感受和体验。

【见多识广】

RIO微醺新广告，比酒更醉人

将好坏心事都藏在心里是每个成年人熟稔的操作，江小白、红星二锅头等知名品牌也都尝试过从文案入手，代替人们说出那些藏在酒杯里的情与爱、孤独与寂寞、迷茫与失落、心事和辛酸事。只不过随着"一人食"经济的兴起，从那些越刷越短的朋友圈、越熬越晚的入睡点、越讲越少的知心话可知，年轻人现在偏向于享受自我的时光，更加关注自己的心理世界。

RIO微醺系列从上市到如今，持续围绕"一个人的小酒"展开创意输出，比如，一个人一样自在、一个人一样欢喜。产品传递出的积极心态，一步步走入消费者视野，深受认同。可以说精准把握了"单身经济"崛起的苗头，率先抢占了酒类市场"一人饮"的概念，差异化定位为后续营销构思方向的确立提供了先发优势。而时至今日，"单身经济"依旧传递出明显的市场特征，因而RIO微醺的定位依旧具有强大的诱惑力。

RIO微醺广告1.0首先聚焦恋爱话题，营造一种少女暗恋时的怦然心动；RIO微醺广告2.0选择放大"独处"概念，将独处的惬意化作雨的滴落、叶的晃动、风铃的摇摆，用具体的物件表达独处意象。RIO 微醺广告 3.0 则以"万岁"点明独饮的快乐,工作、阅读、吃饭这些常见的独处场景,引发人的共鸣。RIO 微醺广告着力于独处场景的挖掘,在触动单身人群的情绪敏感点的同时,也在产品口味创新上发力,以不一样的风味匹配不同场景下的微妙情绪,尽显 RIO 微醺对单身人群的重视和关心。RIO 微醺广告 4.0 再度从生活常见的心事入手,"那些小心事 微醺知道"也是让年轻人独而不孤,对 RIO 微醺好感度提升的又一成功操作。

三言两语道清故事,一笑一颦表明心事,RIO 微醺以分段、简洁的表达方式,贴合如今信息接受的习惯。最终,一个人独处时,RIO 微醺陪伴消费者化解小心事的贴心形象得到消费者的认可。短片勾起情绪,疏解情绪,两步到位,消费者更舒心,也愿意为其下单。

4. 增进情感

广告不仅要使消费者产生注意、记忆和联想等认知层面的心理活动,更要触动他们的情感体验与情绪。人类拥有各种深层次的欲望和情感,一则富含浓厚情感色彩的广告可以带来强大的情感冲击力,让消费者产生共鸣,从而拉近广告与消费者的心理距离,使他们自然而然地沉浸在广告所构建的情境中,最终被广告所说服。

需要注意的是,不同的广告策略适用于不同的产品、目标市场和消费者群体。因此,在制定广告策略时,需要对这些因素进行深入分析,以选择最合适的方法来引起消费者的注意。

【素养园地】

在当今社会,广告已成为人们生活中不可或缺的一部分。为了吸引消费者的注意,广告商常常在创意上费尽心思。然而,随着创意的多样化,一些广告因过于追求新奇、独特,而触及了社会的道德底线,被指为"低俗"。我们需要思考:在追求广告效果的同时,如何避免陷入低俗化的泥潭?

一般情况下,广告创意出现低俗化情形有几个原因,比如追求短期效益、缺乏审美、监管不到位等。低俗广告不仅损害了广告行业的形象,还对社会产生了诸多负面影响。例如,它可能误导消费者的价值观,尤其是对未成年人的成长造成不良影响;同时,低俗广告还可能破坏社会公序良俗,影响社会的和谐稳定。

尽量平衡广告创意与避免低俗的方法有以下几种。

第一,强化自律意识。在广告创意和制作过程中,应主动避免使用低俗元素,确保广告内容健康、积极、有品位。

第二,提高创意水平。提升广告创意的质量,注重创新和独特性。通过独特的视角、富有创意的构思和精美的制作,吸引消费者的注意力,而不是依赖低俗元素。

第三,政府部门和相关机构应加强对广告行业的监管力度,制定严格的广告审核标准,对低俗广告进行打击和处罚。

我们要意识到广告创意与避免低俗化之间并没有不可调和的矛盾。我们完全可以在追求广告创意的同时,避免其陷入低俗化的泥潭。这不仅是对广告行业负责,更是对社会的和谐稳定作贡献。

职业能力测试

一、填空题

1. _____ 常使用类似于"市场领导者""行业先驱"等表述来强调品牌的领先地位。

2. 广告的心理诉求可以分为 _____ 和 _____。

3. _____ 是指采用类比强者的手法，与高知名度的品牌建立联系，使得自己的品牌能快速进入消费者心里。

4. _____ 诉求强调广告的人性化。

5. 理性诉求有 _____、直接陈述、_____ 和 _____。

二、判断题（对的打 √，错的打 ×）

1. 领导者定位强调品牌创新能力。 （ ）

2. 蒙牛定位策略属于比附定位。 （ ）

3. 白加黑感冒药采取的定位策略是空档定位。 （ ）

4. OPPO 的"充电 5 分钟，通话 2 小时"是直接陈述的理性诉求。 （ ）

5. 产品可以通过广告与消费者建立情感联系，激发消费者的购买欲望。 （ ）

6. 广告创意与低俗之间的矛盾不可调和。 （ ）

三、简答题

1. 简述广告定位策略。

2. 广告的心理诉求有哪些？感性诉求的具体表达方式是什么？

3. 如何表达理性诉求？

4. 增强广告效果的心理策略有什么？

四、讨论题

情感营销是一种基于情感的产品营销方式，它通过激发消费者的情感共鸣和信任来提高产品认知度和销售量。所有产品都适合情感营销吗？

课中实训

实训一　案例剖析

任务描述：为每种广告定位方式匹配一个企业广告定位案例，并说明企业的具体实施措施。

企业广告定位	领导者定位	比附定位	USP 定位	空档定位
案例				
如何实施				

实训二 思政研判

任务描述：学生分析案例提出的问题，拟写思政研判提纲；小组讨论，形成小组的思政研判报告；班级交流和相互点评各组的思政研判报告。

环保营销既有"心意"又有"新意"

近年来，环保已经成为众多品牌营销中争相追逐的潮流。从最初的被动响应到如今的主动参与，绿色营销正以前所未有的速度和力度向前推进，展现出更加生动、细分化和有创意的特点。

支付宝作为国内领先的数字支付平台，不仅将环保智慧融入其品牌IP(知识产权)中，还通过数字技术为其品牌IP增添了新的逸趣。最近，支付宝和蚂蚁森林与国内六大博物馆合作，以馆藏文物为载体，传承和讲述绿色生活方式，向公众传递古人的环保智慧。这种独特的营销方式不仅吸引了年轻人的注意，也为博物馆带来了全新的生命力。

同样，肯德基也以其独特的营销方式在绿色营销领域取得了显著成果。通过"买咖啡送咖啡渣"的互动活动，肯德基成功吸引了消费者的参与，并通过科普咖啡渣的妙用，让消费者在享受美味咖啡的同时，也参与到可循环的绿色生活中来。这种简单而富有创意的营销方式不仅提升了品牌形象，也有效传播了环保理念。

金典作为另一家深耕绿色营销的品牌，通过制作高质量的自然纪录片，展示其牧场上的草原风光与生物多样性，让消费者深刻感受到自然有机产品的魅力。这种以产地溯源为基础的绿色营销方式，不仅提升了消费者对品牌的认同感，也激发了他们的环保意愿。

随着绿色营销内涵的不断丰富，减塑低碳、无标签、植物基、回收再生、可循环、环保材料研发等概念逐渐成为行业趋势。然而，要想在绿色营销领域脱颖而出，品牌需要更加注重实践和创新。

首先，品牌需要转变营销理念，将环保融入生意而非仅仅将环保当作生意。只有真正将环保理念融入品牌的核心价值观和日常经营活动中，才能获得消费者的认可和信任。

其次，未来的绿色营销将更加强调互动感和参与度。品牌需要积极与消费者互动，共同探索绿色生活方式，为目标客群创造附加的价值感知和精神奖励。通过这种互动和参与，品牌与消费者之间将形成更加紧密的良性关系。

此外，坚持长期主义也是绿色营销成功的关键。品牌只有通过长期的积累沉淀，将环保理念与品牌文化深度融合，才能有效影响消费者的品牌认知。只有持之以恒地推动绿色营销，才能在激烈的市场竞争中脱颖而出。

总之，随着绿色营销的不断深入和发展，品牌需要不断创新和实践，将环保理念融入日常经营活动中，与消费者共同探索绿色生活方式。通过转变营销观念、强调互动感和参与度以及坚持长期主义等策略，品牌将在绿色营销领域取得更加显著的成果，并为推动社会的可持续发展作出贡献。

问题：

(1) 新媒体时代，环保营销的主要特点是什么？

(2) 支付宝和肯德基的绿色营销体现了哪些思政元素？

(3) 环保营销如何让品牌与众不同，脱颖而出？

(4) 结合案例，讨论创新对丰富环保营销内涵和表达方式的意义？

小组讨论后，请将思政研判提纲填写在以下空白处。

思政研判提纲

实训项目评价

学 生 自 评 表

序号	评价素质点	佐　证	达标	未达标
1	知识点融会贯通能力	能够将知识点灵活运用于实训项目中，提升解决实际问题的能力		
2	资源整合能力	能够借助网络资源平台、人脉资源等完成实训项目		
3	小组分工合作能力	能够融入小组活动，有效协同工作		
4	创新素养	能够从创新意识的角度理性看待现代营销，进行思政研判		

教 师 评 价 表

序号	素质点自评	佐　证	达标	未达标
1	知识点融会贯通能力	能够将知识点灵活运用于实训项目中，提升解决实际问题的能力		
2	资源整合能力	能够借助网络资源平台、人脉资源等完成实训项目		
3	小组分工合作能力	能够融入小组活动，有效协同工作		
4	创新素养	能够从创新意识的角度理性看待现代营销，进行思政研判		

课后提升

海飞丝的逆生长

文坛巨擘莎士比亚曾说过：推陈出新是我的无上诀窍。倘若把这句话放在品牌营销场景下，依然有着清晰的指向。尤其是在消费群体相对更年轻的洗护发赛道，新锐品牌群雄并起，新洗护发理念的建立，无一不在警醒着"大龄"品牌的生存危机。

品牌的老化、行业竞争的加剧以及潮流的更迭，无一不在催促着老牌品牌加快变革的步伐。然而，在这股行业变革的潮流中，有一些品牌却表现得与众不同，展现出一种"逆生长"的态势，比如海飞丝。

新年伊始，海飞丝携手新晋代言人刘德华，以"新年开好头"的美好愿景为引，共同推出了一场别开生面的"新年"活动。活动中，他们重磅发布了新年第一支短片《新人刘德华2023年第一镜》，用刘德华的全新形象鼓励所有前行者放下包袱，轻装上阵，以全新的姿态迎接新的挑战。这一举措不仅给广大消费者留下了深刻的印象，也为洗护发品牌如何塑造独特品牌调性提供了宝贵的营销启示。

1. 新视角

诠释"新人"精神，引燃用户情绪触点。

海飞丝深谙大众心理，紧密结合当前社会背景、消费环境及人群情感，打造了以"新人"精神为核心的主题，与广大民众沟通。它通过传递积极的情绪，逐步激发共鸣，鼓励人们以全新的姿态出发。

在当前社会环境下，许多人面临着压力与挑战。海飞丝以这部短片为媒介，为那些正在努力奋斗的人提供了放下包袱、轻装上阵的勇气；为那些重新开始的人注入了新的活力与信心；同时也提醒那些已经取得成就的人，不忘初心，继续前行。这部短片在新年伊始之际，恰到好处地捕捉了大众的情感需求。短片中，代言人刘德华以平和的语气分享了自己的经历，以及对"新人"的独到见解。这种品牌表达方式与当前社会环境下的人群情绪高度契合，更容易引发共鸣。

从大众的角度来看，海飞丝所传递的不仅仅是一种产品价值，更是一种精神力量。通过刘德华这一桥梁，海飞丝在潜移默化中建立了与大众之间的情感纽带，使品牌与消费者之间的联系更加紧密。这种深层次的情感连接不仅提升了品牌的辨识度，也为海飞丝在激烈的市场竞争中赢得了优势。

2. 新势力

牵手全民偶像，引爆代言人势能。

刘德华的巨星魅力为短片带来了极高的关注度，一经发布便迅速引起了粉丝们的热烈反响，使得海飞丝在新年伊始便牢牢抓住了大众的视线。这次品牌与代言人的结合，无疑是一场双向的价值碰撞与共赢。

首先，从实力层面来看，刘德华是影视和歌唱领域的佼佼者，而海飞丝是一个历经半个世纪的"资深"品牌，他们的合作可谓是"强强联合"。

其次，在精神内涵的契合度上，海飞丝与刘德华展现出了高度的共鸣。海飞丝的品牌特质通过刘德华这一代言人，能够有效地传达给大众。刘德华一直以来都秉持初心，敢于突破自我，这与海飞丝不断升级突破、致力改善全民头皮健康状况的品牌理念不谋而合。

可以说，无论是从实力上还是从精神内核上，海飞丝与刘德华都堪称无可挑剔的"最佳拍档"。他们的合作不仅为品牌带来了更高的曝光度和影响力，也为消费者带来了更加深入的品牌体验和情感共鸣。

3. 新升级

升级新突破，新人精神赋能。

在最新的品牌战略升级中，海飞丝明确并强化了其"头皮护理专家"的品牌定位。

首先，从"去屑实力派"到"头皮护理专家"的转变，是对消费者日益增长的需求的积极回应。随着消费升级，消费者对头皮养护的精细化和专业化的需求日益增强。海飞丝敏锐地捕捉到这一市场变化，向消费者传递出更加专业和有价值的品牌形象，从而在洗护发行业中确立了其领导地位。

其次，"头皮护理专家"这一新的品牌定位的提出，也是海飞丝"新人"精神的具体体现。它不仅仅意味着产品的升级换代，更代表着品牌不断探索新领域、挑战自我的决心和勇气。这种精神与刘德华作为代言人所传递的积极、向上的形象相得益彰，共同构成了海飞丝独特的品牌魅力。

最后，从社会层面来看，海飞丝在新年开工之际推出这一支广告，不只鼓励和激励了消费者，更向目前的社会传递了一种积极向上、奋发向前的精神态度。这种精神态度不仅仅是品牌营销的升级，更是品牌价值观的具体体现，即追求进步、追求卓越、不断挑战自我。这种价值观不仅赢得了消费者的认可和支持，也为海飞丝在未来的市场竞争中占据一席之地奠定了坚实的基础。

想一想：

1. 海飞丝如何表达"头皮护理专家"这一品牌新定位？
2. 海飞丝如何诠释"新人"精神，该创意短片怎么影响消费者行为？

职业能力拓展

认真阅读案例，完成工作任务。

1999年初，蒙牛刚成立，当时，内蒙古乳品市场的第一品牌是伊利，蒙牛还名不见经传。

同时，蒙牛的生存环境非常恶劣，蒙牛创始人牛根生选择放低姿态：避免和伊利直接冲突。在2000年前后，蒙牛提出了"创内蒙古乳业第二品牌"的愿景。蒙牛首先把这个愿景用在了户外广告上，地点就选在呼和浩特。

2000年，蒙牛用300万元的价格买下了当时在呼和浩特还很少有人重视的户外广告牌。一夜之间，呼和浩特市区道路两旁冒出一排排的红色路牌广告，上面写着："蒙牛乳业，创内蒙古乳业第二品牌""向伊利学习，为民族产业争气，争创内蒙古乳业第二品牌！"

这一招让很多人记住了蒙牛，记住了蒙牛是内蒙古乳业的第二品牌。

蒙牛还在冰激凌的包装上，打出"为民族工业争气，向伊利学习"的字样；有的广告牌上写着"千里草原腾起伊利、兴发、蒙牛乳业"。蒙牛表面上在为伊利和兴发免费打广告，实际上是在为自己做广告，默默无闻的蒙牛正好借这两个内蒙古无人不知的大企业的"势"，出了自己的"名"。

蒙牛当时连乳业前十名也进不去。但是蒙牛的聪明也就表现在这里：蒙牛通过把标杆定为伊利，使消费者通过伊利知道了蒙牛，让很多人记住了蒙牛，以为蒙牛是内蒙古乳业的第二品牌，而且留下的印象是——蒙牛似乎也很强大！

1999 年初，蒙牛的销售额是 0.44 亿元，到 2002 年，公司销售额飙升至 21 亿元，增长了 48.6 倍；以后以 1947.31% 的成长速度在"中国成长企业百强"中荣登榜首，并连续三年创造中国乳业"第一速度"。

在中国乳制品企业中，蒙牛的排名由第 1116 位上升为第 4 位，创造了在诞生后的 1000 余天里平均一天超越一个乳品企业的营销奇迹！"蒙牛现象"被称为"西部企业，深圳速度"。

拓展任务说明

一、任务背景

背景设定：假设你是一家新兴时尚鞋履品牌的市场营销实习生，你的团队正在准备推出一种新款运动鞋，这款运动鞋结合了时尚与舒适，注重环保，目标市场是年轻的都市白领。希望团队制定有创意的广告策略，使产品在市场竞争中脱颖而出。

二、任务分析

1. 市场研究

首先，需要对目标市场进行深入研究。这包括了解目标受众的需求、偏好、购买行为以及竞争对手的广告策略。通过市场研究，可以确定我们的差异化优势，即我们的产品如何在市场中独树一帜。

2. 品牌定位

基于市场研究的结果，需要明确我们的品牌定位。品牌定位应该包括我们的核心价值、目标受众以及我们产品的独特卖点。对于这款运动鞋，可能会将其定位为"时尚与舒适的完美结合，注重环保和可持续性"，以吸引注重生活品质和环保意识的年轻都市白领。

3. 广告策略制定

在明确了品牌定位后，需要制定具体的广告策略。这包括确定广告的传播渠道、广告形式、广告创意以及广告的传播时机。对于这款运动鞋，我们可能会选择社交媒体分享、时尚博主合作以及线下活动等多种传播渠道，以吸引目标受众的注意力。

三、任务要求

(1) 任务期间须保持高度的责任感和团队合作精神。

(2) 设计方案须原创，不得抄袭或侵犯他人知识产权。

(3) 撰写广告策划书，广告策划书应包含市场研究报告、品牌定位、广告策略。策划书应清晰、有条理，并尽可能使用图表和数据来增强可读性。

项目五　情境与场景的心理效应

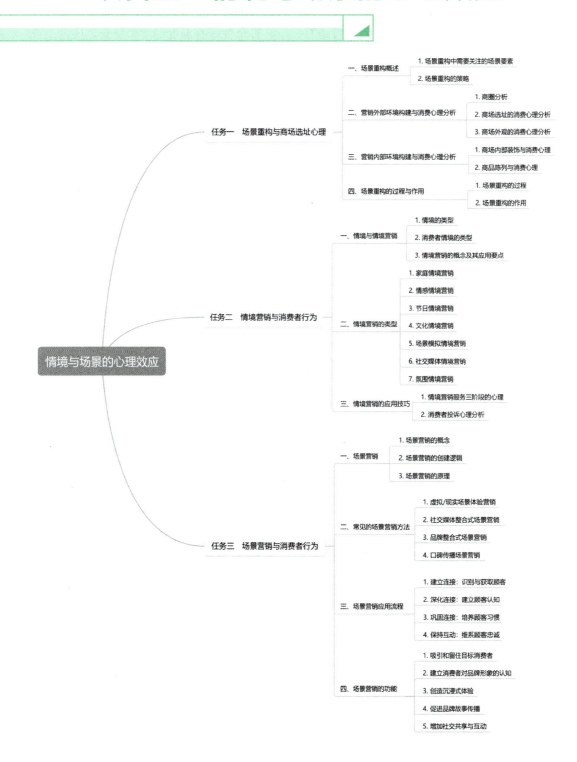

　　消费升级时代，消费有三个层次，一是注重物质享受，讲究的是功能与效用；二是注重物质与精神享受并重，讲究的是服务与美；三是注重精神享受，讲究身份识别与购物过程的刺激、好玩、有趣、纪念性。此时，打造有仪式感、荣耀感、时代感、代入感、参与感的体验式、社交化消费活动成为企业的创新营销方式。

　　尤其是进入休闲娱乐时代，消费者精神需求这一隐性消费需求被激发。营销环境出现了移动化、碎片化、场景化的特点，打造有故事、有个性、有温度的营销场景，成为企业满足顾客个性化需求、影响消费者购买决策的重要方式。

教学目标

▲ 知识目标

- 理解场景重构的概念和创新策略；
- 掌握场景选址、营销外部环境构建与消费心理相关的内容；
- 理解情境、情境营销的概念、类型与作用机理；
- 掌握场景营销的概念和逻辑、主要方法和应用流程。

▲ 能力目标

- 能够制订场景重构策略方案；
- 能够围绕消费心理进行商场内、外部环境方案设计；
- 能够根据情境营销作用机理，设计不同类型的情境营销模式；
- 能够根据情境营销因素，正确分析顾客抱怨与顾客拒绝购买的心理；
- 能根据顾客需求与企业特点设计场景营销方案。

▲ 素质目标

- 培养学生具备传承与创新意识、创新精神，具备环保责任意识和可持续发展观念；
- 培养学生的团队协作能力；
- 培养学生具备健康生活观念、不盲目从众的消费理念；
- 培养学生的诚信意识以及勇于承担责任、共建良好社会关系的核心价值观；
- 培养学生的文化自信，使其能够践行中华民族优秀传统文化。

任务一　场景重构与商场选址心理

○ 案例导入

沉浸式唐风市井文化体验地——"长安十二时辰"主题街区

　　国内首个致力于沉浸式唐风市井文化体验的场所——"长安十二时辰"主题街区开设，其整体空间规模宏大，共三层，占地面积约 2.4 万平方米。街区精心打造了六大核心沉浸式体验场景，包括"唐食嗨吃""换装推本""唐风雅集""微缩长安""情景演艺""文化盛宴"，旨在让游客全方位、多角度地感受唐文化的魅力。

"长安十二时辰"是影视 IP 与传统文化结合的典范，更是文化旅游商业融合发展的创新实践。它标志着我国在文化体验旅游领域迈出了坚实的步伐，为传承和弘扬中华民族优秀传统文化注入了新的活力。

负一层："攒星揽月·畅飨长安"主题空间，为场景营造核心所在。此地集萃了陕西全省 107 个县级区划的美食精华，品类繁多，总数逾百。同时，更荟萃唐朝文化之精髓，包括匠心独具的手工艺品、独具创意的文化店铺、工艺精湛的银器、光彩夺目的琉璃、芬芳馥郁的香料、细腻精美的唐绣、古朴典雅的陶器、绚丽多姿的唐三彩、典雅庄重的木作等丰富多彩的文化元素。该空间旨在重现盛唐时期市井生活的原汁原味，使游客得以深入领略唐朝文化的独特魅力与深厚底蕴。

一层："和合之美·风雅长安"主题空间，旨在引领顾客深入领略唐风古韵的独特魅力，同时提供一处互娱休闲的场所。南北中庭为公共区域，此处设计了璀璨夺目的三大舞台，交相辉映，其中南侧中庭的"花舞大唐"舞台尤为出众，其设计巧妙，宛若重现上元节花车斗彩巡游的壮丽场面，令人叹为观止。在空间的布局上，巧妙地利用了原有的两层空中连廊，精心营造出一个极具视觉冲击力的立体空间。游客置身其中，仿佛穿越时空，感受那份历史的厚重与文化的韵味。

二层："花萼相辉·夜宴长安"主题文化宴席体验空间，以其独特的魅力，引领宾客穿越时空的隧道，重温昔日繁华的长安城风貌。该空间巧妙融入长安城丰富的里坊文化元素，呈现一幅大唐盛世的壮丽画卷。整个空间经过精心规划与设计，共设有 26 个别具一格的主题包间，每一处都充分彰显出大唐文化的独特魅力。宾客无论是在等候时的片刻休憩，还是步入包间的那一刻，抑或是点单、用餐的每一环节，均能感受到深深的大唐文化仪式之美。置身其中，宾客仿佛置身于一场盛大而庄重的宫廷夜宴之中，尽享文化盛宴的愉悦与震撼。这里不仅仅是一场味蕾的盛宴，更是一次心灵的洗礼，让人们在品味美食的同时，也能深切感受到大唐文化的博大精深。

"长安十二时辰"主题街区构建的场景，让游客仿佛穿越时空，亲身感受唐风唐艺的魅力！听那悠扬的唐音唐乐，仿佛穿越回盛世大唐；观赏一出唐人唐剧，体验一把古人的风雅；品尝一口唐食唐味，让味蕾也穿越时空；玩转一回唐俗唐趣，仿佛置身于古代的长安城；购买一次唐物唐礼，将这份独特的文化带回家。在这里，消费者可以尽情享受一秒入唐的奇幻体验！该主题街区的火爆得益于整体场景的深度还原和对细节的细致打磨，让人仿佛置身于真实的唐朝世界。

思考：

(1) 上面案例涉及的消费心理有哪些？

(2) 场景重构的要素有哪些？

(3) 分析从哪些方面进行营销场景的选址布局？

场景重构

课前导学

一、场景重构概述

场景思维正成为企业新的核心能力。打造"场景感"营销模式，成为企业满足消费者个性化需求的必然趋势。

"场"是场合，"景"是情景，"感"是感觉。"场景感"就是指在某个特定的场合，某种情景给消费者带来的感受。企业可以通过各种生活、工作、娱乐场景的构建，给予营销对象与众不同、个性化、多样性的体验。

场景感一般由硬件设施和软件系统构成。硬件设施主要包括建筑与空间。软件系统指设施和活动背后体现的审美趣味、价值观、体验感等文化要素，两者共同满足消费者在特定时间地点的不同需求。

场景重构是指对消费场景的重新构建。以消费者"娱乐、互动、体验"为主诉求，研究消费者在不同的环境或情境中的行为和决策过程，通过对营销场景的重新设计和构建，以满足消费者的需求和期望。

1. 场景中需要关注的场景要素

企业场景重构中，应该关注场景要素5W1H，围绕这些要素开展营销活动：

What：营销的目标是什么？这通常涉及产品的定位和目标市场，以及营销活动要达成的具体目标。

Why：为什么选择这个目标？这涉及对市场和目标客户需求的深入理解，以及公司的战略目标和价值观。

Where：在哪些渠道或平台上进行营销活动？这包括特定场所、传统媒体、社交媒体、公关活动等。

When：何时进行营销活动？这涉及对市场趋势的把握，以及目标市场的购买习惯和时间点。

Who：营销活动的目标受众是谁？这需要对目标市场进行深入的细分和研究。

How：如何执行营销活动？这涉及具体的营销策略、创意设计、信息传播和执行计划等活动的开展。

这些要素共同构成了场景营销的基本框架，旨在帮助企业从全局角度规划和管理营销活动，以提高营销效果和客户满意度。场景要素如图5-1所示。

图5-1　场景要素

比如，北京的"三里屯太古里"经过一番巧妙的设计改造，变成了一个繁华的商业区。具体做法是将那些封闭的旧建筑一一拆解，再使其以开放式低矮建筑群的形式重新亮相，还特地保留了那些充满岁月痕迹的老旧元素，比如老式砖墙、红砖房等。同时，三里屯太古里又毫不吝啬地引入了现代元素，玻璃幕墙闪闪发光，钢结构坚固有力，既稳重又不失活力。新旧元素的完美融合，让整个商业区焕然一新，仿佛变成了一个充满历史底蕴和现代气息的魔法空间。

上述改造不只让三里屯太古里在视觉上更具吸引力，更在功能上大放异彩。它吸引了大量的人流和商机，成为城市的新名片。同时，它也极大地提升了当地居民的生活质量，成为一个充满活力和魅力的城市公共空间，为市民提供了休闲娱乐的绝佳场所。

2. 场景重构的策略

(1) 场景"共精华"。场景营销不仅构建消费者与场景的关系，而且让线上线下所有的商业活动，都能够与当下消费者关注的内容进行互动，使两者产生情感共振。

例如，娃哈哈敏锐捕捉到了场景下的新消费需求，借杭州亚运会契机尝试性推出"娃哈哈袋装纯净水"，保障安全、便于存放的同时也解决了需要量大、回收困难的问题，受到了广泛好评。

(2) 渠道"内容化"。消费者对于产品和服务不再限于功能层面或者是味觉层面的满足，而是希望获得更多的交互体验。渠道"内容化"可让用户与品牌增进互动。

例如，全球知名汽车品牌梅赛德斯奔驰近两年开始开设 Mercedes me 体验中心，这个融入了咖啡店和餐厅的场所，除了提供美食、美酒和咖啡外，还倡导着一种高品质的生活方式，这使奔驰为其渠道赋予了的新的内容理念。

(3) 品牌"跨界化"。流量时代品牌间跨界合作，通过粉丝的共享，让消费者产生对双方品牌的关注，提升粉丝和用户的叠加消费价值。

例如，泸州老窖"桃花醉"香水；周黑鸭"定情小辣吻咬唇膏"；六神花露水风味鸡尾酒；可口可乐"火锅馆"都很好地实现了流量跨界。

(4) 次元"破壁化"。二次元文化说明以年轻人为受众的小众文化的成功，并且其影响领域正在不断垂直细分。过去。玩二次元的是一群年轻人，主要以虚拟影像、图书为主，现在，二次元打通虚拟与现实世界的墙壁，虚实正在互换共融。

例如，国内最早实现盈利的虚拟歌手洛天依，拥有庞大的粉丝群体"锦依卫"，2021年春晚洛天依与月亮姐姐、王源共同表演少年歌舞《听我说》；同年 6 月 7 日，洛天依与俄罗斯虚拟歌手共同演唱的单曲《出发向未来》发布，这是洛天依首次用俄语献唱；此外，洛天依还与康师傅方便面、肯德基、麦当劳合作，获得年轻人的喜爱。

(5) 内容"大 V 化"。网络经济时代，"大 V"是垂直领域的意见领袖，只关注自己领域的专业内容，更加精准化，可调动垂直领域的各类达人进行口碑扩散和立体式的营销，从而产生更多新价值和新能量。

例如，网红书记彭海龙拍视频代言"金宝李"，明确了"农旅融合、示范引领"的发展思路，确立了"赏农家景、吃农家饭、结农家情、享农家乐"的发展目标，着力打造"余家沟—漩水坪—陈家营"的旅游环线，努力创建"四季有花、四季有果"的乡村振兴示范带，打造了集康养、休闲、观光、购物、研学于一体的网红小镇和乡村振兴示范镇。

【见多识广】

多元化场景的商场打造手法——"创新"永远是第一真理

以"人"为中心的理念通过多层次的场景罗列、互动性设置、整体主题性构造，使场景达到与客户沟通的目的。场景化建设让消费者脱离单纯购物感受，进入有创意、有特色的场景中，获得沉浸式体验，从而延长消费者逗留时间，增加客流量，使消费活动自然而然地产生。场景不止于眼前景象，而是可以用全身感官触达的立体空间。以下案例中的购物中心通过场景化建设脱颖而出，变得不像"商场"。

1. 注重场景体验，打造沉浸式商业

仁者乐山，智者乐水。基于对人与自然和谐共生理念的深刻理解，成都环球购物中心巧妙地将人类对海洋的天然喜爱融入其设计理念之中。在城市的繁华喧嚣之中，该中心具有别具一格的吸引力，为广大消费者打造了一处既宁静又充满活力的海洋世界。这里，不仅仅汇聚了琳琅满目的商品，满足了消费者的购物需求，更是成为人们舒缓压力、领略大自然之美的理想之地。

成都环球购物中心内的天堂岛海洋乐园，作为"世界最大室内人造海洋公园"，为游客呈现了一个真实而生动的海底世界。在这里，消费者可以感受到海浪的轻抚，观赏到五彩斑斓的海洋生物，仿佛置身于千里之外的真实海洋之中。

2. 打造复古场景，领略怀旧情怀

兰州老街，具有浓厚的明清建筑风格底蕴，巧妙融合复古文化与现代设计进行情境营销，成为一个古今交融的旅游文化综合体。游客们在此不仅可以领略兰州千年人文的厚重与明清建筑的典雅，而且能在古风场景中获得沉浸式体验，穿越历史，感受时代的温度。情境营销的运用，让游客获得全方位体验，享受吃、住、行、游、购、娱的便利与乐趣，实现情感的深度连接，让兰州老街成为旅游市场中的一颗璀璨明珠。

3. 商业场景＋运动空间的 N 种可能

中体 SPORTS 城，以运动为核心，重塑了购物中心的定义。它不仅仅是一个消费场所，更是一个集休闲、运动、文化、健康、娱乐、餐饮、商务于一体的家庭体验中心。通过场景重构，中体 SPORTS 城为消费者带来了全新的购物体验，将运动与健康理念融入日常生活的方方面面，引领了全新的消费模式，不仅让人们享受了运动带来的乐趣，也促进了消费链条的延伸。

二、营销外部环境构建与消费心理分析

1. 商圈分析

商圈是指店铺吸引顾客的地理区域，是店铺的辐射范围，由核心商业圈、次级商业圈和边缘商业圈构成。商圈构成如图 5-2 所示。

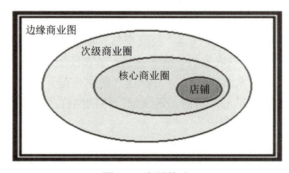

图 5-2　商圈构成

核心商业圈的顾客占到店铺顾客总数的 55%～70%，是顾客密度最大的区域；次级商业圈的顾客占到15%～25%，位于核心商业圈的外围，顾客较为分散；边缘商业圈包括余下所有顾客，顾客最为分散。

商圈分析的步骤：

(1) 确定资料来源，方式包括销售记录分析、邮政编码分析等。

(2) 确定调查内容，包括平均购买数量、顾客集中程度等。

(3) 对商圈的构成情况进行确认。

(4) 确定商圈内的居民特征的资料来源。

(5) 确定商圈内的居民特征。

(6) 分析竞争对手市场。

(7) 确定店铺是否营业、店铺所在区域及店铺地点。

【知识拓展】

商场选址应遵循以下基本原则

综合考虑布局、陈列、空间设计、氛围、互动和决策刺激等方面，商场可以更好地满足顾客需求，提供个性化和愉快的购物体验。商场选址原则如图5-3所示。

图5-3　商场选址原则

2. 商场选址的消费心理分析

1) 区域与选址心理

区域与选址心理是商业运营中不可忽视的重要因素，商家需要综合考虑多种因素，特别是与顾客心理密切相关的因素。区域与选址心理分析如图5-4所示。

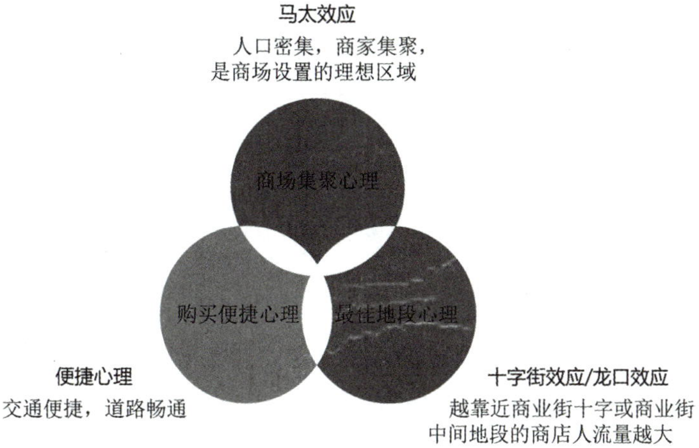

图5-4　区域与选址心理

(1) 商场集聚心理。商店林立的商业街会吸引规模大、密度高的顾客群。商业经营中具有明显的马太效应，很多顾客有浓厚的从众心理，商场人越多，则消费者会认为商品越吸引人，购买兴趣就越高。

(2) 购买便捷心理。选择交通比较便捷、进出道路比较畅通、商品运输安全省时的店铺。在距离大型社区路程不远或乘车坐公交车站数不多且不必换车的地方设置商场，就可以较好地满足顾客的便捷心理。

(3) 最佳地段心理。在一条商业街上，街区两端购物的人要明显少于中间地段。在商业街，不是每家商店的人流都一样，存在着 1/3 黄金分割效应、龙口效应、十字街效应。

2) 商品与选址心理

商品与选址心理密切相关，合适的选址能吸引目标顾客，提升商品吸引力，从而增加销量和利润。

(1) 商品性质与消费心理。一般，日常生活用品超市应设在靠近居民区的中间地段，以方便居民日常购物。销售贵重物品的商店应设在与高档商店毗邻的地段，以适应顾客购买高档物品时对商场档次、商场信誉、外部环境的心理要求。

(2) 商品价格与消费心理。应根据顾客对商品价格的需求心理选择店址，销售高档文化艺术类商品、豪华生活消费品的商店应设在高收入顾客群生活地或商业街，以满足顾客的地位需求，获得其信任感。

(3) 消费习俗与消费心理。我国地广人众，不同地区、不同民族的人们消费习惯各不相同。商场选址要考虑人们消费习俗的不同，使购物更适应于顾客的消费习俗。

3) 商场环境配套与选址心理

商场环境配套与选址心理契合，才能吸引顾客，营造购物氛围，提升购物体验，实现商业成功。进行商场选址时，应考虑以下的商场环境配套情况。

(1) 业态分布。业态是指服务于某一顾客群或满足某种顾客需求的销售经营形态，如超市、百货店、综超等。不同的消费心理，如求实心理、求美心理、求新心理、求利心理、求名心理、从众心理等，都影响着销售经营形态 (业态) 的细化。

(2) 竞争环境。周围的业种、业态分布、商品类型等是互补还是竞争关系，影响着消费者需求达成的程度。在不同的竞争环境中，企业需要关注消费者的心理变化和需求，根据市场竞争的特点来制定相应的策略。

(3) 配套场所。配套场所与消费心理之间存在密切的关系。企业或商家需要深入了解消费者的心理和需求，通过优化商品陈列、装修店铺、提升服务态度和增加售后服务项目等来提高消费者的满意度和忠诚度，增加消费者的购买意愿和购买量。

3. 商场外观的消费心理分析

设计的商场外观 (从建筑构造、门面装潢到橱窗设计) 应满足消费者心理，从而达到吸引眼球、传递品牌形象、提升商场吸引力的效果。

1) 商场建筑的消费心理分析

商场建筑从消费者的心理需求出发，通过合理的建筑设计和布局来创造一个舒适、安全、给人归属感和符合品牌形象的购物环境，以吸引更多的消费者，提高商场的销售业绩。

(1) 空间布局和设计。商场建筑的空间布局和设计对消费者有着直接的影响。空间布局要合理，使得消费者能够轻松地找到自己需要的商品，同时也要考虑人流动线的顺畅。此外，商场内部的设计元素，如色彩、照明、装饰等也要符合消费者的心理需求，营造出舒适、愉悦的购物环境。

(2) 品牌展示和形象塑造。商场建筑是品牌形象展示的重要场所。商场的内、外部装饰和布局要与品牌的形象相符，使消费者对品牌有更强的认知感和认同感。

(3) 社交互动和体验。商场建筑不仅是商品销售的场所，也是人们社交互动的场所。商场应该考虑消费者的社交需求，提供相应的设施和服务，如休息区、餐饮区、儿童游乐区等。这些区域的设计和布局也要符合消费者的心理需求，营造出舒适、愉悦的社交环境。

(4) 科技应用和创新。随着科技的发展，商场建筑也应该结合科技的应用和创新来提供更好的服务和体验。例如，商场可以通过数字化手段提供智能导购、虚拟试衣间等服务，使消费者能够更加便捷地获取商品信息和服务。

2) 门面装潢的消费心理分析

商场通过合理的门面装潢来创造一个有吸引力、符合品牌形象、易识别、能够传达信息、符合商场定位的氛围的购物环境，以吸引更多的消费者，提高销售业绩。

(1) 有吸引力。门面装潢是商场给消费者的第一印象，对于吸引消费者的注意力至关重要。门面装潢应该具有独特性和吸引力，能够吸引消费者的眼球并激发他们的好奇心。

(2) 符合品牌形象。门面装潢应该与品牌的形象相符，能够准确传达品牌的核心价值和定位。通过门面装潢来展示品牌形象，可以增强消费者对品牌的认知度和好感度。

(3) 易识别。门面装潢应易识别，使消费者能够轻松地找到商场的入口和位置。易识别的门面装潢可以降低消费者的认知成本，提升他们的购物体验。

(4) 能够传达信息。门面装潢应该能够传达商场的商品信息、促销活动、营业时间等，使消费者在到达商场之前就对商场的商品和活动有所了解。

(5) 符合商场定位的氛围。门面装潢应该能够营造出符合商场定位的氛围，使消费者在远处就能够感受到该氛围。例如，如果商场定位为销售高端奢侈品，那么门面装潢应该营造出高贵、典雅的氛围。

【知识拓展】

商场招牌命名的心理策略

(1) 以商店的经营特色或主营商品命名，满足消费者的求变心理；

(2) 以商店的服务精神或经商格言命名，使消费者产生信赖感；

(3) 以名人、名牌商标或有高贵感的词语命名，满足消费者求名、求奢心理；

(4) 以寓意美好的词语和事物命名，迎合消费者倾向喜庆吉祥的心理；

(5) 以新颖、奇特的表现方式命名，引起消费者的好奇。

3) 橱窗设计与购买心理

橱窗是商场与消费者之间进行"视觉对话"的窗口，它可以吸引消费者的注意力，激发他们的兴趣，并暗示他们进行购买。

(1) 引起注意。橱窗设计应该能够引起消费者的注意。设计师通过使用鲜艳的颜色、独特的造型、创新的设计元素等来设计橱窗，使橱窗吸引消费者的眼球并激发他们的好奇心。

(2) 激发兴趣。橱窗设计应该能够激发消费者的兴趣。通过展示新品、特色商品或者热销商品，橱窗可以激发消费者的购买欲望。此外，橱窗中的模特、场景布置等也可以为消费者提供一种愉悦的视觉体验。

(3) 传达信息。橱窗设计应该能够传达商品的关键信息，如商品名称、品牌、价格、材质等。消费者在经过橱窗时，能够快速了解商品的基本信息，进而决定是否进店进一步了解。

(4) 营造氛围。橱窗设计应该能够营造出符合商场定位的氛围。例如，高端商场的橱窗设计应该营造出高贵、典雅的氛围，而时尚商场的橱窗设计应该展现出时尚、潮流的气息。

(5) 引导购买。橱窗设计应该能够引导消费者进入商场。具有合理的设计元素和布局的橱窗可以暗示消费者进入商场选购商品。例如，在橱窗中展示新品或特色商品的做法可以吸引消费者进入店内以了解更多。

【见多识广】

打造购物中心聚客引擎，外摆区大有可为

购物中心外摆区域的成功，不仅需要对建筑形式和环境的优化，也需要对整体氛围的打造。商铺门口的几套桌椅、几个灯光摆设不足以对消费者产生吸引力。情景化的氛围设计能在第一时间吸引顾客眼球，利用美术陈列设计，增强购物中心与顾客的引导性和互动性。

上海新天地广场是上海的"城市客厅""城市名片"。门外是风情万种的石库门弄堂，门里是完全的现代化生活场景，漫步在新天地街区，中西结合的建筑特色让人十分惬意。

上海新天地广场，原为传统百货之典范，经转型升级后，蜕变为现代时尚的商业地标。原本被视为"非经营空间"的室外广场、天台等区域，在购物中心的创新运营下，焕发出新的生机。购物中心的外摆区域成功地打破了封闭空间的束缚，蜕变成为集情景体验、休闲氛围和"沉浸式"互动于一体的新型消费场所。同时，购物中心的表层建筑风貌得以保留，而内部结构与使用功能则焕然一新。这种转变不仅仅彰显了传统与现代的完美融合，更在深层次上体现了新与旧、中西文化的交相辉映。这一变化，深刻诠释了上海石库门居住文化的独特魅力，彰显了兼容并蓄、中西合璧的精神内涵。

街区内汇集了特色休闲娱乐、时尚购物、餐饮酒吧等外摆区域，这里成为"小资"情调的代名词，为游客、外籍人士、白领打造了一个社交根据地。

这些创新举措不光显著提升了购物中心的差异化竞争力，更为消费者带来了前所未有的购物乐趣和深度体验。在这里，消费者可以尽情享受购物的乐趣，感受与众不同的消费氛围，获得更加丰富多彩的购物体验。

三、营销内部环境构建与消费心理分析

企业在制定营销策略时，需要充分考虑营销内部环境和消费心理，通过优化内部环境来满足消费者的心理需求，增强消费者的购买意愿和忠诚度，提升市场竞争力。

1. 商场内部装饰与消费心理

1) 利用照明度诱导购买活动

商场照明是指为了突出商品特质、吸引顾客注意而设置的光线，通常包括基本照明、特殊照明和装饰照明。照明与消费心理的关系如图 5-5 所示。

基本照明	特殊照明	装饰照明
确保整个卖场获得一定的能见度而进行的照明。基本照明用来营造一个整洁宁静、光线适宜的购物环境	为了突出商品特质，吸引顾客注意而设置的灯具。例如在珠宝、金银饰品部位采用定向集束灯光照射，以显示其晶莹耀眼、名贵华丽的特点	营业场所现场广告的组成部分，用霓虹灯、电子显示屏、装饰美耐灯、米泡灯、贴片灯等配合一些美陈装饰物，起到辅助照明的作用，同时起到增强商场视觉效果的作用

图 5-5　照明与消费心理

在营业环境中，暖色调的颜色能够刺激人的兴奋情绪，消费行为也就比较容易发生；而冷色调的颜色能够抑制人的兴奋情绪，不利于消费行为的发生。

2) 利用颜色调配激发积极情绪

(1) 营业场所的空间状况影响色彩调配。由于淡色具有扩展空间、深色具有压缩空间的作用，所以可利用色彩调配，扬长避短，改变消费者的视觉感受。

(2) 主营商品的色彩装饰影响色彩调配。使用有利于突出商品本身特点的色彩和形象，把商品衬托得更加美观、更具吸引力，以刺激购买。

(3) 季节变化与地区气候影响色彩调配。店内装饰的色彩调配要因季节和地区而异，利用色彩的特性，调节消费者受气温与自然因素影响而产生的不良情绪。比如，在严寒季节里，要设法使消费者进店后有温暖如春之感，从而产生积极的情绪，促进购买行动。

(4) 装饰色彩与灯光照明影响色彩搭配。有些颜色会吸收光线，而有些则反射光线：颜色愈深，吸收光线愈多，反之亦然。因而要考虑调配的色彩在不同光线及照明情况下的变化及效果。

3) 利用环境设施提高商店声誉

(1) 气味。商店中的气味直接影响消费者的心理感受，清新芬芳的气味吸引消费者欣然前往；反之，则使人难以忍受，同时引起心理上的反感，对消费者的购买活动无疑是起消极作用的。好的气味还可显示商店的服务精神，在消费者的心目中树立良好的形象。

(2) 音响。当商店的噪声超过一定的分贝，会使人心情烦躁、注意力分散，引起消费者的反感，不愿留步；也使服务人员降低工作效率，影响服务质量。只有和谐的音调、柔和的音色和适中的音量才能令人感到舒适。适当播放一些轻松柔和、优美动听的音乐，可以创造良好的购物环境。

(3) 空气。保持空气清新宜人、温湿度适中，能让消费者产生舒适、愉快的心理感受。污浊的空气有害于消费者和营业员的身心健康，无异于将消费者推出门外。

(4) 店内设施。有条件的商场应在适当的地方设置顾客休息室、饮食服务部、购货咨询处、临时存物处等各种附设场所，这些也是提高商店声誉、满足消费者心理需要的好方法。同时，还必须保证商品质量，提供优质服务，否则，给消费者的印象只能是"金玉其外，败絮其中"。

【见多识广】

亲子商场的温度和态度

在当前特殊的市场环境下，消费者群体呈现出明显的两极分化趋势。对于商场举办的各类活动及其营造的氛围，人们也逐渐表现出审美疲劳的态势。然而，武汉印象城却能够逆势取得显著的成绩，这离不开其团队所展现出的精打细算、深思熟虑的"集体智慧"。

创意维度：武汉印象城巧妙地利用中庭观光梯，通过简单的"PVC＋车贴"组合，成功打造出令小朋友们欢欣鼓舞的"观光小火箭"体验服务。众多小朋友纷纷争相体验，反复乘坐观光梯，家长们也乐于在电梯外围拍摄记录这一欢乐时刻。随着观光梯缓缓上升，小朋友们仿佛置身于真实的火箭之中，体验着"火箭飞上太空"的奇幻之旅。这种别出心裁的创意构思，为商场增添了独特的魅力，赢得了广大消费者的一致好评，堪称创意营销的典范之作。

细节维度：场内公共区域原有的风趣幽默的导示标语得以保留，同时，两处门厅经过全新改造，增添了免费测量身高、免费雨伞领取、服务目录查询以及有奖意见投递等服务内容，其中多项服务均为武汉市首创。此外，为更好地服务亲子客群，商场特别推出了附带游玩地图的亲子成长手册。

品牌维度：为提升顾客在购物中心选择餐饮的便捷性，营业团队对美食街场景进行了巧妙的重构，并推出了品牌必吃榜＋单品必吃，实时更新热门餐饮选择目录。针对即将开业的新品牌，商场采用了可撕贴纸的方式进行预告，既有效吸引了顾客的关注，又节约了宣传成本，从而在场景与顾客体验方面实现了双重优化。

活动维度：运营团队充分利用户外广场空间，精心策划了纸飞机大赛，通过每月更新飞行距离排行榜并设立奖金的方式，有效激发了孩子们的参与热情。此外，亲子跳蚤市集等活动不光丰富了亲子活动的内涵，为家庭带来了欢乐时光，更通过高效的场景重构与品牌传播，成为举办高费效比的公关活动的典范。

在当前竞争激烈的市场环境下，商场始终保持着对行业的热爱之情与挖掘之心。商场营销工作人员敏锐地捕捉到生活中的美好与创意，在商场的每一个角落进行场景重构。商场的每一处都焕发出独特的生命力，这为顾客带来全新的体验与惊喜。同时，商场的繁荣与成功也回馈给从业者满满的收获感与喜悦，实现了商业与人文价值的共赢。

2. 商品陈列与消费心理

1) 摆放高度适宜

消费者走进商场后，一般都会无意识地环视陈列商品，对货架上的商品产生一个初步的印象。因此，关于商品的摆放，首先就应在高度方面与消费者进店后的环视高度适应。据瑞士塔乃尔教授研究发现，消费者进店后无意识地展望高度为 0.7 米至 1.7 米、上下幅度 1 米左右、同视线轴大约 30 度角的物品。因此，商场可按照不同的视角、视线和距离，确定商品的合适位置，尽量提高商品的能见度，使消费者一览无余。

2) 适应购买习惯

对于品种繁多的商品，应按照消费者的购买习惯分组摆放，并将陈列形式相对固定下来，以便消费者寻找、选购。一般可将商品分成三大类进行摆放，如图 5-6 所示。

方便商品
这类商品大多数为人们日常生活必需的功能性商品，价格较低廉，供求弹性不大，交易次数频繁，挑选余地小，一般不需要商家提供售后服务

选购商品
供求弹性较大，交易次数不多，挑选性较强，使用期较长

特殊商品
古董文物之类的高档商品，选购的时间长，有些需要售后服务

图 5-6 商品类别

(1) 方便商品。消费者购买方便商品时的要求主要是方便、快速成交。因此这类商品摆放位置要明显、便于速购，以满足购买者的求速心理。

(2) 选购商品。大多数人在购买选购商品时，都希望获得更多的选择机会，以便对商品的质量、功能、式样、色彩、价格等进行认真细致的比较。应将这类商品摆放在较宽敞、光线较充足的位置，或摆放在敞开式或半敞开式空间，让消费者自由接近或触摸，甚至调试商品，从而停留较长时间进行选购。

(3) 特殊商品。消费者一般在购买特殊商品前经反复思考，选择商品、商标、商店等，有明确目标后才行动，购买中愿意花费较多的时间评价、比较。这类商品可摆放在商店的里部或顶层较僻静之处。商场应设立专门的销售地点，结合商品特征布置环境，使商品显示出高雅、名贵或独特的特点，从而满足消费者的特殊心理需求。

【素养园地】

针对方便商品、选购商品和特殊商品等类型，消费者要实现理性消费。

一、方便商品

1. 需求分析：首先明确自己是否真的需要方便商品。考虑该商品的购物便利性是否真正符合你的实际需求。

2. 健康考量：查看商品的营养成分表，避免选择含有过多添加剂、高盐、高糖或高脂肪的产品。

3. 替代选择：考虑是否有更健康或更经济的替代品，如用自制食物代替快餐。

4. 适量消费：不要过度依赖方便商品，尽量保持饮食的多样性和均衡性。

二、选购商品

1. 需求和预算明确：在购买前，明确自己的需求和预算，避免盲目购买。

2. 对比分析：对比不同品牌和型号的商品，评估其性价比、性能、耐用性等因素。

3. 延时购买：如果可能，不要立即购买。给自己一些时间来冷静思考，看看是否真的需要这个商品。

4. 考虑长期价值：不仅要考虑商品的即时成本，还要考虑其长期的使用价值和维护成本。

三、特殊商品

1. 咨询专家：对于药品、保健品等特殊商品，最好咨询医生或专业人士。

2. 仔细阅读说明：购买前仔细阅读产品说明、注意事项和禁忌，确保适合自己使用。

3. 避免盲目跟风：不要仅仅因为别人推荐或广告宣传而购买特殊商品，要根据自己的实际需求来决定是否购买。

4. 注意安全和质量：确保从正规渠道购买特殊商品，注意商品的质量和安全性。

四、总体建议

1. 教育自己：不断学习和了解不同产品的知识，提高自己的消费意识和鉴别能力。

2. 珍惜资源：选择环保、可持续发展的产品，减少浪费，为地球环境保护作贡献。

3. 建立合理的消费观念：理性消费不仅仅是节省金钱，更是对自己生活质量和健康负责。

3) 突出商品的价值和特点

商场商品陈列的方式多种多样，可以根据不同的商品属性和市场需求进行陈列方式的选择和调整。合理的商品陈列可以更好地展示商品的特色和价值，吸引消费者的注意，提高商场的销售业绩。

(1) 分类陈列。根据商品的不同属性进行分类陈列，例如将服装、电子产品、食品等分别各自陈列。商场可以集中陈列同类商品，同时配合一些促销活动，以更好地吸引消费者的注意。

(2) 色彩陈列。利用色彩的组合和搭配来进行商品陈列。对于同一类商品的陈列，可以选择不同颜色、花色、款式的单品进行搭配，以增加商品的吸引力和趣味性。

(3) 灯光陈列。利用灯光的效果来突出商品的特色和卖点。例如，使用聚光灯突出商品的重点部位，或者使用柔和的灯光营造温馨、舒适的购物环境。

(4) 造型陈列。根据商品的不同形状和特点进行造型陈列。例如，将一些有特色的食品摆放成可爱的动物或者卡通形象，以吸引消费者的注意。

(5) 关联陈列。将不同类别商品进行关联陈列，例如将手表和皮带、鞋子和袜子等搭配在一起陈列。这样可以方便消费者进行比较和选择，同时也能增加商场的销售额。

(6) 季节陈列。根据季节和节日的不同，选择相应的商品进行陈列。例如，在春节期间可以选择红色的商品和装饰物进行陈列，以营造出喜庆的氛围。

(7) 层次陈列。将商品按照不同的层次进行陈列，可以更好地展示商品的品质和价值。例如，将高端品牌的商品放在展示架的高处，将中低端品牌的商品放在低处，这样可以让消费者自主选择。

(8) 主题陈列。根据不同的主题(例如时尚主题、节日主题等)进行商品陈列。这样可以更好地吸引消费者的关注和兴趣，同时也能增加商场的特色和吸引力。

无论是从内部环境还是从外部环境构建营销场所，总体布局的原则是视觉流畅、空间感舒畅、购物与消费方便、标识清楚明确、总体布局具有美感。

【见多识广】

优秀商业美陈风格

商场那些吸睛的陈列展示，又称商业美陈，由商家出资，通过艺术展现形式，宣传自身品牌，扩大知名度，来加强消费者对品牌的认可。

主题场景美陈：具有鲜明特色，带有故事主题性的场景布置。大型主题场景美陈一般是为商家定制打造的，往往具有唯一性，是吸引人流、扩展品牌知名度的一种方式。好的主题场景不仅能突出产品效果，而且能起到宣传品牌文化、提高品牌认可度的作用。

节庆美陈：百货商店、购物广场、大卖场等在特定的节日里，利用商场原有的商业建筑、文化特点及审美需求等因素，对商业环境进行高品位的美化装饰和陈列展示。主要目的是配合商场大型的主题营销及节日促销活动。

室内景观美陈：常常陈设于较大的室内空间，特别是购物中心的室内空间。室内景观美陈既能起到陶冶情操和提高审美的意义，又能起到划分室内空间组织的功能性作用。

日常美陈：一般指将单品、绿植、造型、指示、提示、图案等安置在广场的休息区、电梯等候区、闲置区、办公区等。

户外美陈：指商场周边环境的布置，其不仅能起到吸引人流、树立品牌、带动消费的作用，还能为美化城市环境、提高城市素质面貌起到积极作用。

【课岗融通】

创意营销设计岗位职责

创意营销设计岗位是一个充满挑战和机遇的岗位，它需要应聘者具备全面的设计能力和敏锐的市场洞察力，以创造出具有吸引力和影响力的营销作品，为品牌的发展提供有力支持。

一、岗位概述

创意营销设计岗位是一个涉及品牌、广告和营销策略制定的综合性岗位。其主要职责是通过创新的设计思维和视觉表现手段，将品牌主张、市场策略以及营销活动转化为具有吸引力和影响力的视觉作品，以有效地吸引目标受众的注意力并提升品牌形象。

二、职位描述

1.负责商城创意营销设计工作，包含大促营销、产品营销等场景的营销设计；

2.理解商城业务模式，能够根据业务场景，孵化爆款活动，塑造行业标杆项目；

3. 灵活运用各种设计手段和工具，进行平面设计、空间设计、视频制作、文案撰写等，高效传递品牌信息和营销目标。与策划、运营、文案等紧密合作，提供视觉设计方案，确保营销活动的整体效果。

4. 根据商城用户特征、业务阶段，定义视觉调性、设计表达，建立商城特性的营销设计语言，提供符合要求的创意设计思路，并在项目执行过程中保持与客户的良好沟通。

5. 搭建有竞争力的创意设计团队，把控质量产出，提升团队效率。

三、职位要求

1. 大专及以上学历，营销策划相关专业毕业，具备创意营销团队管理经验；

2. 具备良好的设计趋势洞察能力，能够驾驭各类设计风格，了解创意营销团队的工作技能和流程，并能够在专业层面指导团队；

3. 具备完整的用户体验视角，可以通过数据分析等方式，验证创意营销价值；

4. 沟通能力出色，能够共建良好团队气氛，具备跨团队合作能力；

5. 有业内一线大促经验或成功打造业界大型营销项目的人员优先。

四、场景重构的过程与作用

场景重构是一个系统性过程，旨在优化特定场景或情境。通过市场调研、分析数据、实施重构、检测与调整、评估与优化，可以搭建更高效、更有价值的场景。

1. 场景重构的过程

场景重构的具体步骤可能因项目需求和技术选择而有所不同。场景重构过程如图 5-7 所示。

图 5-7　场景重构过程

(1) 市场调研。需要采用市场调研的方式仔细分析当前的场景或情境，了解其中的问题、挑战和潜在机会。这可能涉及数据收集、观察、访谈等方法。

(2) 分析数据。分析数据，明确重构的目标是什么。分析数据的目标是提高设计效率、降低成本、提供更好的用户体验等。具体目标可以根据现状分析得出，并应该能够量化和衡量。基于目标，制订一个详细的计划来实施重构。这可能包括定义新的流程、引入新的技术和工具、培训员工等。

(3) 实施重构。根据计划，开始实施场景重构。实施重构工作涉及改变工作流程、更新设备、重塑组织结构等。在实施重构的过程中，需要与利益相关者合作，确保过程顺利进行。

(4) 检测与调整。一旦场景重构实施完成，需要对新场景进行检测与调整。这有助于确定是否达到了预期的目标，并发现可能存在的问题。

(5) 评估与优化。场景重构并不是一次性的任务，而是一个持续的过程。通过收集反馈、监控数据和考核绩效指标，可以不断改进和优化重构后的场景。

2. 场景重构的作用

通过场景重构增强沉浸感，提升交互体验，实现虚实融合。场景重构的作用具体如图5-8 所示。

刺激购买意愿　提升满意度　增强互动参与　建立品牌认知　影响消费决策

★　　　　　★　　　　　★　　　　　★　　　　　★

舒适环境　　全民服务　　互动展示　　品牌形象　　消费刺激
愉悦氛围　　个性体验　　主题活动　　品牌价值　　消费引导

图 5-8　场景重构作用

(1) 刺激购买意愿。通过精心设计的场景，如吸引人的陈列、舒适的环境和令人愉悦的氛围，刺激消费者的购买意愿。例如，在购物中心创建一个独特和吸引人的展示，可以引起消费者的兴趣并鼓励他们进行购买。

(2) 提升满意度。通过场景重构，可以提供更好的服务和体验，从而增强消费者的满意度。例如，在餐厅中优化座位布局、改进服务流程和提供个性化的服务，可以提高消费者就餐体验的满意度。

(3) 增强互动参与。通过创造互动的场景和提供参与性的活动，可以促使消费者更积极地互动参与。例如，在商场中设置互动展示、举办特殊主题的活动或提供个性化的体验，可以增加消费者的参与度和忠诚度。

(4) 建立品牌认知。通过场景重构，可以营造符合品牌形象和品牌价值观的环境，并帮助消费者建立品牌认知。例如，在零售店中使用特定的装饰和元素，以突出品牌的独特性和价值。

(5) 影响消费决策。良好的场景设计可以影响消费者的决策过程，引导他们朝着特定方向作出选择。合理安排商品陈列、提供明确的产品信息和优惠条件，可以影响消费者的购买决策。

随着市场竞争日益激烈，通过对消费场景的重构，可以通过打造独特、个性化的购物体验，吸引更多的消费者。同时，通过优化营销策略和提高服务质量，也可以提升品牌知名度和美誉度，从而使企业在激烈的市场竞争中脱颖而出。

【课证融通】

营销师资格证中的创意营销课证融通实践

营销师是指从事市场分析与开发研究，为企业生产经营决策提供咨询，并进行产品宣传促销的人员。根据《营销师国家职业标准》，营销师包含营销员（国家职业资格五级）、高级营销员（国家职业资格四级）、助理营销师（国家职业资格三级）、营销师（国家职业资格二级）和高级营销师（国家职业资格一级）。

营销师资格证中的创意营销课证融通实践是一个结合理论与实践的重要环节，旨在培养营销人员的创意营销能力，提升其在市场中的竞争力。

一、实践目的

1.培养创意思维：通过融通实践，培养营销人员的创意思维，使其能够灵活运用各种创意手段和方法，提升营销活动的吸引力和影响力，为企业营销活动实现场景重构策划。

2.提升营销技能：通过实践，使营销人员掌握创意营销的核心技能，如市场调研、目标客户分析、创意策划、执行与评估等，提升营销人员在营销活动中的实际操作能力。

3.增强团队协作能力：课证融通实践往往需要团队合作完成，这有助于培养营销人员的团队协作意识和能力，提升团队整体效能。

二、实践内容

1.市场调研与分析：收集和分析市场数据，了解目标客户的需求和偏好，为创意营销提供有力的市场依据。

2.创意策划与设计：根据市场调研结果，制订创意营销方案，包括活动主题、创意点、传播渠道等，并进行视觉设计和文案创作。

3.营销活动执行：按照策划方案，组织实施营销活动，包括线上推广、线下活动、媒体采访等，确保活动顺利进行。

4.效果评估与优化：对营销活动的效果进行量化评估，分析活动成败的原因，并根据评估结果对策划方案进行优化调整。

三、实践意义

1.提高营销效果：通过课证融通实践，营销人员能够更准确地把握市场趋势和客户需求，结合场景重构与商场内外部环境构建相关内容，制定出更有针对性的创意营销策略。

2.增强职业竞争力：使营销人员掌握创意营销的核心技能和实践经验，获得更好的职业发展机会。

3.促进企业创新发展：创意营销实践有助于推动企业创新发展，提升品牌形象和市场地位，为企业创造更多的商业价值。

职业能力测试

一、填空题

1.一般意义上，场景由 _____ 和 _____ 两部分构成。

2.商圈是指店铺吸引顾客的地理区域，是店铺的辐射范围，由 _____、_____ 和 _____ 构成。

3.按照消费者的购买习惯，对商品进行划分并使商品摆放位置相对固定下来，以便消费者寻找选购。一般可将商品分成 _____、_____、_____ 三大类产品进行摆放。

4.商场照明是指为了突出商品特质、吸引顾客注意而设置的灯具，通常包括 _____、_____ 和 _____。

5.人口密集的社区周围是设置商场的理想区域，因此进行商场选址时，应该选择符合消费者 _____ 的顾客群。

二、判断题（对的打 √，错的打 ×）

1.商场的地理位置、招牌名称、店面设计及橱窗布置等都能对消费者产生或大或小的影响。
（　　）

2. 分类陈列指根据商品的不同形状和特点进行造型陈列。例如将一些具有特色的产品摆放成可爱卡通形象，以吸引消费者的注意。　　　　　　　　　　　（　　）

3. 针对古董文物之类的高档商品设立专门的销售地点，且该地点的环境布置应结合商品特征显示出高雅、名贵或独特的氛围，更能满足消费者的某些心理需要。　（　　）

4. 利用环境设施营造商店的舒适环境和先进设施，既满足消费者生理上的需要，也满足其心理上的需要。　　　　　　　　　　　　　　　　　　　　　　　（　　）

5. 消费场景构建的过程中，企业在创新的同时应该履行社会责任，实现经济效应和社会效应的统一。　　　　　　　　　　　　　　　　　　　　　　　　　　（　　）

6. 企业营销场景构建是一个比较简单的过程，只需要实现经济效益最大化即可，不需要监控数据和衡量绩效指标。　　　　　　　　　　　　　　　　　　　　　（　　）

三、简答题

1. 简述场景重构的意义。

2. 结合现实案例，分析场景重构涉及哪些策略？

3. 进行商场选址时，应该满足消费者的哪些区域心理因素？

4. 进行商场布局时，应该满足消费者的哪些产品心理因素？

5. 产品陈列的主要方法有哪些？

四、讨论题

王老吉新品黑凉茶颠覆经典红色，在瓶身上设计了88种图案，包括女团、手办、漫画书等契合年轻人喜好的元素。在宣传上也使用"宅、猫、二次元"等诸多契合年轻人生活兴趣的关键词，重新定义消费场景。在首发的京东产品详情页，黑凉茶聚焦于"玩乐、加班、旅行、聚会、休闲"五大场景。

试论述：王老吉依靠包装升级，创造新的消费场景方式的创新之处，并说明"技术＋人性＋创意"的新趋势在场景重构中的作用。

课中实训

实训一　分析填表

举例说明企业场景重构中的 5W1H 要素的内容。

场景重构要素	场景重构要素举例
营销目标 (Why)	
营销内容 (What)	
营销渠道 (Where)	
时间节点 (When)	
消费受众 (Who)	
营销策略 (How)	

实训二　思政研判

任务描述：学生分析案例提出的问题，拟写思政研判提纲；小组讨论，形成小组的思政研判报告；班级交流和相互点评各组的思政研判报告。

"中医＋药膳"融合发展新格局新模式

河南郑州一家名为东济堂的中医馆，迎来了一波又一波前来打卡的年轻人。东济堂中医馆由"医三代"的创办人李嘉慧于2014年创立。她希望将"中医生活"的理念融入千家万户，让更多人了解并受益于中医药文化。为此，中医馆特别设立了食养厨房，旨在满足患者的实际需求，同时针对年轻父母缺乏烹饪技能的现状，中医馆还开设了相关课程，教授他们如何烹饪健康美食。该医馆位于居民区一栋两层的楼房内，灰色的外墙上挂着各类牌匾，门口两盏写有"国泰民安""风调雨顺"字样的灯笼吸引人眼球。尽管门口上方张贴着"食养药膳已售罄"的提醒，依然有不少人慕名而来。

踏入中医馆，一进门一块电子屏上播放着中医知识，上方悬挂着"挖掘""抢救""传承""创新""发展"5个醒目标牌。左侧是挂号台，右侧则是繁忙的食养厨房。厨房中间摆放着四张圆桌，圆桌周围是琳琅满目的商品区，透明的操作间位于厨房深处。这里的食养厨房备受追捧，尤其受到大学生、上班族、商界人士及食养爱好者的青睐。顾客无须先看病，可直接用餐，这里，浓厚的中医药文化氛围让人印象深刻。

陈女士，一位生态供应链企业的决策者，对此赞不绝口："专门的读书区里摆满了中医药文化的书籍，整个馆的设计都体现了创办人的先进理念，真是令人震撼。"

面对中医馆突然的流量激增，医务部工作人员李凯表达出一定的担忧。他指出，中医馆的核心价值在于中医诊疗技术的精湛和中医药文化的传承，而非单纯追求商业流量。中医馆应当坚守医疗本质，致力于提升医疗服务质量，而非被短暂的流量所迷惑。

从场景营销的角度来看，中医馆不仅仅是一个提供医疗服务的场所，更是一个弘扬中医药文化、传授生活技能的重要平台。中医馆将继续秉持严谨、稳重、理性的态度，为公众提供优质的医疗服务和文化体验。

问题：

(1) 说明"中医＋药膳"模式如何实现场景营销创新，满足消费者个性化、体验化和社交化的消费新特点？

(2) 思考中医行业肩负的社会责任？

(3) 分析"中医＋药膳"的创新模式对我国中医药的发展有哪些利弊？

小组讨论后，请将思政研判提纲填写在以下空白处。

思政研判提纲

实训项目评价

学 生 自 评 表

序号	评价素质点	佐　证	达标	未达标
1	知识点融会贯通能力	能够将知识点灵活运用于实训项目中		
2	资源整合能力	能够借助网络资源平台、人脉资源等完成实训项目		
3	小组分工合作能力	能够融入小组活动，有效协同工作		
4	职业道德	能够从职业道德的角度理性看待社会现象，进行思政研判		

教 师 评 价 表

序号	素质点自评	佐　证	达标	未达标
1	知识点融会贯通能力	能够将知识点灵活运用于实训项目中		
2	资源整合能力	能够借助网络资源平台、人脉资源等完成实训项目		
3	小组分工合作能力	能够融入小组活动，有效协同工作		
4	职业道德	能够从职业道德的角度理性看待社会现象，进行思政研判		

课后提升

郑州新田 360 广场（郑州国贸店）打造"1948 主题街区"

　　郑州花园路商圈，汇聚了丹尼斯、正弘城等诸多知名项目，市场竞争尤为激烈。为进一步提升商圈吸引力，2022 年 11 月 26 日，郑州新田 360 广场（郑州国贸店）在成功收回部分先前出租场地的基础上，精心改造并推出了一处特色鲜明的复古街区——1948 主题街区。该街区占地面积超过 8000 平方米，核心定位是展现老郑州市井文化的独特魅力。

　　整个街区致力于重现郑州 20 世纪的生活风貌，通过精心打造的郑州国棉厂、中原影

剧院、建筑工人文化宫、旧街道、老字号店铺等丰富的生活场景，辅以绿皮火车、绿邮筒、煤油灯、电风扇、老皮箱等怀旧元素，营造出一种充满怀旧情怀的城市记忆氛围。为了让市民能够更深入地体验城市的原生记忆，街区还特意围绕具有深厚历史底蕴和现代城市意义的关虎屯，精心打造了关虎屯文化墙，进一步丰富了街区的文化内涵。

此次的街区改造项目，不仅丰富了郑州花园路商圈的业态布局，也为市民提供了一个感受老郑州风情、回味城市记忆的独特场所，有助于进一步提升商圈的整体竞争力和吸引力。

为了实现历史与现代的交融，街区还特别设立了关虎屯文化墙，展现了这座城市的独特魅力。在业态布局上，郑州1948主题街区汇聚了50余家特色餐饮小吃品牌，既有首进河南的新锐品牌，也有重现郑州老味道的经典小吃，如老西郊工人路炸鸡、赵记米皮、鸡蛋爆腰子、关虎屯老味米线等，更有创新融合的特色美食，如觉醒点心行、鲍师傅、文立新秤盘麻辣烫等。这里不仅仅呈现给消费者味蕾的盛宴，更引领人们进行着一次穿越时光的城市之旅，让人们在品尝美食的同时，也能感受到那份深厚的城市情感与记忆。

除此以外，街区还带来了"深巷迷局实景解谜游戏"体验项目，顾客可以在其中体验复古变装，与黄包车夫、擦鞋匠、卖报童等NPC(非玩家角色)互相飙戏，在沉浸式互动体验中获得独家记忆。同时，河南博物院也携爆款产品"考古盲盒"加入主题街区，举办了"嗨！国宝——考古盲盒来了"主题文创展，为街区增添了更多历史韵味。

想一想：

(1) 上述案例涉及本章提到的商场选址与布局的哪些知识点？

(2) 根据相关内容评析郑州1948主题街区的场景重构策略。

(3) 郑州1948主题街区给其他企业的场景重构带来哪些启示？

职业能力拓展

"戏精桃花源"国风主题空间

2022年3月26日，备受瞩目的"国风"沉浸式主题空间"戏精桃花源"在北京富力广场五层隆重开业，该国风主题空间占地面积超过4000平方米，主要面向15至35岁的年轻消费群体。

"戏精桃花源"坚守戏精文化所弘扬的"国风"理念，以陶渊明所著桃花源为创作灵感，汇聚众多与"国风"主题紧密相关或有意向融入该主题商业空间的品牌。通过精心设计的沉浸式空间布局、栩栩如生的演员实景演绎、引人入胜的剧情铺陈以及别出心裁的线下游戏体验，结合创新的零售业态，成功打造了一个独树一帜的沉浸式娱乐休闲场所。这一创新实践亦被视为"国风"IP在沉浸式商业综合体领域的首次成功尝试，彰显了传统文化与现代商业的深度融合，为市场注入了全新的消费体验与文化内涵。

由业内知名的影视美术师团队联袂打造的"戏精桃花源"，经过精心策划与细致布置，现已成功陈列了共计1381件古风道具，再现了一个充满古典韵味、独具魅力的世界。景区内，街道布局错落有致，桃源建筑精巧别致，桃花树参天而立，门氏医馆别具一格，每一处景致仿佛一幅幅动人的画卷，吸引众多游客来此探寻新的拍照打卡胜地。

在内容体验层面，"戏精桃花源"成功突破了传统商业模式的桎梏，创新性地将店铺、沉浸式空间、实景演员、剧情演绎及游戏机制等多种元素有机融合，为游客带来一场别开生面的体验之旅。游客们在此不仅可以尽情享受购物与美食的愉悦，还能深入其中，通过解谜寻宝的方式与实景演员亲密互动，用镜头记录每一个难忘的瞬间。

这种别具一格的场景营销方式，为游客们提供了一个身临其境的沉浸式体验平台，使他们能够亲身感受一场别具一格的穿越之旅，享受其中所蕴含的深厚文化内涵与独特魅力。

戏精文化精心打造的国风空间，汇聚了近30家青春洋溢、充满活力的国风品牌。独具匠心的"植入"手法将这些品牌创意巧妙地融入丰富多彩的故事场景之中，给游客营造出别具一格的沉浸式体验。各店面设计风格独特，该空间内角色设定贴切且与剧情紧密相扣，旨在让游客全程沉浸其中，享受文化盛宴。

国风文化的兴盛，得益于民族自信与文化自信的日益增强。这一趋势不仅显著扩大了消费群体的规模和其消费范围，而且为"国风"与"国潮"文化注入了源源不断的活力与生命力。戏精文化将继续致力于推动国风文化的发展，为广大游客带来更加丰富多彩的文化体验。

拓展任务说明

一、任务名称

主题商业街场景构建策划活动

二、任务背景

随着城市的快速发展和人们生活水平的提高，商业街作为城市的重要组成部分，不仅承载着商品售卖的功能，而且成为展示城市文化、生活方式的窗口。为了吸引更多游客，提升商业街的知名度和影响力，本次策划活动旨在构建一条以"历史与文化融合"为主题的特色商业街。

三、任务要求

1. 突出历史文化特色，确保商业街整体风格统一且具有辨识度。

2. 商业街内应包含多元化的商业业态，满足不同游客的需求。

3. 注重环保和可持续发展，确保商业街的建设与环境保护不冲突。

4. 充分考虑游客体验，提供便捷、舒适的购物和休闲环境。

四、任务分析

1. 风格定位：通过对当地历史文化的深入研究，确定商业街的整体建筑风格、装饰元素等，确保风格统一且具有辨识度。

2. 商业业态规划：结合当地居民需求和游客偏好，规划餐饮、购物、娱乐等多种商业业态，形成互补效应。

3. 环保与可持续发展：在商业街的建设过程中，采用环保材料和绿色施工技术，确保商业街的建设与环境保护不冲突。同时，提倡低碳生活方式，引导消费者健康消费。

4. 游客体验：合理规划商业街的道路布局、交通流线等，确保游客游览顺畅；设置休息区、导览系统等，提升游客的舒适度、满意度和参与度。

五、任务操作

1. 成立策划团队：组建由设计师、市场营销专家、环保技术专家等组成的策划团队，共同制订商业街的建设方案。

2. 市场调研：通过问卷调查、访谈等方式收集游客和当地居民对商业街的期望和建议，为商业街的建设提供参考。

3. 方案设计与评审：制订商业街的初步设计方案，组织专家进行评审和修改，确保方案的科学性和可行性。

4. 商业招商与运营：制订商业街的商业招商方案，吸引符合商业街定位的商户入驻。同时，制定商业街的运营策略和管理制度，确保商业街的正常运营和管理。

5. 宣传与推广：利用传统媒体和新媒体进行商业街的宣传与推广，提高商业街的知名度和影响力。同时，举办各类活动吸引游客前来游览和购物。

六、任务思考

1. 在商业街的建设过程中，如何更好地保护和传承当地的历史文化？

2. 如何平衡商业街的商业利益与环境保护之间的关系？

3. 如何提升商业街的游客体验，使其成为具有吸引力和竞争力的旅游目的地？

4. 在商业街运营过程中，如何建立有效管理制度和服务体系来确保商业街的长期稳定发展？

任务二　情境营销与消费者行为

 案例导入

网络直播如何依靠精神与才华征服网友

蔡磊，一位患渐冻症的前京东副总裁，为支持攻克渐冻症的研发工作，蔡磊在患病的同时开启了直播带货之路。他希望通过直播带货为消费者带来一些物美价廉的商品服务，同时也能挣一些钱，将其用来持续地支持攻克渐冻症的事业。只可惜，现实比他想象的要

复杂，由于渐冻症极为罕见，且相关药物的研发前景并不明朗，蔡磊不但没有拉来投资，还被人劝说要趁早放弃。由于融资困难重重，蔡磊将更多的精力转移到公益基金事业上。目前，他已经发起及联合发起了4个关于渐冻症的公益基金，其中包括一个攻克渐冻症的慈善信托。该慈善信托是一个永久存续的信托基金，即使他倒下了，信托基金也会持续为攻克渐冻症的事业提供资源和力量。

前段时间在蔡磊参与的直播间活动中，他分享了自己的渐冻症经历和人生感悟。他提到自己目前只剩下头部可以活动，但仍然保持着积极乐观的态度。在直播中，他既展示了自己的才华和知识，也向观众传递了一种积极向上的生活态度和对生命的热爱。此外，蔡磊还在直播中谈到了自己的新书《相信》，并与观众分享了书中的一些故事和观点。他的妻子也参与了直播，与蔡磊一起回答观众的问题，并分享了一些关于婚姻和家庭的故事。在直播过程中，蔡磊和嘉宾一起探讨了生命的意义、对待生活磨难的态度以及如何看待死亡等问题。观众通过弹幕和评论等方式积极参与讨论，表达了对蔡磊的敬佩和支持。他的故事激励了很多人积极面对生活中的困难和挑战，同时也让大家意识到生命的珍贵和珍惜每一天的重要性。

同样受网友喜爱的还有董宇辉直播间，首先，董宇辉有才情和口才，这使他能在直播带货中游刃有余地与观众进行互动，用幽默风趣的语言吸引观众的注意力。同时，他在直播中展现出的亲和力也使他更容易与观众建立联系。其次，董宇辉拥有丰富的知识和宽广的视野。他在直播中经常能够引经据典、旁征博引，让观众在购物的同时也能够学习到很多有趣的知识。这种"知识＋直播"的全新模式让观众对他的直播间产生了浓厚的兴趣。

虽然两个直播间的风格和定位不同，但是两个直播间也有共同之处。首先，两个直播间都注重与观众的互动，主播通过回复评论、私信和点赞等方式与观众建立联系，使观众增强参与感和忠诚度。其次，两个直播间都注重提供有价值的内容，不仅提供商品介绍和购物服务，还分享生活经验、知识和观点等，满足观众多元化的需求。此外，两个直播间的主播都具备较好的口才和表达能力，能够用幽默风趣的语言吸引观众的注意力，同时通过建立良好的口碑和信任，吸引网友关注和作出购买决策。

思考：

(1) 为什么要进行情境营销？

(2) 分析有哪些类型的情境营销？

(3) 情境营销的策略有哪些？

课前导学

一、情境与情境营销

古语："上兵伐谋，攻心为上，攻城为下。"企业在营销过程中，以景入"心"，从"心"出发，打造有温度、有情感的营销。通过创造特定的环境和体验，比如创造有趣、吸引人的体验，以及与品牌或产品相关的情境，促使消费者更积极地参与营销活动，并增强他们对品牌的认知和喜爱的程度。

1. 情境的类型

情境或消费者情境是独立于单个消费者和商品本身属性以外，并且能够在某一具体时间和地点影响消费者购买行为的一系列暂时的环境因素。情境主要包括以下几种类型：

(1) 物质情境。物质情境指构成消费者情境的有形物质因素，如地理位置、气味、音响、灯光、天气、商品周围的物质等。物质情境对消费者的情绪、感受具有重要影响。例如，如果商店里光线暗淡、空气浑浊、过道狭窄，就很难吸引消费者进店，即使进来了也会顿生远离此处的想法。因此，商店应努力创造良好的物质环境，以此吸引消费者。

(2) 社会情境。社会情境指消费者所处的社会环境因素，包括社会背景和群体环境，例如文化、价值观、社会地位、家庭背景等。这些社会环境因素可能影响消费者的购买决策，例如对产品的偏好、对价格的敏感度等。

从微观角度分析，社会情境涉及购物或消费活动中他人对消费者的影响，如他人是否在场，彼此如何互动等。一个人独自收看电视节目与几个朋友一起收看时的行为会有明显的差别。同样，一个人单独购物与这人购物时有伙伴或朋友在场时相比，行为也会发生变化。

(3) 时间情境。时间情境指情境发生时消费者可支配时间的充裕程度，也可以指活动或事件发生的时机，如一天、一周或一月当中的某个时间点等。时间是一种重要的资源。随着生活和工作节奏的加快，人们的时间压力越来越大，因此，众多以节省时间为目的的产品相继问世。不仅如此，时间还可作为情境变量对消费者产生影响。例如，当时间压力增大，消费者用于信息收集的时间就会减少；距离上次用餐的时间越长，食物广告就越容易引起消费者的注意；在一天的不同时段，消费者对信息的处理也将不同。

(4) 任务情境和活动情境。任务情境指消费者具体的购物理由或目的。对同一种产品，购买的具体目的可以多种多样。例如，购买葡萄酒可以是自己喝，也可以是与朋友聚会时一起喝，还可以是作为礼品送人。在不同的购物目的的支配下，消费者对于买何种档次和价位、何种品牌的葡萄酒的选择不同。活动情境指与购买任务密切联系的使用情境，即产品在何种场合使用。作为礼物，生日礼物的购买和婚礼礼物的购买就会有较大的差别。

(5) 先行状态情境。先行状态情境指消费者从事消费活动时的短期心理状态和情绪。例如，饥饿的消费者会对商店出售的食品产生好感，兴奋的消费者可能增加购物的品种或数量等。心情好时可能更愿意购买高价值的产品，心情差时可能更倾向于购买一些简单的、实用的产品。

2. 消费者情境的类型

1) 阿塞尔的观点

阿塞尔对消费者行为和营销策略有着深入的研究，提出了许多实用的理论和方法。在阿塞尔的观点中，她把消费者情境分为消费情境、购买情境和信息沟通情境三种类型。

(1) 消费情境。阿塞尔认为，消费情境是消费者使用产品时所处的境况。这种境况可能包括消费者所处的物理环境、社会环境、时间、任务和情绪状态等。这些因素可以影响消费者对产品的感知和态度，进而影响他们的购买决策。例如，消费者在炎热的夏天购买饮料时，可能会更倾向于选择冰镇的饮料，而不是常温的饮料。

(2) 购买情境。阿塞尔提到了 3 个最重要的购买情境，分别是商场内部环境、礼物赠送环境和不可预期购买情况。

【知识拓展】

消费者购买情境的三种类型

1. 商场内部环境

商场是消费者购物的主要场所之一。商场的环境和氛围可以影响消费者的购买决策。例如，宽敞明亮的购物环境可能会让消费者更有购物的欲望，而拥挤狭窄的购物环境可能会让消费者感到不安和焦虑。

2. 礼物赠送环境

当消费者购买礼物时，他们需要考虑礼物的接受者。接受者的喜好和感受可能会影响消费者的购买决策。例如，如果消费者想送给一个喜欢音乐的人一件礼物，那么他们可能更倾向于选择一个音乐爱好主题的礼品店而不是普通的礼品店。

3. 不可预期购买情况

消费者在某些情况下可能会遇到不可预期的购买情况，例如突发事件或特殊情况。这些情况可能会让消费者感到紧张或不安，从而影响他们的购买决策。例如，当消费者遇到突然的天气变化时，他们可能会在附近的便利店购买雨伞或防晒霜。

(3) 信息沟通情境。阿塞尔认为，信息沟通情境是指消费者获取人员信息或非人员信息时所处的具体情境或背景。这个情境可能包括消费者所处的时间、地点、任务、情绪状态以及其他相关的因素。这些因素可以影响消费者对信息的感知和理解，进而影响他们的购买决策。

2) 霍金斯的观点

霍金斯把消费者情境分为传播情境、购买情境、使用情境和处置情境。

(1) 传播情境。传播情境指消费者在同人或物沟通、接触时对消费者行为产生影响的信息接收情境。这种情境可以包括消费者所处的物理环境、社会环境、时间、任务和情绪状态等。这些因素可以影响消费者对信息的感知和理解，进而影响他们的购买决策。

(2) 购买情境。购买情境指消费者在购买产品或服务时所处的状态。这种状态可以包括消费者的经济状况、购买目的、购买渠道、支付方式以及与销售人员的互动情况等。这些因素可以影响消费者的购买决策和购买行为。

(3) 使用情境。使用情境指消费者使用产品的时机或状态。这种情境可以包括消费者使用产品的时间、地点、方式以及频率等。这些因素可以影响消费者对产品的感知和态度，进而影响他们的购买决策。

(4) 处置情境。霍金斯认为，处置情境是指消费者在产品使用前或使用后关于如何处置产品的情境。这种情境可能包括消费者对产品的处理方式、产品的再利用价值以及产品的废弃方式等。

霍金斯的观点强调了情境因素在消费者行为中的重要性。通过了解消费者所处的情境，企业可以更好地了解消费者的需求和偏好，从而制定更有效的营销策略来吸引和留住客户。

【见多识广】

最高级的营销，是情感营销

近年来，情感营销逐渐成为众多品牌的核心策略，其核心目的是以情感为纽带，触动消费者的内心并吸引消费者。采用这一营销策略可使用户对产品的情感共鸣有效转化为对品牌的认同与忠诚，进而转化为实际的购买力。春节作为全国性的盛大节日，对于各大品牌而言，无疑是一个至关重要的营销契机。

在春节期间，营销的核心聚焦于"团圆""亲情"以及"祝福"等深具文化内涵的主题。而要引发深度互动与广泛传播，关键是能够精准触动消费者的情感共鸣。比如，2024年，乐事薯片再次延续其品牌IP"有家就有乐事"，乐事薯片精准捕捉了春节期间家庭团聚的温馨场景，其独特的存在不仅仅为亲情交流和欢乐分享增色添彩，更是点亮了家庭聚会中的每一刻。成功引发了中国消费者的强烈共鸣，进一步加深了春节的喜庆氛围，有效提升了品牌的亲和力与消费者忠诚度。

3. 情境营销的概念及其应用要点

情境营销强调虚拟化情境的营造，针对特定的产品，在销售过程中生动描绘、渲染某种使用情景或美好图景来刺激顾客的购买欲望。以心灵的对话和生活情景的体验达到营销的目的。情境营销应用要点如图5-9所示。

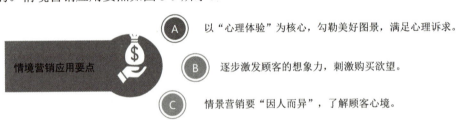

图 5-9 　情境营销应用要点

情境营销是通过创造消费者在购买、使用或体验产品或服务时的情感体验，来吸引和保留客户的一种营销策略。在情境营销中，企业需要通过深入了解消费者的心理诉求，来创造出能够满足消费者情感需求的产品或服务。这种心理诉求既包括消费者的基本需求和功能需求，还包括消费者的情感需求和社交需求等。在满足消费者心理诉求的过程中，企业需要注重以下几个方面。

(1) 建立情感联系。企业需要通过建立情感联系，来增强消费者对产品或品牌的认知度和忠诚度。这种情感联系可以包括消费者对产品或品牌的信任感、归属感、荣誉感等。

(2) 提供个性化体验。企业需要根据消费者的个人特点和需求，提供个性化的产品或服务体验。这种个性化体验可以包括产品的外观、功能、品质、文化内涵等多方面，也可以包括品牌形象、服务体验等。

(3) 增加互动环节。企业可以通过增加互动环节，来增强消费者与产品或品牌的互动，提高消费者的参与度。这种互动环节可以包括在产品的设计、制作、销售等过程中消费者的参与和互动活动，也可以包括品牌传播中的线上或线下活动等。

【知识拓展】

情境营销效应分析

(1) 首因效应。它指消费者对第一次接触到的信息给予特别重视的情况。在销售中，第一印象非常关键，包括产品的外观、广告的呈现方式以及销售人员的专业性和友好程度等。

(2) 近因效应。它指消费者对最近或最后接触的信息给予更高的重视。在销售情境中，这意味着消费者更可能记住最近的促销活动、产品改进或客户服务。

(3) 光环效应。它又叫晕轮效应，指消费者因为对一个方面的积极或负面评价而产生喜爱或偏见，影响他们对其他方面的评价。如果消费者对一个品牌的整体印象很好，他们可能在不了解其旗下其他品牌的前提下，对其旗下其他品牌下的所有产品都持正面态度。

(4) 刻板效应。它指消费者可能会因为对某一群体或产品的刻板印象而产生偏见。消费者可能认为所有日本车都有良好的质量，或者所有德国车都有优秀的性能。这种偏见可能影响他们的购买决策。

(5) 投射效应。它指消费者可能将自己的特质、情感或动机投射到其他个体或群体上。消费者可能因为自己喜欢某种产品或服务，就认为其他人也喜欢。

【见多识广】

火出圈，消费者直呼"太懂我了，买它！"

人类作为情感丰富的生物，其购买行为往往深受情绪因素的影响。高达80%的购买决策源于感性的情绪驱动，而仅有20%的基于理性的逻辑分析。在某些商品或服务的销售过程中，消费者的购买行为更多地受到情绪的驱使，而非单纯基于实际需求。

品牌与消费者之间，最为珍贵的默契在于彼此间的情感共鸣：你并不孤单，我们懂你。众多品牌巧妙地运用"学生党""打工人"等身份标签，精准地吸引目标客群的关注。品牌运用特定的元素，有效放大消费者的情感共鸣，紧密把握时代脉搏，刷新品牌曝光度，引发广泛的社会传播。近年来，社交网络上涌现诸如"佛系""躺平""整顿职场""特种兵旅游""野性消费"等热门话题，这些现象实质上是个体情绪在集体中得到升华的一种表现。这些情绪背后蕴藏着巨大的商业价值，品牌若能精准把握年轻群体的情感痛点，便极有可能在社交媒体上赢得广泛的关注和声誉。

比如，新希望乳业旗下的活润晶球酸奶品牌深刻洞察了当代打工人在精神与经济压力下的复杂心态。尽管"躺平"一词在年轻人中很常见，但他们内心仍渴望以更经济、高效的方式实现生活的优化。活润晶球酸奶正是基于这一深刻洞察，携手小蓝IP，将产品的核心优势——益生菌存活率提高1000+倍，与年轻人的生活场景紧密结合。通过生动的内容故事，活润晶球酸奶不仅展示了其3D包埋技术的升级成果，还传递出对打工人肠道健康的深切关怀，希望为他们在职场中提供源源不断的活力支持。这不仅仅是一次产品的市场推广活动，更是一次深入人心的情感连接，使活润晶球酸奶成为打工人群体的健康伙伴，共同追求更加美好的生活。

随着消费趋势的不断演进，品牌日益重视挖掘消费者背后的真实情感。不过，需要指出的是，"情绪营销"并非万能的策略。在当前的市场环境下，消费者的消费观念愈发理性，对营销手段的免疫力也在不断增强。因此，品牌若仅仅依赖情感引导来刺激冲动消费，其效果往往难以持久。相反，那些能够真正关注消费者需求、提供实用价值和情感共鸣的品牌，才更有可能在激烈的市场竞争中脱颖而出，赢得消费者的长期信赖与支持。从情境营销的视角来看，品牌应深入了解消费者的生活场景和需求，以真诚的关怀和有价值的产品服务陪伴其成长，这样才能激发品牌的持久魅力和生命力。

二、情境营销的类型

1. 家庭情境营销

家庭情境营销主要针对家庭消费群体，通过创造与家庭相关的情境来吸引消费者。例如，宝洁公司的汰渍洗衣液广告中，通过展示家庭主妇的洗衣服情境（用汰渍洗衣液轻松去污渍），让消费者对产品留下深刻印象。

2. 情感情境营销

情感情境营销通过触动消费者的情感共鸣来实现营销目标。这种情境营销可以通过温馨的广告语、感人的故事情节或动人的音乐等来引发消费者的情感反应。例如，可口可乐的"分享一瓶可乐"广告活动，通过鼓励消费者在瓶子上留言来分享自己的故事，从而引发消费者的情感共鸣和参与。

3. 节日情境营销

节日情境营销是指在节日期间通过与节日相关的活动和装饰来吸引消费者。例如，万圣节的南瓜灯、圣诞节的圣诞树等都是节日情境营销的经典案例。

4. 文化情境营销

文化情境营销通过将产品或服务与特定的文化背景相结合，来吸引具有相似文化背景的消费者。例如，百事可乐的"爱中国"广告活动，通过展示中国传统文化和现代元素的结合来吸引中国消费者。

5. 场景模拟情境营销

场景模拟情境营销通过模拟产品的使用场景，来让消费者更加直观地了解产品的功能和特点。例如，宜家的样板房通过模拟不同家庭成员的使用场景，来展示家具的实用性和美观性。

6. 社交媒体情境营销

社交媒体情境营销通过社交媒体平台来传播信息和与消费者互动，从而吸引消费者的关注和兴趣，并促进购买行为。例如，星巴克的"用星说"社交媒体活动，通过鼓励消费者在社交媒体上分享自己的星巴克体验并推荐给朋友，从而吸引更多的消费者。

7. 氛围情境营销

氛围情境营销是一种通过营造特定的氛围和情境来引导顾客进入购买过程的营销方式。它通过运用视觉、听觉、嗅觉等多种感官元素，创造出与商品或服务相关的情境，使顾客更好地体验和感知商品或服务的特点和优势，从而激发他们的购买欲望。在氛围情境营销中，营造特定的氛围和情境是关键。这可以通过装饰店铺、布置灯光、播放音乐、散发香味等方式来实现。

【知识拓展】

情境营销具体应用方式

在情境营销中创建情境是非常重要的一环，只有创建具有吸引力的情境，才能实现最佳的"心理效应"和"情绪体验"，以下是创建情境的具体应用方式或要点。

(1) 故事情节。在故事情节中，企业可以运用各种创意和想象力，将产品或品牌融入一个独特的故事情节中，让消费者通过听取故事来了解产品或品牌的价值和意义。

(2) 社交媒体。企业通过微博、微信、抖音等社交媒体平台发布与产品或品牌相关的文章、图片、视频等内容，来吸引消费者的关注和参与，从而改进和优化产品或服务。

(3) 体验活动。在体验活动中，企业可以通过各种创意设计来创造出一个独特的体验场景，让消费者通过亲身参与该场景来了解产品或品牌的价值和特点。

(4) 视频传播。视频传播是一种通过制作和发布短视频来吸引消费者的注意力并提高品牌知名度和美誉度的营销手段。企业可在视频中融入各种创意和情感元素来吸引消费者的关注和兴趣，例如提供搞笑、感人、震撼等情感体验。

(5) 代言人。代言人可以通过自身的形象和影响力来创造出一个独特的品牌形象和品牌氛围。企业可选择知名的明星、专家或意见领袖作为代言人，来吸引消费者的关注和兴趣，并提升品牌形象和知名度。

(6) 品牌大使。与代言人不同，品牌大使通常是具有社会影响力和公信力的人物，例如社会名流、行业专家或公益大使等。通过与品牌大使合作，企业可以提升品牌形象和知名度，并通过大使的影响力和号召力来吸引更多的消费者关注和购买产品或服务。

(7) 幽默感。企业可以通过制作具有幽默感的广告、宣传片或社交媒体内容来吸引消费者的关注和兴趣，并提高品牌知名度和美誉度。

(8) 实时互动。实时互动包括社交媒体发言、短信互动、线上论坛发帖等形式。通过与消费者进行即时沟通和互动，企业可以了解消费者的需求和反馈，从而改进和优化产品或服务，并提高消费者对产品或品牌的认知度和忠诚度。

三、情境营销的应用技巧

1. 情境营销服务三阶段的心理

1) 售前服务心理

(1) 售前顾客心理分析。售前阶段，顾客会意识到自己的某种需求或问题。顾客的售前心理可能是由内部刺激或外部刺激引起的。在这一阶段，顾客可能只是模糊地意识到自己的需求，因此企业需要通过市场调研等手段洞察顾客的需求，并让顾客明确自己的需求。售前顾客心理如图 5-10 所示。

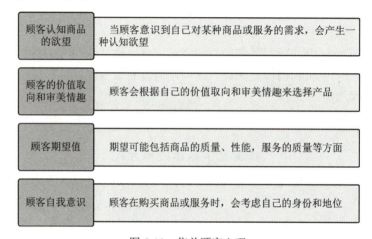

图 5-10　售前顾客心理

(2) 售前服务的心理策略。售前服务的心理策略的核心是以顾客为中心，通过精准把握顾客的心理变化，提供个性化的咨询、体验、解答等服务，从而帮助顾客更好地认识产品价值，建立积极的购买决策，并为后续的购买行为奠定良好的基础。售前服务的心理策略如图 5-11 所示。

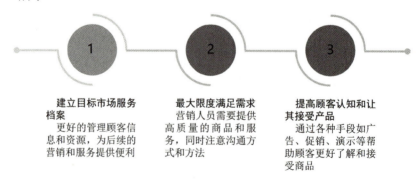

图 5-11　售前服务的心理策略

2) 售中服务心理

(1) 售中顾客心理分析。顾客在购买时通常对产品或服务抱有期待，希望它们能满足自己的需求。同时，他们也可能会感到焦虑，担心自己的选择是否正确、产品是否有问题等。因此，企业需要提供充足的信息和支持，帮助顾客消除焦虑，增强信心。售中顾客心理如图 5-12 所示。

图 5-12　售中顾客心理

(2) 售中服务的心理策略。售中服务的心理策略是企业在销售过程中，针对顾客在购买时的心理需求和行为特点，所采取的一系列服务措施和心理引导手段。这些策略旨在为顾客提供满意的购物体验，增强其对产品的信心，并促成交易的成功。售中服务的心理策略如图 5-13 所示。

优质的接待服务
主动迎接，礼貌询问，给予专业指导，注意自己的形象和态度，提升顾客购物中的舒适度

全面的商品信息
提供准确全面的商品信息，重点介绍商品的特点和优势，以提高顾客的购买欲望

专业的决策帮助
提供专业的建议和意见，通过示范或邀请体验等方式帮助顾客解决问题和作出决策

图 5-13　售中服务的心理策略

3) 售后服务心理

(1) 售后顾客心理分析。售后顾客心理分析主要集中在顾客购买产品或服务后所产生的心理活动和需求上。这一阶段的心理状态对企业来说至关重要，它直接影响顾客的满意度、忠诚度以及未来是否愿意继续选择该企业的产品或服务。售后顾客心理如图 5-14 所示。

图 5-14　售后顾客心理

(2) 售后服务的心理策略。售后服务的心理策略是企业在产品售出后，为了维护客户关系、提升客户满意度和促进再次购买而采取的一系列服务措施。这些策略旨在满足客户的售后需求，解决他们可能遇到的问题，并建立良好的口碑。售后服务的心理策略如图 5-15 所示。

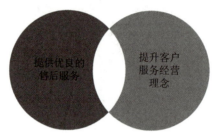

营销人员需要以积极、主动的态度去解决问题和满足顾客的需求，让顾客感受到被重视和关心

提供优良的售后服务

提升客户服务经营理念

企业需要提升客户服务经营理念，即以顾客为中心，完善售后服务体系和流程，不断提升顾客满意度和忠诚度

图 5-15 售后服务的心理策略

【课岗融通】

客户服务岗位职责

优质的客户服务可以让消费者建立起对企业的信任感。当消费者感受到他们的问题被认真对待、他们的需求得到满足时，他们更有可能对企业产生信任感。这种信任可以转化为品牌忠诚度，促使消费者在未来再次选择该企业的产品或服务。

一、岗位概述

客户服务岗位主要负责公司售前、售中、售后的客户服务工作，解决客户提出的问题，提供优质的客户服务，分析客户需求，提供金融服务，维护公司的形象和声誉。

二、岗位职责

1. 负责客户服务工作，包括接待客户、处理投诉、协调售后服务、跟踪售后服务等；
2. 了解公司产品或服务，熟悉公司销售政策、服务流程，为客户提供准确的服务；
3. 保持良好的沟通技巧，具备一定的抗压能力，能够接受和解决客户问题；
4. 维护公司的形象和声誉，积极反馈客户信息，对客户问题及时解决；
5. 遵守公司的各项规章制度，保持积极、稳定的工作态度，有团队合作精神。

三、任职要求

1. 大专及以上学历，具有售后服务、客户服务相关工作经验者优先；
2. 具备良好的沟通技巧，具备一定的抗压能力，能够接受和解决客户问题；
3. 具备团队协作精神，具备一定的责任心，能够承担起日常的工作任务；
4. 具备基本的计算机操作能力，能够使用办公软件进行数据记录和统计。

2. 消费者投诉心理分析

(1) 期待问题尽快解决。消费者在投诉时通常希望问题能够尽快得到解决，避免自己的权益受到进一步损害。他们希望企业或相关部门能够积极回应并采取措施，以恢复或补偿自己的权益。

(2) 渴望得到尊重。消费者在投诉过程中渴望得到尊重和重视，证明自己的权益和意见是值得关注的。消费者希望企业或相关部门能够给予自己适当的关注和尊重，以表明自己的问题被认真对待。

(3) 希望得到适当补偿。消费者在投诉时通常希望得到适当的补偿，以弥补自己遭受的损失或不便。他们希望企业或相关部门能够提供相应的赔偿或补偿措施，以恢复或弥补自己的权益。

(4) 发泄不满情绪。消费者在投诉过程中可能会发泄不满情绪，表达对问题或服务的不满和愤怒。他们希望通过投诉来表达自己的不满情绪，并得到相应的理解和安慰。

【素养园地】

消费者投诉的处理方式和效果，往往能够反映企业的服务态度和品牌形象。如果企业能够积极、负责地处理投诉，会提升消费者对企业的好感度，从而改善品牌形象。处理消费者投诉的技巧主要有以下几个方面。

1. 感谢顾客的投诉

要感谢顾客的投诉，因为顾客的反馈是改进服务和产品质量的重要机会。同时，要表达对顾客的关注和尊重，让顾客感受到自己的意见得到了重视。

2. 对投诉的问题有及时的回应

在处理消费者投诉时，要及时回应顾客的问题，并给予明确的解决方案。要确保沟通渠道畅通，让顾客感受到自己的问题能够得到及时解决。

3. 收集资料，发现问题，及时改善

要收集相关的资料和事实，了解问题的具体情况，并找出问题根源。及时采取措施改善服务质量，防止问题再次发生。

4. 既成事实的赔偿

如果问题已经发生并给顾客造成了损失，要给予适当的赔偿。赔偿的方式可以是提供物质上的赔偿或提供相应的服务补偿。要与顾客协商并达成一致，以避免事态扩大。

5. 建立顾客投诉处理流程与记录制度

要建立顾客投诉处理流程和记录制度，确保问题能够得到妥善处理和记录。记录的内容可以包括投诉的时间、内容、处理过程和结果等，以便后续跟进和总结经验教训。

6. 跟踪

要对问题的解决过程进行跟踪，确保问题得到彻底解决并验证处理结果。同时，要关注顾客的满意度反馈，及时调整和改进服务策略，提升消费者满意度和忠诚度。

【见多识广】

中华人民共和国消费者权益保护法

第一条【立法宗旨】为保护消费者的合法权益，维护社会经济秩序，促进社会主义市场经济健康发展，制定本法。

第二条【本法调整对象——消费者的消费行为】消费者为生活消费需要购买、使用商品或者接受服务，其权益受本法保护；本法未作规定的，受其他有关法律法规保护。

第三条【本法调整对象——经营者的经营行为】经营者为消费者提供其生产、销售的商品或者提供服务，应当遵守本法；本法未作规定的，应当遵守其他有关法律法规。

第四条【立法原则】经营者与消费者进行交易，应当遵循自愿、平等、公平、诚实信用的原则。

第五条【国家保护消费者合法权益的职能】国家保护消费者的合法权益不受侵害。

国家采取措施，保障消费者依法行使权利，维护消费者的合法权益。

国家倡导文明、健康、节约资源和保护环境的消费方式，反对浪费。

第六条【消费者权益保护社会参与原则】保护消费者的合法权益是全社会的共同责任。

国家鼓励、支持一切组织和个人对损害消费者合法权益的行为进行社会监督。

大众传播媒介应当做好维护消费者合法权益的宣传，对损害消费者合法权益的行为进行舆论监督。

【课证融通】

客户服务管理师中的顾客投诉处理课证融通实践

客户服务管理师通过提供产品和服务满足客户的需要，完成交易，并对交易现场的客户服务活动及相关事宜实施管理。本职业共设三个等级，分别是客户服务管理师（国家职业资格三级）、客户服务管理师（国家职业资格二级）、客户服务管理师（国家职业资格一级）。

客户服务管理师中的顾客投诉处理课证融通实践是一个非常重要的环节，它旨在帮助客户服务管理人员有效地处理顾客投诉，提升客户满意度和忠诚度。

一、实践目的

1.掌握投诉处理技巧：通过课证融通实践，使客户服务管理人员熟悉并掌握处理顾客投诉的基本技巧和方法，包括倾听、沟通、分析、解决和跟进等。

2.提升服务质量：通过课程实践，使客户服务管理人员能够及时发现服务中的问题，积极回应顾客需求，从而改进服务流程，提升服务质量和顾客满意度。

3.提高解决问题的能力：课证融通实践有助于培养客户服务管理人员的问题解决能力，使其在面对复杂投诉时能够迅速作出反应，有效解决问题。

二、实践内容

1.投诉接收与记录：客户服务管理人员需要准确接收并记录顾客的投诉内容，包括问题描述、顾客期望等，确保信息完整无误。

2.投诉分析与分类：对接收到的投诉进行深入分析，明确问题的性质和影响，同时根据投诉类型进行分类，为后续处理提供依据。

3.投诉解决与回应：针对不同类型的投诉，制订相应的解决方案，与顾客进行有效沟通，明确解决方案和期望结果，确保双方达成一致。

4.投诉跟进与反馈：对处理过的投诉进行跟进，确保解决方案得到有效执行，并及时向顾客反馈处理结果，收集顾客的反馈意见。

三、实践意义

1. 提升客户满意度：通过有效的投诉处理，能够解决顾客遇到的问题，满足其需求，使客户的满意度和忠诚度提升。

2. 增强企业信誉：良好的投诉处理机制能够展示企业的专业素养和服务质量，为企业赢得良好的口碑和信誉。

3. 促进持续改进：通过对投诉数据的分析，企业可以发现服务中的不足和问题，从而有针对性地进行改进和优化，不断提升服务质量和顾客满意度。

职业能力测试

一、单选题

1. 构成消费者情境的有形物质因素，如地理位置、气味、音响、灯光、天气、商品周围的物质，属于哪种类型的消费情境？（　　）

　　A. 物质情境　　　　　　　　B. 社会情境

　　C. 时间　　　　　　　　　　D. 任务

2. 在阿塞尔的观点中，以下不属于消费情境类型的是（　　）

　　A. 消费情境　　　　　　　　B. 购买情境

　　C. 信息沟通情境　　　　　　D. 处置情境

3. 通过互联网平台传播信息，与消费者进行互动，来吸引消费者的关注和参与的情境营销策略是（　　）

　　A. 故事情节　　　　　　　　B. 社交媒体

　　C. 体验活动　　　　　　　　D. 形象代言

4. 通过温馨的广告语、感人的故事情节或动人的音乐等手段触动消费者的情感共鸣来实现营销目标，属于哪种类型的情境营销？（　　）

　　A. 家庭情境营销　　　　　　B. 情感情境营销

　　C. 文化情境营销　　　　　　D. 节日情境营销

5. 顾客在购买商品或服务后，会对其价值进行评估，判断该消费是否物有所值，这属于顾客哪种心理？（　　）

　　A. 评价心理　　　　　　　　B. 试探心理

　　C. 求助心理　　　　　　　　D. 退换心理

二、判断题（对的打 √，错的打 ×）

1. 消费者所处的社会背景和群体环境，例如文化、价值观、社会地位、家庭背景等可能影响消费者的购买决策。　（　　）

2. 先行状态情境是指消费者从事消费活动时的短期心理状态和情绪。　（　　）

3. 在销售过程中，提供热情、友好、耐心的接待服务非常重要。　（　　）

4. 处理消费者投诉时，如果责任并不完全在自己，可以与消费者进行争辩。　（　　）

5. 消费者在购买产品或服务时所处的状态，可能包括消费者的经济状况、购买目的、购买渠道、支付方式以及与销售人员的互动情况等，这属于使用情境。　（　　）

三、简答题

1. 简述消费情境的含义与构成。

2. 消费购买活动中的情景类型有哪些？

3. 情境营销类型主要有哪些？

4. 情境营销服务三阶段中，消费者的心理特点是什么样的？

5. 处理消费者投诉的方法与技巧是什么？

四、讨论题

你被要求为一家儿童玩具品牌设计一个情境营销活动。请构思一个有趣的互动游戏或娱乐表演，以吸引孩子和家长的兴趣。由于设计环节失误，该活动游戏环节出现排队拥挤、孩子吵闹等问题，对此，如何解决顾客投诉问题，提高消费者满意度？

课中实训

实训一　思考填表

完成情境营销服务三阶段的顾客心理分析和服务心理策略。

服务阶段	顾客心理分析	服务心理策略
售前阶段		
售中阶段		
售后阶段		

实训二　思政研判

任务描述：学生分析案例提出的问题，拟写思政研判提纲；小组讨论，形成小组的思政研判报告；班级交流和相互点评各组的思政研判报告。

情绪营销到底有多大"功力"？

2021年7月22日，鸿星尔克官方微博发布通告，公司经由郑州慈善总会和壹基金向河南灾区紧急调拨5000万元物资，以支持河南灾区的救援工作。此举迅速引发社会广泛关注，并登上热搜榜。随后，公众对鸿星尔克品牌产生的共鸣情绪催生了前所未有的消费热潮。"请加速生产，让缝纫机马力全开""即便无货，寄送鞋盒亦可满足"以及"即便无货，寄送标签也无妨，鞋子我自行制作"等评论在鸿星尔克直播间频频涌现。

鞋服行业资深独立分析师程伟雄对此表示："鸿星尔克此次捐赠行为无疑值得高度赞扬，不仅积极履行了企业社会责任，同时也显著提升了品牌的美誉度。"中国体育经济研究中心的首席品牌管理专家张庆亦认为，无论是捐款还是捐物，只要能够切实为受助者带来实际利益，这种公益行为都应得到社会的支持与鼓励。

然而此次捐赠，虽然带来了流量，但这流量并未得到很好的转化。鸿星尔克这种"善举"不容置疑，但捐赠火"出圈"后，热度为何无法转化为消费黏性？

从营销层面分析该问题：公益行为应当与多样化的营销手段相结合，形成一套完整的"组合拳"。这套"组合拳"涵盖了"内功"与"外功"两个方面。

"内功"着重体现为企业的产品力、渠道力及品牌力的综合展现，涉及供应链管理等关键要素，旨在为消费者提供更加卓越的产品体验，使其功能利益与情感利益得以有效融合。单纯依赖情感因素所带来的利益是不足以支撑企业长远发展的。要想将流量成功转化为销量，进而实现持续的销售增长，必须下大力气打磨企业的"内功"，而这需要长期的积累和努力。

从"外功"的维度来看，捐赠行为不应仅限于物质层面的援助，更应注重与受助者之间的深度互动与联系。正如我们常说的，授人以鱼不如授人以渔。企业在提供运动装备及用品的同时，应附加传授运动知识，以此培养公众的运动兴趣及习惯，使捐赠行为得到升华。在此过程中，企业还可顺势推出自身的公益子品牌，形成独具特色的公益营销策略。当前，许多成熟的体育品牌在公益营销方面均制订了长期规划，并将其与品牌形象紧密结合，以实现品牌价值的最大化。

问题：

(1) 试对上述案例作出你的思政研判。

(2) 通过网络搜索或图书馆调研等途径收集你进行思政研判所依据的相关规范。

(3) 本案例对消费者的启示有哪些？

小组讨论后，请将思政研判提纲填写在以下空白处。

思政研判提纲

实训项目评价

学生自评表

序号	评价素质点	佐　证	达标	未达标
1	知识点融会贯通能力	能够将知识点灵活运用于实训项目中		
2	资源整合能力	能够借助网络资源平台、人脉资源等完成实训项目		
3	小组分工合作能力	能够融入小组活动，有效协同工作		
4	职业道德	能够从职业道德的角度理性看待社会现象，进行思政研判		

教师评价表

序号	素质点自评	佐　证	达标	未达标
1	知识点融会贯通能力	能够将知识点灵活运用于实训项目中		
2	资源整合能力	能够借助网络资源平台、人脉资源等完成实训项目		
3	小组分工合作能力	能够融入小组活动，有效协同工作		
4	职业道德	能够从职业道德的角度理性看待社会现象，进行思政研判		

课后提升

德芙 30 年：尽愉悦之力为乡村庭院经济贡献"她力量"

德芙巧克力进入中国市场 30 年来，德芙的核心理念一直是产品丝滑和情感愉悦，并不断与时俱进，将巧克力带来的愉悦升华。由于巧克力消费者中女性占了绝大多数，因此德芙一直将关怀女性成长作为品牌重要的社会责任。

1) 用巧克力传递愉悦之力

2023 年，德芙焕新品牌愿景，致力于"传递愉悦的力量"。消费者追求的不只是产品，更是品牌背后的价值和愿景。因此，德芙不仅致力于产品的卓越，而且将助力全球可可种植社区发展和女性繁荣作为己任，以实际行动践行"尽愉悦之力"的承诺，让更多人共享愉悦与成长。

2) 深耕中国 30 年"她学院"助力庭院经济发展

乡村振兴，女性力量不可或缺。德芙深谙此道，结合其"尽愉悦之力"的全球愿景，与中国乡村发展基金会携手，启动"她学院"项目，为乡村女性成长赋能。截至 2023 年 8 月，该项目已成功举办 10 期培训班，累计时长超过 1.2 万小时，通过定制化课程，如民宿服务、民俗文化活动及特产推广，结合当地资源，助力乡村女性及其家庭抓住发展机遇。这一举措不仅体现了德芙对乡村振兴战略的深刻理解和积极响应，更是品牌以实际行动助力乡村女性成长、绽放愉悦之力的有力证明。

3) 持助人之心　以"愉悦"践行社会责任

德芙在中国成长的 30 年里，不仅用其巧克力带给人们味蕾与心灵的双重愉悦，而且将"愉悦"的理念升华至赋能成长、传递希望的新高度。2024年德芙携手中国乡村发展基金会，通过"她学院"项目，为乡村女性提供成长平台，激发她们的自我价值，为乡村振兴注入新活力。这一举措不仅助力女性成长，而且以人的成长推动产业发展，形成良性循环。德芙的探索既传递了"愉悦之力"，也为乡村振兴和庭院经济的高质量发展提供了可借鉴的实践样本。

想一想：

德芙巧克力以关注女性成长为社会责任，助力乡村经济发展。根据案例中的德芙巧克力情境营销策略与类型，思考德芙巧克力给其他企业带来的启示是什么？

职业能力拓展

紧急情境营销与消费者理性消费

2021年临近"双十一"购物节之际，元气森林因一次罕见的"薅羊毛"事件而备受关注。10月26日，淘宝平台上的"元气森林官方店"因店员在设置优惠活动时发生失误，导致原价79元一箱(12瓶)的气泡水价格异常，降低至3箱仅需10元，平均每瓶价格远低于正常市场价。这一价格异常引发了消费者的广泛关注和购买热潮，导致该款气泡水销量激增至30万单。然而，据估算，此次失误可能给店铺带来了高达200多万元的损失。

值得注意的是，此次事件中，店名为"元气森林官方店"店铺为淘宝C店，即个人店铺，其店铺资质中显示的消保金仅为1000元，与天猫平台上的"元气森林旗舰店"存在显著区别。事件发生后，该店铺已将所有商品下架，并发布公告称，由于超低价订单数量远超过店铺实际库存，且损失金额已超出其承受能力，因此恳请已下单的消费者在后台申请退款，以帮助店铺渡过难关。

尽管面临巨大的经济损失，元气森林公司仍然决定接手处理这起市场事件，其并未选择取消所有异常订单，而是采取了向每位下单用户赠送一箱白桃气泡水的解决方案。这一举措既体现了企业对消费者的尊重和诚信经营的态度，也在一定程度上缓解了消费者的不满情绪。同时，此事件也引发了人们对互联网时代企业运营策略及风险管理的深入思考和讨论。

针对近期元气森林经销店请求退单事件，部分消费者对处理方式表达不满，同时也有网友对店铺表达同情，认为部分消费者存在疑似恶意"薅羊毛"的行为，在未能成功获取低价商品后产生不满情绪。此次事件所涉的消费者行为，在公众中引发了关于"薅羊毛"行为性质的广泛讨论。

从《中华人民共和国电子商务法》及相关法律法规的角度审视，该事件中的消费者行为可被界定为一种特殊形态的"薅羊毛"，其性质介于常

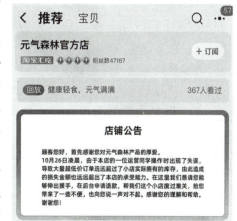

规"薅羊毛"与恶意"薅羊毛"之间。一般而言，常规"薅羊毛"行为指的是消费者合理利用平台或商家提供的优惠活动进行购物，这些优惠活动通常是公开、透明且合理的，亦构成商家的一种营销手段。

然而，在元气森林经销店的此次事件中，网店因标价错误将原价79元一箱的气泡水错误地设置为10.55元三箱，导致消费者得以远低于正常市场价的价格购买商品。显然，这一价格并非商家本意，亦非商家主动提供的优惠。

对此，张铭君律师明确指出，由于标价错误系平台或人为因素所致，消费者利用这一错误进行购买的行为，尽管表面看似"薅羊毛"，但实则已超出普通"薅羊毛"的范畴，带有一定的主观恶意。因为消费者在购买时应当意识到该价格远低于正常价格，却仍进行购买，显然是在利用商家的失误获取不正当利益。

从法律层面分析，此次事件中的交易合同因标价错误而不成立，并非基于商家与消费者的真实意思表示，因此符合法律关于重大误解的规定。商家有权请求撤销该合同。若合同被撤销，消费者拒不返还商品或支付正常价格的行为，将构成不当得利，须承担相应的法律责任。

经过分析，我们不难发现，并非所有"薅羊毛"行为均能获得法律层面的支持。在我国民商合一的法律框架下，诚信与公平原则构成了评判民事法律行为的核心标准。对于恶意"薅羊毛"行为，商家完全有权依法维护自身的合法权益。

另一方面，瑞幸咖啡亦面临过类似的价格设置问题。在某外卖平台上，曾出现以3.5元购买两杯咖啡的异常产品销售界面，其中的价格远低于正常售价。该错误迅速被广大消费者察觉并下单，导致瑞幸咖啡门店订单量激增。然而，与元气森林的处理方式不同，瑞幸咖啡选择取消了所有异常订单，并向受影响的用户发放32元的代金券作为补偿。此举虽避免了消费者低价购买导致商家遭受损失的情况，但也引发了一部分消费者的不满情绪。

综上所述，以上两个案例均引发了社会对于价格设置错误的广泛关注。对于企业而言，如何在保障消费者利益的同时，确保企业的正常运营及品牌形象的维护，已成为亟待深入探讨的重要议题。而对于消费者来说，在遭遇价格设置错误时，如何作出既合理又明智的决策，同样值得深思。

拓展任务说明

一、任务名称

顾客投诉紧急情境营销策划活动

二、任务背景

在市场竞争日益激烈的商业环境中，顾客投诉是企业面临的一种常见且紧急的情境。有效处理投诉不仅能挽回顾客对企业的信任，而且能为企业提供改进产品和服务的宝贵机会。本次营销策划活动的目标是制定一套快速响应顾客投诉的策略，旨在实现紧急情境营销，提升顾客的理性消费意识和服务满意度，维护品牌形象，并促进企业的可持续发展。

三、任务要求

1. 快速响应：确保企业在接到投诉后能够迅速采取行动，减少顾客等待时间。

2. 有效沟通：与投诉顾客建立有效的沟通渠道，了解问题详情并提出解决方案。

3. 解决问题：针对投诉内容，提供切实可行的解决方案，确保顾客问题得到妥善解决。

4. 预防改进：分析投诉原因，制定预防措施，避免类似问题再次发生。

四、任务分析

1. 快速响应机制：建立专门的投诉处理团队，提供 24 小时在线客服支持，确保投诉能够迅速得到处理。

2. 有效沟通策略：通过多渠道收集投诉信息，如在线表单、电话、社交媒体等，确保顾客能够便捷地提出投诉。同时，为投诉的顾客指定专业的客服人员，确保沟通顺畅、信息准确。

3. 问题解决流程：制定详细的投诉处理流程，包括问题分类、解决方案制订、实施与跟进等环节，确保投诉能够得到及时有效的解决。

4. 预防改进措施：对投诉数据进行深入分析，识别问题根源，制定针对性的预防措施。同时，加强内部培训，提升员工的服务意识和技能水平，降低投诉发生率。

五、任务操作

1. 建立投诉处理团队：建立由经验丰富的客服人员组成的投诉处理团队，负责接收、处理和分析投诉信息。

2. 多渠道收集投诉信息：在官方网站、社交媒体平台等渠道设置投诉入口，方便顾客随时提出投诉。

3. 制定投诉处理流程：明确投诉处理流程，确保每个投诉都能得到及时、专业的处理。

4. 实施解决方案：根据投诉内容制订解决方案，方案与顾客协商达成一致后迅速实施。

5. 跟进与反馈：对处理结果进行跟进，确保问题得到彻底解决。同时，向顾客反馈处理结果，收集顾客意见，持续改进服务质量。

6. 预防与改进：定期分析投诉数据，识别问题根源，制定预防措施。加强内部培训，提升员工服务意识和技能水平。

六、任务思考

1. 如何进一步提高投诉处理的效率和满意度？

2. 如何有效收集和分析投诉数据，为改进产品和服务提供依据？

3. 如何加强员工培训，建立投诉处理效果激励机制，提升服务质量和减少投诉发生？

4. 如何与顾客建立长期稳定的信任关系，提升品牌忠诚度和市场竞争力？

任务三 场景营销与消费者行为

 案例导入

依靠包装升级，创造新的消费场景

农夫山泉的包装整体风格精美雅致，色彩温馨和谐，辅以趣味盎然的插图，为用户带

来了轻松愉悦的视觉享受。包装上显著地标注了"天然水"字样，旨在突出产品的天然纯净与健康特性。此外，农夫山泉积极拓宽市场，不仅深耕后厨用水和家庭生活用水市场，更精心推出了多款瓶装水产品，包括专为婴幼儿设计的天然饮用水，针对学生群体的农夫山泉学生天然矿泉水，以及代表高品质的农夫山泉玻璃瓶高端矿泉水。

1) 针对婴幼儿需求精心打造：农夫山泉天然饮用水

农夫山泉倾力推出专为婴幼儿设计的天然饮用水，填补了国内市场的空白。农夫山泉天然饮用水以其卓越品质，成为关注婴幼儿健康的家长们的首选，充分满足了他们对于婴幼儿产品的高品质追求。

2) 怀旧情怀与实用功能并重：农夫山泉学生天然矿泉水

农夫山泉特别推出的学生天然矿泉水在继承经典瓶盖设计的基础上，进行了细节优化，让孩子能够轻松单手开启，使用安全便捷。同时，瓶盖内的专利阀门设计，确保仅在受压时开启，有效预防水意外溢出，为孩子们在校园里的生活增添一份安心与乐趣。

此外，农夫山泉还与英国知名插画师携手合作，以长白山四季景色为灵感，创作出充满童趣和想象的标签图案。春日的青蛙先生和蝴蝶先生盛装赶赴春的聚会，夏日的鹿群在繁花中嬉戏，秋日的树上挂满活泼的小鱼，冬日的长白山银装素裹。这些图案不仅丰富了产品的视觉体验，而且让孩子们在品味清甜矿泉水的同时，感受到大自然的神奇魅力。让我们一同回味那份童年的纯真与快乐，让新时代的孩子们也能感受到来自父辈的珍贵记忆。

3) 农夫山泉玻璃瓶高端矿泉水，致力于呈现自然与文化的和谐共生

农夫山泉推出的玻璃瓶高端矿泉水产品，不仅颠覆了传统高端水价格昂贵的固有认知，更凭借深厚的文化内涵与自然价值，赢得了消费者的广泛认可。想象一下，在炎炎夏日，一位消费者置身于宁静而雅致的环境中，手中托起的不只是一瓶矿泉水，更是一份源自大自然的深情厚礼。

值得一提的是，该产品的包装设计别出心裁。瓶身上精美地描绘了长白山独具特色的物种图案，如威武雄壮的东北虎、身姿优雅的中华秋沙鸭、挺拔苍劲的红松等，每一幅图案都好像讲述着长白山的生态传奇。同时，瓶身还附有详尽的文字说明，使消费者在品味矿泉水的过程中，能够深切感受到浓厚的生态气息与人文关怀。这种场景化的营销策略不仅提升了产品的审美价值与文化内涵，而且引导人们在享受高品质生活的同时，关注自然环境的保护与生态平衡。农夫山泉玻璃瓶高端矿泉水，正是自然与文化完美融合的典范之作。

　　农夫山泉隆重推出的三款产品，为市场带来了一股清新之风，引起了广泛关注。针对特定的受众群体进行了细致的产品划分，体现了企业对市场需求的深刻洞察。特别值得一提的是，农夫山泉积极进军婴幼儿饮用水产业，展现了对婴幼儿群体健康成长的深切关怀，此举必将对整个行业产生深远的影响。通过包装升级和创新消费场景，农夫山泉成功吸引了更多消费者的目光，促进了产品销量的增长。同时，消费者对产品的满意度和口碑评价也显著提升，进一步提升了农夫山泉品牌的知名度和美誉度。

　　思考：

　　(1) 场景营销有哪些特点？

　　(2) 为什么要进行场景营销？

　　(3) 如何进行场景营销？

课前导学

一、场景营销

1. 场景营销的概念

　　场景营销是一种以创造和提供身临其境的消费体验为核心的营销策略。场景营销通过创造有趣、令人难忘的场景和活动，让品牌与消费者建立情感连接，从而增强消费者品牌认知、情感共鸣和忠诚度，塑造品牌形象，并最终推动消费行为。其特点表现在以下几个方面。

　　(1) 场景营销通过构建与品牌相关的典型场景，将产品与消费者的需求联系起来，从而激发消费者的购买欲望。它不是完全虚拟的，而是基于现实生活中的场景和消费者需求的营销行为。

　　(2) 场景营销适用于任何品牌，无论是线上还是线下。通过场景营销，品牌可以在消费者生活中占据一定的地位，与消费者建立联系，并在需要时触发场景，激发消费者的购买欲望。

　　(3) 场景营销是一种长期的营销策略，它通过不断提醒消费者其需求并激发其行为倾向来提高品牌知名度。它不仅可以在特定场景下有效，而且可以贯穿于市场营销的始终。

　　(4) 构建与品牌相关的场景只是第一步，还需要通过有效的营销策略和渠道来传播场景信息，吸引目标消费者。注意，只要构建了场景，就能自动吸引消费者，这种说法是错误的。同时，场景的构建需要考虑消费者的需求和兴趣，以及他们在特定场景下的行为特点。

(5) 场景营销不光适用于产品营销，同样适用于服务营销。服务往往与特定的场景相关联，例如旅游服务与旅游场景、餐饮服务与就餐场景等。通过将服务与特定场景联系起来，可以更好地吸引目标消费者并提高其忠诚度。

2. 场景营销的创建逻辑

场景营销

在进行场景营销时要思考以下问题，主要是以下 4 条创建逻辑。

(1) 深入剖析并明确构建的场景能够向消费者提供的具体价值或服务内容。这些价值或服务可以体现为解决特定问题的有效方案，用于满足消费者的某一需求，抑或是提供一种独特且富有感染力的情感体验。

以汉堡王在三八妇女节期间的营销活动为例，其精心打造的红毯点餐场景，通过布置红毯与 T 台，使消费者身临其境地感受女王般的尊贵体验。

(2) 针对构建的场景，深入剖析其中潜在的痛点，并探寻相应的解决方案。在构建场景的过程中，必须全面且细致地洞察消费者在此场景中可能遭遇的难题与挑战，有效应对并消除这些痛点。

以西贝莜面村为例，他们敏锐地捕捉到了孩子食欲缺乏、家长烹饪技能有限以及亲子时光匮乏等痛点。为了缓解这些痛点，西贝莜面村创新性地推出了亲子私房菜课程，让家长们带着孩子，跟随专业大厨学习烹饪技巧。此外，他们还举办了儿童搓莜面比赛，这一活动不仅提供了亲子互动的体验，而且融入了娱乐元素，营造出温馨而富有社交氛围的场景，从而有效解决了消费者的痛点，成功吸引了大量顾客。

(3) 深入考虑如何有效吸引消费者参与其中。这一过程涉及多个层面的考量，包括但不限于营销策略的制定、品牌形象的塑造以及产品特点的凸显。可以通过多元化的营销手段，如社交媒体平台的广泛宣传、优惠券发放以及口碑营销等方式，来增强消费者的参与意愿和选择倾向。

比如，阿迪达斯品牌在上海南京路的四个候车亭创新性地设置了互动广告装置，当消费者接近红外感应范围时，液晶广告屏幕上的阿迪达斯"门"会自动打开，品牌形象代言人彭于晏将以阳光积极的形象及亲切的笑容邀请公众共同参与运动体验，从而有效提升消费者的参与度和品牌认同感。

(4) 全面考虑消费者的购买场景与使用场景。这些场景涵盖消费者在购买过程中所面临的情境、环境及各项条件，同时包括他们使用产品或服务时的具体方式、频率以及地点等细节。

比如，王老吉品牌通过精准策划吃火锅、烧烤、熬夜等场景，并借助场景传播策略，传达出"怕上火，喝王老吉"的核心理念，从而实现了精准的市场定位。

场景营销作为探索消费者心理"黑箱"的新渠道，借助地点场景、时间场景、行为场景等，满足消费者的心理需求和体验需求。其原理是基于用户在特定场景下的需求和心理状态，通过将产品或服务放置在具体的消费场景下，以刺激消费者的购买欲望和提高品牌认知度。

3. 场景营销的原理

(1) 唤醒消费者的某种心理状态或需求。场景营销的核心是针对消费者在具体场景中所具有的心理状态或需求进行营销行为。通过深入了解消费者的痛点和需求，可以唤醒消费者的某种心理状态或需求，提高购买转化率。

(2) 构建与消费者心理的连接。场景营销通过构建与消费者心理的连接，将产品或服务与具体的消费场景结合，使消费者更容易产生购买行为。这种连接可以包括情感、归属感、价值观等方面。场景营销通过将产品或服务与消费者的心理建立连接，以提高品牌认知度和用户黏性。

(3) 创造具有吸引力的营销场景。场景营销通过创造有吸引力的营销场景，让消费者更容易接受产品或服务，吸引消费者的注意力并激发他们的购买欲望。这种吸引力可以来自产品的特点、品牌形象、营销策略等方面。

(4) 引导消费者在购买场景中进行实地体验。场景营销通过引导消费者在购买场景中进行实地体验，让消费者更直观地了解产品的特点和优势，从而更容易产生购买行为。这种体验可以包括试穿、试用、试驾等方式。

【见多识广】

生活场景营销思考

场景 1：白领各种工作场景

场景传播：经常用脑，常喝"六个核桃"

场景营销特点：通过与白领这个群体结合，将六个核桃产品放置在具体的消费场景中，以刺激消费者的购买欲望和提高品牌关注度。对消费者在用脑过程中补脑需求的关注，体现出企业的社会责任感，以及对消费者需求的关注和照顾。这个场景中强调了健康生活理念，即通过提供营养补给，帮助消费者保持身体的健康。这种理念符合消费者对健康生活的追求，鼓励人们在忙碌的生活中注意身体健康，形成良好的生活习惯。六个核桃作为国产品牌，展示了本土品牌的实力和自信。通过提供能够满足消费者需求的解决方案，六个核桃为消费者提供了方便、实用的产品，并鼓励消费者支持国货，增强了消费者的民族自豪感和认同感。

场景 2：早晨睡懒觉，没时间吃早餐

场景传播：早上来一瓶"营养快线"，精神一上午

场景营销特点：通过创造具有吸引力的营销场景，让消费者联想到一个精力充沛、充满活力的早晨形象，从而吸引了他们的注意力。让消费者感受到营养快线不仅仅是一种饮料，更是一种可以提供给他们能量和提升精神状态的产品。通过提供营养补给，帮助消费者保持健康活力，营养快线为消费者提供了方便、实用的解决方案，并鼓励消费者支持国货，增强了消费者的民族自豪感和认同感。这种场景营销体现出企业的社会责任感，以及对消费者需求的关注和照顾。

场景 3：开车累了困了

场景传播：来一罐"东鹏特饮"

场景营销特点：通过创造具有吸引力的营销场景，让消费者联想到一个视野广阔、不急不徐的驾驶场景，从而吸引了他们的注意力。东鹏特饮关注到开车人群的疲劳问题，通过场景营销提供了解决方案，体现了企业对社会问题的关注。作为国产品牌，东鹏特饮的场景营销不仅宣传了产品特点，而且传递出民族自豪感，鼓励消费者支持国货，增强了消费者对本土品牌的自信和认同感。

场景 4：小饿小困

场景传播：来杯"香飘飘奶茶"

场景营销特点：通过唤醒消费者的心理状态或需求，通过"小饿小困，来杯香飘飘奶茶"的口号，建立与消费者的心理连接。让消费者感受到香飘飘奶茶不仅仅是一种饮料，更是一种可以让他们缓解饥饿和困倦的产品。香飘飘奶茶关注到人们经常感到饥饿和困倦的问题，通过场景营销提供解决方案，体现了企业对社会问题的关注。场景营销还传递出一种健康生活的理念，即通过合理的饮食和好的生活习惯来提高生活质量，这对社会的健康和谐发展有着积极的推动作用。

场景 5：小撑小胀

场景还播：欢聚时刻，我有"消食乐"

场景营销特点：通过宣传欢聚时刻常备消食乐，让消费者联想到一个舒适轻松的消食场景，从而吸引了他们的注意力。消食乐的场景营销还传递出一种健康生活的理念，即通过适当的消食产品来维护身体健康，这对于人们的健康生活有着积极的推动作用。作为国产品牌，消食乐的场景营销不仅宣传了产品特点，而且传递出民族自豪感，鼓励消费者支持国货，增强了消费者对本土品牌的自信和认同感。

二、常见的场景营销方法

1. 虚拟 / 现实场景体验营销

虚拟 / 现实场景体验营销 (也称为沉浸式体验场景营销) 是一种利用虚拟现实技术，通过计算机生成一种模拟环境，同时向参与者使用的设备发出电子信号，让参与者沉浸其中并对其施加视觉、听觉和触觉等感受，且支持人机交互的技术。这种体验方式通过多维度、多感官的刺激，使用户能够全身心地投入虚拟环境，获得身临其境的感受和体验。

虚拟 / 现实场景体验营销的特点如下：

(1) 沉浸感。消费者作为主角存在于模拟环境中，获得有真实感的体验。

(2) 存在感。消费者在虚拟环境中被赋予了真实的存在感，仿佛身临其境地处于真实世界中。

(3) 交互性。消费者可以通过虚拟现实系统感受客观物理世界中的"身临其境"的逼真感，还能突破空间、时间以及其他客观限制，获得在真实世界中无法亲身经历的体验。

(4) 自主性。消费者根据自己的意愿和需求，自主地与虚拟环境进行互动。

虚拟 / 现实场景体验营销的应用范围非常广泛，包括游戏、娱乐、教育、旅游等领域。在游戏领域中，虚拟 / 现实场景体验营销可以创造出逼真的游戏场景和角色，让玩家更加深入地参与到游戏中；在旅游领域中，虚拟 / 现实场景体验营销可以展现出旅游目的地的文化、历史和风土人情，让游客提前体验旅游的魅力；在教育领域中，虚拟 / 现实场景体验营销可以模拟出各种实验场景和场景变化，让学生更加深入地了解知识。

【见多识广】

在迪士尼小镇的虚拟现实 (VR) 场景体验服务中，游客可以借助虚拟现实头戴设备，进入一个全新的虚拟世界。游客在这个虚拟世界中可以根据不同的主题和活动进行选择，例如迪士尼的动画电影、游乐设施、表演活动等。游客可以在这个虚拟世界中自由行走、观看、互动，甚至参与其中，从而获得一种前所未有的体验。

【见多识广】

"这有山"山丘景区小镇，位于吉林省长春市红旗街朝阳区，该小镇是着力打造的集旅游、美食、商业、休闲为一体的 24 小时不闭店夜经济项目。

这个以旅游、休闲为主题的山丘景区小镇，由山坡盘旋至山顶，沿途打造各种大气逼真的景观、景致，包括口味餐街区、美食餐饮、嘉年华区、影院街区、话剧院、书店、咖啡馆、文创街区、博物馆、山舍、山顶问蟾亭等，完全可以满足消费者的一站式需求。其中，最具特色的是山洞大厅，面积达 1000 平方米，可举办舞会、市集展览等活动。

"这有山"不是传统意义上的商业综合体，它从建筑形态、商业动线、商业模式等方面创新，已经突破了购物中心的束缚，带给人一种全新的立体空间中的沉浸式商业体验。

2. 社交媒体整合式场景营销

社交媒体整合式场景营销是一种基于社交媒体平台和用户行为分析的营销方式。它通过分析用户在社交媒体上的行为路径和上网场景，将品牌或产品融入用户的生活场景中，构建以"兴趣引导＋海量曝光＋入口营销＋长尾营销（口碑传播）"为脉络的网络营销新模式。

在这种营销方式下，品牌或产品通过以下方式与用户建立联系：

(1) 兴趣引导。通过分析用户的兴趣爱好和行为习惯，将品牌或产品与用户感兴趣的内容相关联，引导用户关注和了解品牌或产品。

(2) 海量曝光。通过社交媒体平台和搜索引擎等渠道，大量曝光品牌或产品的信息，提高用户对品牌或产品的认知度和熟悉度。

(3) 入口营销。通过提供优质的内容和服务，吸引用户进入品牌或产品的官方网站或社交媒体页面，促进用户对品牌或产品的了解。

(4) 长尾营销（口碑传播）。通过用户的口碑传播和分享，将品牌或产品的信息传播给更多的人，提高品牌或产品的知名度和美誉度。

【见多识广】

河南舞蹈节目"美"出圈

郑州首家实景文化主题街区中，实景打造的城市中心会客厅《星河里·唐宫夜宴》，通过深度挖掘华夏文明瑰宝，将传统文化与现代科技结合，为观众提供了一个全方位、多角度的沉浸式文化体验。该节目在河南卫视播出后，不仅在热搜上"美"出圈，还引发了广泛的社会关注和讨论。这个舞蹈节目的成功，不仅展示了河南春晚的创新实力，也体现了中华民族文化的多样性和深厚底蕴。

《星河里·唐宫夜宴》的成功得益于其深度发掘华夏文明瑰宝。这个节目不仅展示了唐朝宫廷的生活场景，还通过虚拟现实技术的运用，将观众带入了更加真实的古代场景。这种沉浸式的体验，让观众更加深入地了解到唐代的文化和历史，进一步增强了他们对中华民族文化的认同感和自豪感，也为中华民族文化的传承和发展提供了新的思路和方法。

3. 品牌整合式场景营销

品牌整合式场景营销是一种创新的营销方式，它通过整合品牌资源，将品牌或产品融入用户的生活场景，使用户更容易产生参与感和认同感，提高用户对品牌或产品的关注度和参与度。

品牌整合式场景营销的特点如下：

(1) 整合性。品牌整合式场景营销不是采用单一的营销手段，而是整合了品牌的各种资源，包括品牌形象、产品特点、用户需求等，将它们有机地结合在一起，形成一种综合性的营销策略。

(2) 场景化。品牌整合式场景营销注重将品牌或产品融入用户的生活场景中，通过模拟真实的生活场景，使用户更容易产生共鸣和参与感。

(3) 互动性。品牌整合式场景营销注重与用户的互动和沟通，通过各种方式吸引用户的参与，提高用户的参与度和忠诚度。

(4) 创新性。品牌整合式场景营销注重创新和突破，通过新颖的创意和独特的方式，使品牌形象更加突出和鲜明。

【见多识广】

可口可乐与九阳合作推出系列联名"可乐味"厨具，体现了品牌整合式场景营销的实践。这个合作项目将可口可乐和九阳这两个不同领域的品牌整合在一起，打破了传统营销的界限和惯性思维。通过跨领域的合作，创造了一种新颖的品牌形象，打造新的用户体验，吸引了更多消费者的关注和兴趣。同时，通过将品牌融入用户的生活场景，提高了用户对品牌的认知度和忠诚度。对
于喜欢喝可乐的消费者来说，"可乐味"厨具无疑是一种非常实用的生活用品，同时也能够满足他们对可口可乐品牌的情感需求。这种情感需求的满足可以增强消费者对品牌的认同感和忠诚度，从而促进品牌的长期发展。

4. 口碑传播场景营销

口碑传播场景营销通过创造优质的产品和服务，获得消费者的认可，从而获得良好的口碑。企业可以利用社交媒体等虚拟空间，借助用户的口碑传播，提高企业的知名度和品牌影响力。口碑传播场景营销的核心是提供优质的产品和服务，满足消费者的需求和期望。通过创造具有吸引力的产品和服务，企业可以吸引更多的消费者并获得他们的信任。一旦消费者对产品或服务产生好感，他们就会通过口碑传播来分享自己的消费体验。

口碑传播场景营销具有以下特点：

(1) 信任度高。消费者更愿意相信其他人的评价和推荐，而不是直接相信企业的广告。因此，口碑传播能够建立消费者对产品或服务的信任。

(2) 成本低。口碑传播不需要支付高额的广告费用，而且能够通过社交媒体等渠道快速传播信息。因此，口碑传播能够降低企业的营销成本。

(3) 针对性强。口碑传播能够通过社交媒体等渠道，直接针对目标消费者进行宣传和推广。因此，口碑传播能够提高营销的针对性和效果。

【见多识广】

喜茶宠物友好主题店

喜茶宠物友好主题店，划分就餐区、休闲区和宠物外摆区，店内装修以猫和狗相关萌宠元素为主，萌趣十足。店内专门设计宠物主题的插画墙面，让用户沉浸式体验喜茶(HEYTEA)宠物文化，营造出浓厚的宠物文化氛围。这种独特的体验让消费者在享受美食的同时，也能感受到与宠物相关的温馨和乐趣。同时，喜茶通过打造独特的萌宠主题体验和提供宠物外摆区等服务，吸引了大量宠物爱好者和普通消费者的关注，在消费者中形成较好的口碑。消费者的口碑传播能够有效地提高品牌的知名度和美誉度，进而促进品牌的长期发展。

场景营销未来趋势体现在以下几个方面。

1) 运用全局数据

全局数据的特点：场景化、开放性、可度量、及时性、价值化。真正运用好全局数据，可以利用态势感知进行合适的场景构建、匹配的场景连接和精准的场景洞察，这会真正赋予数据智慧。

2) 以消费者为驱动，融合线上线下渠道

围绕消费新场景，线上线下融合趋势明显。新的消费场景下，消费者想要的不只是产品，还包括更好的消费体验。随着技术革新、消费习惯变化，零售业以满足消费需求为核心，围绕消费新场景，通过技术连接，实现线上线下消费渠道融合，目标是最终形成以"消费者数据"为核心的零售新生态。

3) 跨界

场景营销需要整合多种资源，进而形成合力。随着市场竞争形态的日益转变，行业与行业间相互渗透、融通已经成为一个大的趋势。"超级 IP"不仅仅是概念，是正发生的现实，更是未来；"超级 IP"的核心不是创意，而是"互联网时代创意的跨界整合"；"超级 IP"倡导的是观念转变、思维革命和全新的营销模式，是商业模式的颠覆。

【见多识广】

构建以"情"悦人、以"情"动人、以"情"诱人、以"情"感人的创新体验

在产品过剩与同质化严重的当下，消费升级的核心在于"体验升级"。消费者不再单纯追求价格，而是寻求独特的购物体验。品牌体验店和快闪店的火爆正是这一转变的生动体现。消费者渴望在实体店中感受存在感、仪式感、参与感和幸福感，通过体验与分享，满足内心的需求。场景营销正是抓住了这一需求变化，为消费者提供了更具针对性的服务和体验。

飘柔洗发水，作为美发界底蕴深厚的品牌，始终秉持着让秀发柔顺、赋予自信的核心理念。为深度触动消费者心弦，并激发他们的购买意愿，飘柔洗发水独具匠心地选择了分众电梯媒体作为重要的营销阵地。这一平台精准捕捉到人们日常生活中展现自信的黄金时刻，无论是清晨的匆忙启程，还是傍晚的归家时分，均为女性展现独特魅力的关键节点。

为此，飘柔洗发水精心策划了一场与年轻女性消费者的深度交流。通过分众电梯媒体（电视与海报）的有机结合，飘柔巧妙地串联起早晨上班、中午小憩、傍晚下班以及夜晚归家的四个生活场景，编织出一系列引人入胜的故事情节。早晨的"上班篇"广告以悬疑手法吸引观众目光，引发强烈好奇心；而傍晚的"下班篇"广告则揭晓谜题，引发广泛讨论。当夜幕降临，归家之际，电梯内的温馨提示如同一位贴心伴侣，提醒女性朋友们保持发根清爽，以自信姿态迎接每一个新的一天。

这场别出心裁的情景营销活动充分展现了飘柔洗发水对消费者需求的深刻洞察，通过细腻的场景刻画与情感共鸣，成功激发了消费者对柔顺秀发的向往与对飘柔洗发水的购买欲望。

出门	上班	下班	回家
场景1：家里出门乘坐电梯	场景2：上班等电梯、乘坐电梯	场景3：下班等电梯、乘坐电梯	场景4：回家乘坐电梯
出门提醒您不想下班变路人，今晚洗发用飘柔；	在白领女性最在意自己妆容的时机，向您问好并留下悬念引发注意；	在最劳愤憔悴的时候，改变形象成为了潜意识共性的时机；	快到家了，再次提醒您今晚洗发用飘柔

很快"用飘柔，保持清爽柔顺一整天，上班是女神，下班不变路人"这一宣传语瞬间刷屏社交媒体。很多上班族在看到视频时都会心一笑，走进电梯之后看到镜面海报更会走近端详，整理仪容，精神焕发走出电梯，回家、约会，或者去嗨。飘柔利用电梯媒体平台化、时空关系、心理机制三者来打造的场景营销活动，取得了非常不错的营销效果。

【课岗融通】

场景营销推广专员岗位职责

一、岗位概述

场景营销推广专员是一种负责在特定场景下进行市场营销推广的专业人员。他们主要负责通过各种策略和活动，提升品牌知名度，吸引新客户，并增强客户对品牌的认知度和忠诚度。

场景营销推广专员的工作涉及多个方面，包括进行地推活动以吸引新客户，拓展和维护合作渠道，与各种场景(如商超、商业广场、社区等)进行合作以增加品牌曝光度，策划线下活动以引导顾客注册并提升品牌影响力，等等。他们需要密切关注市场动态和客户需求，持续优化推广策略，确保活动推广效果最大化。

二、岗位职责

1. 负责产品场景营销，提高品类市场增量，有效提升品牌声量；

2. 制定项目目标、策略和预算，形成场景营销方案。根据不同阶段的市场情况，匹配高效的 IMC(Integrated Marketing Communications，整合营销传播)组合打法，追求声量和销量的双赢；

3. 负责产品及用户市场调研、TA 分析(是一种人格理论，也是一种系统的心理治疗方法）、竞品观察等调研工作，多维度挖掘和验证需求，提炼产品价值点；

4. 总结策略方法，从专业打法、流程、深度赋能方面整合营销团队，提升团队的策略思考水平。

三、任职要求

1. 具备营销行业经验、拥有大型场景营销成功操盘经验者优先录用；

2. 熟悉消费类场景营销打法，具备内容、创意、广告功底，拥有消费类产品营销成功经验者优先；

3. 掌握扎实的全漏斗流量构建理论和实践经验，有较强的逻辑思维能力和项目管控执行力；

4. 工作积极主动，富有责任心，具有团队合作精神和一定抗压能力。

二、场景营销应用流程

企业可以在特定场景下为目标消费者提供更加精准、有效的营销服务，从而提高品牌知名度和市场份额。场景营销应用流程示例如图 5-16 所示。

建立连接：   深化连接：   巩固连接：   保持互动：
识别与获取顾客   建立顾客认知   培养顾客习惯   维系顾客忠诚

图 5-16 场景营销应用流程示例

1. 建立连接：识别与获取顾客

建立连接是第一步，它涉及识别和获取潜在顾客。为了吸引潜在顾客，企业需要了解他们的兴趣、需求和行为。

(1) 利用数据分析和人工智能技术，对潜在顾客的行为和偏好进行分析，以识别他们的需求和兴趣。

(2) 通过社交媒体、广告和口碑营销等渠道，向潜在顾客传递有吸引力的品牌信息，以获取他们的关注和信任。

(3) 利用定向广告和促销活动，向潜在顾客提供优惠和奖励，以吸引他们试用或购买产品或服务。

2. 深化连接：建立顾客认知

(1) 更新服务理念，平衡场景营销带来的智能服务上的人性化的增加和人与人之间实际交流的非人性化的减少。

如果企业只注重智能化服务而忽略了人与人之间的情感交流，可能会导致顾客的失落感和不满足感。因此，在场景营销中，企业需要适度运用智能服务，同时也需要注重人与人之间的情感交流，提供人文关怀。

(2) 改进信息的检索方式。比如，通过对检索结果的摘要、关键词、图片等元素的优化，让顾客更快地找到自己需要的信息；通过个性化推荐和提供相关链接等方式，为顾客提供更多的选择和参考；通过分析顾客的行为和偏好，为其推送个性化的信息。

(3) 尽可能传递完整美好的场景画面，与顾客形成情感共鸣，把握顾客的价值敏感点。

顾客从高质量的体验中形成对企业的良好认知，可促进企业在营销中让连接深化、沉淀。企业通过创造沉浸式体验，可以让顾客感受到更加真实、生动的场景画面。在场景营销中，企业要通过市场调研、顾客反馈等方式把握顾客的价值敏感点，即他们最关注的产品或服务的方面，并在营销中突出这些方面。

3. 巩固连接：培养顾客习惯

(1) 场景的扩展、更新。企业需要不断挖掘和创造新的内涵丰富的场景，以满足顾客的需求和激发其兴趣。同时，还需要根据市场需求和顾客反馈，不断更新和优化场景，保持场景的吸引力和新鲜感。此外，企业还可以通过深化场景的内涵和文化价值，提升产品或服务的附加值和吸引力。

(2) 场景应用的细致化和轻量化。在场景营销中，企业需要实现场景应用的细致化和轻量化。这包括对场景的细节描绘、对顾客需求的深入理解以及对产品或服务的精细呈现等方面。通过细致化的场景应用，可以让顾客更加深入地了解产品或服务的特点和价值；通过轻量化的场景应用，可以让顾客更加便捷地参与和使用产品或服务。

(3) 社交的必要性。通过社交媒体、社交电商等平台，企业可以与顾客进行互动和交流，增强顾客的参与感和黏性。同时，还可以通过社交平台收集顾客反馈和数据，了解市场需求和趋势，优化产品或服务的设计和功能。此外，企业还可以通过社交平台进行品牌推广和营销活动，扩大品牌知名度和影响力。

4. 保持互动：维系顾客忠诚

在连接中保证企业与顾客的互动，鼓励顾客向企业表达诉求，这可帮助企业更了解顾客并不断完善营销内容。场景不仅与空间有关，还包括各种社交氛围。

【素养园地】

企业在连接中保持互动性成为维系顾客忠诚的途径

1. 建立信任——信任是建立忠诚度的基石。销售员需要通过诚实、透明和可靠的行为来赢得顾客的信任。提供准确的产品信息，避免夸大其词或隐瞒重要细节，确保顾客能够作出明智的购买决策。

2. 深入了解顾客需求——了解顾客的需求和偏好是提供个性化服务的关键。销售员应该积极倾听顾客的意见和反馈，关注他们的需求和痛点，并根据这些信息提供定制化的解决方案。销售员通过对顾客需求的关注和理解，能够与顾客建立更深层次的联系，提高顾客忠诚度。

3. 提供卓越的服务体验——在销售过程中，销售员应该致力于提供卓越的服务体验。这包括及时回应顾客的需求和问题，提供专业的产品知识和建议，以及确保顾客在整个购买过程中的满意度。销售员通过提供超出期望的服务，能够增强顾客对品牌的认同感和忠诚度。

4. 持续学习和提升——销售员应该不断学习和提升自己的销售技巧和专业知识，以更好地满足顾客的需求。销售员通过了解行业动态和竞争对手情况，能够提供更准确的产品推荐和解决方案，使顾客增强对品牌的信任感和忠诚度。

【见多识广】

平安银行——"全城寻找热8（巴）"活动

"场景营销，乃营销之精髓，无场景，不营销。"场景营销，具体来说，指营销者依据不同时空背景下的各类人群所展现出的各异行为模式，深入洞察并预测客户在不同场景下的潜在需求与思维动向，进而精准把握其需求核心，力求将客户体验提升至极致的营销策略。

场景营销更意味着通过自主构建或与他人合作来搭建一个与业务紧密相关的应用场景，以此吸引并汇聚客户流量，精准锁定当前场景下的目标客户群体，深度满足其即时需求，从而进一步拓展服务范围，提升客户满意度与忠诚度。

平安银行信用卡所举办的"全城寻找热8"活动，凭借其别出心裁的粉丝营销策略，成功捕获了年轻人群的关注。此次活动仿佛一场精心编织的场景化营销风暴，以新颖独特的方式深度渗透进Z世代的生活圈层，成功引发了年轻人的广泛共鸣与热烈响应，为平安银行信用卡的品牌推广注入了勃勃生机。此举不仅充分展示了平安银行对"粉丝经济"趋势的敏锐洞察和高效运用，更借助明星的广泛影响力，构建了一个充满活力与社交氛围的生态圈，有效打破了银行传统形象的束缚，使年轻群体对平安银行信用卡产生了全新的认识和兴趣。

随后，平安信用卡乘势而上，推出"全城天天88"活动，借助年轻人钟爱的游戏化互动方式，让他们在轻松赢取各类福利优惠的同时，亦能积极参与到为明星迪丽热巴应援的活动中。此次活动再次展现了平安信用卡勇于突破传统，积极融入年轻圈层的决心与行动。通过品牌的时尚化、年轻化转型，以及跨界至娱乐营销领域的尝试，平安信用卡成功实现了场景边界的拓展与创新。

场景营销的核心在于精准把握并满足客户需求。银行凭借丰富的客户数据资源，通过深度数据挖掘和场景模拟分析，能够实现对客户群体的精细划分和个性化营销。在当前数字化时代背景下，银行亟须构建场景化生态圈，深度洞察用户需求，并提供定制化服务，以增强客户黏性和激发购买意愿。唯有掌控场景者，方能在激烈的市场竞争中赢得先机，这无疑是银行业在数字化时代的重要战略发展方向。

三、场景营销的功能

场景营销指基于用户需求和行为的数据分析，构建各种场景来推荐相应的产品或服务，并使用户在特定场景下产生消费冲动的营销方式。

1. 吸引和留住目标消费者

场景营销通过创造有趣、新鲜、刺激或独特的场景，或者通过描绘场景中的细节或独特点，能够唤起情景记忆，引发受众的联想，吸引目标消费者的注意力，激发他们的好奇心和兴趣。这种吸引可以来自场景本身的新颖性和吸引力，也可以来自场景与消费者需求的契合和对其需求的满足。

2. 建立消费者对品牌形象的认知

场景营销通过创造与目标消费者相关的场景，将品牌与消费者的日常生活联系起来，使消费者在特定情境下产生对品牌的认知，建立与品牌的情感联系。这种情感联系有助于提高消费者忠诚度，使消费者更愿意选择该品牌的产品或服务。同时，场景营销通过设计有故事情节的场景，向消费者传递品牌的特点、价值观和理念。场景营销作为一种隐性传播方式，能够更好地吸引目标消费者，并使其在深入了解品牌后更容易产生购买意愿。

3. 创造沉浸式体验

沉浸式营销通过使用 AR、VR 等技术，结合产品特点，创造出真实感十足的情境，让用户感觉仿佛置身其中。这种真实的情境式体验通过使用技术手段将消费者带入一个虚拟或真实的情境中，让消费者能够自由探索和体验产品，增强对产品的认知和理解，提高参与感。这种参与感能够激发消费者的好奇心和兴趣，提高品牌吸引力。

4. 促进品牌故事传播

场景营销通过创造与品牌形象和价值观相关的场景，将品牌的特点和理念传递给消费者，使消费者更容易产生情感共鸣，从而促进品牌故事的传播。这种传递方式能够更好地吸引目标消费者，并使其在深入了解品牌后更容易产生购买意愿。

5. 增加社交共享与互动

场景营销通过创造与社交媒体平台相关的场景，将品牌与社交媒体紧密结合，吸引更多目标消费者的关注和参与。场景营销还可以通过设计具有社交互动性的场景，让消费者在体验场景的过程中进行分享和交流，从而达到增强社交共享的效果。最终，能够有效地增加销售转化机会。

【见多识广】

海尔智家的智能化技术

海尔智家历经高端品牌、场景品牌至生态品牌的持续探索与深化，现已构建起高端品牌、场景品牌、生态品牌三位一体的品牌架构体系。其精心打造的 5 大空间场景方案，均紧密围绕"家无界·爱不凡"之核心理念展开，通过智能化技术的运用及人性化的设计理念的坚持，实现对客厅、厨房、卧室、衣帽间及浴室等居住空间的智能化管理和精细控制。

1. 智慧客厅方案

海尔智家依托智能家居技术，整合电视、空调、灯饰及窗帘等家居设备，用户通过手机 APP 或语音指令即可便捷操控各项设备，实现开关控制、温度调节及状态查看等功能。

此外，智慧客厅还融入丰富的家庭娱乐及安全保障元素，为用户营造更为便捷、安全、舒适的居家环境。

2. 智慧厨房方案

海尔智家以智能冰箱、智能烤箱、智能油烟机等设备为核心，实现食材的智能管理及烹饪流程的自动化。用户可通过手机 APP 或语音指令轻松管理食材采购、存储及烹饪过程，同时享受智能化调控带来的便捷体验。此外，智慧厨房还融入家庭餐饮与社交功能，为用户带来健康、便捷且美味的餐饮新体验。

3. 智慧卧室方案

海尔智家运用智能床垫、智能空调及智能窗帘等设备，实现睡眠环境的智能化管理与舒适度的自动调节。用户可借助手机 APP 或语音指令调整睡眠环境，同时监控并记录健康数据。此外，智慧卧室还融合家庭健康与娱乐功能，为用户打造健康、舒适、愉悦的睡眠新环境。

4. 智慧衣帽间方案

海尔智家通过智能衣柜、智能镜子等设备实现衣物的智能化管理及搭配的自动化推荐。用户可利用手机 APP 或语音控制实现衣物的存储、查找及搭配等功能。同时，智慧衣帽间还提供家庭时尚及生活咨询等服务，为用户带来更加便捷、时尚且智能的穿搭体验。

5. 智慧浴室方案

海尔智家借助智能热水器、智能浴镜等设备实现对洗浴环境的智能化管理及健康数据的监测。用户可通过手机 APP 或语音控制获取洗澡水温度调节、洗浴用品智能化推荐等服务。此外，智慧浴室还融入家庭健康及娱乐功能，为用户带来更加智能化的洗浴新体验。

总体而言，海尔智家的 5 大空间场景方案通过人性化的设计及智能化技术的应用，深度挖掘并满足各空间的功能与需求。展望未来，海尔智家将继续深化三级品牌体系建设，不断提升品牌影响力及市场竞争力，持续探索与创新以引领行业发展。

【课证融通】

数字营销工具和技术的课证融通实践

一、实践目的

参加数字营销证书考试能够帮助创意营销人员更好地理解和应用数字营销工具和技术。数字营销涵盖了搜索引擎优化 (SEO)、社交媒体营销、电子邮件营销等多个方面，创意营销人员需要掌握这些技能，制定有效的营销策略。具体目的如下：

1. 掌握数字营销工具与技术：通过实践，使数字营销师熟练掌握各种数字营销工具和技术，如搜索引擎优化 (SEO)、搜索引擎营销 (SEM)、社交媒体营销、电子邮件营销等。

2. 提升营销效率与效果：通过运用数字营销工具和技术，提高营销活动的效率和效果，为企业创造更大的商业价值。

3. 培养数据分析与决策能力：通过实践，培养数字营销师的数据分析能力和基于数据的决策能力，使其根据数据洞察市场趋势，制定更为精准的数字营销策略。

二、实践内容

1. 工具与技术应用：实践者需要实际操作各种数字营销工具和技术，如使用 SEO 工具优化网站内容,利用 SEM 工具进行关键词广告投放,通过社交媒体平台进行内容推广等。

2. 数据分析与报告:实践者需要收集并分析营销活动产生的数据,如网站流量、用户行为、广告效果等,并根据分析结果撰写报告,为后续的营销策略调整提供依据。

3. 策略制定与执行:基于数据分析结果,实践者需要制定数字营销策略,并具体执行该策略,如调整关键词投放、优化社交媒体内容等。

4. 团队协作与沟通:数字营销实践往往需要团队协作完成,实践者需要与其他团队成员进行有效的沟通和协作,确保营销活动的顺利进行。

三、实践意义

1. 提高营销效果:通过实践,学生能够更好地运用数字营销工具和技术,提高营销活动的精准度和效果,为企业带来更多的潜在客户和销售额。

2. 增强职业竞争力:掌握数字营销工具和技术、具备数据分析和决策能力的数字营销师在职业市场上更具竞争力,更容易获得更好的职业发展机会。

3. 推动数字化转型:数字营销的实践有助于企业实现数字化转型,提高企业的运营效率和市场竞争力,为企业的长期发展奠定坚实基础。

职业能力测试

一、单选题

1. 关于沉浸式体验场景营销的特点,下列说法错误的是 (   )

A. 全方位感官体验　　　　　　B. 互动性高

C. 高度真实感　　　　　　　　D. 缺乏个性化

2. 在进行消费者行为分析时,以下哪一种数据最常用于场景营销? (   )

A. 调查问卷数据　　　　　　　B. 用户日志数据

C. 在线购买数据　　　　　　　D. 社交媒体互动数据

3. 下列哪一种场景元素最能增强消费者的参与感? (   )

A. 具有挑战性的任务　　　　　B. 具有故事情节的表演

C. 具有社交互动性的活动　　　D. 具有趣味性的游戏

4. 下列哪一种场景类型最适合用于促进销售转化? (   )

A. 线下实体店体验场景　　　　B. 线上购物场景

C. 社交媒体宣传场景　　　　　D. 外出旅游场景

5. 下列哪一种消费者行为心理最能影响场景营销的效果? (   )

A. 归属感心理　　　　　　　　B. 好奇心心理

C. 荣誉感心理　　　　　　　　D. 紧迫感心理

6. 在设计场景营销活动时,以下哪一种策略最能吸引消费者的注意力? (   )

A. 利用社交媒体平台进行宣传　B. 创造独特的消费体验

C. 提供个性化的定制服务　　　D. 利用 AR/VR 等技术增强沉浸式体验

7. 通过整合不同品牌资源,将品牌或产品融入用户的生活场景中,使用户更容易产生参与感和认同感,提高用户对品牌或产品的关注度和参与度的场景营销类型为(   )。

A. 社交媒体整合　　　　　　　B. 沉浸式体验

C. 品牌整合　　　　　　　　　D. 口碑传播

8. 喜茶宠物友好主题店划分就餐区、休闲区和宠物外摆区，店内的装修多采用猫和狗相关萌宠元素，萌趣十足，深受撸猫年轻群体的喜爱，并在群体内部进行传播的场景营销方式为 (　　)

A. 社交媒体整合　　　　　　　B. 沉浸式体验

C. 虚拟 / 现实场景体验　　　　D. 口碑传播

二、判断题 (对的打 √，错的打 ×)

1. 场景营销是一种通过构建虚拟场景来吸引消费者的营销方式。　　　　(　　)

2. 消费者场景营销只适用于线下品牌。　　　　　　　　　　　　　　(　　)

3. 场景营销采用短期营销策略，只在特定场景下有效。　　　　　　　(　　)

4. 只要构建了场景，就能自动吸引消费者。　　　　　　　　　　　　(　　)

5. 场景营销只适用于产品营销，不适合服务营销。　　　　　　　　　(　　)

6. 认知从体验中获得，消费者在场景中获得的体验很大程度上决定场景营销的成败。

(　　)

7. 通过社交媒体、社交电商等平台，企业可以与顾客进行互动和交流，增强顾客的参与感和黏性。　　　　　　　　　　　　　　　　　　　　　　　　　　　(　　)

三、简答题

1. 简述场景营销的意义。

2. 企业场景营销的常用方法有哪些，并举例说明？

3. 场景营销的未来趋势是什么？

4. 企业开展场景营销的过程是什么？

5. 简述社交媒体式场景营销的特点。

四、论述题

场景营销是一种有效的营销方法，它可以通过深入理解消费者的需求和行为，将产品或服务融入消费者的生活场景中，以激发消费者的购买欲望和情感共鸣。以下列情境为例，结合市场调研，深入了解消费者的消费习惯和生活方式，说明如何构建与消费者日常生活场景相关的营销策略。

(1) 您正在为一个地方旅游局制订场景营销计划，以吸引更多游客来探索该地区的自然风光。请设计一个户外体验活动，能够让游客亲身感受到该地区的美丽和独特之处。

(2) 假设您正在为一家环保组织进行场景营销活动策划。请设计一个以可持续发展为主题的展览或活动，以引起公众对环保问题的关注并激发其行动。

课中实训

实训一　分析填表

完成下表，说明常见场景营销方法的特点，并进行案例设计展示。

场景营销方法	营销特点	案例设计展示
虚拟/现实场景 体验营销		
社交媒体整合式 场景营销		
品牌整合式 场景营销		
口碑传播 场景营销		

实训二　思政研判

任务描述：学生分析案例提出的问题，拟写思政研判提纲；小组讨论，形成思政研判报告；班级交流和相互点评各组的思政研判报告。

小米 —— 追求生活小美好

小米手机正式公布，张颂文将担任品牌"影像探索家"一职，并受邀在一部精心制作的短片中深情朗诵经典诗篇《面朝大海 春暖花开》。此短片巧妙地将张颂文亲自操刀拍摄的精美画面融入其中，生动展现了小米 13Ultra 手机所搭载的徕卡影像技术的卓越效能。此举不仅彰显了小米手机与高品质生活的紧密契合，更凸显了张颂文作为代言人"用过才代言"的诚信与专业态度，进一步提升了品牌的公信力。

通过张颂文对大海的深情描绘，结合小米手机所拍摄的大海美景，小米成功将持有小米手机和领略无限宽广视野的情感连系在一起。同时，短片中展示的精美照片与动态视频也向消费者传递了这样一个信息：拥有小米手机，即可随时随地捕捉生活中的精彩瞬间，尽享便捷与乐趣。

在现实生活中，张颂文热衷于在社交平台上分享自己对生活的独特见解和感悟，其微博内容充满人文气息，且喜欢拍摄生

活中的各种细节：蔚蓝的天空、活泼的松鼠、静谧的窗台、绽放的花朵、宁静的湖泊……这些元素均完美契合小米 13 Ultra 所倾力打造的产品形象——热爱生活并热衷于用影像记录生活的点滴美好，同时深深吸引着徕卡所代表的人文气息。

小米与张颂文的合作堪称相得益彰。在众多品牌选择短期推广策略的潮流下，小米却独树一帜，将张颂文尊称为"小米影像探索家"，这体现了小米对品牌理念的坚定执着。而张颂文老师对摄影的挚爱与分享精神，不仅为小米 13 Ultra 赢得了更广泛的曝光，更在无形中丰富了品牌的内涵与形象。他的每一次分享与互动，都如同一股强劲的推动力，助力小米品牌话题的深化与小米品牌形象的提升。

此次合作不仅是小米品牌与张颂文个人魅力的完美融合，更是对小米 13 Ultra 产品理念的一次深刻诠释。我们期待在未来，小米能够继续携手更多优秀合作伙伴，共同探索影像技术的无限可能，为用户带来更多高品质的产品和服务。这种基于真实情感与共同兴趣的合作模式，不仅有效提升了小米的品牌价值，更在消费者心中引发了强烈的情感共鸣。它让人们看到，品牌的推广并非简单的商业行为，而是需要建立在真实、深刻、有共鸣的基础之上。

近年来，类似走过场、失误频发的现象屡屡被公众曝光，部分代言人的表现备受质疑。相较之下，张颂文在代言活动中不仅亲自拍摄照片、发布微博，而且大部分内容都能展现出其真挚的情感与投入。这种认真负责的态度不仅被广大公众所关注，也更容易赢得外界的赞誉与认可，为品牌形象增添了积极正面的价值。

从以上事实来看，小米与张颂文的这次合作真的是非常成功。张颂文在形象气质、人生态度上与小米 13 Ultra 的完美契合以及小米的影像战略，再加上热爱分享、又爱与网友互动，完美地实现了形象代言和品牌宣传。

问题：

(1) 结合案例，说明小米等品牌利用明星作为代言人进行社交媒体场景传播涉及哪些思政问题？

(2) 针对广告代言人不使用代言产品这种现象，作出合理的思政评析，并制定相应的监管措施。

(3) 本案例对消费者有哪些启示？

小组讨论后，请将思政研判提纲填写在以下空白处。

思政研判提纲

实训项目评价

学生自评表

序号	评价素质点	佐　证	达标	未达标
1	知识点融会贯通能力	能够将知识点灵活运用于实训项目中		
2	资源整合能力	能够借助网络资源平台、人脉资源等完成实训项目		
3	小组分工合作能力	能够融入小组活动，有效协同工作		
4	职业道德	能够从职业道德的角度理性看待社会现象，进行思政研判		

教师评价表

序号	素质点自评	佐　证	达标	未达标
1	知识点融会贯通能力	能够将知识点灵活运用于实训项目中		
2	资源整合能力	能够借助网络资源平台、人脉资源等完成实训项目		
3	小组分工合作能力	能够融入小组活动，有效协同工作		
4	职业道德	能够从职业道德的角度理性看待社会现象，进行思政研判		

课后提升

宜家营销秘籍之场景化营销

宜家销售的不仅是家居用品，更是家居生活场景，是生活方式。

宜家用四个维度定义"家"：物品、关系、空间、地方，并在这四个维度的基础上，去探索家之成为家的原因。将物品按一定关系放置在具体空间与地方即构成不同的家居场景，家不是由物品堆积而成的，家是由不同场景构成的。

宜家的场景化营销分以下三个层次：

1. 线下商场场景化

宜家商场凭借其独特而实用的设计理念在市场中独树一帜，其显著特色在于精心策划的一系列样板房展示。这些样板房全面覆盖了厨房、浴室、客厅、卧室等生活核心区域，通过家具的巧妙组合，充分展现了别具一格的家居氛围。尤为值得一提的是，展示场景中的每一件商品均可供顾客选购，顾客在商场内所见之物，皆可被直接购买并带回家中，实现了所见即所得的便捷购物。这一设计构思极大地便利了消费者，使他们能够轻松地将样板房

中的风格复制到自己的居住空间中，打造出心仪的家居环境，进而满足他们对于理想家居的向往。

2. 宜家产品目录

经过精心策划与设计的宜家产品目录，绝非产品图片与价格的简单罗列，而是设计师智慧与创意的结晶。它巧妙地将宜家产品的功能性、美观性以及独特特质展现得惟妙惟肖，充分彰显了宜家品牌对品质与创新的执着追求。顾客在翻阅这份目录时，不仅能够轻松找到心仪的产品，更能够在其中汲取到丰富的家居布置灵感与实用的布局建议，获得打造理想家居生活的有力支持。

尤为值得一提的是，目录中的每一件产品都配备了专属的文案。这些文案不仅详细描述了产品的各项特性与优势，更深入挖掘了家具背后所蕴含的情感与故事。它们以细腻的笔触，讲述了每一件家具的诞生历程、设计理念以及它所承载的价值观与情感寓意。这些文字让消费者在了解产品的同时，更能够深刻感受到这些家具所散发的独特魅力与温度。

因此，这份目录不仅仅是一个产品信息的集合本，更是一本启迪智慧、引发人生思考的图册。它让人们在欣赏宜家产品的同时，也能够从中获得关于生活、艺术的深刻领悟与启迪。

3. 线上场景化传播

宜家在社会化营销领域具有领先地位，其在 Facebook、Twitter、新浪微博以及豆瓣等多个社交媒体平台的推广均取得了显著成效。众多宜家的新客户最初受到这些平台上广泛传播的精美场景图片的吸引。这些图片不仅充分展示了宜家产品的特点，而且巧妙地融入了社交元素，激发了人们的传播与分享欲望。宜家深刻认识到口碑营销的巨大潜力，其核心策略聚焦于激发客户的参与感，使客户成为品牌的积极推广者。这种看似自然、质朴，实则经过精心策划的口碑运作方式，相较于传统的硬性广告，更具备说服力和影响力。

想一想：

结合上面的宜家营销方式，对场景营销进行点评。总结宜家场景化营销给其他企业带来的启示，并思考：如果你是一家家居产品销售商，如何做到真正的场景化展示与销售？

职业能力拓展

新的一年，你旺，我旺，大家旺 —— 旺旺大礼包

春节，作为中国人阖家团圆的盛大节日，各类温馨情感故事更易触动国人心灵，因此成为众多品牌竞相争夺的营销黄金期。

面对春节中各大品牌的激烈营销竞争，如何巧妙运用自身优势，打造深入人心的情感营销，实现"既不刻意煽情又能引发共鸣"的效果，进而充分激发消费者对美好未来的憧憬，无疑是营销活动的核心。旺旺品牌，凭借其名称所蕴含的吉祥寓意，在春节前夕精

心策划了一系列营销活动，凭借其独特的"旺"势，成功构建了品牌与节日之间的深度连接，有效触动了消费者的情感。

1. 塑造产品认知，建立品牌与节日连接

在新春佳节即将来临之际，旺旺集团精准把握市场动态，精心部署产品战略，特别策划并推出一系列旺旺大礼包。其中，尤为引人注目的当属匠心独具的"一字千旺"礼盒。该礼盒巧妙融入亲情、友情、爱情等多重情感元素，以"旺"字为核心，传递出温馨、美好的新春祝福，深受消费者喜爱与青睐。

在春节期间，旺旺集团借助"一字千旺"礼盒的推广，成功与广大消费者建立了深厚的情感纽带，进一步提升了消费者对品牌的认知度与好感度。此外，旺旺还针对不同消费群体的需求，推出了多款特色零食大礼包。

传统款礼包汇聚了浪味仙、旺旺仙贝、旺旺黑白配等经典零食产品，让消费者在品味美食的同时，重温童年的年味记忆。同时，旺旺还大胆创新，推出"成人版"旺旺大礼包，内含麻辣小龙虾味薯片、地狱辣拌面、雪姬米酒等新颖零食，充分展现了品牌对年轻消费者口味的敏锐洞察力和创新精神。

这一系列营销举措的实施，不仅有效地将旺旺品牌与春节喜庆氛围紧密结合，为消费者打造了一场充满年味的新春盛宴，还进一步塑造了旺旺品牌的年轻化形象，让旺旺零食获得了更多年轻消费者的喜爱与追捧。

2. 多方式传播，推动活动破圈

为深入推广新年礼盒活动，旺旺品牌独具匠心，推出了一部以"家备旺，加倍旺"为主题的创意短片。该短片继续沿用旺旺品牌一贯的无厘头风格，巧妙地将产品融入公司年会、朋友聚会以及家庭团圆等充满新年氛围的温馨场景中。短片通过幽默风趣的叙述和富有创意的谐音梗，有效突出了新年家中必备旺旺大礼包的重要性，使消费者深刻感受到旺旺大礼包带来的新年欢乐氛围。

与此同时，旺旺还精心打造了一支复古风格的广告，巧妙借鉴了过往超市推销的经典形式，以独具魔力的方式向观众传递出"送礼就送旺旺大礼包"的强烈信息。这种复古推销方式不仅成功唤起了消费者对于美好童年的温馨回忆，更使"送礼就送旺旺大礼包"的理念深入人心，极大提升了广告的传播效果。

旺旺品牌通过这两种贴近消费者的广告形式，有效挖掘了人们内心深处的年味记忆，将产品与这些令人怀念的元素紧密相连。这种策略不仅增强了消费者对产品的喜爱程度，也进一步提升了旺旺品牌的知名度和影响力。此外，借助复古广告，旺旺成功吸引了不同年龄段的消费者关注，使活动能够触达更广泛的受众群体。复古广告引起了家长们的共鸣，而旺旺的零食产品则深受儿童喜爱，这一策略显著降低了品牌与不同年龄段消费者之间的沟通成本，取得了意想不到的效果。

除了线上魔性复古广告的投放，旺旺还在线下积极举办丰富多彩的活动，以进一步扩大营销活动的覆盖面。在广州地区,旺旺特别设置了超旺展馆,涵盖了"团圆饭""宅家""麻将""好运签""旺气站""零食墙"六大主题专区。在国家倡导"就地过年"的背景下,这些活动让身处异乡的消费者在广州也能感受到浓浓的年味和旺旺品牌带来的"新年更旺"的美好祝愿。

除此以外,旺旺还举办了雕塑艺术大赏,以传统的雕塑艺术演绎出新年的旺气。看到趣味雕塑展的网友纷纷脑洞大开,将旺旺的元素添加到更多的场景形成新创意,并将其发布在社媒上,打通了线上和线下的传播渠道,进一步助力旺旺的新年营销破圈。

如今,旺旺在消费者心中的意义早已超越普通品牌,成为一个情感集合体。提及旺旺大礼包,人们便会联想到过年的温馨记忆。这与旺旺几十年如一日地向受众传递"新年更旺"的品牌内涵分不开,该宣传语使品牌与新年紧密相连,成为消费者心中独特的年味记忆。

拓展任务说明

一、任务名称

企业借助中国传统节日进行场景营销

二、任务背景

中国传统节日是中华民族文化的重要组成部分,具有深厚的文化底蕴和广泛的群众基础。随着社会的快速发展,传统节日已经成为企业营销的重要契机。通过结合传统节日的文化元素和习俗,企业可以打造独特的营销场景,体现品牌对传统文化的尊重和传承,展示品牌的社会责任和创新精神,从而提升品牌影响力,促进销售和品牌传播。

三、任务要求

1.深入了解传统节日的文化内涵和习俗,确保营销活动与节日氛围契合。

2.策划与节日主题相关的创意营销活动,吸引消费者的关注和参与。

3.结合企业特点和产品特性,制定个性化的营销策略,提升营销效果。

4.确保营销活动符合法律法规和道德规范,维护企业良好形象。

四、任务分析

1.文化元素与习俗研究:对传统节日进行深入研究,了解节日的起源、文化内涵、习俗特点等,为营销活动提供丰富的创意灵感。

2.营销活动策划：结合节日主题，策划与节日氛围契合的创意营销活动，如主题促销、互动游戏、线上线下联动等，吸引消费者的参与和体验。

3.个性化营销策略：根据企业特点和产品特性，制定个性化的营销策略，如定制化的节日礼盒、限时优惠活动、会员特权等，提升消费者对品牌的认同感和购买意愿。

4.法律法规与道德规范：在策划营销活动时，确保活动符合相关法律法规和道德规范，避免出现负面影响，维护企业良好形象。

五、任务操作

1.节日研究与策划：组织团队对传统节日进行深入研究，提取节日元素和习俗特点，制定与节日氛围契合的营销策略。

2.活动准备与宣传：根据策划方案，准备活动所需的物资、场地等，并通过各种渠道进行宣传推广，吸引消费者的关注和参与。

3.活动执行与互动：在活动期间，确保活动顺利进行，并与消费者进行互动，收集消费者的反馈和建议，为未来的营销活动提供参考。

4.效果评估与总结：活动结束后，对活动效果进行评估，总结经验教训，为未来的传统节日营销提供改进方向。

六、任务思考

1.如何将传统节日的文化元素和习俗场景营销活动更好地结合，打造独特的营销场景？

2.如何创新营销策略，使营销活动吸引消费者的关注和参与，让品牌获得更大的影响力？

3.如何确保营销活动符合法律法规和道德规范以维护企业良好形象？

4.如何收集和利用消费者的反馈和建议以优化和改进传统节日营销策略？

项目六　网络营销、新媒体营销与消费者行为

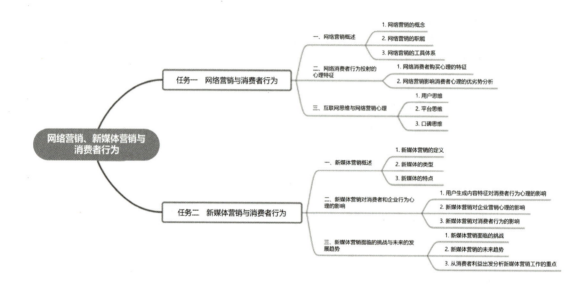

网络营销的兴起，企业可以进行更加精准的目标市场定位，通过数据分析挖掘消费者的潜在需求，为消费者提供个性化的产品和服务。新媒体营销则以其独特的内容形式和互动方式，吸引了大量年轻消费者的关注。企业通过新媒体营销，能够与消费者建立更加紧密的联系，同时，全面分析网络营销与新媒体营销对消费者行为的影响，调整和创新营销策略，从而更好地满足消费者的需求和期望，增强消费者的品牌认同感和忠诚度。

教学目标

▲ 知识目标

- 掌握网络营销的概念、特点、职能与工具体系；
- 掌握网络用户购物时的心理策略；
- 了解新媒体营销的基本概念、特点和优势；
- 掌握新媒体营销的常用策略和手段，如社交媒体营销、内容营销等；
- 了解消费者权益保护的相关法律法规和政策。

▲ 能力目标

- 培养洞察和分析网络用户消费心理的能力；
- 培养根据自身的消费体验及他人的消费行为，分析网络消费行为特点的能力；
- 培养运用用户心理开展网络营销活动的能力；
- 能够评估营销活动的绩效，并根据数据和用户反馈对其进行优化和调整；
- 能够识别并应对新媒体营销中的风险和挑战，如信息过载、虚假宣传、隐私泄露等。

▲ 素质目标

- 培养学生的创新思维和创业精神，使其具备在新媒体环境下开展创新性营销活动的能力；
- 提高学生的文化素养和审美水平，使其能够创作出具有吸引力和营销价值的专业内容；
- 培养学生的文化自信，提高学生对非物质文化遗产的审美素养和传承思维；
- 提高学生的法律法规以及道德规范意识，使其在营销活动中遵守相关法律法规政策和社会主义道德规范；
- 培养学生职业操守和绿色消费观，树立主流价值观念。

任务一　网络营销与消费者行为

 案例导入

网红款爆火的背后

　　"网红款"在市场中获得如此热烈的追捧，其深层驱动力在于产品所承载的丰富文化附加值。这一现象在时尚、日用品等多个领域均有显著表现，反映出人们在物质消费的同

时，对精神文化需求的日益重视。这股热潮并非仅由商品的低价或限量等营销手段所驱动，也来自公众对文化附加值的深度追求和认可。如今，服装、日用品等物质消费已成为人们满足精神文化需求的重要手段。

从印有各种文化符号的T恤到近年来的"汉服热""国潮热"，再到文创产品的热销和日用品的"文创化"，我们不难发现，时尚的传达已经从单一的款式热销扩展到了整体的风格和文化内涵的传达。消费者期望在生活的每个场景中都能展现自己独特的文化标签。虽然潮流对消费者追求个性和差异化的过程有所影响，但随着时间的推移，消费习惯终将走向成熟化。

对于生产者而言，他们需要从传统和当代文化艺术资源中汲取灵感，进行创新转化，打造具有高文化附加值的"爆款"产品。这样，他们才能在激烈的市场竞争中脱颖而出，满足消费者对文化附加值的追求。

"网红款"与"潮玩"作为文化消费的代表，受到了广泛的追捧。即便是非追星族，也能轻易识别出如优衣库与KAWS的联名T恤、星巴克的猫爪杯、双黄蛋雪糕等"网红款"商品。这些产品通常借助饥饿营销、跨界营销等策略，通过融入文化或艺术元素，极大地提升了产品的价值感，使消费者感受到的价值远超实际售价。而"潮玩"则以创意设计、精湛工艺和独特的"文化标签"为卖点，为消费者带来全新的消费体验。例如，"盲盒娃娃"依托热门IP、限量发售和"隐藏款"设计等策略，创造了强大的消费心理黏性，形成了庞大而稳定的消费群体。

随着互联网的普及和网民规模的不断扩大，截至2023年，我国网民数量已达到9.98亿。网络热点和话题的影响力日益增强，成为消费行为和文化消费的重要策源地。因此，"网红款""潮玩"等文化消费现象虽然带有一定的跟风性和盲目性，但与其一味抨击，不如深入分析其背后的原因。跟风行为源于人们的从众心理，这种心理并非当代所独有，而是普遍存在于人类社会中。此外，互联网大大增加了信息的可达性，也导致了更密集的群体压力，进而加剧了跟风现象。不过，理解并善用这一现象，营销者可以更好地利用移动互联网时代的信息传播规律，为大众创造更多元化的文化消费选择。同时，利用蜂鸣效应，营销者可以促进消费行为的成熟化，并利用消费趋势与规律，营销者可以帮助更多"主流文化"在生活场景中转变为"潮流文化"。

近年来，博物馆文化创意产品的开发日趋活跃。故宫博物院已成为"网红大IP"，而苏州博物馆的"唐寅袋泡创意花茶"、广汉三星堆博物馆的古蜀青铜面具饼干公园、南京博物院的金陵王玺橡皮擦等创意产品，更是让原本只能在博物馆内见到的文物形象和历史文化符号大量融入日常生活。除了博物馆等文化文物单位，公园文创、街区文创等也开始崭露头角，如玉渊潭公园的"樱花冰激凌"在樱花季成为热门话题。从少量供应的"文化纪念品"和"文化衍生品"，到销售量、覆盖面不断扩大的"日常消费品"，文创产品在生活中的应用场景不断扩大，消费者也热衷于为这些产品的"文化附加值"买单。

在当代社会，文化消费以及物质消费的"文化性"已成为文化传播的主要渠道。尽管这种传播方式具有符号化、浅表化、碎片化等特点，但它也具有可见度高、覆盖面广、传播性强等优势，是不可忽视的文化传播载体。实际上，"中国风""汉服热""国潮热"等现象都反映了当代人对中华传统文化的认同和亲近，他们在古人智慧、传统工艺、民族审美中找到了自我追求的内涵、美感和个性。

回顾这一轮"疯抢"现象，我们可以确信，当代人更加注重文化本身的消费。消费者通过文化消费来表达自己的生活态度和文化认同。因此，我们应该在产品、服务以及各类消费场景中寻找更多文化表达的新方式，为那些富含营养的文化资源创造更多与大众亲密接触的机会，让文化的价值不断被发现和应用。

思考：

1. 站在消费者的角度，分析什么是文化附加值，并举例说明。
2. 为什么"网红款"很难成为"长红款"？
3. 传统文化如何与网络营销结合，走进消费者心里？

课前导学

一、网络营销概述

1. 网络营销的概念

网络营销是指组织或个人以互联网或移动互联网为主要平台开展各种营销活动，从而达到满足组织或个人需求的全过程。

网络营销 (On-line Marketing 或 E-Marketing) 是随着互联网进入商业应用而产生的，尤其是在万维网、电子邮件、搜索引擎、社交软件等得到广泛应用之后，网络营销的价值越来越明显。

2. 网络营销的职能

对于企业而言，网络营销可以在网络品牌建设、网络推广、信息发布、销售促进、网络销售、客户服务、客户关系管理和网络调研这八个方面发挥作用。这八个方面也是网络营销所承担的八大职能，网络营销策略的制定和各种网络营销手段的实施也都是以这些职能为目的的。

1) 网络品牌建设

网络品牌建设主要通过创建和提升企业在互联网上的品牌形象和知名度来提高企业的品牌价值和市场竞争力。这可以通过企业网站的视觉设计、内容策略、用户体验等方面来实现。例如，Nike 通过其网站上丰富的产品信息和引人入胜的广告内容，以及独特的用户体验设计，成功地提升了其品牌形象和知名度。Nike-中国官网如图 6-1 所示。

图 6-1　Nike-中国官方网站

2) 网络推广

网络推广主要通过各种互联网渠道，如搜索引擎优化 (SEO)、社交媒体营销、电子邮件营销等，将企业的产品或服务推广给潜在客户。例如，某些品牌通过搜索引擎优化和社交媒体营销，成功地将其产品推向了更多的潜在客户，从而增加了销售量。通过搜索引擎优化，产品广告会出现在搜索界面的第一位，如图 6-2 所示。

图 6-2　搜索引擎优化

3) 信息发布

信息发布主要通过将企业的产品或服务信息发布到互联网上，以吸引潜在客户的关注和查询。例如，星巴克通过其网站发布最新的咖啡品种和促销活动信息，吸引了更多的顾客前来消费。星巴克产品页面如图 6-3 所示。

图 6-3　星巴克产品页面

4) 销售促进

销售促进主要通过各种互联网营销手段，如优惠券、满减活动、限时折扣等，促进企业产品的销售增长。例如，淘宝、京东等购物平台在双十一、618 等大型购物狂欢节通过推出限时折扣活动和满减优惠券等促销活动，成功地吸引了更多的消费者前来购物。双十一活动期间，一个电商平台的促销活动界面如图 6-4 所示。

图 6-4　电商平台的促销活动界面

5) 网络销售

网上销售主要通过互联网渠道直接销售企业的产品或服务，以扩大销售范围和提高销售额。例如，上海迪士尼度假区通过其官方网站直接向用户销售门票或服务，节省了中间环节的成本，同时也提高了销售额。上海迪士尼门票销售页面如图 6-5 所示。

图 6-5　上海迪士尼网上销售页面

6) 客户服务

客户服务主要通过互联网渠道提供咨询、售后等客户服务，以满足客户的需求和提升客户满意度。例如，联想公司通过其官方网站和电话客服提供技术支持和售后服务，解答客户的问题和疑虑，以提高客户满意度和忠诚度。联想公司线上客户服务界面如图 6-6 所示。

图 6-6　联想公司线上客户服务界面

7) 客户关系管理

客户关系管理 (CRM) 主要通过互联网渠道建立和维护企业与客户的关系，以增加客户的忠诚度和提高客户价值的过程。例如，纷享销客公司是一家专门为企业搭建客户关系管理系统的企业，他们以"用创新科技和行业智慧赋能企业增长"为使命，践行"以客户的成功定义成功"的核心价值观。纷享销客网站页面如图 6-7 所示。

图 6-7　纷享销客网站页面

8) 网络调研

网络调研主要通过网络渠道收集和分析市场数据、竞争对手情报等信息，以帮助企业作出更明智的决策，预测未来的市场趋势。例如，企业可以通过网络问卷调查进行客户满意度调查，以调整其产品策略和市场定位。问卷星网络调研页面如图 6-8 所示。

图 6-8　问卷星网络调研页面

3. 网络营销的工具体系

常用的网络营销的工具体系包括企业网站、搜索引擎、电子邮件、即时信息、浏览器工具等客户端专用软件，以及电子书、博客、短视频、直播、网络广告等，其中网络广告是工具方法而不是工具平台，需要借助其他工具平台实现广告目标。这里我们简单介绍 7 种网络营销方法：搜索引擎营销、社交媒体营销、视频营销、网络广告、电子邮件营销、内容营销、口碑营销。

1) 搜索引擎营销

搜索引擎营销 (SEM) 是通过搜索引擎这一渠道进行信息流推广的一种营销方式。它主要是通过优化关键词排名，提高网站曝光率和流量，以吸引更多潜在客户。在浩瀚的互联网海洋中，潜在客户如何找到商家呢？搜索引擎营销就是解决这个问题的利器。常用搜索引擎如图 6-9 所示。

图 6-9　常用搜索引擎

2) 社交媒体营销

社交媒体营销 (SMM) 是通过社交媒体平台进行品牌推广和用户互动的一种营销方式。它主要是通过在社交媒体平台上发布有价值的内容，吸引潜在客户并与他们建立联系，以增加品牌知名度和用户黏性。社交媒体成为现代人获取信息、交流互动的重要平台，社交媒体营销正是利用这一渠道，让品牌与用户更紧密地联系在一起。

比如，某家餐饮企业想要吸引更多食客，提升品牌知名度。他们可以通过社交媒体平台发布美食图片和优惠活动信息，与食客进行互动和沟通。此外，他们还可以通过直播等方式，展示后厨美食制作过程，让食客更加了解品牌，从而增强品牌黏性。

3) 视频营销

视频营销 (Video Marketing) 是通过视频内容进行品牌推广和用户教育的一种营销方式。它主要是通过制作有吸引力的视频内容，吸引潜在客户并提高品牌知名度。视频的类型包括长视频、短视频、视频直播；一般来说，区分长视频与短视频的主要特征就是拍摄时长，5 min 以上称为长视频，5 min 以内称为短视频。常见长视频、短视频平台分别如图 6-10、图 6-11 所示。

图 6-10　传统视频 (长视频) 平台

图 6-11　短视频平台

比如，某家服装公司想要展示自己的新品，吸引更多顾客。他们可以制作一些关于新品特点、搭配方法和穿着效果的短视频，并在社交媒体平台上发布。此外，他们还可以通过邀请网红或明星代言人拍摄短视频，增加品牌的曝光度和影响力，从而吸引更多潜在客户。

4) 网络广告

网络广告 (Internet Advertising) 是通过互联网投放广告的一种营销方式。它主要是通过投放广告，吸引潜在客户并提高品牌知名度。网络广告具有精准度高、覆盖面广、形式多样等优势，可以让品牌信息更加有效地传递给目标受众。

比如，某家电商平台想要提高网站的流量和销售额。他们可以选择在搜索引擎、社交媒体和其他网站上投放广告。此外，他们还可以针对不同用户群体投放不同的广告，增加广告的精准度和效果，从而提高销售业绩和品牌知名度。

5) 电子邮件营销

电子邮件营销 (E-mail Marketing) 是通过向目标受众发送电子邮件，以吸引潜在客户并提高品牌知名度的一种营销方式。电子邮件营销具有成本低、针对性强、操作简单等优势，是网络营销中不可或缺的一环。

比如，旅游公司可以通过发送电子邮件介绍旅游产品的特点、价格和行程安排等信息来向潜在客户推广旅游产品。同时，他们还可以通过在邮件中添加优惠券或特别折扣等促销活动，增加客户转化率。

6) 内容营销

内容营销 (Content Marketing) 是通过创作有价值的内容吸引潜在客户的一种营销方式。它主要是通过在网站、博客或其他平台上发布有价值的内容，以吸引潜在客户并提高品牌知名度。内容营销注重的是与客户的互动和沟通，以及内容的持续优化和改进。

比如，家居品牌想要吸引更多潜在客户，他们可以在自己的网站上发布一些家居装修的教程和案例，以及一些家居产品的使用方法和技巧等有价值的内容。同时，家居品牌还可以通过与客户互动和沟通，了解客户的需求和反馈，从而不断优化自己的产品和服务。

7) 口碑营销

口碑营销 (Word-of-Mouth Marketing) 是通过客户口碑传播品牌信息的一种营销方式。它主要通过提高客户满意度和忠诚度，以及鼓励客户分享自己的购买体验等，以吸引更多潜在客户并提高品牌知名度。口碑营销注重的是品牌口碑的建立和维护，以及与客户的互动和沟通。

比如，餐厅想要吸引更多食客，他们可以通过提供优质的服务和美食，以及鼓励食客在社交媒体上分享自己的用餐体验和评价等，来提高品牌的口碑和知名度。同时，他们还可以通过举办一些特别活动或优惠活动等，增加客户的参与度和忠诚度。

以上就是七大网络营销方法。不同的营销工具和方法具有不同的特点和适用场景，企业可以根据自己的需求和目标来选择合适的营销工具和方法。同时，网络营销也需要注重数据分析和效果评估，以便不断优化和改进自己的营销策略。

【课岗融通】

网络营销专员岗位职责

一、岗位概述

网络营销专员是企业网络营销团队的重要成员，主要负责制定和执行网络营销策略，通过各种在线渠道提高品牌知名度、吸引潜在客户，并促进销售增长。网络营销专员需要具备良好的市场分析能力、创意策划能力、沟通协调能力和团队协作能力，以推动网络营销活动的成功实施。

二、岗位职责

(1) 制定网络营销策略：根据企业整体战略和市场环境，制订网络营销计划，包括目标设定、渠道选择、内容规划、预算分配等。

(2) 渠道推广与品牌建设：负责企业官方网站、社交媒体平台等在线渠道的推广，提升品牌知名度和美誉度。通过撰写高质量的内容、发布有价值的信息、与用户互动等方式，塑造企业形象。

(3) 市场调研与分析：关注行业动态和竞争对手，收集和分析市场数据，为企业决策提供依据。定期评估网络营销效果，提出改进建议。

(4) 搜索引擎优化：提高网站在搜索引擎中的排名，增加网站流量。

(5) 社交媒体营销：利用社交媒体平台(如微博、微信、抖音等)进行内容传播、互动营销和用户关系管理，扩大品牌影响力。

(6) 线上活动策划与执行：策划和执行线上营销活动(如促销活动、互动活动、线上直播等)，提高用户参与度和转化率。

(7) 数据分析与报告：运用数据分析工具，跟踪和分析网络营销活动的效果，编制报告，为决策层提供数据支持。

(8) 跨部门协作：与创意、设计、销售等部门紧密合作，确保网络营销活动的顺利实施。

三、任职要求

(1) 教育背景：市场营销、电子商务、新闻传播等相关专业专科及以上学历。

(2) 工作经验：具备一定的网络营销或相关领域工作经验，熟悉网络营销行业趋势。

(3) 技能与能力：具备良好的市场分析能力、创意策划能力、沟通协调能力、团队协作能力，熟悉各种网络营销工具和平台。

(4) 素质要求：积极主动、有创新思维、责任心强，具备较强的学习能力和抗压能力。

【课证融通】

"互联网营销师" 中的网络营销课证融通实践

一、实践目的

本次实践旨在让学习者通过实践操作，将"互联网营销师"中的网络营销策略与"消费者行为分析"中的消费者洞察相结合，从而优化营销效果，提升品牌知名度和消费者满意度。

二、实践内容

(一) 市场调研与消费者画像构建

学习者需要运用"消费者行为分析"中的知识，进行市场调研，收集目标消费者的基本信息、购买习惯、偏好等数据。基于这些数据，构建消费者画像，为后续的营销策略制定提供依据。

(二) 制定网络营销策略

结合消费者画像和市场调研结果，学习者需要运用"互联网营销师"中的知识，制定个性化的网络营销策略。策略应涵盖目标市场定位、产品推广渠道选择、营销内容创意等方面。

（三）实施网络营销活动

根据制定的营销策略，学习者需要选择合适的数字营销工具（如社交媒体、电子邮件等），实施网络营销活动。活动过程中，需要密切关注消费者的反馈和数据变化，及时调整策略。

（四）数据分析与优化

在营销活动实施后，学习者需要运用数据分析工具，对营销效果进行评估。通过分析数据，了解消费者行为的变化和趋势，为后续的营销策略优化提供依据。同时，也需要与"消费者行为分析"中的知识进行对接，深入理解消费者需求和行为背后的原因。

（五）总结与反思

在实践结束后，学习者需要对整个实践过程进行总结和反思。总结成功的经验和不足之处，提出改进方案和建议。同时，也需要将本次实践与理论知识进行对接，加深对网络营销和消费者行为分析的理解。

三、实践意义

通过本次实践，学习者可以更加深入地理解和掌握"互联网营销师"与"消费者行为分析"中关于网络营销的课证融通内容。同时，通过实际操作，学习者的实践能力和创新思维也将得到有效提升。这对于培养高素质、高水平的互联网营销人才具有重要意义。

二、网络消费者行为投射的心理特征

网络营销与国潮
文化崛起

1. 网络消费者购买心理的特征

(1) 追求个性化消费心理。在互联网时代，消费者越来越注重商品的个性化，他们不再满足于大众化的、普通的商品，而是希望通过消费彰显自己的个性、品位和价值观。这种心理特征在网络消费者中尤为突出。例如，近年来定制化的服装、鞋帽、饰品等受到追捧，消费者可以根据自己的喜好选择颜色、款式、材质等，甚至有些品牌还提供了 DIY 服务，让消费者自己设计商品。

Supreme 是一个知名的潮牌，其成功在于提供限量版的商品，每次推出的新品都受到粉丝的追捧。其独特的设计和限量供应策略，使得消费者感到购买这个品牌的商品是一种身份的象征，同时也满足了消费者追求个性化的心理需求。

(2) 追求文化品位的消费心理。随着社会的发展，消费者对商品的文化内涵越来越重视。他们希望通过消费某种商品来展示自己的文化品位和审美情趣。网络消费者尤其如此，他们可以在全球范围内寻找符合自己品位的商品。

近年来，中国传统文化在全球范围内引起热潮。许多品牌开始与中国的艺术家或设计师合作，推出具有中国特色的商品，如中国文化主题的 T 恤、茶具、艺术品等。这些商品既具有实用价值，又代表了中国的文化和艺术风格，满足了消费者追求文化品位的心理需求。

(3) 追求自主、独立的消费心理。随着互联网的普及，消费者越来越追求自主、独立的消费方式，他们不再满足于被动地接受广告和推销信息，而是通过自己的判断和比较来选择商品。此外，他们也越来越注重商品的品质和售后服务，希望通过消费获得更好的生活体验。

Netflix 是一家在线流媒体服务平台，它允许用户根据自己的喜好选择观看内容，而不是像传统的流媒体服务那样提供固定的节目安排。这种自主的消费方式满足了消费者的个性化需求，使他们能够按照自己的节奏和兴趣来消费内容。同时，Netflix 也提供了高质量的节目和良好的客户支持服务，赢得了消费者的信任和忠诚。

(4) 追求表现自我的消费心理。在消费行为中，有一部分消费者会倾向于按照自己的意愿和想法行事，他们不满足于被动地接受商品和服务，而是选择主动地与商家互动，提出自己的需求和期望。这种消费心理在网络环境下尤为明显，因为消费者可以更加方便地与商家进行沟通，表达自己的想法和创意。

近年来，越来越多的消费者选择定制化的商品，如定制化的衣服、鞋子、饰品等。这些消费者不仅希望商品能够满足他们的实际需求，还希望商品能够体现自己的个性和品位。通过定制化的方式，消费者能够将自己的想法和创意融入商品中，从而在消费中充分表现自我。

(5) 追求方便、快捷的消费心理。随着人们生活节奏的加快，许多消费者更加注重购物的便利性和快捷性。他们不愿意花费过多的时间和精力去实体店购物，而是更倾向于选择在线商城或便利店等便捷的购物场所。

便利店在全球范围内迅速发展，满足了消费者在方便、快捷方面的购物需求。便利店提供了各种即食食品、饮料、日常用品等，方便消费者快速购买所需的商品，节省了时间和精力。

(6) 追求躲避干扰的消费心理。现代消费者更加注重购物的舒适度和精神体验。他们希望在购物过程中能够避免各种不必要的干扰，如嘈杂的环境、过度的推销等，从而保持心理状态的轻松和自由。

无人超市采用自动结账系统，消费者可以自行挑选商品并完成结账，无须与店员互动。这种购物方式为消费者提供了一个安静、舒适的购物环境，使他们能够更加专注于自己的购物需求，避免了不必要的干扰。

(7) 追求物美价廉的消费心理。在购买商品时，许多消费者会考虑价格和质量的关系，希望以合理的价格购买到高品质的商品。这种消费心理在网络环境下更加明显，因为消费者可以更加方便地比较不同商家商品的价格和质量，选择性价比最高的商品。

比价购物网站为消费者提供了一个方便的平台，使他们可以比较不同商家商品的价格和质量，从而选择性价比最高的商品。这种购物方式满足了消费者对于物美价廉的需求，使他们能够以更加低的价格买到满意的商品。

(8) 追求时尚商品的消费心理。许多消费者会追求时尚和新颖的商品，特别是年轻人更注重时尚潮流。他们希望通过购买时尚的商品来展示自己的个性和品位，与时尚潮流保持同步。

许多时尚品牌通过社交媒体平台宣传自己的新品和潮流趋势，吸引年轻消费者的关注和追捧。同时，社交媒体也成为年轻人展示自己时尚品位的重要平台，他们可以通过分享自己的穿搭和潮流单品来获得认可和赞誉。

(9) 消费主动性增强。在网络环境下，消费者更加主动地寻找和比较商品信息，根据自己的需求和预算作出更加明智的消费决策。他们不再是被动地接受商家的推销信息，而是更加注重自己的消费权益和利益。

现在有许多线上平台和社交媒体提供了供消费者评价和比较商品的功能。消费者可以在这些平台上查看其他消费者的评价和反馈，了解商品的优缺点和性价比，从而作出更加明智的消费决策。这种消费方式体现了消费者更加主动地参与消费过程的特点。

【素养园地】

网络消费者发生购买行为时，可能会遇到的一些问题：

1. 法律问题

(1) 商品欺诈。网络购物中，消费者可能遇到商品与网页描述不符、假冒伪劣产品等问题。这是不法商家利用网络的匿名性和距离感进行欺诈的行为，违反了《中华人民共和国消费者权益保护法》和《中华人民共和国反不正当竞争法》等法律法规。

(2) 物流配送风险。网络购物涉及商品配送，如果快递服务不到位，可能导致商品损坏、丢失或配送延误等，这涉及《中华人民共和国消费者权益保护法》和物流法等法律法规。

(3) 支付安全风险。网络购物支付涉及资金安全和隐私保护问题。如果支付平台存在安全隐患，可能导致消费者财产损失或个人信息泄露。这涉及《中华人民共和国消费者权益保护法》《中华人民共和国网络安全法》和《中华人民共和国个人信息保护法》等法律法规。

2. 道德问题

(1) 信息不对称。网络购物中，消费者往往只能通过网页上的图片和产品介绍来了解商品信息，容易出现信息不对称的情况。商家可能会利用这一点，夸大商品性能或隐瞒商品缺陷，诱导消费者购买，违背了商业道德的诚信原则。

(2) 侵犯知识产权。一些网络营销人员可能盗用他人的原创作品或商标，以牟取非法利益。这种行为侵犯了他人的知识产权，违背了道德和法律规范。

3. 价值观问题

(1) 价值观念冲突。由于不同文化背景和价值观的影响，网络用户在购物过程中可能遇到价值观念冲突的情况。例如，一些用户可能更注重商品的质量和性能，而另一些用户可能更注重价格或品牌。这种冲突可能导致消费决策困难或消费者对某些品牌产生误解。

(2) 侵犯个人隐私。网络购物中，消费者需要提供个人信息以完成交易。如果这些信息被不当使用或泄露，可能侵犯消费者的隐私权。

为了保障消费者的权益和促进网络购物的健康发展，需要加强法律法规的制定和执行，提高商家的道德意识和诚信度，并引导消费者树立正确的价值观念。

2. 网络营销影响消费者心理的优劣势分析

1) 网络营销的优势

网络营销的优势主要体现在以下几个方面：

(1) 互动性。网络营销具有很强的互动性，消费者可以直接与品牌或企业进行沟通和交流，参与产品的设计和推广，从而增强对品牌的认知和信任。

(2) 个性化体验。网络营销可以提供更加个性化的体验，通过大数据分析用户行为和喜好，为用户推荐更加精准的产品和服务，从而提高用户的满意度和忠诚度。

(3) 价格优势。网络营销可以降低企业的运营成本，减少中间环节，使得商品价格更具有竞争力，同时也能让消费者享受到更优惠的价格。

(4) 方便快捷。网络营销不受时间和地点的限制，消费者可以在任何时间、任何地点进行购物，同时也能享受到更加便捷的支付和配送服务。

(5) 多样化的营销方式。网络营销可以通过多种方式进行，如社交媒体、电子邮件、短信、直播等，从而满足不同消费者的需求和喜好。

(6) 精准定位。网络营销可以通过数据分析和挖掘，精准地了解消费者的需求和行为特征，从而更好地定位产品和服务，提高营销效果。

(7) 提高品牌知名度。网络营销可以通过多种渠道宣传品牌和产品，从而提高品牌知名度和美誉度，吸引更多的潜在客户。

2) 网络营销的劣势

虽然网络营销具有许多优势，但也存在劣势，主要包括以下几个方面：

(1) 缺乏信任感。网络营销的虚拟性使消费者对商品或服务的信任感降低，特别是对于一些需要一定时间和精力投入的购买决策，如购买房产、汽车等高价值商品时，消费者更倾向于选择传统的实体店进行购买。

(2) 缺乏兴趣。网络营销的线上购物方式缺乏实地的感受和体验，无法满足一些消费者的感性需求，如购买服装时无法试穿、购买美食时无法品尝等，这使得消费者对商品的印象和兴趣降低。

(3) 价格问题愈加敏感。网络信息的充分可以使消费者轻松比较不同产品价格，对于价格敏感型消费者来说，可能会选择价格更低的其他品牌或渠道进行购买。

(4) 广告效果不佳。虽然网络广告具有多媒体的效果，但由于网页上可选择的广告位以及计算机屏幕等限制，广告的色彩、声音效果、创意呈现面临很大的局限性，这使广告的吸引力降低，无法有效吸引目标客户。

(5) 企业促销被动性加剧。网络营销的促销方式往往比较单一，缺乏实体店的多样性和创新性，同时由于网络营销的传播范围广，一旦出现促销效果不佳的情况，可能会被更多的消费者得知，从而影响企业形象和信誉。

企业在开展网络营销时需要充分考虑上述因素，采取相应的措施来弥补这些劣势，如提高商品质量、提供优质的售前和售后服务、增加消费者的购买体验和信任感等，从而提升网络营销的效果和促进企业的发展。

【见多识广】

不同行业如何利用网络营销影响消费者心理

1. 金融行业

金融行业可以利用网络营销来建立消费者的信任感，提高品牌知名度，并刺激消费者的购买欲望。例如，一些银行通过在社交媒体上展示其客户评价、透明度和专业服务来建立消费者的信任感；同时，它们还会提供各种金融产品和服务，如投资、贷款、保险等，来满足消费者的不同需求。

2. 房地产行业

房地产行业可以利用网络营销来展示房屋的独特特点，使购房流程更具便利性，建立与客户的沟通渠道。例如，一些房地产公司利用虚拟现实技术来让消费者在线上体验房屋的真实场景；同时，它们还会通过社交媒体、网站等渠道来公布购房信息和优惠活动，吸引消费者的关注。

3. 教育行业

教育行业可以利用网络营销来展示学校的教育特色和优势，提供在线课程和学习资源，以吸引更多的学生。例如，一些学校利用网站和社交媒体来宣传其教育特色和优势，吸引更多的学生；同时，它们还会提供在线课程和学习资源，以满足不同学生的学习需求。

4. 医疗行业

医疗行业可以利用网络营销来提供医疗信息，获取消费者信任感和提高品牌知名度。例如，一些医疗机构利用网站和社交媒体来提供医疗信息和健康知识，帮助消费者更好地了解自己的健康状况；同时，它们还会通过透明度和专业服务的展示来获取消费者的信任感。

三、互联网思维与网络营销心理

随着互联网的深入发展，网络营销逐渐成为企业发展的重要驱动力。互联网思维作为网络营销的核心，主要包括用户思维、平台思维和口碑思维。这些思维方式不仅反映了企业对市场和消费者的深刻洞察，也体现了企业在网络营销中的策略转变。互联网思维的构成要素如图 6-12 所示。

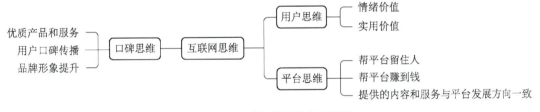

图 6-12　互联网思维的构成要素

1. 用户思维

用户思维强调以用户为中心，把用户的需求和体验放在首位。在网络营销中，企业要深入了解用户的需求和期望，提供符合其需求的产品和服务。用户的需求不仅包括产品的实用价值，还包括情感、社交等层面的价值。

1) 实用价值

实用价值是指产品或服务能够满足用户的基本需求和功能要求。企业需要通过市场调研和数据分析，了解用户在产品使用过程中的痛点和需求，针对性地优化产品和服务的设计及功能。例如，智能手机的发展过程中，企业不断根据用户的反馈和需求，提升手机的外观性能、拍照效果、电池续航等实用价值，从而赢得用户的青睐。

2) 情绪价值

情绪价值是指产品或服务能够带给用户的情感体验和情感满足。在网络营销中，企业可以通过创意的广告、有趣的互动、个性化的服务等手段，引发用户的情感共鸣和认同，从而提升用户对产品或服务的喜爱度和忠诚度。例如，某品牌推出的广告片通过讲述一段感人至深的故事，成功引发用户的情感共鸣，使该品牌在消费者心中留下了深刻的印象。

【见多识广】

以用户为中心——小米的饥饿营销

在现代商业环境中，以用户为中心已经成为企业成功的关键。小米作为一家领先的科技公司，采取的是饥饿营销策略，以用户为中心，通过创造紧张感和期待值，实现产品热销和品牌价值的提升。

饥饿营销策略的核心是通过限制供应，创造产品的稀缺性和独特性，从而激发消费者的购买欲望。小米在实施这一策略时，始终坚持以用户为中心，通过深入了解用户需求和心理，精准把握市场脉搏。

(1) 创造紧张感。小米通过限量销售、限时抢购等方式，营造出产品供不应求的紧张氛围。这种紧张感激发了用户的购买欲望，使他们更加珍惜购买机会，同时也增加了产品的吸引力。

(2) 满足用户的期待值。小米在发布新品前，会通过社交媒体、线上论坛等渠道与用户进行互动，收集他们的期望和建议。根据用户反馈，小米不断优化产品设计和功能，确保产品能够满足用户的期待。当产品正式发布时，用户由于之前积累的心理期待，会更加迫不及待地想要购买。

(3) 提供个性化服务。小米注重为用户提供个性化的服务和体验，如定制化的 MIUI 系统、丰富的主题和壁纸等。这些个性化服务不仅满足了用户的个性化需求，也增加了用户对品牌的忠诚度和黏性。

以小米某款热门手机为例，该手机在发布前，小米通过社交媒体和线上论坛与用户进行了广泛的互动和沟通。通过收集用户的期望和建议，小米对手机的设计和功能进行了针对性的优化。同时，小米还通过限量预售和限时抢购等方式，营造出产品供不应求的紧张氛围。

在预售阶段，小米的官方网站和合作电商平台接受了大量的预订订单。由于预订数量有限，很多用户需要提前预约并抢购。这种紧张感和期待心情使用户更加珍惜购买机会，同时也增加了产品的吸引力。

当手机正式发售后，用户由于之前积累的期待心情和紧张感，纷纷抢购产品。在每次抢购活动中，小米的官方网站和合作电商平台都出现了访问量暴增、服务器繁忙的情况。这种抢购热潮不仅实现了产品的热销，也进一步提升了小米的品牌知名度和用户忠诚度。

从小米的饥饿营销策略可以看出，以用户为中心是企业成功的关键。通过深入了解用户的需求和心理，小米精准地把握了市场脉搏；通过创造紧张感和期待值，实现了产品的热销和品牌价值的提升。

这种以用户为中心的思维方式不仅有助于企业在竞争激烈的市场中脱颖而出，而且有助于企业更快赢得消费者的信任和忠诚。

2. 平台思维

平台思维强调构建一个开放、共享、共赢的生态系统，吸引多方参与和合作。在网络营销中，平台思维要求企业不仅仅是一个产品的提供者，更是一个连接用户、合作伙伴和资源的渠道。

1) 帮平台留住人

留住用户是平台思维的核心之一。企业需要通过提供优质的产品和服务、打造良好的用户体验、建立紧密的社区联系等手段，吸引用户长期使用平台，提高用户留存率。例如，社交媒体平台通过不断优化用户界面、增加用户互动功能、推出有趣的活动等方式，吸引用户长期使用和分享内容，从而形成良好的社区氛围和用户黏性。

2) 帮平台赚到钱

盈利是平台持续发展的重要保障。企业需要通过合理的商业模式和盈利方式，实现平台的商业化运营和盈利增长。例如，电商平台通过向商家收取广告费、交易佣金等方式实现盈利；共享经济平台通过向用户提供付费服务、向提供者收取分成等方式实现盈利。这些商业模式不仅为平台带来了稳定的收入，也为用户提供了更加丰富的服务和选择。

3) 提供的内容和服务与平台发展方向一致

平台思维要求企业在提供内容和服务时，要与平台的发展方向和定位保持一致。这有助于维护平台的品牌形象和用户口碑，也有助于吸引更多目标用户的关注和参与。例如，对于一家专注于健康生活的社交平台，其提供的内容和服务应该围绕健康生活展开，如健康饮食、运动健身、心理健康等方面的知识和经验分享。这样的内容和服务既符合平台的发展方向和定位，也能够吸引对健康生活感兴趣的目标用户的关注和参与。

【见多识广】

抖音——留住用户、创造收益与内容创新的三重奏

抖音 (TikTok)，作为短视频领域的佼佼者，不仅在短时间内吸引了亿万用户，还成功实现了商业化转型，同时在内容创新上不断引领潮流。以下将从留住用户、创造收益以及内容创新三个方面分析并探讨其成功背后的原因。

1. 留住用户：社交互动与个性化推荐

TikTok 通过丰富的社交互动功能和个性化推荐算法，成功留住了大量用户。

• 社交互动：TikTok 允许用户关注、点赞、评论和分享视频，形成了一个高度活跃的社交环境。用户之间的互动增加了用户的平台黏性和用户参与度，使得用户更愿意长时间停留在平台页面。

• 个性化推荐：TikTok 的推荐算法根据用户的兴趣、观看历史和互动行为，为用户推送定制化的内容。这种个性化推荐不仅提高了用户满意度，还增加了用户在平台上的停留时间。

2. 创造收益：广告收入与电商融合

TikTok 通过多元化的盈利模式和创新的电商融合策略，实现了可观的收益。

• 广告收入：TikTok 为品牌商家提供了丰富的广告形式，如品牌挑战、原生广告等。这些广告形式不仅提高了品牌曝光度，而且为 TikTok 带来了可观的广告收入。

•电商融合：TikTok 通过引入电商功能，允许用户在平台上直接购买商品。这种电商融合策略不仅提高了用户的购物便利性，还为商家带来了更多的销售渠道，进一步增加了 TikTok 的收益。

3. 内容创新：引领潮流与激发创造力

TikTok 在内容创新上不断突破，引领了短视频领域的潮流，并激发了用户的创造力。

•引领潮流：TikTok 上的热门话题和挑战不断更迭，如舞蹈挑战、模仿挑战等。这些潮流内容吸引了大量用户参与，提高了平台的活跃度和影响力。

•激发创造力：TikTok 鼓励用户创作原创内容，并为他们提供丰富的音乐库、特效和编辑工具。这些工具降低了创作门槛，使得用户能够轻松创作出高质量的视频内容，进一步丰富了平台的内容生态。

TikTok 通过社交互动与个性化推荐留住用户，通过广告收入与电商融合创造收益，通过引领潮流与激发创造力进行内容创新，实现了平台的长足发展。其成功的原因是对用户需求的深刻理解、对创新的不懈追求以及对商业模式的持续优化。这些经验对于其他品牌来说，具有重要的借鉴意义。

3. 口碑思维

口碑思维强调通过优质的产品和服务赢得用户的信任，进而实现品牌的传播和推广。在网络营销中，口碑思维要求企业注重产品和服务的质量，通过用户满意度和口碑传播来提升企业形象和品牌价值。

1) 优质产品和服务

口碑传播的基础是优质的产品和服务。企业需要注重产品和服务的设计、质量以及用户体验，确保其满足用户的期望和需求。只有当用户对产品或服务感到满意和认可时，才会愿意将其向他人推荐和分享。

2) 用户口碑传播

用户口碑传播是口碑思维的核心。企业需要通过多种方式鼓励和引导用户进行口碑传播，如分享优惠、邀请好友、撰写评价等。同时，企业也需要积极回应和处理用户的反馈和投诉，维护良好的口碑形象。例如，一些餐饮企业会推出"分享给朋友，免费得菜品"的活动，鼓励用户通过社交媒体分享用餐体验，从而吸引更多潜在顾客的关注和光顾。

3) 品牌形象提升

口碑传播对于品牌形象的提升具有重要作用。当用户在社交媒体、论坛等渠道分享对某品牌的正面评价和体验时，品牌会吸引更多潜在用户的关注和信任。这种基于口碑的品牌形象提升不仅有助于增加销售额和用户忠诚度，也有助于企业在竞争激烈的市场中脱颖而出。

综上所述，用户思维、平台思维和口碑思维是互联网思维的重要组成部分。这些思维方式要求企业在网络营销中始终以用户为中心，构建开放共享的平台生态系统，并通过优质的产品和服务赢得用户的口碑和信任。只有这样，企业才能在激烈的市场竞争中立于不败之地，实现可持续的发展和长期的品牌价值。

【见多识广】

星巴克的口碑营销

口碑思维强调通过提供优质的产品和服务，激发消费者的积极评价和口碑传播，从而实现品牌价值的提升和市场份额的扩大。星巴克正是这一思维的践行者，通过不断优化产品和服务，赢得了消费者的信赖和喜爱。

1. 星巴克践行口碑思维

(1) 提供优质的产品。星巴克坚持选用高品质的咖啡豆，通过独特的烘焙工艺和精细的制作流程，为消费者带来口感醇厚、品质卓越的咖啡。同时，星巴克还不断创新产品线，推出季节限定款、特色饮品等，满足消费者的多样化需求。

(2) 打造舒适的消费环境。星巴克注重营造温馨、舒适的消费环境，从店面设计、装修风格到音乐选择，都力求为消费者带来愉悦的体验。这种独特的氛围吸引了大量消费者前来品尝咖啡，同时也成为他们社交、休闲的首选场所。

(3) 提供个性化的服务。星巴克强调为消费者提供个性化的服务体验，包括记住消费者的口味偏好、推荐新品等。这种贴心的服务让消费者感受到品牌的关怀和尊重，从而增强了对品牌的忠诚度和口碑传播意愿。

(4) 利用社交媒体传播。星巴克积极利用社交媒体平台与消费者互动沟通，分享咖啡文化、新品信息等内容。通过社交媒体的力量，星巴克成功地将口碑传播范围扩大，吸引了更多潜在消费者的关注和喜爱。

2. 口碑思维对星巴克发展的推动作用

(1) 提升品牌形象。通过提供优质的产品和服务，星巴克赢得了消费者的积极评价和口碑传播，树立了良好的品牌形象。这种正面形象不仅提高了消费者对品牌的信任度，还增强了品牌的市场竞争力。

(2) 扩大市场份额。口碑传播的力量使星巴克在消费者心中占据独特的地位，吸引了大量新客户的加入。随着市场份额的逐步扩大，星巴克实现了品牌的快速发展和扩张。

(3) 增强客户忠诚度。通过提供个性化的服务和舒适的消费环境，星巴克成功地增强了消费者的忠诚度。这些忠诚客户不仅自己频繁光顾星巴克，还会向亲朋好友推荐星巴克的产品和服务，进一步推动口碑传播。

星巴克通过运用口碑思维策略，成功地将优质的产品和服务转化为消费者的积极评价和口碑传播，实现了品牌的长足发展。这一案例表明，口碑思维在企业营销中具有重要作用。对于其他企业来说，学习和借鉴星巴克的口碑营销策略，将有助于提升品牌形象、扩大市场份额并增强客户忠诚度。

职业能力测试

一、填空题

1. 企业网站是网络营销的＿＿＿＿工具，它集成了信息发布、顾客服务、销售促进等多种职能。

2. 网上销售是企业销售渠道在网上的＿＿＿＿，包括 B2B(Business to Business) 和 B2C (Business to Customer) 两种主要形式。

3. 电子邮件营销是通过电子邮件传递商业信息的一种营销方式，其基础条件是拥有＿＿＿＿的电子邮件地址资源。

4. 社交媒体营销是利用社交媒体平台进行营销活动的方式，其核心是＿＿＿＿和

_____的建立与维护。

5. 网络营销是 _____ 营销的一种表现形式，是以互联网为工具开展的营销活动。

二、判断题（对的打 √，错的打 ×）

1. 网络营销就是网上销售，只要在网上卖出产品就是成功的网络营销。　　　（　　）

2. 网站推广是网络营销的核心工作，只要网站流量增加了，就一定能实现销售增长。

（　　）

3. 信息发布是网络营销的基本职能之一，企业可以在任何平台上随意发布产品信息，不需要考虑受众和效果。　　　（　　）

4. 顾客服务只包括售后服务，售前服务和售中服务不属于网络营销的范畴。　（　　）

5. 社交媒体营销就是通过在社交媒体上发布广告来吸引潜在客户的关注。　（　　）

三、简答题

1. 简述网络营销与传统营销的主要区别。

2. 简述网络营销八大职能中的任意三个，并举例说明其在企业网络营销策略中的应用。

3. 列举并简要说明至少三种网络营销工具，以及它们在网络营销中的作用。

课中实训

实训一　案例分析

任务描述：分析案例提出的问题，拟写案例分析提纲；小组讨论并形成小组的案例分析报告；班级交流和相互点评各组的案例分析报告。

网络用户购买过程

王先生计划购买一款新手机，他的需求是价格适中、性能良好、拍照清晰、使用流畅。他首先通过搜索引擎和社交媒体搜索相关信息，了解品牌、型号、价格等手机选项，并比较它们的性能、拍照效果、用户评价等。在这个过程中，王先生发现了一款评价很高的手机，价格也适中。

接下来，王先生对该手机的详细信息进行了深入研究，包括硬件配置、软件功能、电池续航等方面。他阅读了一些专业评测文章和用户评价，还观看了几个关于这款手机的视频教程。这些信息让他对这款手机有了更全面的了解，并确认这款手机符合他的需求。

随后，王先生进入购买决策阶段。他比较了不同购买渠道的价格和售后服务，最终选择在一个信誉良好的电商平台上购买。在购买过程中，他注意到该平台提供了一些优惠券，便利用这些优惠券进行了购买。

购买完成后，王先生对这款手机的使用进行了评估。他发现这款手机拍摄的照片非常清晰，运行速度很快，电池续航时间也很长。他对这款手机的性能和品质非常满意，因此给了这款手机很高的评价。他还向朋友和家人推荐了这款手机，成为这款手机的忠实用户。

问题：

(1) 分析王先生作为网络用户的购买行为过程。

(2) 分析网络用户的购买行为过程与传统用户的区别。

小组讨论后，请将案例分析提纲填写在以下空白处。

案例分析提纲

实训二　思政研判

任务描述：学生分析案例提出的问题，拟写出思政研判提纲；小组讨论并形成小组思政研判报告；班级交流和相互点评各组的思政研判报告。

在线教育"双十一"火速降温 教育消费回归理性

2022 年"双十一"大促销中教育领域的表现尤为冷清。特别值得一提的是，就在"双十一"前夕，某知名教育培训创始人选择转战淘宝直播。

• 观点一：教育"双十一"热度降温，受"双减"政策持续影响。

过去，VIPKID、阿卡索、编程猫、赛优教育等在线教育公司曾是"双十一"的积极参与者，通过发放大额优惠券、限时秒杀、直播等形式吸引消费者。然而，自去年"双减"政策实施以来，教育行业经历了重大变革，K12 公司纷纷退出"双十一"活动，转向更为稳健的产品研发与业务运营。这一转变不仅导致教育"双十一"热度骤降，相关数据榜单也停止公布。

• 观点二：双减政策助推智能教育硬件崛起，智能教育软件成为"双十一"新宠。

在双减政策的推动下，智能教育硬件市场迎来了快速发展。科大讯飞、有道、作业帮等品牌在"双十一"期间取得了显著的销售增长。这些品牌基于海量的教育数据沉淀，实现了从电子化到智能化的转型。随着 K12 教育培训机构纷纷转型进入智能教育硬件领域，市场竞争也日趋激烈。然而，只有那些能够提供优质教学内容、形成"软件＋硬件＋服务"闭环的教育产品，才具备长期的竞争力。

• 观点三：教育产品决策周期长，消费者需理性消费。

今年，包括嗨学网、帮考网、高顿教育在内的众多职业教育机构均推出了"双十一"相关活动，试图通过秒杀、抽奖、限时折扣等方式吸引消费者。然而，教育产品的特殊性决定了其决策周期长、涉及金额高以及回报周期长的特点。因此，消费者在享受"双十一"优惠的同时，务必保持理性消费的心态。在选择培训机构时，不仅要关注价格优惠，更要关注平台口碑及教学效果。消费者应综合考虑多方面因素，避免冲动报名带来的不必要损失。

问题：

(1) 分析双减政策对基础教育的影响和意义。

(2) 试述在线教育对消费者有哪些正面和负面的影响，作出你的思政研判。

(3) 分析在线教育降温、消费回归理性的原因。

小组讨论后，请将思政研判提纲填写在以下空白处。

思政研判提纲

实训项目评价

学 生 自 评 表

序号	评价素质点	佐 证	达标	未达标
1	知识点融会贯通能力	能够将知识点灵活运用于实训项目中		
2	资源整合能力	能够借助网络资源平台、人脉资源等完成实训项目		
3	小组分工合作能力	能够融入小组活动，有效协同工作		
4	职业道德	能够从职业道德的角度理性看待社会现象，进行思政研判		

教 师 评 价 表

序号	素质点自评	佐 证	达标	未达标
1	知识点融会贯通能力	能够将知识点灵活运用于实训项目中		
2	资源整合能力	能够借助网络资源平台、人脉资源等完成实训项目		
3	小组分工合作能力	能够融入小组活动，有效协同工作		
4	职业道德	能够从职业道德的角度理性看待社会现象，进行思政研判		

课后提升

国潮营销的魅力

2020年12月，李宁设计在北京三里屯KIKS旗舰店精心策划了首个pop up——"灵感24小时闪现店"，该店以现代工业风格为核心，内部空间布局独特，集结了李宁顶尖的设计力量、潮流运动元素、电音、涂鸦等当代流行概念，为消费者呈现了一个集高品质与智慧于一体的生活体验空间。这一快闪店凭借其前沿的潮流设计，成功吸引了众多潮流爱好者的目光，使李宁品牌更深入地融入了年轻消费者的生活圈层。

自2018年纽约时装周惊艳亮相以来，李宁品牌凭借其"守经典，领潮流"的国潮新形象，成功摆脱了传统运动品牌的刻板印象，摇身一变成为备受年轻消费者追捧的"国潮"代表，与国际大牌并驾齐驱。这一转变既为李宁带来了品牌价值的飞跃，也引领了包括老干妈、泸州老窖在内的众多国民老品牌纷纷加入国潮营销的大潮，通过洞察年轻消费者需求，积极创新，跨界合作，推出了一系列创意满满的爆款产品。

国潮营销，作为东方美学的现代演绎，正逐步引领着时代的潮流。其本质是将传统文化元素与现代潮流审美相结合，形成一股全新的营销势力。近年来，不少国外奢侈品融入中国传统元素，设计出热销爆款。李宁等中国品牌也陆续登上世界潮流舞台，焕发出新的生机。这一现象表明，国际主流文化正在发生变化，具有中国文化底蕴的品牌正逐渐赢得更多人的尊重与认可。

随着国潮营销品牌的不断丰富和年轻消费群体的逐渐成熟，国潮营销已经从单纯的文化输出，进入文化与品牌双向赋能的新阶段。尽管国潮营销案例层出不穷，但其核心始终未变，即深入挖掘和传承中国风，以更加现代化的方式向世界展示国风元素。下面介绍另外几个比较有影响力的国潮营销案例。

1.跨界联名——茶百道携手敦煌博物馆，打造具有文化底蕴的奶茶新品

茶百道通过与敦煌博物馆的跨界合作，将桂花毛峰、龙井、大红袍三款茗茶与敦煌的飞天、九色鹿、极乐等元素融合，推出了三款手绘杯身设计、味道独特的联名奶茶。这一创意不仅彰显了敦煌的神秘与中华民族文化的博大精深，也呈现了品牌年轻、时尚的形象，满足了消费者对传统文化的追求。

2.品牌焕新——故宫淘宝推出盲盒产品

近年来，故宫淘宝通过一系列创意十足的文创产品赢得了消费者的喜爱。最近，故宫淘宝又推出了15款盲盒产品，并配以一支萌趣短片进行宣传。这一举措让传统文化与现代潮玩文化相结合，让历史人物形象"活"了起来，持续刷新了大众对故宫品牌的认知。

国潮营销的流行背后，是中国品牌营销手段的丰富和消费者对中国文化自信的提升。中华民族文化博大精深，蕴含着丰富的历史内涵和美学元素。通过深入挖掘和传承这些元素，国潮品牌不仅能够满足消费者的审美需求，而且能够提升品牌的文化内涵和竞争力。

想一想：

(1) 分析案例中李宁使用了哪些网络营销工具，凸显了网络营销的哪些职能。

(2) 小组讨论网络营销对国潮品牌的崛起起到了什么作用。

职业能力拓展

淄博烧烤的火爆出圈现象分析

2023年淄博烧烤火爆出圈，堪称现象级美食热潮。这种火爆程度简直可以用"一塌糊涂"来形容，淄博烧烤不仅仅在当地和省内引发关注，更是迅速席卷全国，成为炙手可热的美食话题。

淄博作为一个三线城市，淄博烧烤这一大众餐饮能在短短一两个月内实现爆火，堪称奇迹。这一盛况不仅令人惊叹，更给营销人员带来了诸多启示。

从品牌营销和传播营销的角度来看，淄博烧烤的火爆出圈具有许多值得学习和借鉴的方面。

首先，淄博烧烤的成功在于抓住了时机。任何品牌打造和营销活动都需要考虑时机，即"天时地利"。淄博烧烤精准地把握了三个重要节点：一是大众寻求"外出放松"的心理需求，疫情后的放松需求下，烧烤成为人们的首选；二是政府推动消费重启的政策，各级政府出台的政策为淄博烧烤的出圈提供了有力支持；三是在餐饮市场快速恢复的关键期，淄博烧烤凭借大众餐饮的特点迅速崭露头角。这三个关键时机的把握，为淄博烧烤的火爆奠定了坚实的基础。

其次，淄博烧烤成功在于找对了传播主体、传播载体和传播对象。在新传播环境下，借助新传播方式实现品牌爆火至关重要。淄博政府和淄博烧烤向大学生和年轻人这一核心群体提供免费服务，使这一群体成为品牌的发起者、组织者和被传播对象。这使得淄博烧烤在新传播体系中迅速走红。

此外，淄博烧烤的传播受益于平台的加持。在当前众多新型传播平台中，淄博烧烤的相关新闻在抖音和小红书等具有极高关注度和活跃度的平台上传播。淄博烧烤在抖音平台的关键词搜索量达到了惊人的50亿次，小红书上的相关笔记也呈现爆发式增长。这些平台为淄博烧烤的火爆提供了有力支持。

最后，淄博烧烤的成功还得益于把"一时现象"变成"一地品牌"的品牌推广活动。在整个过程中，淄博政府起到了至关重要的作用。政府部门的引导、协调、管理和服务使整个品牌打造过程更加有序和高效。同时，以"情"为主题的文化特色也为淄博烧烤增色不少。无论是为隔离大学生组织的烧烤送行活动，还是政府对大学生的住宿折扣、书记发话免单等举措，都体现了淄博城市的温度和人情味。这些情感元素的融入使得淄博烧烤更加深入人心，进一步推动了品牌的火爆。

综上所述，淄博烧烤的火爆出圈现象不仅体现了淄博城市的智慧和创新精神，更彰显了新传播方式的力量和魅力。未来随着市场竞争的加剧和消费者需求的不断变化，希望更多城市像淄博一样，抓住机遇，为促进地方旅游和当地特色饮食的全国性推广贡献力量。

拓展任务说明

一、任务名称

学习淄博烧烤，策划家乡特色网络营销文旅推广活动

二、任务背景

近年来，随着互联网的快速发展，网络营销已成为推广地方特色、吸引游客的重要手段。淄博烧烤以其独特的魅力火爆出圈，不仅推动了当地经济的发展，还提升了淄博的知名度和美誉度。本实训任务旨在引导营销和电商专业的学生，借鉴淄博烧烤的成功经验，为自己的家乡策划一场网上文旅推广活动，以促进家乡文旅产业的发展。

三、任务要求

1. 深入了解淄博烧烤火爆出圈的原因，分析其成功之处；

2. 调研家乡的特色文旅资源，挖掘潜在优势；

3. 策划一场具有创新性和可操作性的网上文旅推广活动；

4. 制订活动执行方案，包括活动目标、受众群体、传播渠道、预算等；

5. 撰写活动总结报告，分析活动效果并提出改进建议。

四、任务分析

在策划家乡的网上文旅推广活动时，需要注意以下几点：

1. 定位准确。明确活动主题和目标受众，确保活动内容与家乡特色紧密相关；

2. 创新传播方式。运用新媒体平台，结合短视频、直播等形式，提高活动的传播效果；

3. 资源整合。充分利用家乡的文化、旅游、美食等资源，打造独特的文旅产品；

4. 合作共赢。积极寻求政府、企业、媒体等多方合作，共同推动家乡文旅产业的发展。

五、任务操作

1. 分组讨论。将学生进行分组并进行任务分工，每组负责不同的工作，如活动策划、市场调研、执行方案等；

2. 调研分析。收集家乡特色文旅资源的相关信息，进行整理和分析，确定活动主题和目标受众；

3. 策划方案。根据调研结果，制订具体的活动策划方案，包括活动形式、传播渠道、预算等；

4. 方案汇报。各组向全班展示并汇报策划方案，接受同学的提问和建议；

5. 方案优化。根据汇报情况，对策划方案进行调整和优化；

6. 执行实施。在方案确定后，各组按照分工执行活动方案，确保活动顺利进行；

7. 总结报告。活动结束后，各组撰写活动总结报告，分析活动效果，提出改进建议。

六、任务思考

1. 本次实训任务中学到了哪些关于网络营销的知识和技能？

2. 在策划和执行活动过程中，遇到了哪些困难和挑战，你是如何克服的？

3. 本次活动对家乡文旅产业的发展有何影响？如何进一步推广家乡特色？

4. 通过本次实训任务，你认为自己的专业能力有哪些提升？

任务二　新媒体营销与消费者行为

案例导入

国货美妆品牌玩转新媒体

在国货美妆领域，花××与完美××凭借精准的新媒体营销策略，迅速在市场中崭露头角。两者都成功地利用了新媒体平台的特点，与消费者建立了紧密的联系，实现了品牌的高速增长。

品牌简介

花××：以"东方彩妆，以花养妆"为理念，注重产品的天然成分与现代彩妆工艺的融合。其目标消费群体主要是追求自然、健康妆容的年轻女性。

完美××：以"敢于探索、创造潮流"为品牌精神，致力于为消费者提供时尚、高品质的美妆产品。其目标消费群体主要是追求时尚、个性的年轻人。

新媒体营销策略

花××：

社交媒体互动：花××在微博、抖音等平台上积极与消费者互动，发布关于产品背后的故事、使用技巧等内容，强化品牌的文化底蕴。

KOL(关键意见领袖，又称网红)合作：与众多美妆领域的知名博主、意见领袖合作，通过口碑传播，提升品牌知名度。

内容创新：结合传统节日、节气等，推出限量版产品，以及与中国传统文化相关的创意内容，引发消费者共鸣。

完美××：

直播带货：完美××积极利用直播带货的热潮，与顶流明星、网红合作，通过直播形式展示产品，提高购买转化率。

跨界合作：与时尚、艺术等领域进行跨界合作，推出联名款产品，吸引追求个性的年轻消费者。

社群运营：通过建立品牌社群，为消费者提供一个交流、分享的平台，提高顾客的品牌忠诚度。

消费者行为分析

在两个品牌的新媒体营销过程中，消费者表现出以下行为特点：

追求个性化：年轻消费者在选择美妆产品时，更加注重产品的个性化和独特性，完美××的联名款产品和时尚定位正好满足了这一需求。

注重体验：消费者在购买前更倾向于通过社交媒体、直播等形式了解产品的实际使用效果，花××通过社交媒体互动和 KOL 合作，为消费者提供了丰富的产品体验信息。

注重品牌文化：随着消费者对品牌文化关注度的提升，花××通过强调产品的天然成分和中国传统文化元素，吸引了追求自然、健康的年轻女性消费者。

思考：

(1) 花××与完美××在新媒体营销上有何异同？这些差异对消费者行为产生了哪些影响？

(2) 在国货美妆品牌的新媒体营销中，如何结合中国传统文化元素和时尚潮流，吸引年轻消费者？

(3) 直播带货在国货美妆品牌的新媒体营销中扮演了怎样的角色？如何有效利用这一形式提高购买转化率？

课前导学

一、新媒体营销概述

1. 新媒体营销的定义

新媒体作为一种新型的媒体形态。新媒体营销（也称新媒体运营）基于数字技术、互联网技术、移动通信技术等新兴科技的产生而产生。新媒体营销不再局限于传统的电视、广播、报纸等媒介，而是通过电脑、手机、平板等多样化终端进行信息传播。新媒体的出现，不仅改变了人们获取信息的方式，也极大地丰富了信息传播的内容和形式。例如，微信公众号通过文章推送，使用户实时获取到各种类型的信息，如新闻、知识、娱乐等。常见的新媒体营销平台如图 6-13 所示。

图 6-13　常见的新媒体营销平台

2. 新媒体的类型

1) 社交媒体

社交媒体允许用户创建、分享和交换信息、想法、图片和视频等内容。以微信为例，它作为一款综合性社交媒体平台，不仅提供了文字、图片、语音、视频等多种形式的通信，还整合了朋友圈、公众号、小程序等多项功能。用户可以通过微信与好友保持联系，分享生活点滴，同时也可以通过公众号获取各种资讯和服务。

2) 内容媒体

内容媒体主页面上将各行业的新闻资讯以图片、文字、视频等的形式呈现。以今日头条为例，它作为一款新闻聚合类应用，通过算法分析用户的阅读习惯和兴趣，为用户推送个性化的新闻内容。用户可以在今日头条上浏览各种领域的新闻和文章，满足多样化的信息需求。

3) 交易媒体

交易媒体不仅提供商品和服务的交易，还为用户提供了支付、物流等一站式服务。以淘宝为例，它作为一款电子商务平台，汇聚了众多商家和商品，用户可以在上面购物、支付，并享受便捷的物流服务。同时，淘宝还通过用户评价和推荐系统，帮助用户作出更明智的购买决策。

4) 互动媒体

互动媒体通过虚拟现实、增强现实等技术，为用户提供沉浸式的互动体验。以微博为例，它作为一款社交媒体平台，不仅允许用户发布和浏览微博内容，还提供了话题讨论、直播互动等功能。用户可以通过微博参与各种话题讨论，与其他用户进行实时互动，分享自己的观点和见解。

3. 新媒体的特点

(1) 交互性强。新媒体平台允许用户之间进行实时互动，发表观点，参与讨论。以微博为例，微博上的话题讨论功能允许用户针对某一话题发表自己的见解，与其他用户进行互动。这种交互性强的特点使得新媒体平台成为用户获取信息、表达观点的重要渠道。

(2) 信息海量。新媒体平台上的信息更新迅速，内容形式多样。以抖音为例，抖音上的短视频内容涵盖了美食、旅行、教育等各个领域，用户可以随时获取最新的资讯和动态。新媒体平台信息海量的特点使其成为用户获取多元化信息的重要来源。

(3) 个性化推荐。基于用户数据和行为分析，新媒体平台可以实现个性化内容推送。以今日头条为例，它通过算法分析用户的阅读习惯和兴趣，为用户推送个性化的新闻内容。这使用户能够更加方便地获取符合自己兴趣和需求的信息。

(4) 移动便捷。新媒体不受时间和空间的限制，用户可以随时随地访问新媒体平台。以手机新闻APP为例，随着智能手机的普及和移动互联网的发展，用户可以随时随地通过手机新闻APP浏览新闻、观看视频、进行评论等。这种移动便捷的特点使新媒体平台成为用户日常生活中不可或缺的一部分。一款手机APP界面如图6-14所示。

综上所述，新媒体以其独特的魅力和优势，正在逐渐改变人们的生活方式和信息传播方式。对于企业而言，深入了解新媒体的特点和应用方式，制定符合消费者心理和行为特点的营销策略，将有助于提升品牌的知名度和市场竞争力。同时，企业也需要关注新媒体平台的发展趋势和变化，不断创新和优化营销策略，以适应不断变化的市场环境和消费者需求。

图 6-14　一款手机 APP 界面

【课岗融通】

自媒体运营专员

一、岗位职责说明

1. 内容策划与创作

负责自媒体平台 (如微博、微信公众号、抖音等) 的内容策划、创作与发布。

定期制订内容计划，确保内容的质量和数量满足平台运营要求。

深入了解目标用户群体，创作符合用户需求的内容。

2. 平台运营与管理

维护自媒体平台的日常运营，包括内容更新、用户互动、数据分析等。

定期分析平台数据，优化内容策略，提高用户活跃度和黏性。

与其他部门合作，协同推进自媒体平台的整体发展。

3. 用户互动与社群建设

回复用户评论，处理用户反馈，增强用户黏性。

策划并执行社群活动，提高用户参与度，扩大品牌影响力。

建立并维护自媒体平台的社群，提升用户忠诚度和品牌知名度。

4. 合作与推广

寻求与其他自媒体、KOL 或品牌的合作机会，进行内容推广和品牌建设。

参与线下活动或行业会议，扩大人脉资源，提升品牌影响力。

5. 持续学习与创新

关注自媒体行业动态，学习新的运营策略和技术。

不断创新内容形式和推广方式，提升自媒体平台的竞争力和影响力。

二、待遇情况

1. 薪资

自媒体运营专员的薪资根据工作经验、能力和公司规模等因素而定。

一般来说，初级自媒体运营专员的月薪在 8k～15k 之间，中高级别可能更高。

2. 福利

五险一金：按照国家规定缴纳社会保险和住房公积金。

带薪年假：享受带薪年假等福利。

培训与发展：提供内部培训、外部培训以及职业发展规划支持。

其他福利：提供团队建设活动资金、节日福利、员工体检等。

三、职业发展

在公司内部，自媒体运营专员有机会晋升为团队主管、部门经理等职位；通过不断学习和实践，还可以转到其他相关职位，如内容策划专员、市场营销专员等。

请注意，以上内容仅为一般性描述，具体的岗位职责和待遇情况可能因公司、行业和个人经验而有所不同。在实际求职过程中，建议详细了解目标公司的相关要求和待遇。

【课证融通】

1+X新媒体运营证书解读

一、证书简介

随着新媒体对人们的影响力不断提高，越来越多的企业将运营重心转移到新媒体领域。因此，掌握新媒体运营与推广的方法成为新媒体从业人员的必备技能要求。通过本实训系统的使用学习，学生可以掌握系统的新媒体运营知识，并能够运用新媒体进行内容运营、用户运营、活动运营、数据采集、数据运营、社群运营、微信公众号运营、微博号运营、头条号运营、文案编辑等。

二、证书作用

1. 就业前的作用：理论结合实践，提前接轨职场。考取证书，补充新媒体内容创作的技术技能，强化对新媒体技术的应用学习，为未来从事运营岗位打下坚实基础。

2. 求职中的帮助：简历加分项，一本高含金量证书是职业技能水平的最好说明书。增加职业方向选择，为本专业优势不明显或者想换个方向的学生在求职中提供重要的参考与保障。

3. 就业后的好处：职业生涯的重要武器，对于晋升、竞聘、职称评定都会有很大优势，增加职场竞争力，可用这本职业技能等级证书为职场能力背书。

三、证书解读——适用专业

1. 中等职业学校：数字媒体技术应用、广播影视节目制作、数字影像技术、电子商务、市场营销、跨境电子商务、移动商务、网络营销、计算机应用、计算机平面设计、计算机网络技术、影像与影视技术、移动商务、无人机操控与维护、电子信息技术、动漫与游戏制作、艺术设计与制作（具备计算机网络基础和新媒体营销基础）等专业。

2. 高等职业学校：传播与策划、视觉传达设计、数字媒体艺术设计、文化创意与策划、网络新闻与传播、新闻采编与制作、电子商务、移动商务、网络营销与直播电商、跨境电子商务、全媒体广告策划与营销、影视编导、影视多媒体技术、全媒体广告策划与营销、摄影与摄像艺术、大数据技术、计算机应用技术、计算机网络技术、软件技术、数字媒体技术、广播影视节目制作、数字广播电视技术、视觉传达设计、广告艺术设计、市场营销、国际经济与贸易、现代文秘、数字出版、包装策划与设计、印刷媒体技术、会展策划与管理、移动应用开发、出版策划与编辑等专业。

3. 高等职业教育本科学校：电子商务、数字媒体技术、网络工程技术、软件工程技术、影视编导、市场营销。

4. 应用型本科学校：计算机科学与技术、新闻学、传播学、文化产业管理、电子商务、数字媒体技术、网络工程、软件工程、市场营销。

四、证书解读——面向职业岗位（群体）和工作内容

1.【新媒体运营】（初级）：主要面向原生互联网企业、转型中的传统企业、企事业单位中的新媒体内容采集、内容编辑、内容审核岗位以及通过新媒体平台来实现个人发展的个人自媒体。从事简单内容制作、单渠道运营等工作。

2.【新媒体运营】（中级）：主要面向原生互联网企业、转型中的传统企业、企事业单位中的新媒体内容策划、新媒体记者、内容运营、内容优化岗位以及通过新媒体平台来实现个人发展的个人自媒体。从事新媒体产品内容策划、多样化内容制作、多渠道运营、主流数据指标统计分析等工作。

3.【新媒体运营】（高级）：主要面向原生互联网企业、转型中的传统企业、企事业单位中的新媒体内容策划、内容运营、用户运营、活动运营岗位。带领团队从事产品定位策划、内容制作、全渠道运营、全数据分析等工作，以及对新媒体运营等资源和流程进行管理和优化的工作。

五、证书解读——课程内容

初　级	中　级	高　级
1. 新媒体信息采集 2. 新媒体内容编辑 3. 新媒体平台运营	1. 新媒体内容策划 2. 新媒体信息采集 3. 新媒体内容编辑 4. 新媒体平台运营 5. 新媒体数据统计	1. 新媒体内容策划 2. 新媒体内容运营 3. 新媒体数据统计

六、证书解读——考试方式及证书

1. 考试方式：试卷为闭卷形式，采用上机考试形式，包括理论考试和实操考试两部分。成绩合格的学生可以获得相应级别的职业技能等级证书。

2. 证书：通过考试的考生，可获得相应等级的职业技能等级证书。

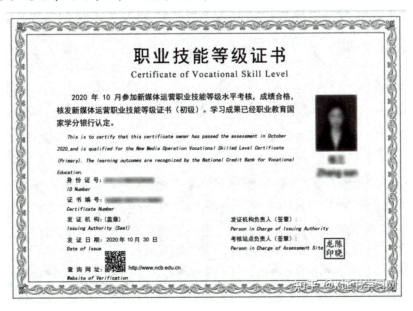

二、新媒体营销对消费者和企业行为心理的影响

在新媒体时代，营销手段日新月异，新媒体营销以其独特的魅力和优势，对消费者行为心理产生了深远的影响。

1. 用户生成内容特征对消费者行为心理的影响

以用户生成内容特征(可靠性、专业性、社会互动性)为外界刺激因素，以消费者的认知反应和情感反应为机体，以消费者购买意愿为反应的 S-O-R(刺激－机体－反应) 模型如图 6-15 所示。

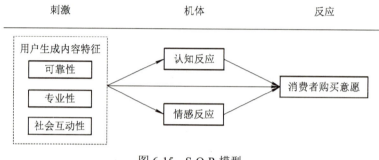

图 6-15　S-O-R 模型

1) 用户生成内容特征显著影响认知反应

用户生成内容的可靠性、专业性、社会互动性显著影响消费者的认知反应。可靠性是指产品介绍信息应真实客观，可让消费者了解到产品的真实功能、价格等；专业性可以让消费者更加确切地了解产品信息，增强认知；社会互动性可以使消费者实时了解需要的产品信息，具有很强的时效性，给消费者提出购买建议，帮助提高购物效率。其中，社会互动性对认知反应的影响最为显著，互动性越强，越容易加深消费者对产品的认知和了解。

2) 用户生成内容特征显著影响情感反应

用户生成内容的可靠性、专业性、社会互动性显著影响消费者的情感反应。可靠性是获取消费者认可的关键，进而导致情感上的愉悦；信息发布者的专业性可以让消费者感受到知识性的信息，从而对产品感兴趣；社会互动性可以使消费者产生一种与他人交流互动的意愿，从心理上认同这些信息内容。其中，社会互动性对情感反应的影响最为显著，社会互动性越强，越容易激发消费者的情感反应。

3) 消费者认知反应和情感反应显著影响购买意愿

由于消费者在积极的情感状态下对产品的认可度更高，在较高程度的认知状态下会加深对产品的了解、作出客观评价，因此更易于产生购买意愿。相对于认知反应，情感反应对购买意愿的影响更大，可能是由于消费者更容易受到情感的支配然后产生购买意愿。由于用户生成内容的多样性、大量性，消费者在进行网上产品信息浏览的过程中，会突然对某一产品产生兴趣，然后产生非计划性、非理性的购买需求，因此，情感反应更容易引起消费者的购买意愿。

4) 用户生成内容特征显著影响消费者购买意愿

用户生成内容的可靠性、专业性、社会互动性显著影响消费者的购买意愿。其中，社会互动性对消费者意愿的影响最为显著，其次是可靠性和专业性。由于消费者在参与社会

互动中可以获取更多产品或品牌相关信息，获得情感上的愉悦以及加深认知，因此会产生更强烈的购买意愿。

【见多识广】

麦当劳"分享餐"活动：麦当劳在抖音平台推出了"分享餐"活动，邀请用户上传自己与朋友分享麦当劳美食的视频，并分享给自己的好友。

瑞幸咖啡"小视频免费喝"活动：瑞幸咖啡在抖音平台推出了"小视频免费喝"活动，邀请用户拍摄并发布关于瑞幸咖啡的短视频，并分享给自己的好友。

美团外卖"短视频大赛"活动：美团外卖在抖音平台推出了"短视频大赛"活动，邀请用户拍摄并发布关于美团外卖的短视频，并分享给自己的好友。

通过以上短视频营销方式，各品牌成功地提高了品牌知名度和用户黏性，同时也增加了用户的忠诚度和参与感。

2. 新媒体营销对企业营销心理的影响

1) 塑造品牌形象

新媒体营销通过精心策划的内容创意和互动体验，向消费者呈现出一个鲜活、立体的品牌形象。例如，某化妆品品牌在新媒体平台上发布了一系列关于产品成分、制作工艺和使用效果的内容，成功塑造了"天然、健康、高效"的品牌形象，吸引了大量追求自然美的消费者。这种影响不仅提升了消费者对品牌的认知程度，还激发了他们对品牌的信任感和好感度。

2) 创造情感联系

新媒体营销擅长运用情感营销手段，通过讲述品牌故事、呈现用户参与案例等方式，与消费者建立深厚的情感联系。比如，某食品品牌在新媒体上发布了一系列关于家庭、亲情的短视频，让消费者在观看过程中感受到家的温暖和食品的美味，从而增强了他们对品牌的忠诚度和黏性。

3) 强化购买动机

新媒体营销通过优惠活动、限时抢购、用户评价等手段，不断刺激消费者的购买欲望。例如，某电商平台在节日期间推出了大量的折扣商品和优惠券，同时邀请网红和明星进行直播带货，这些举措极大地激发了消费者的购买热情，促使他们作出购买决策。

【知识拓展】

秋天的第一杯奶茶爆火背后的消费心理

"秋天的第一杯奶茶"刷屏的背后，确实反映了当代青年的消费心理和行为习惯。下面利用"STEPPS"法则对该现象进行剖析。

社交货币 (Social Currency)

社交货币作为一种象征身份和地位的符号，可以提升个人形象和社交价值。在"秋天的第一杯奶茶"这个话题下，人们通过分享奶茶照片、发红包等方式，使奶茶这一商品成为社交货币，表达自己的情感和态度。这种社交货币的作用不光在于炫耀和展示，更在于促进群体互动和交流，让人们找到归属感和认同感。

诱因 (Triggers)

诱因是指能够激发人们行为的外部刺激或内部动机。在"秋天的第一杯奶茶"这个话题下，季节的变化以及"第一杯"的仪式感成为激发人们购买奶茶的诱因。此外，社交媒体上的话题热搜、朋友间的互动等也成为诱因，促使人们参与到这个话题中来。

情绪 (Emotion)

情绪是人类行为的重要驱动力之一。在"秋天的第一杯奶茶"这个话题下，人们通过分享奶茶来表达自己的心情和态度，这种情绪的传递不仅可以激发更多的分享和互动行为，还可以引发群体效应，让更多人参与到这个话题中来。情绪的传递和感染是传播的重要影响因素之一。

公共性 (Public)

公共性是指将事物放在公共场所让人们共同关注和参与。在"秋天的第一杯奶茶"这个话题下，社交媒体上的公共场域使人们自由地分享和交流。这种公共性不仅可以让更多人了解这个话题，还可以促进群体行为的产生。

实用价值 (Practical Value)

实用价值是指事物对人们实际生活所具有的作用和意义。在"秋天的第一杯奶茶"这个话题下，喝奶茶可以给人带来快乐和满足感。此外，购买奶茶也是一种时尚和潮流的行为。这种实用价值是促使人们购买奶茶的重要因素之一。

故事 (Stories)

故事是一种具有情节和情感色彩的叙述方式，可以激发人们的共鸣和参与感。在"秋天的第一杯奶茶"这个话题下，人们可以通过分享自己的奶茶故事来表达自己的情感和体验。这种故事分享不仅可以促进群体互动和交流，还可以让更多人了解这个话题背后的故事和情感内涵。

总之，"STEPPS"法则在"秋天的第一杯奶茶"刷屏现象中展现得淋漓尽致。通过利用这个法则深度剖析该现象，我们可以更好地理解这个现象的本质和规律，从而更好地把握市场变化和消费者需求。

3. 新媒体营销对消费者行为的影响

新媒体营销对消费者行为的影响如下：

(1) 信息获取方式变化。随着新媒体的普及，消费者越来越倾向于从新媒体平台获取产品信息和用户评价。消费者会在社交媒体上关注品牌官方账号，浏览品牌发布的动态和资讯；同时也会参考其他消费者的购买评价和使用体验，以便作出更明智的购物决策。

(2) 购物决策过程变化。新媒体营销通过直播、短视频、社交分享等形式，为消费者提供了更加直观、生动的购物体验。例如，直播带货形式可以让消费者实时了解产品的详细信息和使用效果，同时通过弹幕、评论等方式与主播和其他消费者进行互动交流，这种全新的购物方式极大地改变着消费者的购物决策过程。

(3) 容易引发消费者冲动消费。随着新媒体营销手段的不断升级，新媒体营销的一些负面影响也逐渐显现。直播带货容易引发消费者冲动消费，在近些年的双十一等购物节后，新媒体营销引发的退货狂潮不仅给商家带来了困扰，也造成了物流垃圾和资源浪费等社会问题。这背后的原因，除了与消费者缺乏理性判断外，也与新媒体营销中采用过度渲染购物氛围、夸大商品效果等不当手段有关。

针对这一现象，新媒体营销从业者应具备高度的职业道德和职业操守，以诚信为本，拒绝虚假宣传误导消费者；在追求商业利益的同时，也要关注社会责任，倡导绿色消费观，鼓励消费者购买环保、健康、可持续发展的产品。同时，电商平台和物流企业也应加强合作，优化退货流程，减少不必要的物流浪费，推动社会可持续发展。

新媒体营销对消费者行为的影响是复杂而深远的。在享受新媒体营销带来的便利和乐趣的同时，我们也需要保持理性，避免盲目跟风和冲动消费。同时，新媒体营销从业者和社会各界也应共同努力，营造一个健康、绿色、可持续的消费环境。

【素养园地】

辩证看待促进消费与冲动消费

在新媒体蓬勃发展的时代，新媒体营销的魅力在于其便捷性和互动性。直播带货、短视频推广、社交分享等形式让购物变得更加轻松和有趣。新媒体营销以其独特的魅力，一方面，给人们带来了前所未有的购物体验，另一方面，刺激了消费冲动，导致物资浪费和物流垃圾等社会问题。

小明，作为一位普通的大学生，深刻感受到了新媒体营销带来的便利与挑战。他了解到，消费是经济发展的重要驱动力，但冲动消费可能会带来一系列社会问题。因此，小明决定在享受购物乐趣的同时，也要学会控制自己的消费欲望。

小明平时注重选择环保、可持续发展的产品。他选择通过购买二手商品、支持环保品牌等方式减少资源浪费。他关注商品的品质和环保性，尽量避免购买不必要的东西，以减少物资浪费和物流垃圾。同时，他还积极参与社会公益活动，为社会发展贡献自己的一份力量。这些实际行动体现了他的社会责任感和团队合作精神。

新时代环境下，新媒体营销下的消费冲动是一个需要我们共同面对的社会问题。通过提高警惕、理性看待新媒体营销，并培养自己的职业操守和社会责任感，我们可以更好地应对这一挑战，为社会的可持续发展贡献自己的力量。

三、新媒体营销面临的挑战与未来的发展趋势

1. 新媒体营销面临的挑战

(1) 数据隐私与安全。随着新媒体营销对数据依赖程度的加深，用户数据泄露和滥用的风险也在逐渐上升。例如，某知名社交媒体平台曾因数据泄露事件，导致大量用户个人信息被黑客获取并用于非法活动。这一事件既损害了用户的隐私权益，也对该平台的声誉和信誉造成了严重影响。

为应对这一挑战，新媒体营销者需要采取更加严格的数据保护措施。首先，他们应加强技术防护，采用先进的加密技术和安全协议，确保用户数据在传输和存储过程中的安全性。其次，他们应建立完善的数据管理制度，明确数据的收集、存储、使用和共享等环节的规范和标准，防止数据滥用和数据泄露。

(2) 信息过载与筛选。新媒体平台的信息量呈爆炸式增长，导致消费者很难从中筛选出真正有价值的内容。以某短视频平台为例，该平台每天上传的短视频数量高达数百万条，但其中真正有价值和有趣的内容却有限。这不仅带来了消费者时间和精力的浪费，也降低

了新媒体营销的效果。

为解决这一问题，新媒体营销者需要提供有价值、有深度的内容。他们可以深入研究用户需求和市场趋势，了解消费者的兴趣和需求，从而提供符合消费者口味的内容。此外，他们还可以采用个性化推荐算法，根据用户的浏览历史和兴趣爱好，为用户推荐更加精准和有价值的内容。

(3) 营销效果评估。新媒体营销的效果评估一直是一个难题。由于新媒体平台的特点和评估标准的不统一，使得营销效果的量化变得困难。例如，某品牌在一次微博营销活动中投入了大量资金和人力，最终虽然发现活动效果并不理想，但无法准确评估营销投入与产出的比例。

为应对这一挑战，新媒体营销者需要不断探索和创新评估方法。他们可以采用多种评估指标和数据来源，如点击率、转化率、用户反馈等，全面评估营销活动的效果。此外，他们还可以借助第三方数据监测和分析工具，对营销活动进行实时监控和数据分析，从而更加准确地评估营销效果，并调整策略。

2. 新媒体营销的未来趋势

(1) 个性化与定制化。随着大数据和人工智能技术的发展，新媒体营销将更加注重个性化和定制化。例如，某电商平台通过挖掘用户购物数据和浏览行为，为用户推荐了符合其口味和需求的商品和优惠活动。这种个性化的推荐方式既提高了用户的购物体验和满意度，也增加了电商平台的销售额和利润。

未来，新媒体营销者将更加注重用户数据的收集和分析，通过深入了解用户的兴趣、需求和偏好，实现更加精准和个性化的内容推送。这将有助于提高营销效果和用户体验，实现商业利益和用户需求的双赢。

(2) 跨界融合与创新。新媒体营销将与其他产业深度融合，创造出更多创新性的营销方式。例如，某时尚品牌与知名音乐人合作，在音乐节上推出了限量版时尚单品，并通过社交媒体平台进行宣传和推广。这种跨界融合的方式不仅吸引了众多粉丝和消费者的关注和购买，也提升了品牌的影响力和美誉度。

未来，新媒体营销者将积极寻求与其他产业的合作机会和创新点，通过跨界融合和创新营销方式，拓展营销渠道和受众群体，提高品牌知名度和竞争力。

(3) 社会责任与可持续发展。未来新媒体营销将更加注重社会责任和可持续发展。例如，某饮料品牌在一次营销活动中，倡导减少塑料制品的使用和回收再利用，并通过社交媒体平台进行宣传和推广。这种具有社会责任感的营销活动不仅提高了品牌形象和声誉，也促进了社会的可持续发展。

未来，新媒体营销者应积极履行社会责任，推动可持续发展。一方面，可通过绿色营销、公益营销等方式，倡导环保、公益和社会责任等理念，实现商业利益与社会利益的平衡和共赢；另一方面，应加强与政府、社会组织和消费者的沟通和合作，共同推动社会的可持续发展和进步。

3. 从消费者利益出发分析新媒体营销工作的重点

(1) 强化数据保护。新媒体营销者应加强用户数据保护，确保消费者隐私安全。他们应采用先进的加密技术和安全协议，加强技术防护和数据管理制度建设，防止用户数据的泄露和滥用。同时，他们还应加强对第三方合作伙伴和数据服务商的监管和审核，确保用户数据的安全性和数据获取合规性。

(2) 提供优质内容。新媒体营销者应提供有价值、有深度的内容，帮助消费者筛选有效信息。他们应深入研究用户需求和市场趋势，提供符合消费者口味和需求的内容。同时，他们还应采用个性化推荐算法和内容创作工具，提高内容的精准度和吸引力。

(3) 建立信任关系。新媒体营销者应通过诚信经营和优质服务，建立与消费者之间的信任关系。他们应提供高品质的产品和服务，积极回应消费者的反馈和投诉，并建立完善的售后服务体系。同时，他们还应加强品牌形象和声誉建设，提高消费者对品牌的信任度和忠诚度。

(4) 关注社会责任。新媒体营销者应积极履行社会责任，推动可持续发展。他们应通过绿色营销、公益营销等方式，倡导环保、公益和社会责任等理念。同时，他们还应加强与政府、社会组织和消费者的沟通和合作，共同推动社会的可持续发展和进步。为实现这一目标，新媒体营销者可以从以下几个方面着手：

① 倡导绿色营销理念。新媒体平台可以成为传播绿色理念的重要渠道。例如，通过发布环保知识、推广绿色产品、分享节能减排的小妙招等手段，引导消费者树立绿色消费观念，促进社会的可持续发展。

② 开展公益营销活动。新媒体营销者可以积极参与公益活动，实现商业利益与社会利益的平衡。例如，通过组织线上募捐活动、参与环保项目、支持教育事业等，履行社会责任，提升品牌形象和声誉。

③ 强化消费者教育与引导。新媒体营销者可以通过发布消费指南、解读政策法规、分享购物技巧等方式，帮助消费者提高信息筛选能力和消费意识。这不仅可以为消费者提供有价值的信息，还可以促进市场的健康发展。

④ 加强与政府的合作与沟通。新媒体营销者应积极与政府部门合作，共同推动新媒体营销的规范发展。例如，参与制定行业标准、配合政府部门的监管工作、共同打击网络虚假宣传等，为营造公平、健康的市场环境贡献力量。

⑤ 推动跨界合作与创新。新媒体营销者可以积极寻求与其他产业的跨界合作机会，通过创新营销方式，为消费者带来更加丰富的体验和选择。这种跨界合作不仅可以拓展营销渠道和受众群体，而且可以促进不同产业之间的交流与融合，推动经济的持续发展。

总之，面对新媒体营销带来的挑战和未来趋势，企业从消费者利益出发是应对之道。新媒体营销者应加强数据保护、提供优质内容、建立信任关系、关注社会责任等方面的工作，以实现商业利益与社会利益的平衡和共赢。同时，他们还应不断创新和探索，推动新媒体营销行业的健康发展和社会进步。

新媒体营销与
绿色消费观

职业能力测试

一、填空题

1. 新媒体营销是指利用 _____、_____、_____ 等新媒体平台进行品牌推广、产品营销和 _____ 一系列营销活动。

2. 新媒体营销的特点包括 _____、_____ 和 _____。

3. 在新媒体营销中，_____ 和 _____ 是衡量营销效果的重要指标。

4. 新媒体营销中常用的内容形式有 _____、_____、_____ 和 _____ 等。

5. 新媒体营销中，_____ 和 _____ 是提升品牌知名度和用户黏性的重要手段。

二、判断题

1. 新媒体营销只适用于年轻人群体，对于其他年龄段的人群效果不佳。　　　（　）

2. 新媒体营销中，内容的创意性和质量比发布频率更重要。　　　　　　　（　）

3. 在新媒体营销中，社交媒体平台是唯一有效的推广渠道。　　　　　　　（　）

4. 新媒体营销的效果可以立即显现，不需要长时间的积累和沉淀。　　　　（　）

5. 新媒体营销中，数据分析是优化营销策略和提高营销效果的关键。　　　（　）

三、简答题

1. 请简述新媒体营销的内涵及其在现代营销中的重要性。

2. 描述新媒体营销相比传统营销的主要优势是什么？

3. 举例说明在新媒体营销中如何运用内容营销提升品牌形象和用户参与度？

4. 结合实际案例，分析新媒体营销中社交媒体平台的作用及其面临的挑战。

课中实训

实训一　案例分析

杜绝"舌尖上的浪费"，让网络"吃播"更健康

近年来，在网络直播和短视频的浪潮中，一种新颖且备受欢迎的"吃播"形式异军突起，深受年轻网友们的喜爱。屏幕前，主播们正享受着热气氤氲的米线、外皮金黄的炸鸡以及一口咬下去便汁水四溢的灌汤包，直播画面中"看起来太好吃了""我也想尝尝"等无数热情的弹幕飘过。然而，在这诱人的美食和火爆的"吃播"背后，也隐藏着不容忽视的浪费现象。

习近平总书记对制止餐饮浪费行为的重要指示令人深思。他指出，餐饮浪费现象，触目惊心、令人痛心！"谁知盘中餐，粒粒皆辛苦。"近期央视新闻的报道亦指出，一些自媒体中流行的"大胃王吃播"消费导向，与全社会倡导的节约意识和减少食物浪费的理念背道而驰，令人担忧。

中国社会科学院研究员孟威教授在接受人民网记者采访时指出："吃常人不敢吃、边吃边吐等浪费粮食、丑态消费的'吃播'都应当叫停。"这种行为不仅造成了严重的浪费，破坏了社会主义核心价值观，对主播个人健康也构成威胁，甚至可能违反环境、动物保护等相关法律法规。

"吃播"跑偏主要是由其商业性质导致的。为了吸引更多关注，获得流量和变现，主播们"不得不"采用各种"不一般"的吃法，如大胃王吃播，来吸引观众的眼球。然而，这种追求刺激和过度娱乐的方式，却忽略了餐饮的本质和文化的传承。

针对这一问题，中国演出行业协会网络表演（直播）分会发表了《厉行节约 杜绝浪费 理性吃播》的文章，呼吁各会员企业加强直播内容管理，树立正确的饮食消费观。同时，

也提醒广大美食类主播，要追求健康、文明的"吃播"，避免舌尖上的浪费。

抖音、快手、斗鱼、B站等网络直播和短视频平台也积极响应，纷纷开始自查自纠。对于假吃、催吐、宣扬量大多吃等铺张浪费的行为，平台将根据情节严重程度给予相应的处罚，包括删除作品、关停直播、封禁账号等。这一举措旨在倡导勤俭节约的餐饮文化，引导广大网友形成合理的饮食习惯。

对于"吃播"的未来发展，健康、文明应该是其应有之义。网友小娟表示，她最喜欢的"吃播"是品尝家乡美食，这让她在远离家乡的城市也能感受到家的味道。如今的"吃播"不仅仅是个人兴趣的展示，更是形成了一个庞大的市场。主播们可以通过分享美食、点评食材等方式，成为小有名气的"美食家"，甚至承担起帮助生产者脱贫致富的责任。

然而，市场广阔也意味着责任重大。对于主播、受众和平台来说，让"吃播"在健康、合理的轨道上发展是发展该领域的必然举措。这需要法律法规的刚性约束、新媒体平台的责任担当以及播主的自律和广大网民的理性自觉。同时，"吃播"作为一种通过互联网传播的行为方式倡导过程，更应该回归本源，倡导正常的、审美的、合理的"吃"，分享健康的饮食习惯和良好的餐饮文化。只有这样，"吃播"才能长久地"红"下去，为网友们带来真正的价值和快乐。

问题：

(1) 上述案例涉及本章的哪些知识点？

(2) 在融媒体时代，平台和主播均肩负着一定的社会责任。平台该如何对"吃播"节目进行引导和管理，让节目主播真正为宣扬中华美食服务？

(3) 以杜绝"舌尖上的浪费"，让网络"吃播"更健康为主旨，写一篇自媒体宣传活动的策划实施方案。

小组讨论后，请将案例分析提纲填写在以下空白处。

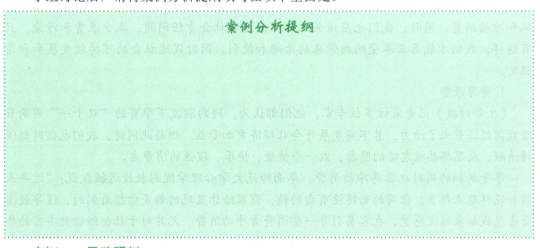

案例分析提纲

实训二　思政研判

任务描述：学生分析案例提出的问题，拟写思政研判提纲；小组讨论并形成小组的思政研判报告；班级交流和相互点评各组的思政研判报告。

"双十一"狂欢购物的喜与忧：资源浪费和"宅不出门"值得警惕

近年来，"双十一"购物狂欢节已成为国人热切期盼的年度盛事。在这一天，各大电商平台纷纷推出大幅度折扣，并附赠各类优惠券，促销力度之大让无数消费者忍不住下单，网络热词"买买买"和"剁手"更是频频出现。据星云数据揭示，2022年"双十一"全网 GMV（商品交易总额）高达 11154 亿元，同比增长 13.7%。其中，天猫、京东、拼多多等综合电商平台总交易额达 9340 亿元，同比增长 2.9%，而抖音、点淘、快手等直播电商则实现了 1814 亿元的交易额，同比增长达到惊人的 146.1%。这场狂欢不仅彰显了国人在消费和生活方式上的巨大变革，也引发了我们对背后问题的深思。

在这场购物狂欢中，年轻人无疑成为消费的主力军，而银发族（老年人）也展现出了强大的购买力。天猫数据显示，"90后"与"00后"消费者占比超过45%，其中"00后"的参与人数更是较去年增长了25%。与此同时，随着长辈版淘宝的推出，每天有110万"银发族"利用"长辈模式"参与双十一购物，他们偏爱的商品主要是智能手机、羽绒服和毛呢外套。与年轻人偏爱夜晚网购不同，银发族更倾向于在清晨7点进行网购。

然而，狂欢过后，一些问题逐渐浮出水面。其中最为突出的是快递包装带来的资源浪费与环境污染问题。据官方数据，仅2021年"双十一"期间，各邮政、快递企业处理的快递量高达 5.35 亿件，同比增长 28.6%，再次刷新纪录。如果按每个快递包裹产生 0.1 千克垃圾的标准估算，那么当年"双十一"期间的快递将至少产生 53.5 万吨的垃圾。这一现象不仅给城市环境带来了巨大压力，也引发了社会各界的广泛关注。

除了环境污染问题外，商家折扣的"套路"和不理性消费也是消费者需要警惕的问题。人民网指出，在网购成交额不断攀升的背后，价格"先涨后跌"的套路仍然存在，以次充好、傍名牌等不良现象也时有发生。这些问题不仅让消费者感到困惑和不满，也损害了电商行业的健康发展。

面对"双十一"购物狂欢节，我们既要享受其中的乐趣和便利，也要保持清醒的头脑和理性的态度。我们应该根据自己的实际需求和经济能力进行消费选择，避免盲目跟风和冲动消费。同时，我们也应该关注环保问题和社会责任问题，减少浪费和污染。只有这样，我们才能真正享受购物带来的乐趣和便利，同时促进社会的可持续发展和和谐稳定。

1. 资源浪费

《生命时报》记者采访多位专家，他们都认为，网购潮流下孕育的"双十一"网购节给我国经济带来了活力，其不断发展还会让经济更加受益。但与此同时，我们也该时刻保持清醒，反思那些被忽略的隐患，做一个健康、快乐、理性的消费者。

享受折扣的同时也容易冲动消费。华南师范大学心理学院副教授迟毓凯说："近年来折扣花样越来越多，但买的始终没有卖的精，商家给你呈现的都是你想看到的，这导致消费者花钱越来越没感觉，也容易引导一些消费者冲动消费。尤其对于社会经验欠丰富的年轻人来说，很容易跟风、攀比、冲动消费。"因此，建议大家保持消费的理性，只买自己需要的商品。

大量快递包装没得到合理处置，是对环境资源的极大浪费。如果不加限制，随着网络营销渠道的日益壮大，快递包装废弃物总量也会继续增长。政府应该制定一些强制性法规，要求企业、平台主动减少包装的使用量；网购平台也应建立末端包装回收体系；还应结合现在全国推行的强制垃圾分类措施，引导消费者做好快递垃圾源头分类。

此外，"双十一"期间商品质量、价格欺诈等问题也须引起我们的警惕。退款难、虚假促销、发货问题、网络欺诈、霸王条款、商品质量等成为投诉的热点。这要求我们在享受网购便利的同时，也要保持警惕，避免陷入商家的陷阱。

2."宅不出门"值得警惕

网购的便利性也让我们在不知不觉中变得"宅"起来。中国社会工作联合会心理健康工作委员会理事郝滨指出，年轻人要防止在网购的消费习惯下"变懒"。网购的普及减少了人们外出购物、拎购物袋等日常活动，从而影响了人们的日常锻炼。因此，专家呼吁年轻人在享受网购便利的同时，也应注重健康用网，利用节省下来的时间多进行户外运动，与朋友和家人互动，亲近自然，以促进身心健康和人际关系的和谐发展。

问题：

(1) 从事物的两面性分析电商促销对经济和环境带来了哪些影响？

(2) 作为未来的营销从业者，该案例对你有什么营销启示？

(3) 作为当代学生也是未来的消费主力军，应该树立什么样的消费观？请进行你的思政研判。

小组讨论后，将思政研判提纲填写在以下空白处。

实训项目评价

学 生 自 评 表

序号	评价素质点	佐 证	达标	未达标
1	知识点融会贯通能力	能够将知识点灵活运用于实训项目中		
2	资源整合能力	能够借助网络资源平台、人脉资源等完成实训项目		
3	小组分工合作能力	能够融入小组活动，有效协同工作		
4	职业道德	能够从职业道德的角度理性看待社会现象，进行思政研判		

教师评价表

序号	素质点自评	佐　证	达标	未达标
1	知识点融会贯通能力	能够将知识点灵活运用于实训项目中		
2	资源整合能力	能够借助网络资源平台、人脉资源等完成实训项目		
3	小组分工合作能力	能够融入小组活动，有效协同工作		
4	职业道德	能够从职业道德的角度理性看待社会现象，进行思政研判		

课后提升

调研短视频与直播对消费者的影响

在新媒体营销的众多形式中，短视频和直播凭借其直观性、互动性和实时性等特点，对消费者行为产生了显著的影响。这两者不仅改变了消费者的信息获取方式，还重塑了他们的购物决策过程，甚至影响了他们的社交分享与参与行为。

1. 信息获取方式的转变

传统的信息获取方式可能依赖于文字描述、图片展示或长篇的电视广告。然而，随着短视频和直播的兴起，消费者更倾向于通过浏览短视频平台来获取产品信息和品牌故事。这些短视频通常较简短、内容精炼，能够在短时间内传递大量信息，同时配以生动的画面和音效，使消费者更容易理解和接受。

2. 购物决策过程的重塑

短视频和直播为消费者提供了一个全新的购物体验。通过直播，消费者可以实时观看产品的展示、试用过程，甚至与主播或其他消费者进行互动交流。这种实时互动的形式大大增强了消费者购物决策过程的信心，使他们能够更全面地了解产品，并在短时间内作出购买决策。

3. 社交分享与参与行为的增强

短视频和直播是一种购物方式，更是一种社交方式。消费者在观看短视频或直播时，可以通过弹幕、评论等方式与其他人进行互动，分享自己的购物心得和体验。这种社交分享和参与行为不仅增强了消费者的归属感和满足感，也为品牌带来了更多的曝光和口碑传播。

4. 冲动消费的增加

短视频和直播的直观性和互动性使消费者更容易受到产品的影响，从而产生冲动消费行为。一些精心策划的直播或短视频可能会通过限时抢购、优惠活动等方式刺激消费者的购买欲望，导致他们在短时间内作出购买决策。

我们应意识到，冲动消费带来了一系列的社会问题，如物资浪费、物流垃圾等。因此，相关机构应向新媒体营销从业者提出要求，倡导绿色消费观，使其在追求商业利益的同时，也要关注社会责任，避免过度刺激消费者的冲动消费行为。

综上所述，短视频与直播作为新媒体营销的重要形式，对消费者行为产生了深远的影响。这种新型营销模式不仅影响消费者的信息获取方式、购物决策过程等方面，还影响他们的社交分享与参与行为，可能导致冲动消费行为。因此，新媒体营销从业者要充分认识到这种影响，并采取相应的策略来引导消费者进行理性消费，同时也要关注社会责任，推动社会的可持续发展。

做一做：

通过调查问卷和访谈等形式，调研分析短视频与直播对大学生消费行为的影响，撰写一篇《短视频与直播对大学生消费行为的影响》的调研报告。

║ 职业能力拓展

非遗＋就是这么潮

非物质文化遗产（非遗）是文化遗产的重要组成部分，是人类在生产生活实践中创造的文明结晶。2024 年，适逢联合国教科文组织《保护非物质文化遗产公约》（简称《公约》）通过 21 周年。作为第一批加入《公约》的国家，中国在推动非遗保护传承方面做了大量工作，取得了历史性成就，形成了社会广泛参与、人人保护传承的生动局面。

中国拥有丰富的非遗资源，截至 2025 年 3 月 17 日，国家共认定了 1557 项国家级非物质文化遗产代表性项目，其中共有 43 个项目被列入联合国教科文组织非物质文化遗产名录、名册，位居世界第一。在中国，通过系统性保护传承、创造性转化、创新性发展，非遗已经全面融入现代生活，迈入新的发展阶段。如今，非遗与文创、影视、短视频以及新技术的跨界融合，正助推其以更开放、更时尚的姿态，登上国潮"顶流"。

1. 非遗＋文创，如火如荼

时尚彩妆配合苗族银饰的短视频，赢得海内外消费者的青睐；运动品牌植入刺绣元素，摇身变为时尚青年抢购的潮品；挖掘 600 多岁故宫的宫廷文化，推出"朕的心意"月饼、宫廷色口红等产品，立刻刷爆年轻人的朋友圈……近年来，随着国潮热的不断升温，以非遗为主题的文创商品，受到越来越多年轻人的喜爱和追捧，撬动了新消费的大市场。

文旅产业指数实验室推出、阿里研究院牵头撰写的《2022 非物质文化遗产消费创新报告》显示，2022 年，淘宝平台非遗店铺数为 32853 家，较 2020 年增长 9.5%；非遗交易额较 2020 年增长 11.6%。非遗商品消费者规模达亿级，90 后和 00 后正在成为非遗商品消费主力。

数据表明，人数超过 3 亿的中国 Z 世代正在以前所未有的消费力拥抱非遗。在旺盛的需求下，一批批让人眼前一亮的国潮 IP、中国设计应运而生并风靡全球。

比如，国货美妆品牌花××从创立之初便坚守东方美学理念，至今推出数十款复刻中国传统工艺的彩妆产品。无论是百鸟朝凤眼影盘，还是何首乌眉笔，抑或是雕花口红，传统工艺的身影无所不在。这些产品不仅深受中国年轻女性喜爱，也在北美、日本、欧洲等成熟彩妆市场占据了一席之地。

同样令人印象深刻的还有国产运动品牌李宁的国潮风。这几年，该品牌借助多个城市深厚的文化底蕴，推出"少不入川""长安少年""惟楚有才"等城市系列，广泛挖掘非遗元素。如"少不入川"系列就采用传统蓝印花布印染工艺，将传统美学与街头潮流相结合，吸引了众多年轻消费者。

非遗中有很多传统手工技艺、民间艺术是农业时代的产物，在工业社会乃至后工业社会，保护传承非遗的关键是要将非遗与现代生活方式结合起来。

2022年7月，工信部等五部门联合发布《数字化助力消费品工业"三品"行动方案(2022—2025年)》，其中提到要"挖掘中国文化、中国记忆、中华老字号等传统文化基因和非物质文化遗产，加强新生消费群体消费取向研究，创新消费场景，推进国潮品牌建设"。

中华老字号企业大多拥有传统技艺，是非物质文化遗产的重要载体。在商务部认定的1128家老字号中，其中具有非遗要素的老字号为822家，占总体的72.9%。具体的，共有127家列入国家级非物质文化遗产名录，695家列入地方非物质文化遗产名录。

从现代生活中挖掘新的消费场景，是中华老字号企业重焕新颜的重要途径。2022年8月，中华老字号内联升在北京总店大楼二层开设了"大内·宫保"咖啡店。品"大内·宫保"的京味冷萃，凭栏俯瞰大栅栏，一度成为社交平台上的新风潮。咖啡店开业至今，到店的年轻人比以往多了一倍。同仁堂知嘛健康咖啡&养生店同样以创新场景亲近年轻人。京、沪、杭、蓉四城已开设该品牌11家门店，其枸杞拿铁、陈皮拿铁、熬夜水等多款草本咖啡、饮品，成为许多年轻人"朋克养生"的必选项。

此外，昆曲、古琴等传统艺术也通过创新场景引领时尚。在北京郎园Vintage虞社演艺空间，无论是一年一次的"一人一出独角戏"系列演出，还是北昆名家演唱会，抑或是线上昆曲比赛，都在年轻观众中掀起观演热潮。在四川古村落余家碥，集茶空间、古琴馆、住宿于一体的古琴主题民宿，形成农商文旅融合的新业态、新场景，为古村落、传统文化注入活水。

2.非遗+影视，方兴未艾

近年来，非遗题材在影视创作领域方兴未艾，成为公认的"流量密码"。

《国家宝藏》《传承者》《了不起的匠人》《舞千年》等综艺节目，通过细腻具象的记录与讲述，将博大精深的中华文明与独具匠心的非遗传承故事，真实呈现在观众面前，持续收获好评。《2023清明奇妙游》作为河南卫视"中国节日"系列节目的年度开篇，继续以多姿多彩的文化元素，延续着国潮风的唯美风格，带给观众一场饱含东方韵味的视觉盛宴。

纪录片、综艺、影视剧在普及非遗知识、推动非遗出圈上发挥了重要作用。《国家宝藏》中，惟妙惟肖还原了侯马金代董氏墓戏俑的山西面塑，令人惊叹；众多非遗通过荧屏进入观众的视野，点燃人们深入了解非遗、体验传统文化的热情。

"近年来，纪录片、综艺、影视剧通过大胆尝试，为非遗题材创作打开了更为宽阔、生动的艺术表达空间。而更为重要的是，其背后所集结的丰富的文艺创作经验，不仅为观众带来赏心悦目的视听体验，还以润物细无声的方式将中华优秀传统文化传递给青少年，而这也正是活态保护传承非遗的题中之义。"中国艺术研究院副研究员孙佳山说。

3. 非遗＋新媒介，火花四射

随着科技及互联网的快速发展，近年来借助新技术、新媒介，非遗踏上了广泛传播的快车道。

2021年8月，中共中央办公厅、国务院办公厅印发《关于进一步加强非物质文化遗产保护工作的意见》，明确提出加大非遗传播普及力度，适应媒体深度融合趋势，丰富传播手段，拓展传播渠道。

《中国网络视听发展研究报告(2023)》显示，截至2022年12月，短视频用户规模达10.12亿，在整体网民中占比为94.8%。"从2019年开始，短视频有了特别明显的转型，其内容上体现出鲜明的文化赋能的特点，比如刺绣、剪纸、印染、皮影、竹编等非遗，借助短视频平台变成了网络传播的热词和热点。"北京师范大学艺术与传媒学院教授杨乘虎观察。

伴随着短视频平台的兴起，越来越多非遗传承人走进直播间，利用短视频来展示非遗文化，销售非遗产品，传承非遗技艺，受到了网友的关注与欢迎。

抖音已经成为当下非遗传播重要平台之一。数据显示，2021年，1557项国家级非遗项目在抖音的覆盖率达到了99.42%，相关视频数量同比增长149%。2022年，抖音上国家级非遗项目相关视频播放总数达3726亿，获赞总数为94亿；非遗创作者平均每天直播1617场，由于非遗获得直播打赏的主播人数同比增长427%。

如今，点开直播间，天南海北的主播们介绍着非遗的历史渊源、文化故事，回应网友留言和提问，这既传播了非遗文化，又让主播们获得了经济收入和网友的喜爱，物质和精神的双重肯定更加激发了主播们的创作热情，坚定了传承信心。年轻网友则用点赞、打赏、购买等方式，表达对非遗的认同与喜爱，并主动去学习和传承非遗。

4. 非遗＋数字化，崭露头角

随着元宇宙时代的到来，非遗传承渠道的数字化、科技化趋势日趋明显。

从2021年开始，数字藏品开发成为非遗数字化领域的一个热点。相关报告显示，2021年中国数字藏品发行平台多达38家，非遗数字产品发售数量约456万份，总发行价值超过1.5亿元。其中，国潮等类型非遗在发售当中经常出现秒空的现象，足见年轻人对非遗数字产品的喜爱。

专家认为，依托大数据技术来处理非遗信息的采集、存储乃至传播、利用，可以更为迅捷地实现非遗的有效传播，优化非遗传承渠道，实现传统资源和现代技术的有机对接和融合，为非遗传承提供更为便捷的机遇。

国家级非遗十竹斋木版水印技艺传承人魏立中，这些年一直活跃在非遗传播传承的舞台上。2022年，他的"二十四节气"系列木版水印作品上线数字藏品平台后，很快吸引了各类群体的关注。在魏立中看来，把文化遗产传承下去的第一步就是先要认识它。如果想让年轻人了解某项非遗，无须实地到访，手机里的一张3D图，就能让他们对其有一个直观认识。

"在数字人文3.0时代，非遗传播生产与消费全面升级换代，非遗的传承者、传播者、生产者与消费者之间，不能再用原先方式去区别，生产者和消费者都起到传播作用。"四川大学文学与新闻学院副院长胡易容表示。

值得注意的还有，以前数字藏品主要用于数字世界，比如生成付款码皮肤、红包皮肤、社交媒体头像等，现在还可用于实体消费。

2022 年 4 月，国内数字藏品领域头部平台"鲸探"上新了 3 款以城市文化元素为主题的数字艺术藏品，不到 1 分钟，这 3 款总量 6 万份数字藏品便被抢购一空。与以往不同，这次的藏品多了实物的赋能，收藏家可以在抢到任一款藏品后，一键付费定制 AI 设计、生产与藏品对应的丝巾实物。这种尝试延展了数字商品的使用权益，拓展了数字藏品的应用场景。

"数字产品将不再仅仅是产品的观摩和展演，而是突破了我们的感知方式，突破了虚拟元宇宙与现实元宇宙之间的界限，形成了线上消费与线下消费一体化的趋势，这对非遗传承有巨大利好。"胡易容说。

拓展任务说明

一、任务名称

非遗文化产品认知与消费调研及数字营销推广活动策划

二、任务背景

非物质文化遗产是中华民族悠久历史和灿烂文化的重要组成部分。随着社会的快速发展，非遗面临着传承与发展的挑战。年轻人作为消费市场的主体力量，他们对于非遗文化产品的认知和消费情况对于非遗的传承与发展具有重要意义。因此，本次实训任务旨在通过调研年轻人的认知和消费情况，结合数字营销手段，为特定的非遗项目制订推广策划方案，促进非遗文化产品在年轻人中的传播和普及。

三、任务要求

1. 设计调研问卷或访谈大纲，对年轻人的非遗文化产品的认知和消费情况进行调研。

2. 分析调研数据，了解年轻人在非遗文化产品消费上的特点和趋势。

3. 选取一种或多种特定的非遗项目，结合年轻人的消费偏好，制订数字营销推广活动策划方案。

4. 策划方案需包括目标设定、受众分析、内容创意、传播渠道、预算规划等要素。

5. 撰写详细的策划方案报告，并准备进行方案展示和答辩。

四、任务分析

在完成任务时，学生需要注意以下几点：

1. 调研设计要具有针对性和科学性，确保能够准确反映年轻人的认知和消费情况。

2. 数据分析要深入细致，找出年轻人对于非遗文化产品的需求和消费特点。

3. 策划方案要紧密结合非遗项目的特点和年轻人的消费偏好，注重创意性和实效性。

4. 传播渠道的选择要充分利用数字营销的优势，如社交媒体、短视频平台等，提高推广效果。

五、任务操作

1. 分组讨论：学生进行任务分工，每组负责不同的部分，如调研设计、数据分析、策划方案制订等。

2. 调研实施：各组根据设计的调研问卷或访谈大纲进行实地调研，收集数据。

3. 数据分析：对收集到的数据进行整理和分析，提取有价值的信息。

4. 策划方案制订：根据分析结果，选取特定的非遗项目，制订数字营销推广活动策划方案。

5. 方案汇报：各组向全班展示并汇报策划方案，接受同学的提问和建议。

6. 方案优化：根据汇报情况，对策划方案进行调整和优化。

7. 撰写报告：完成策划方案报告，包括调研结果、分析、策划方案等内容。

六、任务思考

1. 通过本次调研，你对年轻人关于非遗文化产品的认知和消费情况有哪些新的认识？

2. 在策划数字营销推广活动时，你遇到了哪些挑战，你是如何解决的？

3. 在非遗文化产品的数字营销推广活动中，如何更好地吸引年轻人的关注和参与？

4. 本次实训任务对你在营销和电商领域的知识和技能有哪些提升？

参 考 文 献

[1]　SCHIFFMAN L G，WISENBLIT J. 消费者行为学 [M]. 12 版. 江林，张恩忠，等译. 北京：中国人民大学出版社，2021.

[2]　卢泰宏，周懿瑾. 消费者行为学：洞察中国消费者 [M]. 4 版. 北京：中国人民大学出版社，2021.

[3]　白玉苓. 消费者行为学 (附微课)[M]. 2 版. 北京：人民邮电出版社，2024.

[4]　荣晓华. 消费者行为学 [M]. 7 版. 大连：东北财经大学出版社，2022.

[5]　惠亚爱. 消费者行为分析 (微课版)[M]. 北京：人民邮电出版社，2022.

[6]　单凤儒. 营销心理学：数字时代消费者行为分析 [M]. 5 版. 北京：高等教育出版社，2023.

[7]　符国群. 消费者行为学 [M]. 北京：高等教育出版社，2020.

[8]　谭慧敏. 消费者行为与心理洞察 [M]. 北京：清华大学出版社，2024.

[9]　孙莹. 社交媒体营销下的消费者绿色购买影响机制研究 [M]. 天津：天津大学出版社，2024.

[10]　周欣悦，王丽丽. 消费者行为学 [M]. 2 版. 大连：机械工业出版社，2021.

[11]　钟旭东. 消费者行为学：心理的视角 [M]. 北京：北京大学出版社，2020.

[12]　孟迪云. 消费者行为分析 [M]. 北京：人民邮电出版社，2020.